古代語の疑問表現と感動表現の研究

近藤要司　著

和泉書院

まえがき

本書は、古代語の助詞が疑問や感動のさまざまな表現類型の中でどのようにその表現に参加しているのかについて考察したものである。

日本語の現代語と古代語の大きな違いは、助詞の役割が大きく変化したことである。これは、「花や散りける」のような係り結び文、「美しき花かな、老いず死なずの薬もが」といった喚体句に端的に現れている。どちらも、現代語には存在しない文のタイプだが、古代語では活発に用いられている。そして、この二種類の表現には助詞が非常に大きな役割を果たしているのである。

本書では、この二タイプの表現に関係する助詞カを中心に、疑問係助詞ヤ、終助詞ヤ、終助詞ヨなどが、文の表現にどう関わってきたかについて、上代の『万葉集』と中古の『源氏物語』そして院政期の『今昔物語集』をその主な対象として、用例を詳細に検討し、助詞の持つ意味と文の表現との関わりについて論じたものである。

「第一部　疑問係助詞とその表現」では、疑問係助詞カと疑問係助詞ヤを主な対象としている。助詞カについて、文末に助詞が置かれた表現と係り結び文について、述語の形式との相関性や助詞カの位置を中心に詳細に検討を行い、古代語の助詞カによる真偽疑問文は、現代語の疑問文と推量文の両方に渡る広い表現性を持つものであり、述語の形式、助詞の位置などによって、典型的な疑問文から詠嘆を籠めた推量文まで、表現性に幅のあることを明らかにした。

さらに、野村剛史「連体形による係り結びの展開」（上田博人編『シリーズ言語科学―5　日本語学と言語教育』東

京大学出版会　二〇〇二年一二月二〇日）など一連の係り結び成立論から示唆を受けて、助詞カとの係り結びの中でムは「未実現」から一歩「不確定」へ踏み出したのだという仮説にたって、現代語の「〜だろう」の表現性の淵源は、上代の「〜にかあらむ」中古の「〜にやあらむ」による注釈的な疑問文であることを主張している。

疑問係助詞カと疑問係助詞ヤの違いについて、両者が真偽疑問文に用いられる場合、助詞カの場合には、その表現が「眼前の事態が出現した背後にあるのは、こういうことか」という事態の背後について解釈する疑問に傾き、助詞ヤの場合には「こういうことが起こったかどうか」という事態の成立そのものを問題にする疑問文に傾く傾向があることを主張している。ただし、「連体形＋ニヤアラム」のみは、前者事態の背後について解釈する疑問に働くのだが、一部、単なる推量文ともいえる用例もあることを報告した。

結局、疑問係助詞カと疑問係助詞ヤの違いはどこにあるのかという点については、現段階では結論を得ているわけではない。先行研究の述べる「カは疑いに用いられ、ヤは問に用いられる」あるいは「カはその上の項目のみを疑い、ヤは文全体を疑う」といった把握はそれなりの妥当性を持っているが、このような捉え方は古代語の疑問表現全体を眺めて得られる「印象」のようなものであり、ここから出発して、古代語の疑問文に用いられたカとヤの一つ一つについて納得のいく説明ができるわけではない。特にカについては古代語においては疑問文に用いられるのと同時に感嘆文詠嘆文にも用いられるが、カによる疑問とカによる感嘆詠嘆との位置関係もまだ明らかになったとは言えない。

筆者は「助詞カは話者の心の動きの契機となったものを示すことに働き、助詞ヤは遭遇した事態や情報に対する違和感を示す」という立場に立っている。これは「感覚」とでも言うべき段階のものであり、まだ「仮説」ともいえないのだが、本書においても、しばしばこのことについては言及している。

「第二部　感動喚体句の諸相」においては、主に上代と中古の感動喚体句について観察と考察を行った。

上代の感動喚体句については、その典型である助詞カやカモによる喚体句と無助詞の喚体句との比較を行った。無助詞喚体句は、一語文的な呼び掛け表現と連続するものであるのに対して、カやカモによる感動喚体句は、主述の倒逆という形式が積極的に現れたものであり、主述二項を備えているという点で、述体へ連続性を備えた表現であったことを明らかにした。ハモによる喚体句については、上代では文末用法を持たないハがモと合することによって、文末に位置し得ることについての考察を行った。

中古には感動喚体句にさまざまな形式が登場するのだが、本書では、『源氏物語』の用例について、「美しき花かな」のような文末に助詞カナを持つもの、「花のかげの旅寝よ」のように文末に助詞ヨを持つもの、「をかしの御髪や」のように文末に終助詞ヤを持つものの比較を行った。感動喚体句については、その提唱者山田孝雄氏の定義をどう捉えるかによって、「純粋な感動喚体句には、「美しき」のような連体修飾部は不要であり、名詞一語による呼びかけ（呼格）こそが感動喚体句なのだ」という立場と、「主語述語がありながら、主語述語の対立統一という通常の述語文の形式を拒否したものが感動喚体句なのだ」という立場がある。これは、現代語に力点を置くか、古代語に力点を置くかの違いとも言える。

これについて、助詞ヨによるものは現代語の一語文にも通ずる「呼びかけ」的な用法であるのに対して、終助詞ヤによるものは、まさに「主述を持ちながら、その主述としての関係構成を抑制した表現」というべき古代語独特の表現であることを指摘した。つまり、中古の感動喚体句には、右の二つの主張を裏づけする、どちらの形式も存在しているのだが、「主語述語がありながら、主語述語の対立統一という通常の述語文の形式を拒否したもの」としての感動喚体句こそが、現代語にはない、古代語独特の表現であったことを主張している。また、助詞カナによる感動喚体句は、助詞ヤによるものとの共通点も多いが、一方で述体句へ接近した用例も見られることを指摘した。

古代語のこのような感動喚体句のあり方は、現代語が主語と述語を中心とする叙述内容を話者が「真だ」と認定するか否かをめぐる形式のみが主流になっているのに対して、古代語では、それ以外に「話者の情動と遭遇事態を端的に結びつける」表現形式も豊富にあったことを示唆している。

疑問表現については、阪倉篤義氏の『文章と表現』（角川書店　一九七五年）山口堯二氏の『日本語疑問表現通史』（明治書院　一九九〇年）がある。また、疑問の係り結びについては、野村剛史氏の一連の研究がある。そして、喚体句の研究については、提唱者である山田孝雄氏をはじめとして、森重敏氏、川端善明氏、尾上圭介氏、石神照雄氏の論究がある。また、助詞の歴史的変化については此島正年氏の『国語助詞の研究』（桜楓社　一九六六年）がある。これら以外にも、著者が教えを受けた論述は枚挙に暇がない。

本書は、このような先行研究の輝かしい業績を受け継ぐものである。しかしながら、本書は、先賢の時代とはいささか異なる時代の産物とも言える。それは、電子化された古典資料のデータを活用できるという点である。本書の元となった論文作成については、吉村誠氏の作成した『万葉集』のデータベース、国文学研究資料館が公開した岩波古典文学大系を元としたデータベース、角川書店が製作した『CD-ROM 角川古典大観源氏物語』を利用した。

これらを活用することよって、大量のデータを短時間に処理でき、それだけ先行研究や注釈書などとの比較検討がより容易になったのである。これによって、先行研究が「見通し」としてたてた仮説を『万葉集』『源氏物語』の全用例の検討から検証できるのである。あるいは先賢が例外とせざるを得なかった用例などを比較検討できる形で一定量収集できるのである。

本書では、このようにして収集した用例の比較検討を通して、先行研究では光が当たっていなかった注目すべき現象をいくつか指摘できたし、そこから、新たな課題を設定することもできたのである。

今日でこそ、そのような古代語のデータベースもさらに充実し、研究上必須のものとなりつつある。そこから見れば、本書を構成する多くの論文は、そのような古代語のデータベースが構築される途上にある過渡期に書かれたものである。先賢の業績を受け継ぎ、それを電子化テキストを使用して、再検討することが要請される時代でもあった。そのような時代の営みとして、本書を開いて頂ければ幸いである。

本書をまとめるにあたっては、代表取締役廣橋研三氏をはじめとする和泉書院の方々に、大変お世話になった。厚くお礼を申し上げたい。

本書は、神戸親和女子大学の平成三〇年度出版助成による。

目次

第二章　係助詞ヤとその表現……二二九

第二部　感動喚体句の諸相

第二章　中古の感動喚体句について

第一部　疑問係助詞とその表現

序章　疑問係助詞カと疑問係助詞ヤについて

一　「疑問」について――「疑問」に関わる用語法――

一・一　「疑問」という用語について

「疑問」とは何か、ということについて一般言語学的な立場から論ずることが本書の目的ではない。ここでは古代語の助詞カ助詞ヤの表現のありようということに関連して「疑問」をどう分類するか、それぞれをどう呼ぶかということについて触れたい。

「疑問」は「平叙」と対立する概念である。「平叙」は、叙述する内容について、「これこそが私の思いである」という確信あるいは責任をもって表明する表現行為である。叙述内容については、話者の意図通りに十全に確定的である場合と、推定推量の表現のように叙述内容が不確定な場合があるのだが、このような「平叙」は、話者の思いを積極的に主張伝達する表現行為と極めて自然に結びつく。

一方、「疑問」とは、「平叙」との対照で捉えれば、そのような確信や責任がないままに叙述内容を述べることである。平叙文を述べる際にそこに確信や責任を籠めて表現することを「判断」と呼ぶならば、「疑問」とは、この判断を発動しない「判断抑止」の表現であることになる。本書では、「疑問」という用語を「判断抑止の表現」という意味で用いる。

この「判断抑止の表現」は、話者の確信が欠落した表現であるために、積極的な内容伝達にはなじまない。なんらかの場面や文脈に支えられて、表現として意味を持つものである。この場面文脈ということですぐに頭に浮かぶのが、「問い」や「疑い」という表現が要求される場面文脈であろう。しかしながら、「疑問」を「判断抑止」の表現と捉える立場から見れば、「疑問」の形式は、典型的な「問い」や「疑い」とは異質の表現にも用いられることに気付く。

そこで本書の用語法としては「疑問」という言葉は、「問い」と「疑い」という表現に限定することなく、「判断抑止の表現」を指して用い、「疑い」や「問い」というのは、その他の「反語、危惧、期待」などと並んだ表現効果の名称として用いる。

「詠嘆」という語については、尾上（一九八六）に従って、遭遇した事態を事態として、深い情意をこめて確認したことを示す表現行為という意味で用いている。また、尾上（一九八六）では一語文による「感嘆文」に籠められたものを「遭遇対象による急激な心の動き」としているが、そのような「感嘆」とは異質なものであることになる。このことと関連することとして、尾上（一九八六）の定義するような一語文と古代語の感動喚体句との位置づけが問題となるが、これについては、「第二部序章」および、「第二部第二章（三）「をかしの御髪や」型の感動喚体句について」で詳しく述べている。

一・二　疑問文の分類について

疑問文の分類については、宮地裕（一九五一）・阪倉篤義（一九五八）のものが名高い。これは、聞き手への質問の投げ方に基準を置いた分類であり、以下のように三類に分類される。

①判定要求疑問文　「あなたは、山田さんに会いましたか。」のような表現で、聞き手（回答者）は、投げかけら

れた問いの内容を肯定すべきか否定すべきか、「ハイ・イイエ」で答えるもの。
②選択要求疑問文　「あなたは、山田さんに会いましたか、秋田さんに会いましたか。」のような表現で二つ以上の選択肢を提出して、聞き手に、その一つを選ぶことを求めるもの。
③説明要求疑問文　「あなたは、誰に会いましたか。」のように「何、いつ、だれ」のような語を含んだ問いで、聞き手は、その「何、いつ、だれ」について、具体的な事物をあげて回答するもの。

この三種類の分類はその後もさまざまな研究者に受け継がれてゆくが、分類の観点はそれぞれ少しずつ異なっている。

『日本語文法事典』では、「疑問1（項目執筆者　安達太郎）」には、「疑問」は「文中の命題に対して判断が成立しなかったことを表す文である」とした上で、その判断が成立しない事情を基準として、疑問文を以下のように分類している。

真偽疑問文は、その命題の真偽が不明なために判断が成立しないものであり、疑問詞や選択肢を含まない。

補充疑問文は、その命題の中に不明な要素が存在しているために判断が成立しないものであり、文中に「誰」「何」「なぜ」のような疑問詞が存在する。

選択疑問文は、その命題に複数の選択肢があってどれとも決めがたいため判断が成立しないものであり、選択肢を提示する形式をとる。

この中で「真偽疑問文」は、宮地・阪倉の①「判定要求疑問文」に、「補充疑問文」は③「説明要求疑問文」に、「選択疑問文」は、②「選択要求疑問文」に相当する。

同事典の「疑問2（古典語）（項目執筆者　山口堯二）」では、以下のような形式による分類を行っている。

（1）疑問詞をその標識とするもの（疑問詞疑問文）

（２）疑問の助詞をその標識とするもの（肯定疑問文・選択疑問文などにあたる）

（１）は③「説明要求疑問文」であり、（２）の「肯定疑問文」が①「判定要求疑問文」、「選択疑問文」が②「選択要求疑問文」にあたる。

このように、疑問文を三類に分けることは、一般的であり、本書もこれに従うのだが、個々の疑問形式の名称については、研究者の間でも一致を見ていない。特に③「説明要求疑問文」については、「誰、いつ、何」などの語の名称として「疑問詞」「不定詞」「不定語」などが用いられており、疑問文としての名称も「説明要求疑問文、不定語疑問文、補充疑問文、疑問詞疑問文」などが用いられている。用語としての精密さを重視するか、一般的に理解しやすい用語を用いるか、といった観点から揺れているようである。

本書の分類の基準は、右の『日本語文法事典』の「疑問２（古典語）」と同じく、形式を基準に分類している。名称としては、

①については、「判定要求疑問文」「肯否疑問文」「真偽疑問文」をその名称として用いている。

②については、「選択疑問文」を用いている。

③については、「説明要求疑問文、不定語疑問文、疑問詞疑問文」を用いている。

また、「何、いつ、誰」のような語は「不定語」と呼んでいる。

二　疑問係助詞カについて

本書では、助詞カの用法をめぐって、それが構文や述語の性質などのさまざまな条件によって、感動や詠嘆、疑問や推量といった表現の一角を構成するのだという主張に立っている。このような観点から、助詞カの各時代の用

法を観察することになるので、この助詞カは「係助詞」であり、この助詞カは「終助詞」であるというような区別は立てない。それらすべてを観察の対象とした上で、カという助詞の使われ方とその表現効果について考察することを目指している。

また、上代においては単独の助詞カと、モが下接したカモは特に断らないかぎりは同じに扱う。中古についても、単独の助詞カとハが下接したカハは特に断らないかぎりは同じに扱う。ただし、中古のカナについては、中古の助詞カとははっきりと用法が違うため別に扱っている。

助詞カは、上代から現代まで引き続いて用いられているし、各時代で用例も比較的豊富である。助詞カは、現代語では、「これは何ですか？」のような説明要求疑問文、「明日は晴れるでしょうか。」のような判定要求疑問文にも用いられ、問いや疑い専用の助詞のように思いがちであるが、「おや、もう桜が咲いたか。」のような遭遇事態受容の表現にも用いられるし、「誰か伝言を残している。」のような不定を表す語につく副助詞としても用いられている。古代語のカについても、現代語と共通の側面も持つが、現代語とは大きく異なる側面も持っている。以下、助詞カについて、文末用法と文中用法（係り結び用法）とにわけ、上代と中古、それ以後に分けて、その概要を示すこととする。

二・一　上代の助詞カ

二・一・一　文末用法の助詞カ

文末用法の助詞カについては、名詞に下接するものと活用語に下接するものに二分して説明する。上代の助詞カの文末用法全体を概観すれば、疑問表現に用いられたものは少なく、詠嘆表現に用いられるものがはるかに多い。

名詞に下接するもの

①沖つ波来寄る荒礒を敷栲の枕とまきて寝せる君かも（奈世流君香聞）（万葉二巻二二二）
②穿沓を脱き棄るごとく踏み脱きて行くちふ人は石木よりなり出し人か（奈利提志比等迦）（万葉五巻八〇〇）
①がいわゆる感動喚体句の形式を持つ用例で、②が名詞述語の真偽疑問文である。①は一〇〇例近く、②は五〇例ほどである。感動喚体句については、「第二部序章」を参照していただきたい。カ（モ）による感動喚体句については「第二部第一章（一）『万葉集』の無助詞喚体句について」で文末に助詞を持たない感動喚体句との比較をしている。

活用語に下接するもの
③妹がためほつ枝の梅を手折るとは下枝の露に濡れにけるかも（沾尓家類可聞）（万葉一〇巻二三三〇）
④我が園に梅の花散るひさかたの天より雪の（由吉能）流れ来るかも（那何列久流加母）（万葉五巻八二二）
⑤けころもを時かたまけて出でましし宇陀の大野は思ほえむかも（所念武鴨）（万葉二巻一九一）
⑥ぬばたまの夜渡る月を留めむに西の山辺に関もあらぬかも（塞毛有粳毛）（万葉七巻一〇七七）
③が詠嘆表現で、④が疑問表現である。上代では助詞カが活用語に下接する場合であっても、③のような詠嘆表現が圧倒的多数を占める。③のような詠嘆表現と④のような疑問表現の区別については、「第一部第一章（四）文末カモの詠嘆用法について」で詳しく述べる。⑤のような「〜ムカ」について従来「問い」ないし「疑い」を表す疑問表現であるとされてきた。しかし、「〜ムカ（モ）」の類型の中にも詠嘆表現とした方がよいものも存在する。これについては、「第一部第一章（五）『万葉集』の〜「ムカ」について」で詳しく述べる。⑥のような「〜ヌカモ」で希求表現になるものについては、特に章は設けていないが、右の二つの章で言及している。

二・一・二　文中用法の助詞カ

係り結びを構成する用法である。

⑦あしひきの山桜戸を開け置きて我が待つ君を誰れか留むる（誰留流）（万葉一一巻二六一七）

⑧倉橋の山を高みか（山乎高可）夜隠りに出で来る月の光乏しき（光乏寸）（万葉三巻二九〇）

⑨百重にも来及かぬかもと思へかも（念鴨）君が使の見れど飽かずあらむ（雖見不飽有武）（万葉四巻四九九）

⑩一重山へなれるものを月夜よみ門に出で立ち妹か待つらむ（妹可将待）（万葉四巻七六五）

⑦は、文中の不定語に助詞カが下接したもので、古代を通じて、「説明要求疑問文」として用いられている。古代語では、この形式と不定語単独による「説明要求疑問文」とは同じように用いられていて、大きな違いは見られない。この両者の違いについては、阪倉篤義（一九五六）、大鹿薫久（一九九一）に詳しい。この形が「ドアが開いていてる。誰かが来たみたいだ。」のような「具体的には説明できないが、ある範疇の事物である」というような用法に用いられるのはずっと後のことである。

助詞カの係り結びについて、⑧のような結びが用言単独であるか、あるいは確定系助動詞（キ・ケリ・ツ・ヌ・タリ・リなどの過去完了の助動詞）である場合と、⑨のように、結びが推量系助動詞（ム、ラム、ケム、マシ、ジ）である場合とでは、カの指示するものの表現上の性質が違う。これについては「第一部第一章（一）上代における助詞カ（モ）について―文中カ（モ）の指示しているものは何か―」に述べている。

助詞カの係り結びについては、野村剛史氏の野村（二〇〇二）を代表とする一連の論の中でその成立過程が論じられている。野村氏は、「うま酒を三輪のはふりがいはふ杉手触れし罪か（歟）君に逢ひかたき（遇難寸）」（万葉四巻七一二）のような注釈的な意味合いを持ち、助詞カで終止する文と、後続する話者が遭遇した事態を示す連体形終止文の二文併置から、⑧のような条件句と事実句の係り結び文が成立し、さらに、文全体が疑問の色に染まるために、⑨のように述語に不確定を表す推量系の助動詞が置かれるようになり、真の意味の疑問係助詞による係り結び文が成立したとしている。そして、成立したカの係り結びに侵入する形で助詞ヤの係り結びが成立したのだとしている。本書の助詞カ助詞ヤに関する考察についても、この野村氏の論の影響を受けている。

さて、野村氏の言う「文全体が疑問の色に染まるために、述語が推量系の助動詞になる」という点であるが、そのようにして出来上がった文がはたして「問い」や「疑い」を表す文なのか、それとも、むしろ、「詠嘆を含んだ推量文」であるかは、注目すべき点である。この点について尾上（二〇〇二）において「『か』は上接項に嘆きを加える係助詞であって、疑問文以外に使われることもある」としていて、この種の文を推量文としている。本書では、「第一部第一章（一）上代における助詞カ（モ）について—文中カ（モ）の指示しているものは何か—」「第一部第一章（三）『万葉集』の助詞カと助動詞ラムについて」においても、この点について考察している。

二・二　中古の助詞カ

二・二・一　文末用法の助詞カ

中古の助詞カの文末用法については、詠嘆表現に用いられるものが激減することが注目される。詠嘆表現にはカ・カモに替わってカナがもっぱら用いられることになる。詠嘆表現の助詞カはほとんどが⑪のような和歌に限られて用いられている。

⑪祝子《はふりこ》が木綿《ゆふ》うちまがひおく霜はげにいちじるき神のしるしか（『源氏物語』若菜下）

⑫「なにごとぞや。童べと腹だちたまへるか」（『源氏物語』若紫）

⑬さぶらふ人々のなかに、かの中納言の手に似たる手して書きたるか、とまでおぼしよれど～（『源氏物語』若菜下）

散文の中での文末カは、⑫⑬のような真偽疑問文、あるいは選択疑問文に限られている。そして、文末カによる真偽疑問文は、「話者が遭遇した事態に対する解釈案を提示する」タイプの疑問文にほぼ限られる。このことは、「第一部第一章（八）『源氏物語』の助詞カの文末用法について」で述べている。

二・二・二　文中用法のカ

上代の助詞カと中古の助詞カの用法を大きく分けるものは、澤瀉久孝（一九三八）が述べているように、真偽疑問タイプの係り結び文が中古には用いられなくなったことである。したがって、中古の助詞カの係り結び文は説明要求疑問文タイプのみとなっている。

⑭さばかり激しかりつる波風に、いつの間にか舟出しつらむ、と心得がたく思へり。（『源氏物語』明石）

疑問詞のみの疑問文と「疑問詞＋助詞カ」を用いた疑問文についても、その使い分けに明確な違いがあるわけではないが、細かいニュアンスの差はあったようだ。これについては「第一部第一章（七）『源氏物語』の助詞カの不定語下接用法について」で述べている。

二・三　中世以後の助詞カ

⑮一ノ人ノ云ク、「樹ノ本ノ翁ハ候フカ」ト（『今昔物語集』巻第一三第三四）

⑯此ノ釼《ツルギ》ノ鳴ル事ハ、必ズ様有ベシ。此ノ釼、定メテ夫妻《メヲト》二ツ有《アル》ラムカ。然レバ、一ヲ戀テ鳴ル也（『今昔物語集』巻第九第四四）

中古の真偽疑問文は助詞ヤによるものが中心であったが、院政期以後、⑮のような文末カによる真偽疑問文も数を増してくる。上代に数多くあり、中古には姿を消していたム系助動詞にカが下接する⑯のような例も、院政期から少しずつ顔を出すようになる。ヤが衰えて、「ムヤ」に交替する形で登場したと考えられる。これについては、

「第一部第一章（九）『今昔物語集』の文末カの用法について」で述べている。

以下は、本書の範囲を超えるが、中世以後の助詞カの用法について概略を示しておく。

中世では、説明要求疑問文の文末にカが置かれる例が少数見られるようになる。しかし、説明要求疑問文の典型は「不定語……ゾ」の形式であった。柳田（一九八五）は、『天草版伊曾保物語』に用いられた疑問表現について、以下のように整理している。

説明要求疑問文　問い「不定語……ゾ。」　疑い「不定語……カ。」　反語「不定語……ゾ。」あるいは「不定語（……）カ……ゾ。」

判定要求疑問文　問い「……カ。」　疑い「……カ。」「反語……カ。」

この整理によれば、カが用いられているのは、説明要求疑問文による「疑い」の文末と、判定要求疑問文全体の文末である。

中世では、説明要求疑問文の文末には助詞ゾが置かれるのが普通であったが、江戸時代にはいると、ゾが置かれない例が増加し、⑰のように、説明要求疑問文の文末にもカが用いられるようになって現代に至っている。

⑰なぜ此様《こんな》に踊《おど》るだらうか。おれにも氣がしれねへ。（『浮世風呂』四編巻之下）

（不定の助詞カ）

中世には、不定語にゾが下接した「なんぞ、たれぞ」が、「確かには定められないがそのような類のもの」、という意味で平叙文の中に用いられるようなっていた。江戸時代になると、このゾがカに代わった例も用いられるようになる。

⑱お屋敷さまへ上ておきますと、おれそれが何処《どこ》か違て参ります。（『浮世風呂』二編巻之上）

⑲ヘイ、何か焚物（たきもの）でござへませう（『浮世風呂』四編巻之中）

また、同時期に「〜か知らぬ」から「かしらん、かしら」という終助詞が生じている。

⑳毎日《めへにち》商《あきねへ》から歸《けへ》りにはの。何かしらン竹の皮へ買て來ての。サア、かゝさん、一ツあがれと、一合ツヽも寐酒をのませるしの（『浮世風呂』二編巻之上）

（助詞カによる間接疑問文の登場）

竹村・金水（二〇一三）では、中世では使用頻度が低い「不定語―カ」がどのような事情で、間接疑問文の形式となったかについて検討し、「不定語―ゾ」と「不定語―カ」を比較すると、「不定語―ゾ」の方が解決欲求の高い場合に用いられ、欲求の低い「不定語―カ」は、疑いを表す場合に用いられた。疑いを表す文は、注釈的な二文連置の文脈で用いられやすい。これは㉑のような二文連置から間接疑問文に移行したのではないかという指摘をしている。江戸時代後期には、㉒のように普通に用いられている。

㉑忠度はどこから引返されたか、侍を五人つれて、俊成卿の宿所に打寄せてみらるれば（『天草版平家物語』巻三）

㉒何をいふか、ねつからわからねへ。コウ、おめへの病氣《べうき》もこまつたもんだぜ。（『浮世風呂』前編巻之上）

以上のように、助詞カの用法を時代を追って概観したが、我々現代人の用いる助詞カは、間接疑問文に使用されたり、副助詞として「何か、どこか」のような形でも用いられる。このような現代人の感覚の中の助詞カと、係り結びや感動喚体句を構成した時代の助詞カでは同じ助詞でありながら、異質な点が数多くあるのではないか。本書では、その「異質な点」を探り出すことに主眼を置いている。

一言で言えば、現代語の助詞カは「内容が不確定であることを示す」助詞であるのだが、古代語の助詞カは「話者の内面の情動の契機となった事物を示す」助詞である。第一部の助詞カについての論述の背後には、著者のこのような見込みがある。

三　疑問係助詞ヤについて

係助詞のヤは現代には用いられていない。複合的に成立した助詞ヤラの一部に生き残っているのみである。現代でも文末に登場する「そいつはひどいや」のようなヤは、古代から使われている終助詞のヤである。

三・一　上代の助詞ヤ

三・一・一　疑問係助詞以外の助詞ヤ

助詞のヤは、係助詞以外に終助詞間投助詞に分類されるものもある。上代の疑問係助詞ヤの解説に移る前に、それ以外の助詞ヤを見ておく。

上代の助詞ヤは、疑問係助詞以外に間投助詞がある。呼び掛けに用いられるものを終助詞と呼ぶのなら、これも少数ある。これらが、音韻や音調など文字には残せない特徴をもとに異なる助詞として区別されていたのか、それともまったく用法のみで区別されていたのか今では知ることができない。

①石見のや（石見乃也）高角山の木の間より我が振る袖を妹見つらむか（万葉二巻一三二）

②あしひきの山に行きけむ山人の心も知らず山人や誰れ（山人夜多礼）（万葉二〇巻四二九四）

③汝背の子や（奈勢能古夜）等里の岡道しなかだ折れ我を音し泣くよ息づくまでに（万葉一四巻三四五八）

④常世辺に住むべきものを剣大刀汝が心からおそやこの君（於曽也是君）（万葉九巻一七四一）

間投助詞のヤにはさまざまなタイプがあり、中には①のように連体修飾語と被修飾名詞の間にはいる特殊なものがあった。また、②のような疑問の不定語の前にあるヤについては、疑問係助詞なのか間投助詞なのか、意見が分かれている。③のような呼び掛けに用いるものは終助詞とされている。

その次の④のような形容詞の語幹に下接する例は上代には珍しい。これは中古には多用され、シク活用形容詞の語幹と終止形が同じであるところから、終止形用法が派生し、形容詞形容動詞の終止形に接続する終助詞となった。これについては「第一部第二章（三）『源氏物語』の助詞ヤについて」で詳しく述べる。

三・一・二　文末用法の疑問係助詞ヤ

（カとヤの違い）

真偽疑問文に用いられる点では、カもヤも共通である。その場合、助詞カは上接項目を疑問の対象として指示する性格が強いこと、質問よりも自ら疑う疑問に用いられやすいことが指摘されている。これに対して、ヤは問いかけや反語に多く用いられることや、ヤは文全体を疑問の対象とすることなどが指摘されている。

このような性格の違いは、文末用法の方が相対的にはっきり出ている。文中用法の場合には、後述する「カよりヤへの推移」が物語るように、違いが見えにくくなっている。

上代の疑問係助詞ヤには終止形に接続するものと、已然形に接続するものがあるので分けて示す。

（終止形に接続するもの）

⑤さす竹の大宮人の家と住む佐保の山をば思ふやも（哉毛）君（万葉六巻九五五）

⑥夜昼とい別き知らず我が恋ふる心はけだし夢に見えきや（所見寸八）（万葉四巻七一六）

⑦大和恋ひ寐の寝らえぬに心なくこの洲崎廻に鶴鳴くべしや（多津鳴倍思哉）（万葉一巻七一）
⑧思はずもまことあり得むや（安里衣牟也）さ寝る夜の夢にも妹が見えざらなくに（万葉一五巻三七三五）

『万葉集』に九〇例ほどある。⑤や⑥のように、裸の用言や過去完了の助動詞に下接するものが多く、⑦のようなべシに下接するものがそれに次ぎ、⑧のようにムなど推量系の助動詞に下接するものは少ない。これらは単純な問いあるいは反語に用いられている。

注目すべきこととして、形容詞終止形に疑問係助詞ヤが下接した例が見当たらないことがある。中古においても「ありやなしや」などごく限られた場合にしか、形容詞の終止形に疑問のヤは付かない。形容詞終止形と動詞終止形の違いを端的に示す事実として扱うべき重要な課題である。

（已然形に接続するもの）

⑨海原の根柔ら小菅あまたあれば君は忘らす我れ忘るれや（和須流礼夜）（万葉一四巻三四九八）
⑩紫のにほへる妹を憎くあらば人妻故に我れ恋ひめやも（吾恋目八方）（万葉一巻二一）

上代の文末用法のヤには、已然形に下接するものもあった。こちらは、終止形の場合とは逆に、⑨のような動詞や過去完了の助動詞につくものよりも、⑩のようにムなど推量の助動詞に下接するものが多い。ほとんどが反語になる。已然形につく疑問係助詞ヤについては「第一部第二章（二）『万葉集』のヤとヤモの比較」で詳しく論じている。

三・一・三　文中用法の疑問係助詞ヤ

⑪～遊び歩きし世間《よのなか》や常にありける（余乃奈迦野都祢尓阿利家留）（万葉五巻八〇四）
⑫打ち麻を麻績の王海人なれや（白水郎有哉）伊良虞の島の玉藻刈ります（珠藻苅麻須）（万葉一巻二三）

⑬ますらをや（哉）片恋せむと（片戀将為跡）嘆けども醜《しこ》のますらをなほ恋ひにけり（万葉二巻一一七）

文中用法には、⑪の例のように、反語あるいは現実への反発が感じられるものが多いが、一方そのようなものは感じられない単なる疑問と思われるものもあり、文末用法のように、質問反語に傾くわけではない。

注目すべきは、⑬の用例である。『万葉集』の「～ヤ～ム」の多くは、木下（一九八七）が指摘するように、「ふがいない自分のありようを嘆く」ものである。

このタイプについて、野村（二〇〇二）では、不望予想タイプと名づけている。

（カよりヤへの交替）

疑問係助詞のカとヤと文末用法で比較するかぎり、ヤの方が質問表現によく使われ、反語の気息を帯びることが多いなど違いは比較的明確である。ところが文中用法では、両者の違いがはっきり出ない用例が多く見られる。このことについて、澤瀉（一九三八）は、人麻呂およびそれ以前の時代では、「か」は単なる疑問に、「や」は反語的にというように両者は明確に区別されていたが、それ以後は両者が混同し、「か」の用いられるべきところにも「や」がもちいられるようになったとしている。

さらにこれについて、野村（二〇〇二）では、連体形による係り結びは、カによるものが本来であったが、そこにカと意味においてよく似たところのあるヤがカの文中用法に侵入し、次第にその領域を拡大していったとしている。その際は、先述の⑬のような不望予想の用例に似た例がカにもあり、そこからヤが文中用法に侵入したのではないかとしている。

助詞カの項にも述べたが、「カよりヤへの推移」は文中用法だけに起こったわけではなく、上代の文末用法で、「～ムカ」など推量の助動詞にカが下接していたものが、中古にはまったく影をひそめ、かわりに「～ムヤ」などの形式が盛んに用いられるようになったところにも現れている。

文中用法の疑問係助詞ヤの用法の変遷については、「第一部第二章（一）上代から中古にかけての疑問表現形式の変遷」で述べている。

三・二　中古の疑問係助詞ヤ

中古に入って、ヤは判定要求疑問文の主役を務めるようになる。文末用法でも文中用法でも盛んに用いられた。また、前後の文脈に示された事実に対する解釈を提示する疑問文として「～ニヤアラム」が多用された。なお、「第一部第二章（三）『源氏物語』の助詞ヤについて」で、『源氏物語』に用いられた係助詞ヤ終助詞ヤについて、全般的に論じている。

三・二・一　文末用法の疑問係助詞ヤ

⑭「昨日、上は見たてまつりたまひきや。かのことはおぼしなびきぬらむや」（『源氏物語』行幸）
⑮「～かの浦に静やかに隠ろふべき隈はべりなむや」とのたまふ。（『源氏物語』明石）
⑯ありやなしやを聞かぬ間は、見えたてまつらむも恥づかし（『源氏物語』匂宮）

文末用法の疑問係助詞ヤは、真偽疑問文に多用され、質問に広く用いられた。⑭⑮は質問の例である。⑮のような「～ムヤ」は、質問反語とともに依頼勧誘にも用いられた。形容詞終止形に係助詞ヤが付くことは⑯のような「なしや」の例を除いては用例が見あたらない。

三・二・二　文中用法の疑問係助詞ヤ

⑰「その姉君は、朝臣の弟やもたる」（『源氏物語』帚木）
⑱碁うちはてつるにやあらむ、うちそよめくここちして人々あかるるけはひなどすなり。（『源氏物語』空蟬）

⑲「風につきてあくがれたまはむや、かるがるしからむ。さりともとまるかたありなむかし。やうやうかかる御心むけこそそひにけれ。ことわりや」とのたまへば（野分）

文中用法のヤについては、形式上、三つに分けて考える必要がある。一つは⑰のような結びが裸の用言や過去完了の助動詞の場合である。これは、後のニヤや「～ヤ～ムラムケム」に比較すると用例数は少なく、単純な質問疑問が多い。

二つ目は、⑱のような「断定ナリの連用形ニ＋係助詞ヤ＋アラム」の形式を取るものである。『源氏物語』には四〇〇例以上ある。この形式では、結び（アラム）が省略されることが多い。断定ナリの上接部が体言であれば名詞述語疑問文になり、連体形であれば現代語の「～のだろうか」に相当する形となる。この形式については、「第一部第二章（四）『源氏物語』の「～ニヤ」について」で述べている。さらにこの形式の祖先と考えられる上代の「～ニカアラム」に関して、「第一部第一章（六）『万葉集』の「～ニカアラム」について―中古語「～ニヤアラム」の源流―」でその形式の起源について考察している。

三つ目はム、ラム、ケムなど推量系助動詞が結びになる場合である。ラム、ケム、マシの場合には明確な質問や疑問に用いられた例が多いが、⑲のように、「～ヤ～ム」の場合には、明確な疑念解消志向を持った例がそれほど見られない。「～ヤ～ム」の多くは、単なる危惧の表明あるいは⑲のような断定を回避した「婉曲」な表現なのである。『源氏物語』のヤの文中用法については「第一部第二章（五）中古における疑問係助詞ヤの脱疑問化について」と「第一部第二章（六）助詞ヤの文中用法の変遷―『源氏物語』と『今昔物語集』の比較―」で詳しく述べている。

上代のヤと中古のヤについて、大きく異なった点がある。それは、条件句にヤが下接した疑問条件法が衰えていることである。上代には、已然形に直接ヤ（あるいはカ）が下接する形の疑問条件法が数多く用いられていた。中古にはいると、和歌を除いては、見かけなくなっているのである。

三・三　中世以後の助詞ヤ

中世以後にも、中古の助詞ヤと同じ用法のものも見られるが、一方では、助詞カと助詞ヤの使い分けがあいまいになる。不定語に助詞ヤが下接したり、「不定語＋カ」が文中にあり、文末にヤが置かれる例も目立ってくる。また、「第一部第二章（六）助詞ヤの文中用法の変遷―『源氏物語』と『今昔物語集』の比較―」に述べたように、結びの形態や上接項目のあり方などにも、中古とは異なった様相を見せ始める。

（助詞ヤラの登場）

⑳しばらくは、「いかにして死ぬやらん」と、心も得ざりける程に、（『宇治拾遺』巻二の三）

㉑三ばん目の兄《あにい》どのは又、合巻とやら申《もうす》草双帋《くさざうし》が出るたびに買ますが、葛籠にしつかり溜りました。（『浮世風呂』二編巻之上）

中古に盛んに用いられた「～にやあらむ」から「～やらん」が生じた。山口（一九九〇）によれば、中世には、真偽疑問文では、文末の単独の助詞ヤによるものは、確認・反語に偏り、狭義の疑問にはヤランが普通になってきていると指摘している。このヤランからヤラウの形が生じた。室町時代には、さらに「やら」の形も用いられている。近世にはいると、このヤラは、不定や並列副助詞として用いられるようになり、近現代にも引き継がれている。

以上、疑問係助詞ヤについて時代を追って、その用法の概略を示した。助詞カとは異なり、疑問の意味を持つ助詞ヤは、共通語や関西圏の方言では消滅している。その意味では現代とはつながってはいない。しかし、筆者は、ヤを用いた「～ニヤアラム」が、副助詞のヤラのみならず、現代語の「ダロウ」の起源の一つでもあったのだろうと考えている。本書では、その淵源としての「～ニカアラム」および中古での「～ニヤアラム」について触れたのみであったが、「〜ニアラム」については、観察考察すべき課題は多いと考えている。

参考文献

岩田美穂・衣畑智秀「ヤラにおける例示用法の成立」／大鹿薫久「萬葉集における不定語と不定の疑問」／尾上圭介「感嘆文と希求・命令文―喚体・述体概念の有効性―」（一九八六）・「係助詞の二種」／澤瀉久孝「『か』より『や』への推移（上中下）」／木下正俊「「斯くや嘆かむ」という語法」／金水敏・高山善行・衣畑智秀・岡﨑友子『シリーズ日本語史3文法史』／此島正年『国語助詞の研究―助詞史の素描―』／阪倉篤義「石をたれ見き」（一九五六）・「上代の疑問表現から」／竹村明日香・金水敏「中世日本語資料の疑問文―疑問詞疑問文と文末助詞の相関―」／野村剛史「連体形による係り結びの展開」（二〇〇二）・「中古係り結びの変容」・「疑問語疑問文の展開」／林淳子「疑問文・疑問表現研究史」／宮地裕「疑問表現をめぐって」／柳田征司『国語学叢書⑤　室町時代の国語』／山口堯二「疑問表現の推移」・『構文史論考』・『助動詞史を探る』

第一章　係助詞カとその表現

（一）上代における助詞カ（モ）について
――文中カ（モ）の指示しているものは何か――

一　はじめに

一・一　疑問文というものについて

疑問文というものは、不思議な性格を持っている。通常、我々は言語を用いて自らの責任において判断し述定したものを表現伝達する。ところが、疑問文は述定文ときわめて似た形をしながら、実はその内容に関して話者は、判断の責任を放棄しており、甚だしい場合には情報を伝達すべき相手に答を要求する表現にもなりえるのである。疑問は、きわめてシンプルないいかたをすれば「ある事態の成立に関する、判断あるいは承認の中止」[1]ということになるであろう。

このことと相手に答を要求する「質問」とは次元を異にするものである。相手に問う質問の気息は、文脈や現場の状況あるいは対他的な働きかけの形式を持っているかなど表現のレベルの問題であり、疑問文そのものは「問い」の表現性を帯びない場合がいくらもある。以下、「疑問」と「質問」という語は、「判断承認の中止」と「疑問文を用いて相手に答を要求すること」のように使い分けることにする。

さて、疑問文は通常の述定に備わった承認が中止されたものであるという特異性から、通常の述定文とは異なった表現性を持つ。

疑問文の表現性とは、典型的には疑念の解消をめざすということになるであろう。この疑念解消志向(2)が他者に向けられれば、それは「質問表現」という色合いを帯びる。あるいは特定の相手に答えを要求しない漠然とした自問自答という場合もあるだろう。

しかしながら、判断承認の中止としての疑問文の表現するものは、それだけにとどまらない。「面白い本がないかなあ。」という表現は、情報として「あるない」を決定する疑念解消をもとめているのではなく、現状における話者の欠落感ないしは欲求をしめしているのである。また「雨が降らないかなあ。」という表現は、期待または危惧を表現している。これらは、危惧期待という心理状態を語るために疑問文の形式がとられているのであり、疑念の解消自体が表現の中心になっているわけではない。言い替えれば疑問文の形で語ることが危惧期待の表明となっているのである。

このように判断中止の文をもちいることは、かならずしも疑念の解消をめざすものではない。疑問文と同じ形態がかならずしも「何かを知りたい」ためにもちいられるとはかぎらないのである。

「何かを知りたい」という疑念解消志向という知的な側面以外のものを、いま仮に「不確定表現志向」と名付ける。その不確定表現志向が前面にでた場合は、当然それが文の形式に反映するであろう。とりわけ、古代語の場合はそうである可能性が強い。

一・二　係り結び文としての疑問文

現代語においては、「桜か梅の木が植えてある。」や、「いつ来たのか、わからない」のような使われ方をするものをのぞいて、助詞カの位置は、文末に限られている。そしてこの文末におかれた場合、「山田さんが佐藤さんと東京に行ったのか。」などの文において、それが疑念解消志向が前面にでたものか、不確定表現志向が前面にでたものかは、文末にカがあるということだけでは決定することはできない。現代語では一つの形式がさまざまな表現性を帯びて用いられるのである。

これに対して、古代語の疑問文では、疑問係助詞ヤやカを用いるが、これらの助詞の位置は文末だけにはかぎられない。したがって、これらの助詞の位置をさまざまに変えることによって、現代語よりもはるかに多彩に細かいニュアンスを表現し分けることができたはずである。

その際に、疑問係助詞の位置を決定する要因は必ずしも事態の明確な形を求めるという疑念解消志向だけにはとどまらないであろう。

本稿では、疑問係助詞のうち、文中カ（モ）の位置を決定する要因について、それが必ずしも疑念解消志向によらないものもあるのだ、という見通しにたって上代語における文中カ（モ）の位置の意味するものについて考察を進めてゆきたい。

二　上代カ（モ）の用法

本稿で考察の対象とする助詞カ（モ）は、上代において文中文末のどちらにも位置する。カ（モ）が文末に位置する場合は、文は詠嘆あるいは疑問の意味を帯び、文中に位置する場合は文は疑問の意味を帯びるとされている。（以下、「カ」は助詞「カ（モ）」を表す。）

この文末の場合、注目すべきことは、文末カの直上の述語の性質によって、

一　裸の終止形または確定系助動詞にカがつく場合は、ほとんどが詠嘆になる。
二　推量系助動詞に下接した場合はほとんどが疑問の表現になる。
三　打ち消しの「ず（ぬ）」に下接した場合には希求あるいは詠嘆の表現になる。

というように文全体の表現性が左右されることである。このことは文中用法を考えるときにも参考になる。

さて、カの文中用法の方はさらに、

（一）不定語（疑問詞）に下接し説明要求の疑問文になるもの、
・門立てて戸もさしたるをいづくゆか（鹿）妹が入り来て夢に見えつる（鶴）（万葉一二巻三一一七）
（二）不定語以外の語に下接し判定要求疑問文になるもの、
・ひさかたの天の川瀬に舟浮けて今夜か（可）君が我がり来まさむ（武）（万葉八巻一五一九）

のふたつに分かれる。このうちの（二）のような類型は、中古以後まったく用いられなくなるもので、上代特有のものである。

三　文中カの位置の意味するもの

二に述べたように、上代における文中カの用法については、不定語に下接するか否かで二つの類型に分類できる。ここでの文中カの位置というのは、どのような意味合いを持つのか。

文中用法のなかで（一）の不定語に下接するものは、わかりやすい。半ば確定した事柄の一部不確定な部分に下接している。文全体の表現もその不確定な部分を定めたいという知的な欲求にあるのだから、カがその部分に下接

しているのはうなずけることである。

これに対して、（二）の用例の場合、カの文中の位置が持つ意味合いはどのようなものであったのだろうか。（以下、特に断らない限り本稿で「文中カ」といえば不定語を文中に含まない（二）の類型をさすものとする。）

（一）のカは不定語に下接していて、それは文中の不確定な項目を指示しているように見える。このことから出発して、（二）の文中カの場合のカもやはり不確定な項目に下接していると考えることもできる。そこから、カが文中の一項目に下接することの意味を「文中において疑いを含んだり、または不定であったりする点を指示すること」[3]というように考えることもできる。叙述されるべき事態の一項目を不定語によってしか表せない段階から一歩進んで「仮の解答案」を提示しているのだと考えるのである。

しかしながら、実際の用例を見るとカの上接項目が疑問点あるいは仮の解答案だとは言えない例も多く存在するのである。ふたつの用例を比較してみる。

・うまさけを三輪のはふりが斎ふ杉手触れし罪か（歟）君に逢ひかたき（難寸）（万葉四巻七一二）

・一重山隔れるものを月夜良み門に出で立ち妹か（可）待つらむ（将待）（万葉四巻七六五）

このうち（七一二）のほうは、「妹に逢ひがたきは、杉に手触れし罪か」のように解釈してもかまわない。つまり、カは疑うべき部分に下接していると言える。しかし、（七六五）のほうは、「待つらむは妹か」というような解釈は成り立たない。これは、この歌の詞書「久邇京に在りて、寧楽の宅に留まれる坂上大嬢を思ひて、大伴宿禰家持の作る歌」からも明らかである。「坂上大嬢を思ひて」作った歌のなかで「待つらむは妹か」と歌うのはいかにも不自然であろう。

このふたつの歌のうち（七六五）に関しては古来注目されてきた。「カの上接項目は不確定な項目である」という立場からは、この歌のカの位置がおかしいのではないかとされたり、あるいは、「カは文中のどこに位置していても文全体を対象にするのだ」(4)という立場からは、この用例はそのような考え方を支持する好適な用例ともされた。前者の立場に立つのであれば、文中カの用例の中で例外とはいえない（七六五）のような用例を、すべて「てをはの誤り」とせざるをえないという苦しいことになる。そして、後者のような立場に立てば、カが文中の一点に位置することの意味合いについての考察を放棄することになってしまう。

いずれにせよ、右の二つの用例におけるカの位置の意味合いといったものは、かなり異なっているように思われる。以下、このことについて、具体的な用例を挙げて検討する。

なお、以下の用例については『日本古典文学全集　万葉集一～四』（小学館　一九七一～一九七五年）を資料として用いた。

四　推量系結びと非推量系結び

文末のカの場合、先にも述べたように、その上の述語の性質によって表現性に大きな違いがみられた。確定系助動詞もしくは裸の用言にカが下接する場合には詠嘆の表現となり、推量系統の助動詞ムやラムに下接する場合には疑問として解釈すべき表現になる。また、このような述語の性質による違いは現代語においても見られるものであり、たとえば、「～したか」と「～しただろうか」の間にはかなりの表現性の違いがみられるのである。

そこで上代語における不定語に下接しない文中用法のカについても、結びの述語の性格によって二つに分けてみることにする。結びが推量系助動詞である場合と結びが確定系の助動詞、または裸の用言である場合の二つに分けるのである。結びが打ち消しの助動詞になっているものは、今回の考察の対象から除いた。打ち消しの表現は、今眼前にないという事実をいう確定表現に近い側面と眼前にない事態を言語化するという推量表現に近い側面の両面を持ち、かつまたこの両面を単純に分けることができないからである。

さて、分けた上でまず気づくことは、推量系統助動詞による結びのものと確定系助動詞、および裸の用言による結びのものとでは用例数にずいぶん差が出るということである。不定語に下接しない文中用法のカの用例は全体で二八〇例ほどあるがその中で、ムやラム、ケム、マシなど推量系助動詞による結びのものは、一八〇例近くある。これにたいしてケリ、タリ、リ、ツ、ヌのような確定系助動詞および裸の用言による結びのものは八五例ほどである。（残りの一五例は、結びが打ち消しのズによるもの。）

さらに、係り結びが句相互にわたる疑問条件法をのぞいて単純な句内部の係り結びだけ見てみると、ム、ラム、ケム、マシによる結びが八〇％以上を占めている。反対に疑問条件法の場合には、七〇例ほどのうち裸の用言につくものと確定系の助動詞につくものを合わせると、半数近くになり推量系助動詞による結びは一七例ほどにすぎない。（残りは打ち消しが結びになっているものや結びの不明なもの。）(5)

このような用例数の大小、及び分布の片寄りを見れば、推量系助動詞による結びのものと裸の用言および確定系助動詞による結びのものとはやはり別だてで扱うべきだということがわかる。以下、まず、結びが確定系助動詞および裸の終止形（以下「非推量系」と呼ぶ）によるものを扱う。

五　結びが非推量系の用例について

文中カで非推量系の結びを持つ用例は、**四**でのべたようにそれほど数は多くない。用例として多数をしめるものは、いわゆる疑問条件法のものであるが、それ以外の用例も、あるタイプに限られる。カの位置の意味合いからは、非推量系のものは以下の三つのタイプにほぼ限られる。

五・一　条件タイプ

・つとに行く雁の鳴く音は我がごとく物思へかも（可毛）声の悲しき（悲）（一〇巻二一三七）
・葦辺より満ち来る潮のいやましに思へか（歟）君が忘れかねつる（鶴）（四巻六一七）

まず、あげるべきものが右のような已然形にカが下接したいわゆる疑問条件法のタイプである。これは、三〇例ほどが数えられる。このような用例においては、カは目前の事実を出現させた原因や理由に下接している。カに続く部分、すなわち結びを中心とする部分は、その目前の事実にあたる。（二一三七）であれば、「雁の鳴く音の悲しき」という事態は話者が体験した事態であり、疑問をさしはさむ余地のない部分である。これに対して、「（雁が）我がごとく物思ふ」ということは、目前の事実を成立させる原因に話者が想像をめぐらしている部分であり、疑問の対象となりうる部分である。

したがって、これらの疑問条件法の用例ではカがまさに疑問解消志向の対象と言うべき疑問点に下接していることになる。またミ語法による文でカがミ語法のミに下接した

・倉橋の山を高みか（山平高可）夜ごもりに出でくる月の光乏しき（乏寸）（三巻二九〇）

のような用例も同様に考えることができる。

ここで注意すべきことは、疑問条件法の用例とミ語法の用例においては、一文が二つの事態で構成されているということである。文の後半が示す事態は、話者自体が経験した確実な事態である。反対に、カよりも前にある前半部分が示す事態は、確かめようのない、話者にとって不確かな事態である。つまり、カの下接する前半の事態と後半の部分とは、カの有無に関わらず、確かさと言う次元ですでに明確な違いがあるのである。カはそのような確かさの違いのその境目に位置しているのである。

さて、右の用例と同様に考えられる用例にはつぎのようなものもある。

・うまさけを三輪のはふりが斎ふ杉手触れし罪か（歟）君に逢ひかたき（難寸）（四巻七一二前出）
・（旋頭歌）太刀の後鞘に入野に葛引く我妹ま袖もち着せてむとかも（等鴨）夏草刈るも（苅母）（七巻一二七二）
・萩花咲きのををりを見よとかも（跡可聞）月夜の清き（清）恋増さらくに（一〇巻二二二八）

右のような用例では、見た目は先の疑問条件法とは異なって二事態二句構成にはなっていない。しかしながら、（一二七二）のように、眼前に確かめられるある行為の隠された意図、あるいは「罪（七一二）」「国柄（二二〇）」のような眼前の事態の原因などにカが下接しており、内容としては、眼前の事態と背後の原因事情と二つの事態を語っていることになる。そして、この場合もカは確実さの低い部分に下接しているのである。

これとよく似たものに以下のようなものもある。

・葛飾の真間の手児名をまことかも（可聞）我によすとふ（等布）真間の手児名を（一四巻三三八四）
・およづれのたはこととかも（可聞）高山のいはほの上に君が臥せる（臥有）（三巻四二一）

これらの用例ではカの上接項目は後半の「真間の手児名を我によすとふ」「高山のいはほの上に君が臥せる」という実在する発言あるいは噂に対する不確定な評価見立てを示している。これもいわば一文が眼前の事態とその背後の事態の二事態からなっていて話者にとって確定的でない部分にカが下接しているのである。

結局、条件の用例、見立て評価の用例をあわせて、これらのものは、一文が二事態で構成されていることが最大の特徴である。その二事態は内容的に目前の事態とその背後の事態という関係を持ち、かつ眼前の事態の方は述語が非推量系であることをもって確定的な事態であることを保証されている。カは、背後の事態を構成する部分に下接しているが、そこは眼前の事態と背後の事態との切れ目にあたるわけで、当然、その前の部分、背後事態の部分と眼前事実の部分では確かさという点で色合いに違いがでてくる。

そのような位置にあるという条件の下でこれらのカは疑問点を指示しているのである。

五・二　選択肢タイプについて

次に非推量系の結びの用例には、以下のような選択肢を列挙するタイプのものがあげられる。

・（長歌）〜およづれか（可）我が聞きつる（都流）たはことか（香）我が聞きつるも（都流母）（三巻四二〇）

・まそ鏡照るべき月を白たへの雲か（香）隠せる（隠流）天つ霧かも（鴨）（七巻一〇七九）

・さ雄鹿の胸分けにかも（爾可毛）秋萩の散り過ぎにける（鶏類）盛りかも（加母）去ぬる（行流）（八巻一五九九）

・うつつにか（香）妹が来ませる（来座有）夢にかも（可毛）我か（香）まどへる（惑流）恋ひのしげきに（一二巻二九一七）

・新羅へか（可）家にか（可）帰る（加反流）壱岐の島行かむたどきも思ひかねつも（一五巻三六九六）

これらの用例において並列されている選択肢は、互いに共存しがたいものである。一つをとれば、他は排除されねばならない。当然ここには、どの選択肢を選択すべきかという模索の姿勢が感じられる。

さて、そのような模索の対象としての選択肢は、あるいは（四二〇）のように選択される事態全体が示されるものもあるし、（三六九六）のように他の選択肢との異なりが端的に現れる部分のみを示したものもある。そのような選択肢を疑問点と呼ぶなら、後者（三六九六）の場合には、カが疑問点に下接しているといえるであろう。

前者の場合は、選択されるものは、（四二〇）であれば「およづれか我が聞きつる」「たはことか我が聞きつるも」全体であって、カの上接項目のみではない。しかしながら、カの上接項目は、後者と同じく、他の選択肢との異なりが端的に現れる部分であって、これを複数の選択肢の中からある一つの項目を選び出したいという志向の中で眺めれば、それは、各項目の選択肢としての核心部分なのである。

結局、前者にしろ後者にしろカは、「一つに定めたい」という疑念解消志向の中核の一項目に下接しているのである。**五・一**の条件タイプと異なっていることは、条件タイプの方は疑念解消志向の対象が事態全体であったのに対し、選択肢タイプでは一事態内部の一項目である点である。大きく見れば、疑問文全体の中で、疑念解消志向の中核にあたる部分をカが指示しているという点でこの両者は変わりがない。しかし、選択肢タイプのあるものでは、不確かな部分とカが下接する部分の範囲がずれていることは注目すべきである。カは疑念解消志向の中核を指示するのであって、不確かな部分を指示するのではないのである。

五・三　背後の事態タイプ

非推量系の結びを持つ文中カの、いま一つの類型は以下のようなものである。

・（長歌）〜小角の音もあたみたる虎か（可）吠ゆる（叫吼）と諸人のおびゆるまでに（中略）ゆはずの騒きみ雪降る冬の林につむじかも（可毛）い巻き渡る（伊巻渡）と思ふまで（二巻一九九）

・ぬばたまの夜さり来れば巻向の川音高しもあらしかも（鴨）疾き（疾）（七巻一一〇一）

・海人小舟帆かも（毳）張れる（張流）と見るまでに鞆の浦廻に波立てり見ゆ（七巻一一八二）

・沫雪か（香）はだれに降る（零）と見るまでに流らへ散るは何の花そも（八巻一四二〇）

・あしひきの山かも（鴨）高き（高）巻向の崖の小松にみ雪降り来る（一〇巻二三一三）

これらは一首が話者の遭遇した事態と話者が想像をめぐらせた事態の二事態によって構成されている点は、**五・一**の条件タイプと似ている。条件タイプと大きく異なっているのは、カが一つの事態の内部に入り込んでいる点である。（一一〇一）を例に取れば、一首の構成は「巻向の川音高し」という眼前の事態に対して「あらし疾し」という背後の事態を思い遣るという構成なのだが、このタイプでは、カはそのふたつの事態の繋ぎの部分には位置せずに、背後の事態である「あらし疾し」の中に入り込んでいるのである。カがこの位置に有るということは**五・一**

の条件タイプとは異なって疑問点に下接するとは厳密には言いがたい。**五・一**の条件タイプと同じに考えるなら、これらもその背後の事態全体にカが下接する位置に立つべきであろう。言い換えれば、「あらしを疾みかも」のような形態をとるはずなのである。

しかしながら、これらの用例で注目すべきことは、カは必ず主語または（一一八二）のように主語に準ずる項目に下接していることである。**五・一**の条件タイプと同様、このタイプでも、眼前の事態とその背後の事情という二文構成においては眼前の事情から背後を探るという志向が感じとれるが、カは、その背後の事態の核心部分である主語に下接しているのである。これらの用例では、眼前の事態に対する驚きいぶかしみが、その背後に隠れた事態を、眼前の事態の原因や解釈として捜し求めるところに一首のダイナミズムがある。その求められるべき事態の中核にカが下接しているということは、やはり、ある種の疑問点指示とも考えられるのである。したがって、この種の用例でも「吠えているのは虎か」「虎か何か吠えているのか」という「虎」の部分を疑問点と考えた現代語訳も成り立つのである。

このタイプでカが「虎カ吠ゆる」という形式をとり、「虎吠ゆるカ」という形式をとらないことについては、文末カが非推量系の述語に下接するとほとんどの場合に疑問表現とはならずに感動表現となるということが関係していると思われる。この感動表現との兼ね合いでカは文中に位置せざるをえない。その際に、事態のもっとも中心をしめる主語の部分にカが下接することになるのである。

五・四　非推量系のまとめ

非推量系の結びを持つ文中カの用例は、以上の三つのタイプにまとめられる。注目すべきことは、これらの用例では、カがすべて疑問点を指示すると言ってよい形でもちいられていることである。しかしながら、それらが疑問

点指示に見える事情はさまざまであった。ここでカが疑問点指示に働いているように見える事情を整理すると、

一　カが確かでない事柄全体の後についている。

二　カが選択の核心部分についている。

三　カが背後の事態の中核たる主語についている。

ということになる。このうち、一と三では疑念の解消志向が生まれるべき事情を暗示するために眼前の事態が一首の中で語られているという特徴があった。二についても両立しえない事態の並列という形式からやはり明確な疑念解消志向が読み取れるものであった。

さきほど**五・三　背後の事態タイプ**のところでも述べたが、文末カの場合、非推量系の述語に文末カが下接したものは詠嘆表現になるのが普通で、疑問表現となることはほとんどなかった。「非推量系の述語＋文末カ」が疑問の表現とはなりにくいことの事情の一つに「述語が不確定性のものではないこと」があるとするならば、そのような事情は文中カの場合でも同じはずである。

すくなくともそのことは、文中カにおいて結びが非推量系であることが少ない理由の一つに考えられるだろう。かつまた、その非推量系のものが文脈や文型の条件が限られた中にしか用いられないことの理由ともなりうるであろう。

そのようないわばカを用いて疑問文とはなりにくい形をなぜ表現として採用したのか。

詠嘆表現に傾く文末用法とは異なって、ここであげた文中用法の場合には、文全体が疑問文になっているとは言え、実はカはその文の内部の不確定の部分に下接している。つまり、確定した眼前の事実をめぐる不確定の部分があり、それを述べた部分にカが下接しているのである。いわば、話者が遭遇する事態全体の内部に、話者の確信についての「温度差」がある表現なのである。カはその温度差を示す指標として素直に位置しているということがで

きる。

かつまた、この温度差が、「この部分を特定したい」という知的な疑念解消志向を明確に感じさせることにもつながっているのである。この点は不定語に下接したカに相通ずるものである。主語にカが下接したもののみやや異例で、背後の事態全体ではなくその中核たる主語にカが下接しているのであるが、同様にいうことができよう。

とりまとめていえば、以下のようになる。

一　非推量系述語の文は、疑問の表現とはなりにくい。
二　非推量系述語が結びの場合、確定した事実をめぐっての不確定部分についての疑問となる。
三　そのような状況では疑問文の知的な側面、すなわち疑念解消志向が前面にでる。
四　カは、知的な情報上の重要点を指示することになる。

さて、「非推量系述語の文は、疑問の表現とはなりにくい」ということは、逆にいえば上代において、助詞ヤによる文はしばらく置くとして、すくなくとも助詞カによる文は推量系助動詞によって構成された述語の場合に疑問文となり易いということが考えられる。

先ほど述べたように、文中カの結びは推量系助動詞であることがはるかに多く、この形式が典型であるといえる。そのような用例の中でカの位置はどのような事情で決定されているのだろうか。

六　推量系結びの場合

六・一　非推量系と似たタイプ

推量系の結びの場合は、非推量系の用例に較べて用例数もその表現のタイプも多い。(6)ここではまず、非推量系のものと似て、カが疑問点を指示していると思われるものを取り上げる。

非推量系で二番目に取り上げた選択肢タイプのものは同様の用例が推量系にも存在する。
・君が行き日長くなりぬ山尋ね迎へか（加）行かむ（将行）待ちにか（可）待たむ（将待）（二巻八五）
・（長歌）〜み吉野の秋津の宮は神からか（香）貴くあらむ（将有）国からか（鹿）見が欲しからむ（将有）〜（六巻九〇七）
・（長歌）〜ただひとりい渡らす児は若草の夫か（香）あるらむ（良武）橿の実のひとりか（歟）寝らむ（将宿）（九巻一七四二）
・十月しぐれの雨に濡れつつか（哉）君がゆくらむ（疑）宿か（可）借るらむ（疑）（一二巻三二一三）
これらの用例は、後で述べるような疑問推量文特有の表現性を帯びている場合があるにせよ、カの位置の持つ意味は非推量系のものと大差はないであろう。

さらに以下のものは、非推量系の条件タイプあるいは背後事態のタイプと同じに考えられる。
・家人の斎へにか（可）あらむ（牟）平けく舟出はしぬと親に申さむ（二〇巻四四〇九）
・我妹子に恋ふれにか（可）あらむ（牟）沖に住む鴨の浮き寝の安けくもなし（一一巻二八〇六）
・霜曇りすとにか（可）あるらむ（将有）ひさかたの夜渡る月の見えなく思へば（六巻一〇八三）
これらは、「平けく舟出しぬ」「安けくもなし」「月見えず」といった眼前の事態を根拠にその背後にある原因や事情を問題とした表現である。その点で非推量系の条件タイプや背後事態タイプに似ているのである。ただし、非推量系のものが背後の原因や事態を確定した事実と考えているのに対して、これらのものでは眼前の事態のあり方を根拠として、話者の頭の中で仮想したものとしている点が大きく違うところである。

この両者の違いは、通常の疑問文と疑問推量文との違いを示すポイントの一つである。すなわち、通常の疑問文は常に話者が知りえない「事実」を問題にするのであるが、疑問推量文の場合には事実を問題としないのである。

六・二　疑問推量文特有のもの

通常の疑問文では、確定的な判断の中止がその本質であり、それゆえ、疑念解消志向は、確定的な判断の安定、すなわち、叙述する内容を確定的な事態の成立として妥当なものであるか否かを定めたいという形を取るであろう。つまり叙述内容の真偽の決定を求めるのである。

これに対して疑問推量文では、たとえ叙述する内容が安定してもそれは結局は不確定な推量にすぎず、現実に照らし合わせての真偽が問えないものである。

このような疑問推量文のありかたから推量系の文中カの位置は、非推量系の場合とは様相を異にする。以下、具体的な用例をあげつつこれについて述べることとする。

六・三　状況語下接、連用修飾語下接、複合述語前項下接、その他

推量系述語が結びの場合に、カは以下の三つの位置にあることが多い。一つは状況語に下接する位置、二つ目は状態副詞など連用修飾語に下接する位置、もう一つは複合述語の前項に下接する位置である。文の文法的な構造からみると状況語は、事態成立の基盤となるべき時間空間に関するものであって半ば事態の外にあると言ってよい。これに対して状態副詞など連用修飾語と複合述語の前項は、事態の内部を構成するものであり共通の性格を持つ。文的事態の構造を主語述語に大きく二分して見れば、この二つは述語的な部分と言える。

さらに、主語や目的語といった述語と対立的な項目にカが下接した用例があるが、このタイプは状況語に下接した場合、述語的な部分に下接した場合とはまた表現性が異なっている。

以下では、このようなカの分布に従って、**六・四**で状況語に下接する場合、**六・五**で述語的部分に下接する場合、**六・六**でその他の主語や目的語といった述語と対立的な項目にカが下接した場合に分けて、そのそれぞれについてカの位置の意味を考えることにする。

六・四　状況語にカが下接するもの

カが状況語に下接する用例は推量系結びの中の二割ほどを占める。

・稲搗けばかかる我が手を今夜もか（可）殿の若子が取りて嘆かむ（武）（一四巻三四五九）
・時待ちて落つるしぐれの雨止みぬ明けむ朝か（香）山のもみたむ（将黄変）（八巻一五五一）
・よそのみに君を相見て木綿畳手向の山を明日か（香）越え去なむ（将去）（一二巻三一五一）
・まそ鏡南淵山は今日もかも（鴨）白露置きて黄葉散るらむ（将散）（一〇巻二二〇六）
・今日もかも（可母）沖つ玉藻は白波の八重折るが上に乱れてあるらむ（将有）（七巻一一六八）
・我が背子はいづく行くらむ沖つ藻の名張の山を今日か（香）越ゆらむ（等六）（一巻四三）

（これらの他に、「今日カ」の例、一巻四一、三巻三五六、四巻五一一、六巻一〇二六、七巻一一五五、九巻一六八一、一二巻三一九四、一六巻三八八四、「今カ」の例、七巻一〇七八、八巻一四三五、九巻一七三四、八巻一四七四、一〇巻二〇三五、一〇巻二二一八、一五巻三七五八、「今夜カ」の例、八巻一五一九、八巻一五八七、一一巻二五六四、「その他」七巻一〇八〇など。結びがラムの場合に特に多い。）

状況語に下接するのは、「かくかくしかじかの状況では、以下のような推量が成り立つのか」という表現をする場合である。

先に述べたように状況語は、半ば事態の外側にあると考えられる。そのために、その状況と成立が推量される事態との間には、「仮定された状況」と「そこで起こりそうな事態」という表現伝達上の色合いの違いがある。カはその色合いの違いを確認する位置に入っているのである。このような位置にカが入っているために、このタイプでは一見非推量系と同様にカが疑問点を指示しているように思える。従って、例えば「殿の若子が取りて嘆かむは、今夜か」といった明確な判定要求の疑問文に転化できる。ただし、この場合の前後二項には非推量系で見たような確定不確定といった違いはないから、カの上接項目が明確な疑問点であるとはいえないのである。

六・五　述語的部分にカが下接するもの

推量系の結びの用例の中ではこれらの用例は多数を占めており、連用修飾語、複合述語の前項を合わせて全体の六割になる。

（状態副詞などの連用修飾語にカが下接しているもの）

・赤駒を山野にはかし捕りかにて多摩の横山徒歩ゆか（加）遣らむ（牟）（二〇巻四四一七）
・我妹子が形見に見むを印南つま白波高みよそにかも（加母）見む（牟）（一五巻三五九六）
・春日山霞たなびき心ぐく照れる月夜にひとりかも（鴨）寝む（念）（四巻七三五）
・沫雪の庭に降り敷き寒き夜を手枕まかずひとりかも（香聞）寝む（将宿）（八巻一六六三）
・浜清み磯に我が居れば見む人は海人とか（可）見らむ（将見）釣りもせなくに（七巻一二〇四）
・我がかざす柳の糸を吹き乱る風にか（加）妹が梅の散るらむ（覧）（一〇巻一八五六）

（これらの他に、「ひとりカ」の例、一巻五九、三巻二九八、九巻一六六六、九巻一六九二、九巻一六九三、一〇巻二〇五〇、一一巻二八〇二或本歌曰、一二巻三一九三、一三巻三二八二、一五巻三六二五、「その他」三巻二五二、三巻四二三、七巻

一一八七、七巻一三六〇、一一巻二四〇一、一一巻二五九四、一四巻三三九〇、一四巻三三九六、一四巻三四四二、一九巻四二〇二、一九巻四二一八、二〇巻四四二二、二〇巻四四二八。「ひとりかもねむ」の用例が多い。）

（複合述語の前項に下接するもの）

・剣大刀諸刃の上に行き触れて死にかも（鴨）しなむ（将死）恋ひつつあらずば（一一巻二六三六）
・我が盛りまたをちめやもほとほとに奈良の都を見ずか（歟）なりなむ（将成）（三巻三三一）
・秋風の末吹きなびく萩の花共にかざさず相か（加）別れむ（牟）（二〇巻四五一五）
・（長歌）～ぬばたまの黒髪敷きて長き日を待ちかも（可母）恋ひむ（牟）愛しき妻らは（二〇巻四三三一）
・大君の三笠の山のもみち葉は今日のしぐれに散りか（香）過ぎなむ（奈牟）（八巻一五五四）
・我がやどの花橘はいたづらに散りか（可）過ぐらむ（良牟）見る人なしに（一五巻三七七九）
・高円の野辺の秋萩いたづらに咲きか（香）散るらむ（将散）見る人なしに（二巻二三一）
・大和には鳴きてか（歟）来らむ（良武）呼子鳥象の中山呼びそ越ゆなる（一巻七〇）

（この他に「～ずカ」の例、一巻七八、三巻三八六、四巻七二〇、七巻一一八〇、七巻一三六四、七巻一三九二、八巻一五〇四、九巻一七二二、一一巻二七三一、一四巻三三五五、一七巻三九一七、「～つつカ」の例、四巻五九二、一一巻二六九五、一二巻三一五〇、一二巻三一九二、「連用形カ」「連用形てカ」の例、二巻一五二、三巻四二八、七巻一四〇七、八巻一五五七、八巻一六五一、九巻一七二八、一〇巻一九五六、一一巻二四八三、一一巻二六四六、一二巻二九七六、一四巻三五〇五、二〇巻四三四九、二〇巻四三五二、二〇巻四三九四、二〇巻四三九五など。）

状態副詞などの連用修飾語に下接する位置の場合には、その文の主語は、話者自身であるか、眼前に存在するものである。そのようなものを主語に持ちつつ疑問推量を行う場合には、表現の重心は、その主語ではなく、その「ありよう」の方に傾く。そのありようを端的に示すのが状態副詞など連用修飾語なのである。カはそのような表現の重心をなす項目に下接しているのである。カが複合述語の前項に下接する場合も同じ事情による(7)。

このように、述語的な部分にカが下接した例については、カの上接項目は、主語のありようのさまざまなバリエーションの一つを仮の解決案として提出していると見ることもできる。「一人カモ寝む」であれば、寝るあり方の一例を仮の解答案として示しているとも見ることができるのである。このように見れば、**六・一**で見た選択肢列挙型と同様にカは疑問点指示に働いていると見ることも出来る。

さて、この連用修飾語に下接する位置と複合述語の前項に下接する位置にカが立つ場合には、表現上の特色がある。それは、文の意味合いが単にそのような推量が成り立つかどうかということよりも、そのような事態に立ち至ることへの不安危惧が明瞭に読み取れる表現になっていることである。特に「ひとりかもねむ」や「見ずかなりなむ」のような話者が主語である場合にそれが著しい。どちらも「一人で寝るのかどうか」「見ずに終わるのかどうか」という知的な疑念を表現しているというよりも、「寂しいことだが一人で寝ることになるだろう」「残念だが見ずに終わることだろう」といった寂しさ危惧を強く感じさせる表現となっている。これはなぜだろうか。

このことを考えるについては、疑問推量というものの持つ表現上の性質を考えねばならない。

疑問推量とは内容の真偽を問題とする表現ではなくて、そのような推量の妥当性を問題とする表現と考えられる。推量は現実に拘束されないからどのような事態でも仮想することは可能である。その自由領域から話者が一つの事態を選び取って自らの仮想として表現する場合には、話者にとってのそれなりの根拠や妥当性があるはずである。単なる平叙推量文であれば、推量することの妥当性は発話する時点で発話者においては決着がついている。そこにおける文と発話者の関係は確定的な平叙文と大差ないであろう。また通常の疑問文であれば、そこではまず第一に関心がもたれるのは文内容と事実との関係、真偽であって話者との関係ではない。

これに対して疑問推量文の場合には、文の内容が不確定であるのみならずそのような内容を推量することの妥当性さえ話者自身の内部で決着がついていないのである。

「ひとりかも寝む」のような話者が主語である用例であれば、その妥当性が「発話者のありようと推量された事態との関係の適切さ」をめぐるものとなっている。そこでは、話者自身のありようと推量される事態との関係が妥当かどうかの確信がないのである。ということは、このような用例では、そのような確信がないままにある推量を言語化せざるをえない話者のありようも語られることになる。そこには当然不安危惧という感情がつきまといやすい。こういった事情で、文と話者の関係が、通常の疑問文や推量文に較べてはるかに密接で切実なものになっているのである。

そのような用例ではカの位置も文全体の表現性を反映したものとなる。状況語に下接する場合には、その状況語と後続する部分との関係は「仮定された状況」と「そこで起こりそうな事態」という関係であった。これに対して、連用修飾語や複合述語前項にカが下接している場合には、カの上接項目は右の言い方で言えば「起こりそうな事態」の方に含まれる。したがって、カの上接項目と他の部分には状況語に下接する場合のような表現伝達上の色合いの違いはない。

しかしながら、この場合のカの上接項目は、さきほど述べたような不安危惧といった話者の気分からみればその中心的な項目と考えられる。そこはもうすでに知的な疑念解消志向の対象たる疑問点ではなく、話者の情意の集中点としての意味合いが前面化しているのである。「見ずカなりなむ」でいうならば、この表現は「見ずにおわるだろう」という推量の妥当性を問題にしているのではなく、話者が不安と危惧のなかでそのような推量をし、かつその不安や危惧の焦点である「見ず」の部分に意識を集中した表現なのである。

そのように見るならばこれらの表現は「判断承認の中止」から疑念の解消へ向かう典型的な疑問文から離れて「ある事態をその一項目に意識を集中しつつ推量する」という表現になっているといえるだろう。「一　はじめに」に述べた不確定表現志向が前面に出ているのである。

以上は話者を主語とする用例にもっとも端的に見て取れるが、それ以外の「今眼前にあるもの」を主語とする場合にも言えることである。（一五五四）の「もみち葉は（中略）散りか過ぎなむ」であれば、かつて見た紅葉についてそれが「散り終わる」という事態を不安と危惧をもって推量する話者の姿が語られているのである。

もちろん、このようなタイプにしても「大和には鳴きてか（歟）来らむ（良武）呼子鳥象の中山呼びそ越ゆなる」（七〇）のように「眼前の事態」を推量の根拠としてあげてそれと推量内容との関係の妥当性を問題とするものもある。しかし、一首がそのような知的な疑念解消志向を中心とするものであるためには、（七〇）のような「眼前の事態＋推量された事態」という二句構成になる必要があるだろう。そうでない場合にはそこには話者を主語にした場合と同様、疑問推量という形をとることによって話者のありようが語られていると見るべきなのである。

六・六　その他の用例について

それでは、本稿の**三**にあげた「妹か待つらむ」などの用例に関してはどのように考えるべきか。**六・四**、**六・五**であげたタイプからはずれるものは以下のような例である。

・風吹けば波か（可）立たむ（将立）とさもらひに都太の細江に浦隠り居り（六巻九四五）

・（長歌）〜良き事を始めたまひて金かも（可毛）たしけくあらむ（牟）と思ほして下悩ますに〜（一八巻四〇九四）

・一重山隔れるものを月夜良み門に出で立ち妹か（可）待つらむ（将待）（四巻七六五前出）

・橘の匂へる香かも（可聞）ほととぎす鳴く夜の雨にうつろひぬらむ（良牟）（一七巻三九一六）
・鴨山の岩根しまける我をかも（鴨）知らにと妹が待ちつつあるらむ（将有）（二巻二二三）
・松浦川川の瀬速み紅の裳の裾濡れて鮎か（可）釣るらむ（良武）（五巻八六一）
・比多潟の磯のわかめの立ち乱え我をか（可）待つなも（那毛）昨夜も今夜も（一四巻三五六三）

これらの用例では、事態の中核である主語やそれに準ずる目的語にカが下接している。とはいえ、これらの項目が述語部分に比して、確実度の低い項目とは言えない。（九四五）で言えば、「立たむは、波か」のように、カの上接項目が「波か風か」といった選択肢の中での仮の解答案、ではありえないのである。この**六・六**の用例では、カは疑問点指示に働いていないわけでないことが一層明確である。**六・五**に比してさらに「ある事態をその一項目に意識を集中しつつ推量する」という表現性が先に立ち、疑念解消志向はほとんど感じられないのである。

六・五では話者あるいは眼前にあるものの「ありよう」が表現の重点になっていたが、これらの用例では眼前にない人や物が表現の重点になっているのである。ゆえに（七六五）では今この場では確かめようのない「妹」の姿を切実な思いを込めて推量した表現であり、カの位置はそのような話者の意識の集中点を示しているのであり、疑問点というありかたとはまったく異質な意味合いを担っているのである。つまり、これらの用例の中では、単なる推量ではなくて、話者の切実な思いがこもっていると言うことを文中カが保証しているのである。

六・七　推量系述語の場合のまとめ

このように推量系述語が結びとなる文中カには、強い情意を含んだ推量文と考えるべき用例があるが、そのようなものと知的な疑念解消志向が前面に出た用例とに明確な境界線は引けない。一首に詠み込まれた事態が話者の内面に強く関係するものか、あるいは話者が直面している状況から、推論されるものなのか、どちらにもとれる用例もあるのである。それによってカの位置も知的な関心によって決定されているのか、あるいは情意的な集中点を示すのか、どちらにも解釈できるのである。むしろ、文中カを含む疑問推量文は、そのような広がりの中で用いられていたのであろう。重要なことは、文中カを含む疑問推量文が単に疑念解消を目指す表現として用いられるのみならず、切実な推量を示す表現としてもありえること、カの位置の持つ意味もそれに応じて知的な関心の中心点としてもありえるし、情意の集中点としてもありえるということである。

七　おわりに

本稿では、文中カの位置の意味するものをめぐって考察を巡らしてきた。その結果として、文中カはある場合には疑念解消志向の対象となる知的な関心の中心点を示し、またある場合には話者の情意の集中点を示すものであることが明らかになった。

これは、上代の文中カを含む文は「判断承認の中止」の文ではあるが、必ずしも疑念の解消をめざすものばかりではないということを主張することにもなる。もちろん、疑問文が場合によってはそのようなあり方をするのは現代語においても見られることである。

しかし、そのような表現性の広がりを係り結ぶことによって文の構造に反映するところが上代を含む古代語の特徴の一つであろう。そこで注意すべきことは、その広がりを疑念解消志向を中心とした表現からの拡張とは考えるべきではないということであろう。

むしろ、上代の文中カによる表現はその広がりの中に典型的な疑念解消志向の表現を含んでいると考える方が妥当であろう。感動喚体を構成するカ（モ）を考えればわかるように、助詞カと疑念解消志向は直接には結びつかない。疑念解消志向は助詞カにとって本質ではないのである。

注

（1）川端善明『活用の研究　第二部第四章第三節』（大修館　一九七六年）による。

（2）「疑念解消志向」という用語は山口堯二氏の用語である。氏は、『日本語疑問表現通史』（明治書院　一九九〇年）において、質問や疑いの表現には、他者に問いかける解答要求志向に先だって主体自ら疑念を解消する「内面の問いかけ」が存在するとし、これを「疑念解消志向」と呼んでおられる。

（3）松下大三郎『改撰標準日本文法』（紀元社　一九二八年）では、

「や」……一定的疑問。たとえば「春やとき」というのは、「春」というものを一つに決めておいてその春が早すぎるのかどうかを疑う。「春がはやいのか」の意味。

「か」……不定的疑問、あるいは例示的疑問。「虎かほゆる」では、「虎」は恐ろしいものの一例として仮にいうだけであって、例示的であり「虎か何かでもほえるのか」の意味になる。

（4）以後、ほとんどの研究者が「カは疑問点の指示に働く」という考えを大筋において認めている。

此島正年氏は、『国語助詞の研究―助詞史素描―』（桜楓社　一九七三年）において、（万七六五）「妹可待つらむ」のような例をあげて

要するに、「か」が直上の語に疑問点をおくのは争えない事実であっても、やはり係助詞として文全体を疑問文にする機能は「や」と同様であり、従って、右（妹か待つらむ）のような用法を持つこともありうるのだと思う。

（二二四頁）

としている。

（5）参考までに文中カの結びの内訳を挙げる。

一句の内部にカがある場合

推量系合計　　一六七例（結びム　八四例、結びラム　六三例、結びケム　一〇例、結びマシ　一〇例）

非推量系合計　　五七例（結び裸の用言　三二例、結びケリ　一例、結びタリ、リ　一三例、結びツ、ヌ　一一例）
結び打ち消し　　一例
合計　二二五例

已然形未然形ミ語法にカが下接する場合
推量系合計　　二〇例（結びム　八例、結びラム　一〇例、結びケム　二例）
非推量系合計　　三四例（結び裸の用言　二二例、結びキ　一例、結びケリ　一例、結びタリ、リ　三例、結びツ、ヌ　七例）
結び打ち消し　一〇例
合計　　六四例
結び不明　八例

（6）結びの助動詞にはケムが八例、マシが九例ほどあるが、ケム、マシの用例は、以下の挙例にはあげていない。
（7）カが述語部分に関係するとき、述語内部に入り込む場合と述語末に位置する場合の両方が考えられるが、述語末はまた文末という特殊な位置にあり、述語部分に下接しているというより文末に下接しているという色合いが強くなる。田中敏生（一九八五）によれば「『〜ムカ』の形で文末に置かれたのでは、述語内容に対する焦点指示の役割を果たしえなくなる」としている。
（8）文の基本的な構造を主語述語の二項の対立と見るならば主格も対格も主語的な性格が強い。このような主語主格といった用語の使い分けは川端善明「用言」『岩波講座日本語六　文法Ⅰ』（岩波書店　一九七六年）によった。

参考文献

佐伯梅友「万葉集の助詞二種『の』『が』及び『や』『か』について」／阪倉篤義「反語について—ヤとカの違いなど」／此島正年『国語助詞の研究—助詞史の素描—』／田中敏生「万葉集におけるヤ・カの上接語句について」／山口堯二『日

本語疑問表現通史』

補遺

本稿のもととなった近藤（一九九〇b）では、「うち靡く春を近みカ（知可美加）ぬばたまの今夜の月夜霞みたるらむ（多流良牟）」（万四四八九）のような眼前の事実を表す部分に推量系述語が下接した用例については触れなかった。野村剛史（一九九五a）は、このような用例に注目して、この稿の**五・一**条件句にあげたような用例では、複文構成の前半が不確定で後半が事実句であり確定系述語でおわるのだが、その「不確定な感覚」が複文全体を覆うことによって、本来事実を示す句である主文にも推量系述語が付されるようになり、文全体が真の疑問係り結びになるとしている。

なお、本書刊行にあたり、近藤（一九九〇b）の「六・六その他の用例」についての文言を全面的に改めたが、その際、尾上圭介（二〇〇二）「係助詞の二種」を参照したことを付記しておく。

(二)『万葉集』のカとカモの比較

一　はじめに

係助詞が複合することによって、単体の場合と大きな用法上の違いが見られるものがある。たとえば、ハとハモについていえば、上代にハの文末用法は見られないのに対して、ハモは、

・かくのみにありけるものを萩の花咲きてありやと問ひし君ハモ（問之君波母）（万葉集三巻四五五）

のような、文末用法が多数見られる。このように単体のハと複合したハモとの間には非常に大きな用法の違いが存在する。

また、助詞モの文末用法は、動詞型活用語には少数しか下接しないが、助詞カモの文末用法はむしろほとんど動詞に下接しているというような役割の分担が見られる[1]。

このような観点から見ると、助詞カと助詞カモにはそれほど大きな違いは見られない。カには現代語の例で考えてもあきらかなように、

・この木の実は食べられますか?

のような疑問文に用いられる場合と、

・この子ももう小学生か。

というようないわゆる詠嘆の文に用いられる場合と大きく分ければ二通りの用法がある。上代のカやカモについても同様であり、カが疑問を表しカモが詠嘆を表すというようなはっきりした違いというのは存在しない。違いがある場合にしても、この用法にはカが比較的多く用いられ、別の用法にはカモが比較的多く用いられるというような傾向差でしかないことが多い。

しかしながら、本稿では、あえてこの傾向差としか言えないような違いにこだわってみたい。理由としてはまず第一に、カモについては、上代において非常に多数用いられた助詞であることが上げられる。係助詞が複合したものの多くは、少数しか用いられないことが多いが、カモの場合には万葉集では七〇〇例以上に及ぶ。このように用例が大量にあることによって、他の係助詞の複合よりも微妙な違いが看取できる可能性が大きいということが考えられるのである。

第二に単体のカは周知のごとく用法の一部を失いながらも、中古以後ずっと用いられ続けているのに対して、これほど多数用いられたカモは、中古にはほとんど用いられなくなり、詠嘆の用法については、カナにその地位を譲ってしまうのである。このような衰退の現象は、カモにかぎらず、先に上げたハモや上代の反語の表現に多用されたヤモについても同様である。つまり上代の係助詞の複合において中心的な役割をはたしていたのは、モなのだが、それが中古になると、あらたにモゾ、モコソという新たな複合形式を生んだ以外は、係助詞の複合についてはあまり活発でなくなるのである。このような変遷の事情を理解するためにも、カとカモの違いについてはたとえ傾向差しか指摘できないにせよ、やはり整理しておくべきなのである。

以下の考察では、カとカモの用法を、文末用法、文中用法、「なに、誰、いつ」などの不定語に直接間接に下接する場合の三つに分けてその違いを検討する。また、特にカモがカとモの複合であることを重視して、詠嘆の用法のモがそれぞれの用法とどのように関わっているかに注目したい。

資料には『万葉集』を用いた。西本願寺本を底本とした吉村誠氏作成のデータベースを用い、必要に応じて、桜楓社の『万葉集』、澤瀉久孝『万葉集注釈』（中央公論社）、小島憲之・佐竹昭広・木下正俊『小学館古典文学全集万葉集一〜四』（小学館）などを参照した。用例数も基本的には吉村氏のデータの読みに基づいている。

二　文末用法のカとカモの比較

二・一　全体の用例数について

先にも述べたようにカの用例数よりも、モと複合したカモの方が用例数が多い。これは他の係助詞の複合には見られない特徴である。分布についてみると、カには文中用法が多く、カモは文末用法が多い。

文末用法で比較すると、全体の用例数では、カが一四七例（以下用例数には読み添えも含む）であるのに対して、カモは、五五二例となる。カに対してカモは約四倍の用例数があるのである。

文末用法のほとんどは、名詞に下接するか活用語の連体形に下接するのであるが、カにおいては、名詞に下接するものは、三三例ほどであり、活用語の連体形に下接するもの一〇〇例との比率は一対三。この比率はカモでも大体同じであり、名詞に下接するもの、一一四例ほどであるのに対して、活用語に下接するものは、四三三例で、大体一対四の割合になっている。

このように全体のありようは、カもカモも大差ないのであるが、もう少しこれを細かく見ると、文末用法のカとカモの間には、用法上かなりの違いが見られるのである。

二・二　文末用法で体言に下接するもの

まず、体言に下接する場合であるが、カモは、

・あしひきの山さへ光り咲く花の散りぬるごとき我が大君カモ（吾王香聞）（三巻四七七）
・暇なく人の眉根をいたづらに搔かしめつつも逢はぬ妹カモ（不相妹可聞）（四巻五六二）

のような典型的な喚体句の形式をとるものが多い。そして、その場合、たとえば、

・思はじと言ひてしものをはねず色のうつろひやすき我が心カモ（吾意可聞）（四巻六五七）
・妹が家に雪かも降ると見るまでにここだもまがふ梅の花カモ（烏梅能波奈可毛）（五巻八四四）

というような用例にみるように、かなり複雑な叙述内容を持つものが多く、その点で、感動の対象を直感的に捉えたものとは云いにくい、内容的には述体的とでも呼びたくなるようなものが多いのである。

カについても、

・見わたせば春日の野辺に立つ霞見まくの欲しき君が姿カ（君之容儀香）（一〇巻一九一三）
・我が背子を大和へ遣りて待つしだす足柄山の杉の木の間カ（須疑乃木能末可）（一四巻三三六三）

のような典型的な喚体句であるものも存在するが、これはむしろ少数で、多くは、

・世間ハ数なきものカ（加受奈枳物能可）春花の散りのまがひに死ぬべき思へば（一七巻三九六三）

のような「ＡはＢカ」という、述体としての名詞述語文の述語部分を構成するものが多い。直上の名詞を修飾する部分もカモと比較すれば単純なものが多い。そして、カについては、

・馬の音のとどとモすれば松蔭に出でてぞ見つるけだし君カ（若君香）と（一一巻二六五三）
・夢カ（夢可）と心惑ひぬ月まねく離れにし君が言の通へば（一二巻二九五五）
・帰りける人来れりと言ひしかばほとほと死にき君カ（君香）と思ひて（一五巻三七七二）

のようなものが数例見られる。これらは、単独の名詞にカが下接した単純な構成で、これだけでは表現として自立

できず、文脈などに依存してはじめて表現として成立している「一語文」に近いありかたをしているのである。

このような一語文的なありかたをするものは、カモにはほとんどみられず、せいぜい

・～栲のほの麻衣着れば夢カモ（夢鴨）うつつカモ（現前鴨）と曇り夜の～（一三巻三三二四）

の一例を見るくらいである。また、カモには、

・世間も常にしあらねばやどにある桜の花の散れるころカモ（不所比日可聞）（八巻一四五九）

のような、「～ころかも」という例が一二例ほどみられる。これらの中には、右にあげた一四五九番歌のように、「ころ」を修飾する連体修飾部の中に、「桜の花」という主語と、「散れる」という述語がセットになって含みこまれるものが見られる。典型的な喚体句を「美しき花かも」というような形式であると考えれば、それは、連体修飾部が述語で非連体修飾部が主語というようにまさしく倒逆した主述関係[2]になるのだが、ここにあげたものは、主述はこの順序で連体修飾部に含み込まれていて連体修飾部と非連体修飾部の関係は、主述関係とはいえなくなっている。このことは「～ころかも」の中で、形として主語にあたる語が無い場合にもあてはまる。

これにたいして、カの方は、

・秋の野を朝行く鹿の跡もなく思ひし君に逢へる今夜カ（相有今夜香）（八巻一六一三）

と（一〇巻二〇四七）の二例がそのような形式をとっているのみである。

このように名詞に下接する文末カと文末カモを比較すると、

一、カは、喚体句を構成することもあるが、むしろ、名詞述語文の述語部分を構成するか、現場文脈に依存した一語文に用いられるか、どちらにせよ、非独立的な用法で用いられることが多い。

二、カモは、喚体句を構成するのに多く用いられ、その場合、その構成は複雑で感動の対象を直感的に捉えたものとはいいがたいものになっていることが多い。また、一語文的な在り方をする表現にはほとんど用いられな

い。

という違いがあることがわかる。

二・三　体言下接のものと詠嘆のモとの関係

次に文中の詠嘆モとの関係であるが、カについては、
・悔しくモ（悔毛）満ちぬる潮カ（満奴流塩鹿）住吉の岸の浦廻ゆ行かましものを（七巻一一四四）
のような用例にみるように、ともに用いられるものが三例ほどある。

文末カモの場合にも、
・み吉野の象山の際の木末にはここだモ（幾許毛）騒く鳥の声カモ（鳥之声可聞）（六巻九二四）
のように文中に詠嘆のモがある用例が一九例ほどある。

このように文末カ、カモの場合には、文中に詠嘆のモがある用例というのはそれほど多くない。しかしながら、文中に詠嘆のモがなくても、文末カモの場合であれば、その多くが詠嘆の表現であるし、文末カでも、先に挙げた、二〇四七番歌や、
・妹に恋ひ寐ねぬ朝明にをし鳥のこゆかく渡る妹が使カ（妹使）（一一巻二四九一）
・我が背子を大和へ遣りて待つしだす足柄山の杉の木の間カ（須疑乃木能末可）（一四巻三三六三）
などの用例のように、詠嘆の色の濃い表現となっているものがあるのである。

「～モ～カ」が詠嘆の色の濃い表現になりやすいのに対して、「～ハ～カ」は疑問に傾き易いといわれる。たしかに、
・穿沓を脱き棄るごとく踏み脱きて行くちふ人ハ（比等波）石木よりなり出し人カ（奈利提志比等迦）（五巻八〇

〇）

のように疑問文と解すべき用例もあるのだが、その一方で、

・海神ハ（海若者）くすしきものカ（霊寸物香）（三巻三八八）

のように詠嘆の色の濃い場合もある。このような事情はカモについても同様で、

・この夕降りくる雨ハ（雨者）彦星の早漕ぐ舟の櫂の散りカモ（賀伊乃散鴨）（一〇巻二〇五二）

のように「〜ハ〜カモ」で疑問の意味に傾くものと、

・山辺の五十師の御井ハ（御井者）おのづから成れる錦を張れる山カモ（張流山可母）（一三巻三二三五）

のように詠嘆の色が濃くなるものの両様がある。

このように名詞に下接する場合には、カもカモも文中に詠嘆のモを含むことがあるが、その数はそれほど多くない。また、詠嘆のモが文中になくても、詠嘆の色合いが出るのである。また、文中にハが在る用例も場合によって疑問にも詠嘆にも傾き、傾向は一様でない。

名詞に下接する文末カとカモは、詠嘆のモやハとの関係では大きな違いは見られない。むしろ、注目すべき違いは、先に述べた、カモはより複雑な内容構成の文の文末を構成することがほとんどであるのに対して、カは単純な一語文的な在り方をする文にも用いられるという点であろう。

二・四　文末用法で活用語に下接するもの

次に文末用法のカ・カモが活用語に下接している用例を見てみる。その分布は、以下のようになる。

文末の活用語に下接するもの……助詞カ一〇〇例　助詞カモ四三三例

動詞連体形に下接するもの……助詞カ二九例　助詞カモ一一八例

形容詞に下接するもの　……助詞カ三例　助詞カモ二八例
助動詞に下接するもの　……助詞カ六八例　助詞カモ二八七例

右の数値からわかるように、活用語に下接する場合にも、用例数に違いがあるが、分布の仕方自体は、カとカモに大きな違いはない。しかしながら、ここでも細かい点では注目すべき違いが見て取れる。それは、どのような助動詞に下接するかという点である。助詞カは、「き、けり、つ、ぬ、たり、り」といった過去完了の助動詞に下接するのは全体でわずか六例であるのに対して、「む、らむ、けむ」という推量系の助動詞に下接するものが二九例と推量系の助動詞に下接する方がはるかに多いのである。これに対して、カモは、過去完了の助動詞に下接するのは、一〇一例、推量系の助動詞に下接するのは八九例というように過去完了の助動詞に下接するものが多い。これは、文末カモはさまざまな述語の形式に比較的自由に下接しうるのに対して助詞カは過去完了系の助動詞に下接することになんらかの制約があるということであろう。

二・五　詠嘆のモとの関係

次に詠嘆のモとの関係について見ると、ここにはカとカモの顕著な差があることがわかる。まず動詞に文末カが下接する場合についてみると、

・見れど飽かずいましし君が黄葉のうつりい行けば悲しくモあるカ（悲喪有香）（三巻四五九）
・三輪山をしかモ隠すカ（然毛隠賀）雲だにも心あらなも隠さふべしや（一巻一八）
・相思はずあるらむ君をあやしくモ（安夜思苦毛）嘆きわたるカ（奈気伎和多流香）人の問ふまで（一八巻四〇七五）

のように、二九例すべてにわたって文中に詠嘆のモが存在することである。このことは形容詞連体形に下接する場

合も、「き、けり、つ、ぬ、たり、り」といった過去完了系の助動詞に下接する場合にもほぼ同様であり、

・時ならぬ斑の衣着欲しきカ―（服欲香）島の榛原時にあらねども（七巻一二六〇）

・～国見れど人も通はず里見れば家も荒れたりはしけやしかくありけるカ―（如此在家留可）（六巻一〇五九）

の二例をのぞいては、すべて文中に詠嘆のモが存在するのである。[3]

これに対して、文末カモは、動詞連体形に下接する一一八例中ほぼ半数に詠嘆モが用いられ、形容詞連体形、過去完了の助動詞の連体形に接続するもののうち二〇例ほどに文中モが用いられている。

このことはとりあえずは以下のように考えられるだろう。動詞連体形にカが下接する場合にはほとんどが詠嘆の表現になる。ただし、そのためには、詠嘆のモと共同する必要がある。詠嘆のモは文末のカと複合して、カモとなる場合と、文中に位置する場合がある。カモになった場合でもさらに文中に詠嘆のモが置かれる場合があるのである。

ただし、このように考えても、では、動詞連体形に文末カが下接して疑問を表す用例が万葉集には非常に少ないのはなぜかということは説明できない。

おそらくは、上代の助詞カは、現代語の助詞カとは疑問表現ということに対する角度が異なっていたのだろうと考えられる。現代語でもたとえば「特急はもうでましたか」という表現が事態をある種の詠嘆性をおびて受諾するような意味合いに用いられる場合もあるが、しかしながら、あくまでカは疑問表現を中心に用いられるのに対して、上代語のカが疑問の意味合いを帯びるのは表現の結果であり、カ自体は疑問とは別種のものを表していたのだと考えられる。そのことが、動詞形容詞過去完了の助動詞に文末カが下接して疑問の意味になりにくいことに関係するのだろうと考えられる。文末の用言や過去完了形助動詞にカ、カモが下接した用例が疑問であるか、詠嘆であるかについては、本章の「(四)文末カモの詠嘆用法について」で詳しく述べる。

さて、このように、動詞形容詞の連体形および過去完了の助動詞の連体形にカが下接するときには、文中に詠嘆

のモがあり、「〜モ〜カ」のセットで用いられるのだが、この「〜モ〜カ」のセットが表現するものと、文末カモが表現するものは同じものなのだろうか。このことについては、打消ズの連体形に下接する場合、注目すべき現象となって現れる。

打消ズの連体形に下接する場合に、カとカモは異なった様相を見せる。まず、カは、このような用例が二六例あるが、

・雪の嶋巌に植ゑたるなでしこは千代に咲かヌカ（千世尓開奴可）君がかざしに（一九巻四二三二）

の一例を除いてすべて文中に詠嘆のモが存在する。そして、この例を含めてすべて希求の表現になっている。

一方、カモは八五例が打消ズの連体形に下接するが、文中に詠嘆のモがあるものは、一三例ほどである。この一三例はすべて、希求表現となっているのであるが、文中に詠嘆のモがなくても、

・梅の花今咲けるごと散り過ぎず我が家の園のありこせヌカモ（阿利己世奴加毛）（五巻八一六）

・川の瀬の石踏み渡りぬばたまの黒馬来る夜は常にあらヌカモ（常二有沼鴨）（一三巻三三一三）

のように希求表現になるものが存在する。[4] このような例を除くと、カモの場合は、八五例中の五〇例近くが、

・あをによし奈良の都にたなびける天の白雲見れど飽かヌカモ（見礼杼安可奴加毛）（十五巻三六〇二）

のような詠嘆の例なのである。

つまり、「〜モ〜ぬカ」は必ず希求の意味を表すのだが、「〜ぬカモ」にはそうでないこともあるのである。このことは、「〜モ〜カ」と「〜カモ」が同じ意味を表現してはいないことを示唆している。[5]

このような「〜モ〜カ」と「カモ」の違いは、「む、らむ、けむ」などの推量系助動詞に下接する場合にさらに顕著に現れる。

推量系助動詞に下接するものがカ三六例、カモが九五例ある。このうち、「む」に下接するものが、

・松蔭の清き浜辺に玉敷かば君来まさムカ（君伎麻佐牟可）清き浜辺に（一九巻四二七一）

・青波に袖さへ濡れて漕ぐ舟のかし振るほとにさ夜更けなムカ（左欲布気奈武可）（二〇巻四三一三）

のようにカに一二例ある。カモには、

・梓弓引き豊国の鏡山見ず久ならば恋しけムカモ（恋敷牟鴨）（三巻三一一）

・淡雪に降らえて咲ける梅の花君がり遣らばよそへてムカモ（与曽倍弖牟可聞）（八巻一四一）

のように、六四例がある。その他にカモには、

・大船を舳ゆも艫ゆも堅めてし許曽の里人あらはさメカモ（阿良波左米可母）（一四巻三五五九）

のようなメカモの用例も五例ある。

この中で、文中にモが用いられるのは、文末カの場合には、

・相見てはしましモ（須臾）恋はなぎムカ（奈木六香）と思へどいよよ恋ひまさりけり（四巻七五三）

の用例のみである。しかしながら、このモは、吉田茂晃（一九九六）でいう許容の意味のモであって、詠嘆のモとはいえない。またこの例自体訓み添えであって確実な例とはいいがたいのである。そうなると、「〜むカ」の文の中に詠嘆のモを含む例は一つもないことになる。これは、動詞形容詞過去完了の助動詞とは対照的なあり方をしている。

一方、「〜むカモ」について文中にモを含むものは、確実な例としては、

・我が寝る夜らを数みモあへムカモ（読文将敢鴨）（一三巻三二七四）

の一例である。(6) この例に関しては、詠嘆としか考えられないから、少なくとも「〜むカモ」については、文中に詠嘆モを含む例が存在することになる。

このように述語が「む」である場合には、「む」にカモが下接することは許容するが、文中に詠嘆のモがあるこ

とは排除する傾向にあるのである。

これは「〜けむカ」「〜けむカモ」についても同様で、「〜けむカ」二例は、

・霍公鳥今朝の朝明に鳴きつるは君聞きケムカ（君将聞可）朝寐か寝けむ（一〇巻一九四九）

・秋の野の尾花が末に鳴くもずの声聞きケムカ（音聞濫香）片聞け我妹（一〇巻二一六七）

のように、文中に助詞モそのものを含まない。また、「〜けむカモ」一七例のうち、

・石見なる高角山の木の間ゆモ（木間従文）我が袖振るを妹見けむカモ（妹見監鴨）（二巻一三四）

の一例のみに詠嘆としか言えないモが含まれている。

「〜じカ」「〜じカモ」については、

・〜かにかくに欲しきまにまにしかにはあらジカ（斯可尓波阿羅慈迦）（五巻八〇〇）

・梅の花咲きて散りなば我妹子を来むか来ジカ（将来香不来香）と我が松の木ぞ（一〇巻一九二二）

のような「〜じカ」が六例、「〜じカモ」は、

・我妹子が形見の合歓木は花のみに咲きてけだしく実にならジカモ（実尓不成鴨）（八巻一四六三）

のように「不」を「じ」と訓む例ばかりだが、五例ある。これらはすべて、文中に詠嘆のモを含まないのである。

さらに注目せねばならないのは、「らむ」に下接する場合である。「〜らむカ」という用例は、

・石見のや高角山の木の間より我が振る袖を妹見つラムカ（妹見都良武香）（二巻一三二）

・安胡の浦に舟乗りすらむ娘子らが赤裳の裾に潮満つラムカ（之保美都良武賀）（一五巻三六一〇）

のように、仮名書きの用例だけで一四例あるが、「〜らむカモ」に関しては、仮名書きの用例はない。

・含めりと言ひし梅が枝今朝降りし沫雪にあひて将開可聞（八巻一四三六）

・さ夜更けば出で来む月を高山の嶺の白雲将隠鴨（一〇巻二三三二）

の二例について、注釈書によっては傍線部を「咲きぬらむカモ」「隠すらむカモ」と訓むのみである。(7)

この二例を仮に「〜らむカモ」と訓んでも、「〜らむカモ」という例はきわめて存在しにくかったと考えられる。


以上のように、文末用法のカ・カモについては、以下のようにまとめられる。
一、名詞に下接する場合、両者とも傾向的には文中に詠嘆のモが無くても詠嘆に傾く。ただし、カは一語文的な在り方をする場合もあるが、カモにはそのようなものはなく、むしろ、感動の対象を直感的に捉えたものとはいえない複雑な連体修飾部をもつものがあった。
二、活用語に下接するもののうち、動詞、形容詞、過去完了の助動詞のそれぞれの連体形に下接する場合、文末カの用例には文中に詠嘆のモが必ず用いられている。カモの用例にも用いられるが、すべての用例というわけではない。
三、打消ずの連体形に下接する場合、文末カの用例は、すべて文中にモを含み、希求の意味になった。カモの用例では、モを含まない例もあり、そのような例は希求になるものや詠嘆になるものもあった。
四、「む、らむ、けむ、じ」に下接する場合、文末カの用例で文中に詠嘆のモを含むものは無かった。カモでは、文中に詠嘆のモを含むものが「〜むカモ」「〜けむカモ」にそれぞれ一例ずつあった。「〜らむカ」の用例は一〇例以上存在するが、「〜らむカモ」は異訓を持つ二例のみであった。
その他の活用語、助動詞の「まし、べし、ましじ、なり、めり」などに文末カ、カモが下接する用例は無かった。

その他、文末のカモには、ここにあげない形式のものが少数例あるが、カと比較できないので割愛する。

三　文中用法のカとカモの比較

文中用法においては、総用例数では、カが三四九例、カモが一八三例というようにカが大きく上回っている。ただし、これは、「何、誰、いつ」のような不定語を含む文に用いられるものについて、カが一七八例、カモが五三例というように違いがあり、不定語を含まない場合については、カが一七〇例、カモが一三〇例とそれほど大きな違いは見られない。不定語とともに用いられたものについては、後の節で扱い、ここでは不定語に下接しない文中カと文中カモの違いについて見ることにする。

三・一　詠嘆のモとの関係

カ、カモが文中に位置する場合には、詠嘆のモは文中にも文末にも位置する可能性がある。まず、文末に位置する場合であるが、

・～およづれか我が聞きつるたはことカ（狂言加）我が聞きつるモ（我聞都流母）～（三巻四二〇）
・東道の手児の呼坂越えがねて山にカ（夜麻尓可）寝むモ（祢牟毛）宿りはなしに（一四巻三四四二）
・大刀の後鞘に入野に葛引く我妹真袖もち着せてむとカモ（著点等鴨）夏草刈るモ（夏草苅母）（七巻一二七二）

のように、カに二例、カモに一例存在する。これらのモは四二〇番歌の仮名で確認できるように係り結びが成立したさらにその後に付加されていると考えられるが、それにしても、このような例が存在するということは、文末のモの詠嘆の質を考える上でかなり重要なことであろう。

一方、文中用法の場合、カでは、文中に位置するモは、

・須磨の海女の塩焼き衣の慣れなばカ（奈礼名者香）一日モ（一日母）君を忘れて思はむ（忘而将念）（六巻九四七）

のように合説のモばかりで、詠嘆のモは存在しない。カモについては、

・旅に去にし君しモ（吉美志毛）継ぎて夢に見ゆ（伊米尓美由）我が片恋の繁ければカモ（思気家礼婆可聞）（一七巻三九二九）

・ここだくモ（幾許）思ひけめカモ（思異目鴨）敷栲の枕片さる夢に見え来し（夢所見来之）（四巻六三三）

・けだしくモ（蓋毛）人の中言聞かせカモ（聞可毛）ここだく待てど君が来まさぬ（君之不来益）（四巻六八〇）

・〜ここをしモ（己許乎志毛）まぐはしみカモ（間細美香母）かけまくモあやに畏き山辺の　〜うちひさす大宮仕へ（大宮都可倍）〜（一三巻三二三四）

の四例の文中に詠嘆のモが存在している[8]。しかしながら、これらは、詠嘆のモは、「ここだく〜思ひけめ」「けだしく〜聞かせ」「ここを〜まぐはしみ」という句内部にあり、カモと直接に打ち合っているわけではない。

つまり、結局、文中用法の場合には、文中に詠嘆のモはないということになるのである。

次に、カとカモが文中のどのような項目に下接するかという点と、結びにたつ述語の形式はどのようなものかという二点で見てみることにする。

三・二　どのような項目に下接するか

まず、主語主格に下接する場合であるが、カでは、

・沫雪カ（沫雪香）はだれに降る（薄太礼尓零）と見るまでに流らへ散るは何の花ぞも（八巻一四二〇）

・御食向ふ南淵山の巌には降りしはだれカ（落波太列可）消え残りたる（削遺有）（九巻一七〇九）

のような例で二一例ある。カモでは、

・～つむじカモ（飄可毛）い巻き渡る（伊巻渡）と思ふまで～（二巻一九九）

・松蔭の浅茅の上の白雪を消たずて置かむことハカモ（言者可聞）なき（奈吉）（八巻一六五四）

のような例で一七例ある。用例数からは両者の違いはそれほど見られない。

次に、

・～およづれカ（於余頭礼可）我が聞きつる（吾聞都流）～（三巻四二〇）

・筑波嶺にかか鳴く鷲の音のみをカ（祢乃未乎可）泣きわたりなむ（奈伎和多里南牟）逢ふとはなしに（一四巻三三九〇）

のような他の格成分に下接するものがカでは右のようなもので四四例見られた。カモには、

・萩の花咲きのををりを見よとカモ（見代跡可聞）月夜の清き（月夜之清）恋まさらくに（一〇巻二二二八）

・さを鹿の胸別けにカモ（胸別尓可毛）秋萩の散り過ぎにける（散過鶏類）盛りかも（盛可毛）去ぬる（八巻一五九九）

のようなものが二一例あった。

次に、時の状況語や副詞などに下接する例は、カでは、

・うつつにカ（寤香）妹が来ませる（妹之来座有）夢にかも我れか惑へる恋の繁きに（一二巻二九一七）

・伊勢の海の海人の島津が鰒玉採りて後モカ（取而後毛可）恋の繁けむ（恋之将繁）（七巻一三二二）

のようなものが二九例見られた。カモには、

・葛飾の真間の手児名をまことカモ（麻許登可聞）我れに寄すとふ（和礼尔余須等布）真間の手児名を（一四巻三三八四）

・今日モカモ（今日可聞）明日香の川の夕さらずかはづ鳴く瀬のさやけくあるらむ（清有良武）（三巻三五六）

のようなものが三〇例あった。カにもカモにも、「今、今日」などの時の状況語に下接するものと「ひとり」という語に下接するものがめだつ。

述語部分に割ってはいるものは、カでは、

・間なく恋ふれにカ（恋尓可）あらむ（有牟）草枕旅なる君が夢にし見ゆる（四巻六二一）

・〜道だに知らずおほほしく待ちカ（待加）恋ふらむ（恋良武）はしき妻らは（二巻二二〇）

のようなものが、四二例で、これらはすべて結びが推量系助動詞である。カモでは、

・〜旅寝カモ（旅宿鴨）する（為留）逢はぬ君故（二巻一九四）

・山高み降り来る雪を梅の花散りカモ（落鴨）来る（来）と思ひつるかも（一〇巻一八四一）

のようなものが、二一例あった。カモの場合には、結びが推量系助動詞のものばかりでなく、右にあげたように動詞連体形の場合も四例ある。

ミ語法に下接するものは、カには、

・卯の花の過ぎば惜しみカ（過者惜香）霍公鳥雨間も置かずこゆ鳴き渡る（従此間喧渡）（八巻一四九一）

のような例が一四例、カモでは、

・雨隠り御笠の山を高みカモ（高御香裳）月の出で来ぬ（月乃不出来）夜はくたちつつ（六巻九八〇）

のような例が一一例あった。

已然形ないしは未然形に接続助詞バがついたものに下接するものは、カには、

・白栲の袖折り返し恋ふればカ（恋者香）妹が姿の夢にし見ゆる（夢二四三湯流）（一二巻二九三七）

・須磨の海女の塩焼き衣の慣れなばカ（奈礼名者香）一日も君を忘れて思はむ（忘而将念）（六巻九四七）

のようなものが一八例あり、カモには、

・たぶてにも投げ越しつべき天の川隔てればカモ（敝太而礼婆可母）あまたすべなき（安麻多須弁奈吉）（八巻一五二二）

のような「已然形＋バ」に下接する例が四例、「未然形＋バ」に下接する例が一例あった。

助詞バを介さずに直接已然形に下接する用例については、両者に違いが見られる。カでは、

・〜我れを思へカ（我矣思経蚊）さ野つ鳥来鳴き翔らふ（来鳴翔経）〜（一六巻三七九一）

のような用例が六例ほどあるのだが、カモについては、

・冬こもり春の大野を焼く人は焼き足らねカモ（焼不足香文）我が心焼く（吾情熾）（七巻一三三六）

のようなものが二三例あり、用例数でカの四倍近くになる。ミ語法や「已然形＋バ」ではそれほど用例数に差が見られないから、条件表現であることがこのような用例数の違いを生んだと考えられない。むしろ、已然形はコソの結びになるように、場合によっては文末を構成することもあるということがその理由ではないだろうか。文末に近い已然形の後ろには文末用法でより用いられやすいカモが位置しやすかったのではないだろうか。そのように考えると、文中に位置するカモも文末のカモに近い性格を持っていると考えられるのである。

三・三　結びに立つ述語の比較

結びが動詞、形容詞、過去完了の助動詞の連体形の用例は、カは、

・新羅へカ（新羅奇敝可）家にカ（伊敝尓可）帰る（加反流）壱岐の島行かむたどきも思ひかねつも（一五巻三六九六）

のような例が、四三例ある。そしてカモには、

・住吉の小田を刈らす子奴カモ（賤鴨）なき（無）奴あれど妹がみためと私田刈る（七巻一二七五）

のような例が、四八例ある。右に挙げた例がそうであるように、「AかBか」という形式のものが見られ、文末の場合とは違って疑問表現と解してよい用例がほとんどである。

次に結びが「む、らむ、けむ、まし」のような推量系の助動詞の場合であるが、カは、

・小筑波の茂き木の間よ立つ鳥の目ゆカ（目由可）汝を見む（汝乎見牟）さ寝ざらなくに（一四巻三三九六）
・息の緒に思へる我れを山ぢさの花にカ（花尓香）君がうつろひぬらむ（移奴良武）（七巻一三六〇）
・海原の沖行く船を帰れとカ（可弊礼等加）領巾振らしけむ（比礼布良斯家武）松浦佐用姫（五巻八七四）
・大船にかし振り立てて浜清き麻里布の浦に宿りカ（也杼里可）せまし（世麻之）（一五巻三六三二）

のように、結びが「む」であるものが、五六例、「らむ」が五三例、「けむ」が八例、「まし」が三例で計一二〇例である。

これに対してカモでは、

・～よきことを始めたまひて金カモ（久我祢可毛）たしけくあらむ（多之気久安良牟）と（一八巻四〇九四）
・橘のにほへる香カモ（尓保敝流香可聞）霍公鳥鳴く夜の雨にうつろひぬラム（宇都路比奴良牟）（一七巻三九一六）
・～誰が言をいたはしとカモ（労鴨）とゐ波の畏き海を直渡りけむ（直渉異将）（一三巻三三三九）
・秋萩の上に置きたる白露の消カモ（消可毛）しなまし（思奈万思）恋ひつつあらずは（八巻一六〇八）

のように、結びが「む」であるものが三六例、「らむ」が「二〇例」、「けむ」が四例、「まし」が七例で、計六七例ある。

合計数でみると、やはり、カの方が推量系助動詞を結びに持つことが多いということがわかる。これは文末用法とほぼ同じ傾向である。ただし、「らむ」については問題がある。「らむ」については、文末カモが「らむ」に下接

していると言える確実な例は無かったにもかかわらず、文中カモが結びに「らむ」を持つ例は、二〇例あるのである。このことについては、現在のところ結論を得ていない。

以上のように、文中用法のカとカモについては、
一、両者とも文中の詠嘆のモとは共起しない。
二、どのような項目に下接するかということについては、両者に明確な違いはないが、カモは特に已然形に直接下接する用例がめだち、これはやはり、より文末に近い位置に立つという傾向を示すものと考えられる。
三、結びの形式については、カはより推量系の助動詞の結びが多く、カモはそれほどでもない。
四、文末のカモは「らむ」にほとんど下接しないが、文中のカモの結びが「らむ」であるものは相当数ある。
ということになる。

四　不定語に下接する場合

最後に不定語に下接する場合をみておく。
文末用法のカが直接に不定語に下接する例は、
・この月は君来まさむと大船の思ひ頼みていつしカ（何時可）と我が待ち居れば（一三巻三三四四）
のような「いつしかと」が七例（うち読み添え二例）、「いつか」が一例（読み添え）、ほかに、
・いで何カ（伊田何）ここだはなはだ利心の失するまで思ふ恋ゆゑにこそ（一一巻二四〇〇）
のような「なにか」（ただし読み添えである）が二例あった。カモにはこのような用例はない。やはり一語文的な在

り方をするものにはカモは用いにくいのである。

活用語の文末に下接する例は、カが、

・玉かつま逢はむと言ふは誰れなるカ（誰有香）逢へる時さへ面隠しする（一二巻二九一六）

・言出しは誰が言にあるカ（誰言尓有鹿）小山田の苗代水の中淀にして（四巻七七六）

の二例である。これに対して、カモには、

・朝霜の消なば消ぬべく思ひつついかに（何此）この夜を明かしてむカモ（何此夜明鴨）（一一巻二四五八）

の一例のみである。このように、文末カ、カモがある場合、文中に不定語があって、疑問文となることはきわめて稀なのである。

文中用法については、カが一九三例で、カモが五六例とどちらも用例が多いが、カが四倍弱ある。結びの形式は、カでは推量系助動詞が一三二例、カモでは三九例とその大半を占めている。ただし、カモの場合、「らむ、まし」が結びとなった例はない。

両者とも結びが「む」である場合が一番多いのだが、この中で注目すべきなのは、「いつ」系の語に下接する例である。これは、「〜カ〜む」には、三三例で「〜カ〜む」全体の三分の一ほどを占める。「〜カモ〜む」では、一九例で、これは全体の半数以上を占めるのである。そして、カモの場合、そのほとんどは、

・いつしカモ（何時鴨）この夜の明けむ（此夜乃将明）鶯の木伝ひ散らす梅の花見む（一〇巻一八七三）

・いつしカモ（伊都之可母）見む（見牟）と思ひし粟島を外にや恋ひむ行くよしをなみ（一五巻三六三一）

のような願望の表現に転じたものである。

カにもそのような願望の表現に転じたものはあるのだが、一方でカには、

・太刀の後玉纏田居にいつまでカ（及何時可）妹を相見ず家恋ひ居らむ（家恋将居）（一〇巻二二四五）

・あらたまの年の緒長くいつまでカ（何時左右鹿）我が恋ひ居らむ（我恋将居）命知らずて（一二巻二九三五）

のように「いつまで～するのか」という期限を疑う用例があるが、カモについてはこのような「いつまで」に下接するものはないのである。つまり「いつカ～む」は疑問になることが多く、「いつ（し）カモ～む」は願望になることが多いのである。

他の不定語に下接したものについては明確な違いは指摘できないが、不定語に下接する場合にも、カとカモには一定の用法の違いがあるのである。

五　まとめ

以上のように万葉集のカとカモの全般にわたってみてきたのだが、ある部分では、カとカモの違いが比較的明瞭に指摘でき、ある部分でははっきりとは現れなかった。

これは、以下のような事情であると考えられる。上代のカは、これまでにも述べてきたように、現代語のカとは違って、疑問を意味の中心とした助詞ではなかったと考えられる。したがって、カがより疑問の意味の強い助詞で、カモがより詠嘆の意味の強い助詞であるとはいえないだろう。上代の助詞カの本質的な意味とそれがそれぞれの用法の中でさまざまに帯びる意味合いについては、今後さらに検討を進めねばならないが、おそらく、カモのモは、そのさまざまな意味用法の中で、表現をより情意の色の濃いものにしているのであろう。そして、そこでのカの用法が現代人にとって理解しやすいものであった場合にはカモとの違いは比較的わかりやすく、係り結びをする文中用法のようにカのはたしている役割が現代人には理解しにくいものである場合には、その分カモとの違いも理解しにくいのであろうと思われる。

助詞カの用法は、上代から中古にかけて大きく変化する。それに応じてカモの用法も大きく変化した。その結果、富士谷成章が「あゆひ抄」で「おおよそ、〔かな〕〔かも〕は全く同じ心の言葉なり。目にも心にも余れる事を、まづ〔か〕と疑ひてやがて〔な〕または〔も〕と詠むる言葉なれば、いささかも変はるべからねど、上つ代には、疑にも詠にも〔かも〕とのみよめるを、中昔よりはやうやう疑を〔かも〕とよみ、詠を〔かな〕とよむ習ひとなれるゆゑに、この抄には〔かな〕を取り別きて《詠属》に入る」（疑属「何かも」の項　中田祝夫・竹岡正夫『あゆひ抄新注』風間書房　一九六〇年による）と整理したように、むしろ疑問の用法が中心になったかと思われるが中古以後のカとカモの違いについては、今後の研究課題としたい。

注

（1）川端善明氏の「助詞『も』の説」（一九六三b）にはこのことについての詳しい考察がある。
（2）川端善明「喚体と述体」（一九六三a）による。
（3）この二例についても、一二六〇番歌は、澤瀉久孝『万葉集注釈』、渡瀬昌忠『万葉集全注　巻第七』吉井巌『万葉集全注　巻第六』（有斐閣　一九八五年、一九八四年）、『小学館日本古典文学全集（旧）』では詠嘆の解釈をしている。
（4）「ぬかも」が希求になるか、詠嘆になるかについては、徐一平（一九九四）に詳しい考察がある。
（5）ただし、この「〜モ〜ぬカ」のモを詠嘆ではないと捉える立場もある。吉田茂晃（一九九六）では、このモを有り得る選択肢の一つを示す許容・含蓄の意味をもつものであり、詠嘆のモとは異質だとしている。そうだとすると、「ぬカ」の文中には、詠嘆のモは存在しないことになり、むしろ、後述する「む」や「らむ」に近いということになる。
（6）他に読み添えで、
・茅渟廻より雨ぞ降り来る四極の海人網手干したり濡れモあへむカモ（沾将堪香聞）（モは読み添えで異訓があり、桜楓社のものでは「ぬれもあへぬかも」と訓み、岩波旧大系、澤瀉氏注釈などは「ぬれあへむかも」と読んでい

る。）（六巻九九九）

・足玉モ手玉モゆらに織る服を君が御衣に縫ひモあへむカモ（縫将堪可聞）（一〇巻二〇六五）

の二つがあるが、すべてモを含まない異訓がある。さらに、

・後見むと君が結べる岩代の小松がうれをまたモ見むカモ（又将見香聞）（二巻一四六）

の用例と（二巻一八五）（六巻一〇四六）の三例があるが、これらには異訓があり、またモと訓んだとしても「さらにまた」の意味で用いられており、合説のモであると解釈できるので除外できる。

（7）一四三六番歌については、桜楓・旧大系・小学館旧古典文学全集が「さきぬらむかも」と訓み、澤瀉氏の注釈は「さきにけむかも」と訓む。二三三二番歌は、桜楓・旧大系・阿蘇瑞枝『万葉集全注』（有斐閣　一九八九年）が「かくしなむかも」と訓み、澤瀉氏注釈・小学館旧古典文学全集が「かくすらむかも」と訓んでいる。

（8）三九二九番歌は、形式的には倒置であるが、仮名をみるかぎり、結びの語が連体形になっていない特殊な例である。

参考文献

森重敏「上代係助辞論」／川端善明「喚体と述体―係助詞と助動詞とその層」（一九六三a）・「助詞『も』の説」（一九六三b）／酒井秀夫「万葉集の『か』『かも』」／此島正年『国語助詞の研究―助詞史の素描―』／近藤要司「上代における助詞カ（モ）について―文中カ（モ）の指示しているものは何か―」・「『万葉集』の助詞カと助動詞ラムについて」／徐一平「〜ぬか（も）」の表現について」／中田祝夫・竹岡正夫『あゆひ抄新注』／野村剛史「カによる係り結び試論」／吉田茂晃「万葉集における助詞「も」の文中用法」

（三）『万葉集』の助詞カと助動詞ラムについて

一　はじめに

本稿は、疑問の係助詞カと推量の助動詞ラムとの相互関係について、『万葉集』の用例を一首全体が一文構成か二文構成か、さらにはその二文はどんな文脈的関係にあるのか、という観点から分類し、「〜カ〜ラム」には現代語の感覚では疑問文と言うよりも詠嘆をこめた推量文とすべきものがあるという主張を述べたものである。

係助詞のカは、現代人の感覚でも疑問文質問文を構成する助詞であり、上代から現代にいたるまで疑問文質問文に用いられてきた。しかし、一方で、

・三笠山野辺行く道はこきだくもしげく荒れたるか（繁荒有可）久にあらなくに（二巻二三二）[1]

のように、古代語では感動を表現する際に働き、現代語においても「これが今秋のニューモデルか！」といった受理感動の表現にも用いられているのである。このことは、助詞カの性格を単に疑問文質問文を構成するものだと理解する立場からは説明できない。

また、古代語では助詞カは係り結びを構成する。解釈文法の立場からは、ひとまず、このようなカを文末に「めぐらして」解釈すれば、現代語風な表現が得られるであろう。しかし、助詞カが文中の一点に位置していることの内実は、「めぐらした」解釈のよしあしとは別に求められねばならない。

かつまた、古代語では、同じ疑問係助詞とされる助詞ヤとの違いも明らかにされねばならないだろう。とりわけ、ここで問題とする万葉集の中では、助詞カとヤが後の時代のように一種の棲み分けをせずに、文中用法と文末用法のそれぞれではりあっているのである。(2)

その中で助詞カが、疑問表現を構成する条件と詠嘆表現を構成する条件、あるいは助詞カと助詞ヤの違い、助詞カが係り結びで文中の一点に位置する意味、このようなものを詳細に検討することが助詞カの基本的意義や、疑問表現というものの本質の解明の糸口になるであろう。

一方、ラムは、古代語における推量の助動詞の一つで、ム、ケムと対照して論じられることが多い。ムは、意志の用法があることからわかるように、未実現の事柄の予想予定という意味合いが強い。これに対してラムは時間軸に沿った言い方をすれば現在の事柄に関するものである。だが、見方を変えればラムは空間的な推量とも言える。現在の事象で話者が確認できない事態は、空間的に離れている、あるいは何物かの背後にある事態だからである。

あるいはまた、ラムの推量の性格を以下のように言うことも許される。ムは、状況から予想される未来の事態を表現することが多いが、それは、眼前の事態の中に潜む可能性が時間的な推移とともに自然に現実となるということでもある。そこでは、事態に潜む可能性を予想予定として語るという姿勢が濃厚で、推理推論といった色合いは薄い。これに対して、ラムは現在、話し手に確認できる事柄をもとにして、今確認できない事態を仮に組み上げるという姿勢が濃厚で、推論性推理性に富んでいる。ラムに原因推量という用法があるとされるのは、このようなラムの性質を見て取った上でのことであろう。中古になって多く見られる、

・志深く染めてしをりければ消えあえぬ雪の花と見ゆらむ（古今　春上）

のような用例では、一見、ラムが直接うける部分は眼前の確実な事実であって、推量の対象は、その理由部分にあるように見えるものも、ラムの推論性そのものが前面に現れたもので、理由帰結の関係全体がラムの対象となって

いるのである。

さて、万葉集におけるラムは、係助詞カと関係して用いられることが非常に多い。もともと、係助詞カの結びは、ムやラムなど推量係助動詞である場合が大部分を占める。ムの方は、係助詞カの結びとなるのは、いくつかあるバリエーションの一つに過ぎない。ムが文末述語を構成している場合、それは助詞ヤに対する結びであったり、通常の終止形終止文であったり、さまざまなのである。

これに対して、ラムが文末述語を構成する場合、多くは助詞カに対する結びなのである。このような助詞カと助動詞ラムとの密接な関係を切り口にして、上代の助詞カの表現性を考察することが本稿の目的である。

二　万葉集における助動詞ラムの表現形式とその分布

万葉集のラムの総用例数は、本稿執筆者の計測では二三四例である。この数は、万葉集総索引をもととして、現行の注釈書の訓読を参考にして計測したものである。訓法の違いで多少の増減はあるが実態と大きく離れた数ではないはずである。

ラムには終止連体已然の三つの形があるが、このうち連体形の七二例が連体修飾に用いられており、已然形の一例が接続助詞ドモに続いている。これら以外のラムはみな、文末述語を構成している。

この文末述語を構成するもののうち、一番多いのは、

・釧つくたふしの崎に今日もかも（毛可母）大宮人の玉藻刈るらむ（玉藻苅良武）（一巻四一）

・石見のや高角山の木の間より我が振る袖を妹見つらむか（妹見都良武香）（二巻一三二）

・荒磯やに生ふる玉藻のうちなびきひとりや寝らむ（比登里夜宿良牟）我をまちかねて（一四巻三五六二）

・年にありて一夜妹に逢ふ彦星も我にまさりて思ふらめやも（於毛布良米也母）（一五巻三六五七）

のように、いわゆる疑問の係助詞カとヤに関係して用いられているものである。内訳は、

文中カの結び……………七四例
文中ヤの結び……………一四例
文末カが下接……………二〇例
文末のラメヤの形………八例
文末のラメカモの形……一例

となっている。
次に多いのが、

・いづくにか舟泊てすらむ（船泊為良武）安礼の崎漕ぎたみ行きし棚なし小舟（一巻五八）

のように、不定語（いわゆる疑問詞）が文中にある説明要求の疑問文の述語となったもので一九例である。この中には、不定語の後に係助詞カがついているものも含めてある。

そして、

・ひさかたの天の露霜置きにけり家なる人も待ち恋ひぬらむ（待恋奴濫）（四巻六五一）

のような終止形による単純な終止法のものが一五例である。
このほかに係助詞コソとゾ（ソ）が関係するものが一三例ある。

・白菅の真野の榛原行くさ来さ君こそ見らめ（君社見良目）真野の榛原（三巻二八一）
・道遠み来じとは知れるものからに然ぞ待つらむ（然曽将待）君が目を欲り（四巻七六六）(3)
・春花のうつろふまでに相見ねば月日数みつつ妹待つらむそ（伊母麻都良牟曽）（一七巻三九八二）

その内訳は、以下のとおりである。

文中ゾの結び……………一例
文末ゾが下接……………四例
文中コソの結び…………八例

この他に二例

・恋しけく日長きものを逢ふべかる夕だに君が来まさざるらむ（不来益有良牟）（一〇巻二〇三九）
・池神の力士舞かも白鷺の桙啄ひ持ちて飛び渡るらむ（飛渡良武）（一六巻三八三一）

というような連体止めの用例がある。（二〇三九）の形式は、

・ひさかたの光のどけき春の日に静心なく花の散るらむ（古今　春下）
・春の色のいたりいたらぬ里はあらじ咲ける咲かざる花の見ゆらむ（古今　春下）

の歌でよく知られるように中古の和歌の世界ではよく見られるものであり、不定語（疑問詞）を補って解釈することの適否、あるいはそのように解釈できるメカニズムをめぐって古来議論がつきない。しかしながら、上代においてはこのような語法は未発達であったと見え、万葉集ではこの一例のみである。（三八三一）の用例も「池神の力士舞かも」で句が一旦切れたと考えて、後半のラムの部分を（二〇三九）に準じて考えることもできるが、一方では「カモ～ラム」の係り結び文とも考えられる。

また、連体修飾の用例の中に

・葦べには鶴が音鳴きて湊風寒く吹くらむ（寒吹良武）津乎の崎はも（三巻三五二）
・出でて行きし日を数へつつ今日今日と吾を待たすらむ（麻多周良武）父母らはも（五巻八九〇）

・高円の宮の裾廻の野づかさに今咲けるらむ（左家流良武）女郎花はも（二〇巻四三一六）

のような感動喚体の形式を持つものが、一〇例ほど見られる。おもしろいことに文末を構成する助詞はすべてハモであり、ついで助詞がないものも見られるが、感動喚体を構成する代表的な助詞カモが用いられた用例は見られないのである。

以上のように、万葉集におけるラムの表現形式を概観したわけだが、すぐに気づかれることは、終止形終止が異常に少ないという事実である。連体法七一例、疑問係助詞カヤに関係するものが一一三例に対して、終止形終止は、わずかに一五例である。

これは、他の推量の助動詞たとえばムと比較してもラム独自の特徴であることがわかる。万葉集に使用されているムに関して詳細な数字は示しえないが、小路一光氏の調査によると用言に直接下接するムは、万葉集で一七三一例ある。この中で、終止形は六三六例、係り結びの結びと連体修飾を合わせた連体形が七一五例、已然形が二四三例となっている。小路氏の調査では、ムが他の助動詞に下接した用例はこの数に入っていないし、終止形の数の中には、

・夢にのみ見てすらここだ恋ふる我は現に見てはましていかにあらむ（益而如何有）（一一巻二五五三）

のような助詞カを伴わない不定語による疑問文を含んでいるので、このまま先のラムの用例の分布と比較はできないが、ラムのように終止形終止の割合が少なくはないことは見て取れる[4]。

ちなみに筆者のごく大まかな計測では、万葉集のムにおいては、係助詞ヤカが用いられている表現と通常の終止法の表現の比率は、ほぼ一対一の割合である[5]。

さらに、ムとの比較でいえば、疑問係助詞カとヤがムと係り結びを構成する場合、その割合はほぼ同等、実数で

いえば、ほぼ一〇〇例ずつであるのに対して、ラムでは先ほど示したように、七二対一四、ほぼ五対一の割合になっているのである。

万葉集におけるラムの表現形式の分布は、以上見てきたように、係助詞カとの係り結びに、大きく片寄っており、通常の終止形終止法の用例が異常に少ないのである。また、文末カが下接した用例を加えれば、この比率はさらに極端なものになるのである。これはとりあえず、ごくナイーブな表現をしてみれば、それはラムとカの相性が良いということになるであろう。

古代語においては、係助詞カやヤを用いた、いわゆる疑問文の結びが、ムやラムといった推量系の助動詞で構成されることが多い。このことについては、疑問も推量も不確定表現であるから共起しやすいのだという理解がなされてきた。しかしながら、万葉集のラムに関しては、係助詞カの結びに多く用いられるということと終止形終止がきわめて少ないということは、それとは違った角度から論じられるべきである。以下、このことについての考察を進める。

三　終止形終止法のラム

ここでは、ラムが終止法に用いられ、かつ、係り結びの結びになっていないものをすべて挙げた。ただし、

・～新た代と泉の川に持ち越せる真木つまでを百足らず筏に作りのぼすらむ（泝須良牟）いそはく見れば神からならし（一巻五〇）

・おしてる難波堀江の芦辺には雁寝たるらむ（寝有疑）霜の降らくに（一〇巻二一三五）

の二例は、除いた。（五〇）は、連体法と考えられることによる。（二一三五）に関しては、「疑」の字を「ラム」

と訓むか、あるいは「ラシ、カモ」と訓むべきかは注釈書によって意見が分かれているからである。

さて、それらを除いた一五例には、ある片寄りが見られる。以下、三つに分けて述べる。

最初にあげるのは、

・～なびかひし夫の命のたたなづく柔膚すらを剣太刀身に副へ寝ねばぬばたまの夜床も荒るらむ（夜床母荒良無）
（二巻一九四）

・ひさかたの天の露霜置きにけり家なる人も待ち恋ひぬらむ（待恋奴濫）（四巻六五一）

・～我よりも貧しき人の父母は飢ゑ寒ゆらむ（飢寒良牟）妻子どもは乞ひて泣くらむ（乞弖泣良牟）この時はいかにしつつか汝が世は渡る（五巻八九二）

・雁がねは使ひに来むと騒くらむ（佐和久良武）秋風寒みその川の上に（一七巻三九五三）

・秋されば置く露霜にあへずして都の山は色付きぬらむ（伊呂豆伎奴良牟）（一五巻三六九九）

・桜花時は過ぎねど見る人の恋の盛りと今し散るらむ（今之将落）（一〇巻一八五五）

の六例である。今、山田孝雄博士に従って主語述語の統一体を「句」と呼ぶとすると、これらは、すべて二句以上によって一首が成り立っている。述語がラムによって構成されている句は、もちろん眼前では確かめられない現在の事態を述べているのであるが、もう一方の句は、話者に確実な事実として把握された事態である。（六五一）の用例がもっとも分かりやすい。露霜が降りているという確かな眼前の事態をもととして、はるかな家の状況を思いやっているのである。ラムによる現在推量はその妥当性を眼前の事態によって保証されているのである。（八九二）は山上憶良の貧窮問答歌であり、このラムによる窮者の悲惨な状況の推量の前の部分に、貧者としての作者の貧しい状況が描写されており、用例として挙げた部分の推量の妥当性は、話者にとって確実な自身の状況描写によって保証されているのである。このような用例を仮に「帰結型」と名付けておく。

帰結型と考えられるものにもう一例ある。

・つばさなすあり通ひつつ見らめども人こそ知らね松は知るらむ（松者知良武）（二巻一四五）[6]

の用例である。この歌は、大津皇子ゆかりの松にちなんで皇子を悼んで作ったものであり、「皇子の魂は鳥のように行き来しながら見ているだろうから、人は知らないだけで松は知っているだろう」というような意味合いである。逆接条件がふたつ重なって屈折した文脈であるが、「あり通ひつつ見らめども」の部分と「松は知るらむ」の部分は、意訳に示したように、理由と帰結の関係になっている。

前句の「見らめども」のようにラムの已然形にドモが下接するものはこの一例しかないが、コソ〜ラメの用例は

・雪こそは春日消るらめ（消良米）心さへ消え失せたれや言も通はむ（九巻一七八二）

・横雲の空ゆ引き越し遠みこそ目言離るらめ（目言疎良米）絶ゆと隔てや（一一巻二六四七）

・百つ島足柄小舟あるき多み目こそ離るらめ（目許曽可流良米）心は思へど（一四巻三三六七）

など六首八例あるが、「〜ならば〜であろうが」というような一般的な許容例を挙げるという意味合いが強くなっている。ここでのラムは、存在の不確実さを示すのではなく、不特定の一般的事態を示すと考えられる。

この（一四五）の場合も、「魂というものは、幾度となく往来するものである」という不特定の一般的な事実をいっているのであるから、後句の「松は知るらむ」という推量の確実な理由と考えるべきである。これも帰結型に含めてよい。

さて、次には以下のような五例を挙げておく。

・いざ子ども早く日本へ大伴の三津の浜松待ち恋ひぬらむ（待恋奴良武）（一巻六三）

・憶良らは今は罷らむ子泣くらむ（将哭）それその母も我を待つらむ（将待）そ（三巻三三七）

・恋ひ恋ひて逢ひたるものを月しあれば夜はこもるらむ（隠良武）しましはあり待て（四巻六六七）
・ぬばたまの夜明かし舟は漕ぎ行かな三津の浜松待ち恋ひぬらむ（麻知故非奴良武）（一五巻三七二一）
・春の花今は盛りに匂ふらむ（仁保布良牟）折りてかざさむ手力もがも（七巻三九六五）

この五例では、ラムの用いられた句が意志や希求命令の根拠を提示しているのである。「早く日本へ」という希求がその発話の現場で妥当性を持つのは、眼前に確かめることができないが、「大伴の三津の浜松」が自分達を待ちこがれているであろうという推論が成り立つためである。このようなラムのタイプを「根拠提示型」と仮に名付けておく。根拠提示型の場合には、意志希求の根拠がラムを述語とする句である必然性はない。しかし、ここにおける希求や意志は、話者の眼前にない事態を巻き込む空間的な性質を持っている。そういった空間的な広がりの中で空間的な推量であるラムが生かされているのである。

この帰結型、根拠提示型は、ふたつとも、前後二句の緊張関係から一首が成り立っている。帰結型であれば、眼前の確実な事態から、推論されて導き出される事態がラムで示されており、根拠提示型であれば、話し手の希求や意志が妥当性を持つための根拠として要請される事態がラムで示されているのである。逆に言えばそのような文脈の中で、ラムを用いる事が許されているのである。このような二句仕立ての中では、ラムの推論的推量、空間的推量のダイナミズムが表現の中心になっているといえる。静的な図柄を提示するのではなく、話者が推論的空間的推量を為すこと自体が表現を支えているのである。

このように、終止形終止法のラムの用例では一首が二句仕立てになっている用例が大部分を占める。これに対して一首が一句で構成されているものは、三例ある。この中で、

・～妹も背も若き子どもはをちこちにさわき泣くらむ（佐和吉奈久良牟）～（一七巻三九六二）

の用例は、長歌の一節で旅の空で病に伏した作者が前段で病床にある悲しみを述べ、ついで家で待つ家族を思いや

るという部分に用いられた用例である。形としては単文であるが、そのような文脈の中にあるわけだから後の二例とは別に考えるべきである。残りの二例とは、

・春霞たなびく今日の夕月夜清く照るらむ（照良武）高松の野に（一〇巻一八七四）
・家人は帰りはや来と伊波比島斎ひ待つらむ（伊波比麻都良牟）旅行く我を（一五巻三六三六）

である。

前者（一八七四）の用例は、春霞がたなびいている中に夕月がおぼろにかすんで見える地点で小高い高松の野では霞にさえぎられることなく月光がさやかに照っているであろうという意味になっている。眼前の事態の背後を見通すというラムの表現性自体が和歌を形作っているといってよい例である。この用例は、先の帰結型や根拠提示型とはまったく異質であるが、眼前の霞たなびく状況、これとは対照的な冴えた月夜という二事態をラムの表現性でつなぐという二句並立的なダイナミズムが感じとれる。

後者（三六三六）の用例では、現在推量というよりむしろ「そうあってほしい」希求に近い感情も見て取れるが、前者とは違い、まさに一句仕立ての例といえる。

以上二つの用例が、一首が単文でラムの終止形終止で構成されているものである。これら二つが、通常の語順でなく、倒置法を採用していることは注目してよい。単文終止形終止のラムで順直な語順をとることがためらわれたのに違いない。

長歌の（三九六二）を別に考えれば、助動詞ラムの単文終止形終止で一首が構成されているのは万葉集の用例の中で二例のみであることになる。しかも、その二例には、倒置法という特別な表現上の工夫がなされているのである。このような事実をどのように考えるべきだろうか。

和歌はもとより、情意性詠嘆性を帯びるものである。そのような文体に、推量することの事情が明らかでない単

文の推量文は用いにくいのだ、とも考えられる。そもそも、何事か眼前にない事柄に思いを寄せるというのは、なにがしかの文脈的条件が必要なのだとも考えられる。このことは、なにも和歌に限られない。日常我々が推量表現を用いる場合を考えてみれば明らかであろう。

しかしながら、ある情意性詠嘆性をもって、眼前にない事態を思い浮かべる事もまたありうることである。二であげたように、ラムには、

・たまきはる宇智の大野に馬並めて朝踏ますらむ（布麻須等六）その草深野（一巻四）

・春の野に草食む駒の口やまず吾を偲ふらむ（思努布良武）家の児ろはも（一四巻三五三二）

のような感動喚体句形式の用例が存在するのである。これらは、感動喚体句一つで一首が構成されていて、そのような推量をなす事情は一首の中に現れない。従って、単文の推量文が和歌にはなりにくいということにはならないのである。

以上、見てきたように、万葉集では、ラムの終止形終止法の用例は少なく、かつ、その大部分は、二句仕立ての構成になっている。そして、一首一句仕立ての用例は、二例のみで、しかも、倒置法という特別な修辞上の配慮がなされていた。

そして、若干の考察を加えたように、この事実を単に推量表現のみでは和歌になりにくいといった説明はできないことが分かった。

このような終止形終止が少数でしかも一句では和歌として安定しないことは、助詞カが用いられた用例が文末述語をラムが構成する場合のほとんどを占めることと連動して考えるべきである。

四　係助詞カと共起する用例

終止形終止法には少なかった単文の用例はしかし、係助詞カと共起する用例ではきわめて普通に見られる。

・息の緒に思へる我を山ぢさの花にか（香）君がうつろひぬらむ（移奴良武）（七巻一三六〇）

・息の緒に我が思ふ君は鶏が鳴く東の坂を今日か（可）越ゆらむ（越覧）（一二巻三一九四）

・橘の匂へる香かも（可聞）ほととぎす鳴く夜の雨にうつろひぬらむ（宇都路此奴良牟）（一七巻三九一六）

文中カを含むラムの用例は七一例だったが、その中で句一つで構成されるものは三〇例以上ある。そして、文末述語のラムに文末カが下接した用例一六例中一五例が句一つで構成されているのである。このことは、ラムが通常の終止形終止法の述語である場合との際だった相違になっている。

単文の用例が、終止形終止法の用例に少なく、助詞カの関係する用例に多いことについて、助詞カを含む文が疑問文であるからということからは説明できない。助詞カの係り結びの用例でも、結びの述語が裸の用言や過去完了の助動詞であるものは、疑問の色合いが濃いのだが、そのような用例では、

・つとに行く雁の鳴く音は我がごとく物思へかも（可毛）声の悲しき（声之悲）（一〇巻二一三七）

・葦辺より満ち来る潮のいやましに思へか（歟）君が忘れかねつる（忘金鶴）（四巻六一七）

・ぬばたまの夜さり来れば巻向の川音高しもあらしかも（鴨）疾き（疾）（七巻一一〇一）

・あしひきの山かも（鴨）高き（高）巻向の崖の小松にみ雪降り来る（一〇巻二三一三）

というように、一首の内部に条件と帰結のような二句が存在するものがほとんどである。このような用例を見れば、疑念の解消を志向する表現であることを明確に示すためには、疑念を生ずる動機となった事態を示す二句仕立ての

構成をとることが表現上有効なことがわかる。(7)

したがって、疑問文であることは、むしろ二句仕立てになり易い要因であって、一首一句仕立てであることの積極的要因ではないのである。

整理してみれば、

・ラムの通常の終止法の用例では、一句のみで構成されるものは少ない。

・係助詞カを含む用例では、一句仕立てのものが半数近い。

・この事実は、後者が疑問文だと考えてみてもそこからは説明できない。

ということになるが、これをどう考えればよいのだろうか。

終止形終止法の用例の大部分を占める二句仕立てのものは、ラムの推論的推量、空間的推量のダイナミズム自体が表現の中心を為していた。これに対して、一句仕立てのものは、そのような推量の結果得られた、静的な情景描写が表現の中心になっているのである。たとえば、

・流らふるつま吹く風の寒き夜に我が背の君はひとりか（香）寝らむ（宿良武）（一巻五九）

・我がかざす柳の糸を吹き乱る風にか（加）妹が梅の散るらむ（散覧）（一〇巻一八五六）

のような用例を見ればわかるように、ある情景を描写することに表現の中心があり、推論することや、眼前の事態の背後を見通す空間的推量のダイナミズム自体が表現の中心になっているわけではない。

このような一句仕立ての用例は、終止形終止法の場合には安定しにくかった。それが、助詞カが文中にあることによって安定性を得るのである。先にも述べたように、疑問文であることは、このような一句仕立ての用例を安定させる要因にはならなかった。また、助詞カが疑問文専用の助詞ではないことも述べた。

ということは、これらの用例の助詞カは、ラムによる一首一句仕立ての歌を歌として情意性詠嘆性の濃い表現と

して安定させるために投入されていると理解しなければならない。

近藤（一九九〇b）で述べたように、万葉集の文中の助詞カの位置は、結びが非推量系の述語の場合は、疑問点を指示しているといってもよかった。しかし、結びが推量系述語の場合には、疑問点を指示しているとは言えない用例が多く存在した。

・一重山隔れるものを月夜良み門に出で立ち妹か（可）待つらむ（将待）（四巻七六五）

の用例がその代表的なものであろう。このような用例におけるカは、疑問点指示ではなく、意識の集中点を指示しているものであった。一句仕立ての用例が助詞カの投入で安定するのは、文中にこのような意識の集中点を持つからであろう。むろん、このような助詞カが疑問点でなく、情意性の濃い意識の集中点を指示するのは、一句仕立ての場合にのみ限られるわけではない。（七六五）の用例は、三句によって構成されている。しかし、終止形終止法では安定しにくかった一句仕立てのものが安定できるのは、このような助詞カが文中に位置しているからである。

一句仕立てのカとラムの係り結び文の場合にも、心中の疑念の解消を目指した疑問文としても解釈できるものもある。

・かはづ鳴く神奈備川に影見えて今か（香）咲くらむ（開良武）山吹の花（八巻一四三五）

・あしひきの山のもみち葉今夜もか（毛加）浮かび行くらむ（浮去良武）山川の瀬に（八巻一五八七）

のような時の状況語にカが下接した用例は、「咲いているのは今か、浮かび行くのは今か」というような推量の妥当性を問うものだと考えられないこともない。そのように考えれば、このカは疑問点指示に近い働きをしているともいえる。しかし、このような用例をもって、すべてのカとラムの係り結び文を心中の疑念の解消を目指した疑問文だとすることはできない。そのような立場からは、終止形終止法の用例の少なさとその文形式の片寄りを説明できないのである。むしろ、カとラムの係り結びによる文の表現性は、詠嘆疑問両方にわたるものであり、和歌に用いられたものの中には、ラムによる現在推量の表現が和歌として安定するためにカが投入されたものもあると考えるべきであろう。

文中に助詞カが投入される用例では、カはラムによって推量された事態の中で、特に話者の意識が集中する要素に下接している。文全体は、このようなカによる意識の集中点を含むことによってラムによる結びの部分との間に緊張関係を生じている。

一方、

・ぬばたまの黒髪敷きて長き夜を手枕の上に妹待つらむか（妹待覧蚊）（一一巻二六三一）

・風をいたみいたぶる波の間なく我が思ふ君は相思ふらむか（相念濫香）（一一巻二七三六）

のような文末に助詞カが位置する用例では、文全体がカの意識の集中点と考えられる。先に述べたように文末カ自体は、不定語に下接しない文中カが用いられなくなった中古にも生き残る。しかし、ムやラムなど推量系助動詞に下接する文末カは中古には見られなくなる。これは、上代の助詞カが果たしていた役割のある部分を中古には推量系助動詞が果たすようになったためだと考えられる[8]。

上代においても文末にカが位置することがラムが述語を構成する用例ではそれほど表現的に有効ではなかったのだろう。それが、ラムの用例で文中にカが位置する用例ほど文末にカが位置する用例が多くないことの理由と考えられる。

五　まとめ

万葉集のラムの用例の中では、終止形終止の用例が少数でかつその表現形式が限られており、それに対して、助詞カが関係する用例が多く、そこでは、終止形終止法では安定しにくかった一句仕立ての用例が多くみられた。このことは、助詞カがラムの一句仕立ての表現を安定させる要素として働いていることを示唆していた。助詞カは、ラムによる現在推量によって描かれた事態を静的な図柄として表現する際、それが和歌として安定するために用いられているのであり、カ〜ラムの係り結びで作られた文はそれ故、疑問表現とは異質の詠嘆性情意性を帯びた推量文としてもありえたのである。

ここまで述べてきたことをまとめれば、右のようになるだろう。さて、それでは、なぜ、ラムの文が和歌として不安定なのか、なぜカがそれを安定させるのかについて考察しなくてはならない。

ラムには推論性が強いことを一に述べた。ムが単なる予想予定を示すのに対して、ラムは、根拠や理由を含んで推量される事態を示すものであった。このような性格をもつラムが、その根拠や理由と切り放されて、単なる推量された事態を示すことは、ラム自体の表現性からいえば特殊なことだったと考えられる。そのような単なる推量が和歌として自立するためには、ある種の情意的な保証が必要なのである。そのような情意的な保証をしているものが助詞カだったのである。

さて、ラムは、ムが単なる予想予定を示すのに対して、根拠理由を含んだ推論性が強いものであった。ムによって、予想予定された事態は、時間の進行によってやがて話者自身の体験するところとなるものである。そのような事態に対する関心は話者にとって必然的でごく自然なものである。

時間的な不確定事態がやがて話者自身の体験になるのに対して、非時間的な不確定事態は、結局話者自身の体験とはならない。そこに到達するためには、単純な推量ではなく、推論性の強い推量が要請される。したがって、ムと比較して推論性の強いラムが用いられるのである。

話者自身の体験とは重ならない、不確定の事態を思い描くというのは、話者にとって必然的で自然な関心の持ち方ではない。そこでは、まずその不確定の事態に対する話者の特別な関心、志向性が存在せねばならない。ラムが用いられる表現には、このような不確定事態に対する特別な関心や志向性が存在しているのである。

一方、古代語の助詞カは、「話者の内面の情動の契機となった事物を示す」ものであると考えられるが、それがある場合には知的な情報を欲する疑念解消志向につながるし、ある場合には感動や詠嘆の対象を志向することにもつながる。

ラムとカが共起しやすいのは、ラムが表現上帯びる不確定な事態への志向性とカの内面の情動の契機となった事物を志向するありかたが相まって詠嘆を含んだ推量文として安定するためである。むろん、それは表現上の傾向であって、文法上の制約ではない。「道遠み来じとは知れるものからに然ぞ待つらむ君が目を欲り」（四巻七六六）のようにラムに対して確定的な事態への意識の集中をその表現性とするソ（ゾ）が用いられる場合も、少数ながら存在するのである。

このような用例は存在するが、不確定な事態への強い志向を持つラムを他の句との相関によらずに、その句自体を和歌という情意性の強い表現として安定させるには、やはり助詞カがもっともふさわしかったのである。

最後に、助詞ヤに関してであるが、ムの場合には、助詞カがある用例と助詞ヤがある用例とは数のうえで拮抗していた。ラムの場合には、助詞ヤが助詞カほど用いられないのは、ヤが純然たる疑問の助詞であって、カのように推量文を情意的に安定させるという表現性を有していないからであると考えられるが、万葉集の時代は助詞カの表現領域を助詞ヤが侵食してゆく時代であり、また、たとえば「哉」字の訓法などは諸説あるものが多く、ラムとヤの共起がムの場合に比較して少数であることに関しては、個々の用例に精密な検討を加えた上で論じねばならないだろう。

注

(1) 以下の万葉集の挙例の訓読は、小学館の日本古典文学全集『万葉集一～四』に従った。

(2) 中古以後、助詞カは、文中用法では、「何、いつ、誰」などを問う説明要求疑問文の内部で不定語(疑問詞)の後に位置するのをもっぱらとして、諾否を問う判定要求疑問文は助詞ヤに譲っており、反対に文末では、助詞カが判定要求疑問文に多く用いられ、助詞ヤはそれほど用いられなくなる。

(3) (七六六)は、ラムの用例の中では、係助詞ソ(ゾ)文中に用いられている唯一の用例である。この歌は「一重山隔れるものを月夜良み門に出で立ち妹か待つらむ」(七六五)に対する答えとなっており、(七六五)に合わせてラムを用い、ただし、助詞カに代えてより確定的なニュアンスを持つソを用いたものであり、特殊な状況の用例である。

(4) 小路一光(一九八〇)

(5) やはり推量の助動詞であるケムも実は、ラムと同様に終止形終止の用例は少ない。同じ小路氏の調査によると、用言に直接下接するケムは、一〇六例あり、その中で、終止形終止は、不定語疑問の用例を合わせてわずかに九例のみである。ケムのこのような分布の片寄りは、以下述べるようなラムのそれと同じ事情によると予測されるが、今の段階ではまだ詳しい考察はしていない。

(6) この歌の初句「鳥翔成」は、小学館日本古典文学全集の『万葉集』に従って「つばさなす」と訓むが、まだ定訓を得ていない。

(7) 近藤(一九九〇b)第五節

(8) 浅見徹(一九六六)

参考文献

鶴久・森山隆『万葉集』／此島正年『国語助動詞の研究　体系と歴史』／正宗敦夫編『万葉集総索引　単語篇』・『万葉集総索引　漢字篇』／小島憲之・木下正俊・佐竹昭広『日本古典文学全集　万葉集一～四』／浅見徹「助動詞の展開―「らむ」の場合―」／川端善明「第六章　ありな　第二節　助動詞のラ行要素」『活用の研究　Ⅱ』／小路一光『万葉集助動詞の研究』／山口堯二『日本語疑問表現通史』／近藤要司「上代における助詞カ(モ)について―文中カ(モ)の指示し

ているものは何か―」

補遺

本稿では、「上代の助詞カが果たしていた役割のある部分を中古には推量系助動詞が果たすようになったためだと考えられる」とし、浅見（一九六六）を挙げているが、この問題については、本稿の元となった近藤（一九九一）発表後に、野村剛史（一九九七）において、中古におけるラムの用法の拡張は、上代の疑問係助詞との係り結びをその出発点にするという説が展開された。

(四) 文末カモの詠嘆用法について

一　はじめに

文末カ（モ）の用例は、万葉集に七〇〇例以上ある。[1] このうち一六〇例ほどが名詞に下接する用例で、その代表的なものは、

・沖つ波来寄る荒礒を敷栲の枕とまきて寝せる君かも（奈世流君香聞）（二巻二二二）

・穿沓を脱き棄るごとく踏み脱きて行くちふ人は石木よりなり出し人か（奈利提志比等迦）（五巻八〇〇）

のようないわゆる感動喚体句や名詞文型の真偽疑問文である。

そして、五三〇例ほどのものが活用語にカ（モ）が付く例である。活用語につくものは、少数の特殊な形をのぞくと大きく三つのグループに分けられる。一つめは、

・子らが家道やや間遠きをぬばたまの夜渡る月に競ひあへむかも（競敢六鴨）（三巻三〇二）

のように、ム・ラム・ケムなどの推量系の助動詞に付くもので、そのほとんどが疑問表現になる（これらを以下ム系カ（モ）と呼ぶ）。これは万葉集全体で一二〇例ほどである。

二つめは、

・石走る垂水の上のさわらびの萌え出づる春になりにけるかも（成来鴨）（八巻一四一八）

のように裸の用言連体形や過去完了の助動詞に付くもので、そのほとんどが詠嘆の表現であると言われている。これは二七二例ある。（これを以下「確定系カモ」と呼ぶ）

三つめは、

・人もなき国もあらぬか（国八母有粳）我妹子とたづさはり行きて副ひて居らむ（四巻七二八）

のように打消しズの連体形（ヌ）につくもので、詠嘆あるいは希求の意味になる。これは一一〇例ほどある。

概観してすぐ気付かれることは、疑問表現となる場合が意外に少ないことである。その印象は、活用語下接全体の半分以上を占める二番目のタイプにとくに顕著で、万葉集ではこのタイプで疑問文と呼べるのはきわめて少数なのである。

現代語の終助詞カによる疑問文には、

・（わあ）、雪か。

のような「納得受容」の用法があり、上代の確定カ（モ）の詠嘆もそれと近いように思われる。しかしながら、現代語の納得受容の表現は、通常の疑問と連続的であり、形式的には同一のものである。したがって、右の例もそのまま、「（おや？）、雪か？」のような通常の疑問表現としても使うことができる。

ところが、上代の確定系カ（モ）には疑問表現とされるものはわずかで、そのほとんどが詠嘆の表現にかたよるのである。したがって、現代語の納得受容の表現と上代の確定カ（モ）の詠嘆の表現とはまったく同質とは考えられないのである。

もちろん、カ（モ）という形式は上代でも疑問と詠嘆の両方にわたって使用されているわけで、両者は連続した面を持つ事はたしかであろう。しかしながら、その連続のありようは、現代語の右にあげたような受容納得の表現と通常の疑問表現との間の連続とは異質であるように思えるのである。

本稿では、確定系文末カ（モ）について、同じ時代に疑問表現として用いられていた他の形式との違いについて整理し、合わせて現代語の納得受容との違いについても述べたい。また、ほとんどの用例は詠嘆と解釈されている中で少数、疑問に解される例、疑問と詠嘆で解釈が揺れている例についても検討する。(2)

二　疑問表現とされている例

はじめに一で非常に少ないと述べた疑問表現の例を挙げる。

・筑波嶺に雪かも降らるいなをかも愛しき子ろが（児呂我）布乾さるかも（尓努保佐流可母）（一四巻三三五一）

・吾が園の李の花か庭に散るはだれの（波太礼能）いまだ残りたるかも（遺在可母）（一九巻四一四〇）

この二例については、選択疑問の文脈に確定系カ（モ）が置かれているため、諸注みな疑問として解釈している。たとえば、『万葉集注釈』では、前者を「筑波嶺に雪がふっているのかナア。さうではないのかナア。いとしいあの子が布を乾してゐるのかナア」とし、後者を「吾が園の李の花が庭に散るのであらうか。それともハラハラと零つた雪が消え残つてゐるのであらうか」としている。

このように、文脈的状況からこれらは疑問表現であることが明白なのだが、この二例については、もう一つ重要な特徴がある。「愛しき子ろが（児呂我）」「はだれの（波太礼能）」のように、主語相当の語に助詞ガ・ノが下接した形になっていることである。このことは、確定系カ（モ）で詠嘆表現とされる他の例とは際立った違いとなっているのである。

一般に確定系カ（モ）の場合、主語は、

・春されば水草の上に置く霜の消につつも我れは（我者）恋ひわたるかも（恋度鴨）（一〇巻一九〇八）

・秋の雨に濡れつつ居ればいやしけど我妹が宿し（屋戸志）思ほゆるかも（所念香聞）（八巻一五七三）

のように「ハ」あるいは「シ」で示されるか、

・紀の浦の名高の浦に寄する波（依浪）音高きかも（音高鳧）逢はぬ子ゆゑに（一一巻二七三〇）

のように無助詞で示されるかであって、主語にガ・ノがついた用例は、上の二例以外に、

・我が園に梅の花散るひさかたの天より雪の（由吉能）流れ来るかも（那何列久流加母）（五巻八二二）

の一例のみである。[3] そして、この八二二も疑問表現とされている。たとえば『万葉集注釈』は「吾が園に梅の花が散る。或いは大空より雲の流れて来るのであらうか」と口語訳し、『万葉集全注』（井村哲夫）は、「梅の花がしきりに散るぞ振り仰ぐ空から流れて来る雪かしら」としているのである。他に『新日本古典文学全集』、『万葉集釈注三』なども疑問に解釈している。

この諸注みな疑問表現と解釈している三三五一、四一四〇、八二二番歌において主語相当の語がノ・ガ下接の形で示されていることは、非常に重要である。

この三例について、カ（モ）に上接した部分が連体形であるという点だけを見れば、他の詠嘆性表現の用例と違いはないのだが、この三例のみは、文中のガ・ノと文末の連体形によって、全体が句的体言として統一された形になっているのである。詠嘆の用例はそれに対して、主語が述語と対立した形式をとる述体の形式を明白にもっているのである。

また、文末にカ（モ）が位置して文全体が句的体言になっているという点では、冒頭にあげた感動換体句も同じ形式である。しかしながら、こちらは感動を表し、疑問は表さない。その点、右の三例は感動喚体句とも異なる表現なのである。

むしろ、この三例の似ているのは、体言相当句にカが下接しているという点で、

・我が宿の冬木の上に降る雪を梅の花か｜（梅花香）とうち見つるかも（八巻一六四五）
・馬の音のとどともすれば松蔭に出でてぞ見つるけだし君か｜（若君香）と（一一巻二六五三）

のような名詞一語による疑問表現のタイプである。

疑問文としてのありようにも、この三例は特徴がある。三番目の八二二の用例がわかりやすい。ここでは、「ひさかたの天より雪の（由吉能）流れ来るかも」という真偽疑問文は、「我が園に梅の花散る」という眼前の事態に対してのある種の見立てとして提示されているのであり、決して「天より雪の（由吉能）流れ来る」ことが現実に成立したかどうかを問題にしているわけではない。眼前の事態に対して、ある解釈を提示してそれが妥当かどうかを問題とする「解釈適用型疑問文」なのである。この「解釈適用型疑問文」の典型は、中古の「〜にやあらむ」のタイプである。このタイプについては、「第一部第二章（四）『源氏物語』の「〜ニヤ」について」で詳しく述べている。

解釈適用型疑問文である点では、前の二例も同様である。三三五一と四一四〇は選択型疑問になっているが、確定系カ（モ）の部分を単体の真偽疑問文として見れば、それは、両者とも眼前の事態（三三五一は「筑波嶺が白く見えること」、四一四〇は「庭先に白く見えるところがあること」）に対する解釈、「愛しき子ろが布乾さる」「はだれのいまだ残りたる」が他の解釈例とともに提示され、疑問されているのである。

解釈適用型の疑問文である点は、実は名詞下接のカの例としてあげた一六四五、二六五三も同様である。どちらも、眼前の事態に対する解釈や見立てを名詞の形で提示しているのである。

同じ文末にあっても助詞ヤによる真偽疑問文の場合には、

・夜昼といふ別き知らず我が恋ふる心はけだし夢に見えきや｜（夢所見寸八）（四巻七一六）
・卯の花の咲き散る岡ゆ霍公鳥鳴きてさ渡る君は聞きつや｜（公者聞津八）（一〇巻一九七六）

のように、「現実に夢に見えたか否か」、「君は聞いたか否か」を問題とする事態成立型疑問文になっていて、このタイプとは大きく異なるのである。

このような確定系カ（モ）の形式をとって、真偽疑問の表現とされている用例は、

・全体が句的体言の形式をとっている。

・解釈適用型疑問文である。

という二つの特徴を持ち、これは名詞一語の疑問文に近い特徴であるということになる。

三　典型的な詠嘆の用例の特徴

それでは、確定系カ（モ）で典型的な詠嘆表現の例とはどのような形式を取っているのか。これについては三つの特徴がある。

三・一　ケリの多さ

この確定系カ（モ）は、裸の用言連体形および過去完了の助動詞にカ（モ）が下接したものだが、

・妹がためほつ枝の梅を手折るとは下枝の露に濡れにけるかも（沾尓家類可聞）（一〇巻二三三〇）

・うち上る佐保の川原の青柳は今は春へとなりにけるかも（成尓鶏類鴨）（八巻一四三三）

のようにカ（モ）の上の述語がケリによって構成されているものが二七二例中五〇例と目立っている。このことは古代語の他の疑問形式とは大きく異なる特徴である。

他の疑問表現の述語がケリで構成されているものは、真偽疑問文、不定語疑問文[4]をすべて合わせても、

・よく渡る人は年にもありといふをいつの間にぞも我が恋ひにける（何時間曽毛吾恋尓来）（四巻五二三）
・年渡るまでにも人はありといふをいつの間にぞも我が恋ひにける（何時之間曽母吾恋尓来）（一三巻三二六四）
・今朝鳴きて行きし雁が音寒みかも（寒可聞）この野の浅茅色づきにける（色付尓家類）（八巻一五七八）
・さを鹿の胸別けにかも（胸別尓可毛）秋萩の散り過ぎにける（散過鶏類）盛りかも去ぬる（八巻一五九九）
・～遊び歩きし世間や（余乃奈迦野）常にありける（都袮尓阿利家留）（五巻八〇四）
・～袖さし交へてさ寝し夜や（佐寐之夜也）常にありける（常尓有家類）（八巻一六二九）
・石上布留の神杉神びにし我れや（吾八）さらさら恋にあひにける（相尓家留）（一〇巻一九二七）

の七例に過ぎない。

このうち、はじめの五二三、三二六四はよく似た歌で、「いつの間に」という実現の時期については疑問の対象であるが、「我が恋ひにける」という自身の恋が実現しているということ自体は疑問の対象とはなっていない。同様にカの文中用法の疑問の二例、一五七八、一五九九についても、疑問の対象はカの上接項目である「雁が音寒み」「胸別けに」という、後半の実現した事態の原因理由の部分であり、ケリが構成する後半の事態は疑問の対象とはなっていないのである。

ヤによるものは、そうは言いにくいが、八〇四、一六二九は反語であり、表現形式は疑問ではあるが、事態実現（この場合は「なくありけり」といったようなこと）自体は疑問の対象にはなっていない。また、一九二七は「詠嘆的疑問」とされることが多く、現代語訳でも疑問には訳されていないものであり、ケリが構成する述語部分の事態成立を問題とした疑問文とは言えない。

このように、ケリが主文述語を構成する疑問文は、実は万葉集にはほとんど存在しないのである。この点に関しては、すでに吉田（一九八九）に指摘があり、「万葉集における「けり」を含む疑問文には、「けり」の接した事実そのものに疑念をさしはさむものはない」としている。さらに、中古に関しても、高山（二〇〇二）（第一部第4章中古モダリティの階層構造）では、中古においてもケリは疑問文に用いられにくく、用いられる場合はすべて反語であるという指摘をしている。

このように、ケリが述語に用いられているという点から見ると、確定系のカ（モ）による文は疑問文とは異質の表現である可能性が強いのである。

さて、確定系カ（モ）の中で、唯一ケリを用いながら、疑問に訳されている例がある。それは、

・〜国見れど人も通はず里見れば家も荒れたりはしけやしかくありけるか（如此在家留可）〜（六巻一〇五九）

という用例であるが、この歌については、『万葉集注釈』のように「こんなになつてしまつたことか」と詠嘆で訳す注もあるが、疑問表現にとる立場もある。『万葉集全注』（吉井巌）が「国を見ても人も通わず里を見ると人の気配もない。ああ。こうなってしまう定めだったのか」とした上で、語釈に「久爾京の運命は廃都になり荒廃するという定めであったのか」と解説している。また、伊藤博『万葉集釈注三』も「ああ、この都はこんなにもはかない定めであったのか」という訳を施している。これらの解釈は、「かつての旧都」と現在のありさまを重ねて、その一致不一致を問う疑問と解釈しているようにも思える。しかしながら、「はしけやし」という感動詞の後に置かれている点などから考えて、詠嘆表現である可能性の方が強いであろうし、述べたようにケリは疑問表現では使えないということから考えて、「かくありけるか」の部分は疑問ではないと考えられる。そしてこの歌に込められた気息は、詠嘆表現としての不審反発ととっておきたい。

三・二　詠嘆性モの存在

確定系カ（モ）は、

・我妹子に我が恋ひ行けば羨しくも（乏雲）並び居るかも（並居鴨）妹と背の山（七巻一二一〇）
・ひさかたの雨には着ぬをあやしくも（恠毛）我が衣手は干る時なきか（干時無香）（七巻一三七一）

のように、文中に詠嘆性のモを持つ用例が多く、確定系カ（モ）二七二例のうち、九七例に詠嘆性のモが見られる。典型的には、右例のように、情意や評価を表す語、形容詞の連用形などに詠嘆のモが付した形である。

右例の場合ならば、「羨し」という情意「あやし」という評価は、それぞれ「妹と背の山並び居る」「我が衣手は干る時なし」という事態を対象としているわけで、そのような情意の対象であり、かつその情意や評価自体が生ずる契機となった事態を疑問の対象とすることはありえないから、これらの表現は疑問表現ではありえない。さらには詠嘆のモが、

・奥山の岩本菅の根深くも（根深毛）思ほゆるかも（所思鴨）我が思ひ妻は（一一巻二七六一）

のように状態形容詞の連用修飾語についた例や、

・夢にだに見ずありしものをおほほしく宮出もするか（宮出毛為鹿）さ檜の隈廻を（二巻一七五）
・降る雪を腰になづみて参ゐて来し験もあるか（印毛有香）年の初めに（一九巻四二三〇）

のような述語内部に介入したもの、名詞項目に下接したものについても、客観的な事態の描写の背後には、対象事態への情意や評価が作者の内部には潜在しており、それが、詠嘆のモを付す動機となったと考えられるから[5]、同じように疑問表現ではありえず、詠嘆表現であることになる[6]。

三・三　我に関することの多さ

確定系カ（モ）については、「詠嘆的疑問」としている注釈を見ることがある。それは、このタイプが現代語で終助詞カを用いた納得受容と呼ばれる疑問表現とよく似ているからであろう。そこで、この節では、詠嘆表現の確

定カ（モ）と、現代語の納得受容の表現について、その内容面での比較を行う。

たしかに、上代の確定カ（モ）は、現代語の、

・おや、もうおいでですか。

・ああ、とうとう焚き火も燃え尽きたか。

といった受容納得の表現と似ている点がある。それは、実際に遭遇体験した事態を表現するものに文末カが下接している点である。

しかしながら、その体験した事態の性格が確定系カ（モ）と現代語の納得受容の表現とはかなり異なっているのである。現代語の場合には、体験した事態とは話者がその場で遭遇した事態つまり、話者自身のことではなく外部の出来事である場合がほとんどであって、

・別れを悲しく思ったか。

・（私は）きれいな雪景色を見たか。

のように、話者を主語とした話者の思考活動や意志的な行動を納得受容の表現とすることはできない。

しかし、確定系カ（モ）の場合には、その大半が話者自身に関することなのである。まず、話者自身を主語としたものが、二七二例中の一六六例を占める。特に多いのが、

・うつせみの人目を繁み石橋の間近き君に恋ひわたるかも（恋度可聞）（四巻五九七）

・うつせみの世は常なしと知るものを秋風寒み偲ひつるかも（思努妣都流可聞）（三巻四六五）

のような自身の精神的なありようをその内容とするものである。これらは、右に述べたように現代語の納得受容の表現にはならないであろう。

「我」が厳密な意味での主語主格になっているのではないが、

・しつたまき数にもあらぬ身にはあれど千年にもがと思ほゆるかも（意母保由留加母）（五巻九〇三）

のような「思ほゆるかも」も話者自身の内面の体験を語っており、「恋ふ」などの用例に準じて考えられる。また、

・外に見し真弓の岡も君座せば常つ御門と侍宿するかも（侍宿為鴨）（二巻一七四）

・山辺の御井を見がてり神風の伊勢娘子どもあひ見つるかも（相見鶴鴨）（一巻八一）

・大原のこのいち柴のいつしかと我が思ふ妹に今夜逢へるかも（相有香裳）（四巻五一三）

のような話者自身の意図的な動作を表すものも多いが、これらも現代語の納得受容の表現にはならないであろう。

さらに主語が話者自身というわけではないが、自身に直接関係したことを内容とする、

・明日香川瀬々の玉藻のうち靡き心は妹に寄りにけるかも（因来鴨）（一三巻三二六七）

・妹がためほつ枝の梅を手折るとは下枝の露に濡れにけるかも（沾尓家類可聞）（一〇巻二三三〇）

のようなものも一五例ある。これも納得受容にはなりにくい。

さらにこれは話者自身に関する事態ではないが、

・み吉野の玉松が枝ははしきかも（波思吉香聞）君が御言を持ちて通はく（二巻一一三）

など、遭遇事態に対する情意や評価の語が述語であるものも二二例あるが、これも、現代語の納得受容の表現とは異質なものである。

このように見てくると、話者自身が主語、話者に直接関わるもの、対象事態への話者の情意や評価が表明されているものを合わせると実に、二七二例中二〇三例が現代語の受容納得表現とはなりにくい「我に直接関係する事態」をその内容にしているのである。

「我に関すること」がその内容であるという点は、納得受容の表現としてもありにくいが、通常の真偽疑問文としてももっとありにくいであろう。もちろん絶対ないとは言えないが、「我に関する疑問」が確定系カモの中で過

半数を占めるということはないであろう。事実これらを疑問と解釈した注は見当たらなかった。

三・四　疑問表現との違い

この節で述べた三点は、確定カ（モ）に見られる特徴であるとともに、疑問表現との非連続性を示すものであった。特に

・述語にケリを用いること。

・詠嘆のモが文中にある。

という二点は、疑問表現とは連続しない表現であることを決定付けている。

また、**三・三**で見た、

・内容が我に関することである。

は、前二者のように形式面ではないので、決定的とは言いにくいが、判断保留する疑問文というものの有り方から考えて、やはり疑問表現にはなじまないものであろう。

この三点から考えて、

・悔しくも老いにけるかも（老尓来鴨）我が背子が求むる乳母に行かましものを（一二巻二九二六）

のように、三つの特徴をすべて備えたものはもちろん、どれか一つを持っていれば、詠嘆性の表現としうるのではなかろうか。たとえば、

・三輪山をしかも隠すか（然毛隠賀）雲だにも心あらなも隠さふべしや（一巻一八）

の例は、『万葉集注釈』には「三輪山をあんなにかくすのかナア。せめて雲だけでも思ひやりがあつてほしいものだ。あんなにかくすといふ事のあるべきだらうか」と口語訳を施した上で訓釈の項で「「か」は（中略）信じたく

ない、欲したくないやうな場合に、疑問をこめて発する歎辞である」と述べている。他の注釈でも、文末カ（モ）を「詠嘆的疑問」としているものが多い。

しかしながら、諸注のいう現状への反発を含んだ疑問はこの当時むしろヤによる疑問文に多いものであり、『万葉集注釈』の言うニュアンスは、後半の「隠さふべしや」を含む一首全体の含意であり、「しかも隠すか」にもその力が及んでいると考えるべきであろう。本稿の立場としては、詠嘆モの存在をもってこれは詠嘆表現であるとしておくのである。

また、次の二例のように文中に詠嘆モがあっても、疑問と解する場合がある。

・御笠山野辺行く道はこきだくも（己伎太雲）繁く荒れたるか（繁荒有可）久にあらなくに（二巻二三二）

この歌は「御笠山の麓の野辺を通る道は、通ふ人がないままに、ひどく草木が繁つて、荒れたことよ。まだときも長くはたつていないのに」（『万葉集評釈』）のように、詠嘆に訳すものが多いが、伊藤博『万葉集釈注一』は、二三四歌の詠嘆（「こきだくも荒れにけるかも（荒尓計類鴨）」）をこの二三二ではあえて、「どうしてこんなにひどく荒れすさんでいるのであろうか」という疑問的詠嘆に置き換えたのだとしている。

この場合は、「どうして」という語を添えて、あえて中古の連体形終止ラムのように訳しているのは、理由を尋ねる説明疑問文に訳したというよりも、事態への不審反発をこめた訳を目指したのであろう。しかし、その不審反発という事自体は詠嘆性の表現にも込められるものである。それが、二三四の「荒れにけるかも」という事態の認識を述べる表現と並べられるとより強く感じられるということなのだと考えられる。そのことを踏まえて、この例も詠嘆のモの存在をもって、詠嘆表現とすべきであろう。

同じように、

・はしきやししかある恋にも（毛）ありしかも（有之鴨）君に後れて恋しき思へば（一二巻三一四〇）

の歌が挙げられる。『日本古典文学全集』では、「なんとまあこんなにせつない恋であったのか君に旅立たれて恋しい事を思うと」とし、注に「シカはシ（回想の助動詞キの連体形）＋カ（疑問助詞）」としている。『新日本古典文学全集』も同じ趣旨を述べている。この歌はケリを用いていないが、「はしきやし」の後に置かれている点から、**三・一**で述べた一〇五九と同じものだと考えられる。

また、

・むささびは木末求むとあしひきの山のさつ男にあひにけるかも（相尓来鴨）（三巻二六七）

・早来ても見てましものを山背の高の槻群散りにけるかも（散去奚留鴨）（三巻二七七）

のようなものは、文中に詠嘆のモはないし、我に関する内容でもないが、文末のケリが詠嘆表現であることを決定付けているのである。

さらに、

・浅茅原つばらつばらにもの思へば古りにし里し思ほゆるかも（所念可聞）（三巻三三三）

のようなものは、詠嘆モもなくケリもないが、内容が自身の思考に関するものであることが疑問表現であることを拒否していると考えるのである。

四　非典型的な用例について

ここまでは、**二**で典型的な疑問表現のタイプを見て、**三**で典型的な詠嘆表現のタイプを見た。しかしながら、確定系カ（モ）の中にはどちらの特徴も明白な形では備えていない用例も存在する。それらを見て行くことにする。

四・一　疑問表現に近いと考えられるもの

典型的な疑問表現のタイプは文全体が句的体言の形式を取っていた。しかし、左例は、疑問表現として解釈されることが多いにもかかわらず、主語が明示されていないため句的体言の形式を取るのかどうかが明確ではない。

・葦鶴の騒く入江の白菅の知らせむためと言痛かるかも（乞痛鴨）（一一巻二七六八）

この用例は、『注釈』では、「葦鶴のさわぐ入り江の白菅のシラといふやうに、相手の人に知られよう為にこんなに噂をたてられるのであらうかナア」と口語訳しており、『全注』（稲岡耕二）は、「葦辺の鶴の鳴きさわいでいる入江の白菅ではないが、私の恋い心を知らせようとして世間の人がこんなに噂をたてるのかなあ」と口語訳している。『万葉集釈注六』は、「葦辺の鶴の鳴き騒ぐ入江の白い菅ではないが、私の思いを知らせてやろうというので、世間の人がこんなにひどく噂をたてるのだな」と口語訳を施した上で、語釈に「「かも」は詠嘆だが疑問の気持ちも含んでいる」と疑問表現に近いという了解も付している。

さて、この用例は、カ（モ）の直上部分「言痛かる」は、「噂を立てられる」ということで、作者が遭遇した内容であるが、その前半の「知らせむためと」の部分は、作者が遭遇した事態に下した解釈である。つまり、カ（モ）の上接部分に「原因—結果」という二事態が含まれているのである。

二で見たように、確定系カ（モ）が真偽疑問の表現となる場合は、解釈適用型の疑問文になる。この二七六八も原因結果の関係自体を現実への解釈として適用した例と考えられる。そのように見れば、句的体言タイプの拡張した形と考えられるのである。

これと同様に「原因結果」という二事態含みの句に確定系カ（モ）が下接している例は他に数例ある。たとえば、

・妹が手を取りて引き攀ぢふさ手折り我がかざすべく花咲けるかも（花開鴨）（九巻一六八三）

の例は、たとえば『万葉集全注』（金井清一）は「あの子の手をとる、そのようにしっかり取って引き寄せて、

たっぷり手折って、私の髪にさすために花がきれいに咲いたことよ」としていて疑問表現とは捉えていないが、先ほどの二七六八と同様に原因―結果の関係自体を現実への解釈として適用した例と考えられる。さらに、

・大君は神にしませば天雲の雷の上に廬りせるかも（廬為流鴨）（三巻二三五）

・大君は神にしませば真木の立つ荒山中に海を成すかも（海成可聞）（三巻二四一）

二例も、原因―結果の関係自体を現実への解釈として適用した例と考えられる。ただし、「大君は」という主語の示し方が典型的な疑問表現とは大きく異なっている。事実、この二例に関しては、『万葉集注釈』が「天皇は神であられるので、天雲にゐる雷神のその上にいほりをしていらつしやるよ」、「皇子様は神でいらつしやるから真木の繁る人気のない山中にも海をお作りになることよ」として詠嘆に解釈しており、諸注みな詠嘆表現だと捉えている。しかしまた一方で、遭遇事態そのものを対象とするのではなく、全体が見立てを語っているという点では、これまた、詠嘆性表現とは異質な点をもった例である。

この二例と同じような形式を取っていて内容も似ているが、見立てを語るとは言えないものに、

・山川も依りて仕ふる神ながらたぎつ河内に舟出せすかも（船出為加母）（一巻三九）

がある。これについても、「神ながら」が原因「河内に舟出せす」を結果と捉えれば、原因―結果の関係自体を現実への解釈として適用した例と考えられる。

ここにあげた五例に関しては、このように、疑問表現とするに足る決定的な根拠はなく、詠嘆表現ともとれるものである。しかしながら、一つ注意したいのは、疑問表現であるとした場合には、みな遭遇した事態に対する見立て、つまりは解釈適用型疑問になるのだという点である。

四・二　詠嘆か疑問か解釈が揺れるもの

二で挙げた少数の疑問文の例、そして、三で見た詠嘆表現としての特徴をどれか一つでも備えた例を除くと、残りは四例ほどだが、いずれも訓読自体が揺れている。一つずつ見てゆく。

・おしてる難波堀江の葦辺には（者）雁寝たるかも（鴈宿有疑）霜の降らくに（一〇巻二一三五）

ここで「かも」とよめる「疑」字については、『全注』（阿蘇瑞枝）が「カリヤドレルカ（代匠記初稿本・考）、カリソネタラシ（代匠記精撰本）、カリネタルラシ（古義）、カリネタルラム（全註釈・古典大系）などさまざまに訓まれている「疑」は、カモ・ラシ・ラムいずれとも訓み得る字である」としているように訓自体が揺れている。「全注」自身は、「ラシの場合は、推定の根拠が示されるのにここにはそれがないから、カモもしくはラムと訓むのがよいと思われる。ここは疑問を含んだ詠嘆ととり、カリネタルカモをとりたい」とカモに軍配を上げている。

さて、この「疑」をカモと訓むとしても、それが詠嘆なのか疑問なのかという問題が残る。『万葉集注釈』は、「雁のねてゐるのを作者は「目撃」しなくとも断定していふ事はあり得るのだから」として詠嘆説をとっているが、他のカモの詠嘆が圧倒的に眼前の事態を対象にしているのだから、このように主張するには無理がある。『万葉集釈注五』には、「「疑」は義訓的用字。疑う気持を文字に移したもの」としており、疑問表現だとしている。それに従って、この歌が疑問だとすると確定系カ（モ）が眼前の遭遇事態を対象とせず、かつ事態成立型疑問になっているきわめて稀な例ということになるのだが、ラムと訓むことも捨てきれないので保留としたい。

もう一つ、これも訓が揺れている例である。

・大和には聞こえも行くか（聞往歟）大我野の竹葉刈り敷き廬りせりとは（九巻一六七七）

これには「きこえゆかぬか」という訓もある。これは「〜も〜ぬか」の希求表現の場合には、打消しのヌが必ずしも表記はされないということから、そう訓んで、「聞こえて行かないかなあ」（『古典文学大系』大意による）のように希求表現とするものである。しかし『注釈』が訓注にいうように、この作のころであれば、「〜も〜ぬか」の定型を守ったはずだという説があり、モを補読すると字余りになってしまう。そこから、キコエモユクカという訓が有力になってくるのである。そして、現代語訳としては、「大和には聞こえてゆくだろうか」としているものが多く、詠嘆ではなく疑問の表現だととっているようだ。疑問説が有力なのは、大和のことを大和以外の地（大我野は現在の和歌山県の地名かとされる）で詠んだ歌だから、未確認のことについて述べていることになるということがその背景にあるのであろう。

しかしながら、未確認の事態の想定の妥当性を問う疑問文としては、ム系カ（モ）の方が自然である。ム・ラムを詠み添えすることも、「君に逢はむかも（君尓相可毛）」（一〇巻一九〇四）、「後恋ひむかも（後恋毳）」（一〇巻一九〇九）」、「人見けむかも（人見鴨）」（一一巻二四九二）（一二巻二九四七柿本朝臣人麻呂歌集云）、「妹恋ひむかも（妹恋鴨）」（一二巻三二一七）のようにないではないので、「キコエユカムカ」と訓む可能性もあるのではないか。こう訓めば、ごく普通のムカによる未実現事態に関する事態成立型疑問文と考えることができるのである。

また「哉」をカモと訓んでいる例として、

・否も諾も欲しきまにまに許すべき顔見ゆるかも（皃所見哉）我れも寄りなむ（一六巻三七九六）

があるが、これは「かたちはみゆや」というようにヤで訓む方が有力であり、もしカモと訓んでも、述べてきた確定系カ（モ）のタイプからははずれるので、ヤと訓むのに従うこととする。

また、カ（モ）の上接部分が詠み添えのもので、

・雲の上に鳴きつる雁の寒きなへ萩の下葉は（者）もみちぬるかも（黄変可毛）（八巻一五七五）

の例がある。これが詠嘆表現であるのなら典型から外れるというだけで、問題はないのだが、疑問表現だとすると事態成立型の疑問とせざるを得ない例である。「黄変可毛」は、ほとんどの注釈で「もみちぬるかも」と訓んでい

るが、『万葉集注釈』によれば武田祐吉氏の『万葉集全註釈』では「もみちなむかも」と訓んでいるそうだ。『万葉集注釈』は、作歌の時期と萩の色づきとの関係から、「ぬるかも」と読むことが妥当だとしているが、どう訓んでも読み添えであり、それに立脚して、この例の特殊性を説明するのも危険なことなのでここでは保留としたい。

五　まとめ

以上、確定系カ（モ）全体を眺め、

・疑問表現となるものは、全体が句的体言にまとまっている。そして、解釈適用型疑問文として用いられている。
・詠嘆表現とされるものの多くは、「ケリを用いている」「文中に詠嘆のモがある」「我に直接関係する内容である」という特徴を備えている。
・そのどちらともいいにくい例は少数である。

ということが分かった。ここではこれを踏まえて、カ（モ）と疑問表現との位置関係、さらに、ここで扱った確定系カ（モ）の詠嘆表現と感動喚体句の関係について述べたい。

五・一　カ（モ）と疑問表現との位置関係

本稿では、文末の確定系カ（モ）について、典型的な疑問表現となるもの、典型的な詠嘆表現となるもの、そして、そのような特徴を備えない用例について見てきた。**二**で述べたように典型的疑問文であるものは、解釈適用型疑問であり、また**四**で見た用例の中で疑問文と解釈できるもののほとんどについても、解釈適用型疑問文であった。

万葉集のカ（モ）は、おおむね以下のようなタイプに分かれる。

（1）文末で名詞に接続するもの
（a）感動喚体句
（b）名詞文疑問文　通常の名詞文疑問文と見立てとを含む。
（2）文末で活用語に接続するもの
（c）上接するのはム系述語　真偽疑問文でもっぱら事態成立を問題とする疑問文
（d）上接するのは確定系述語（本稿で扱ったもの）大部分が詠嘆表現で少数は疑問表現だが、解釈適用型疑問となる。
（e）上接するのは打ち消しズ　詠嘆と希求
（3）係り結び用法
（f）結びがム系述語　真偽疑問文で事態成立そのことを問題とするタイプも含む。
（g）結びが確定系述語　注釈と見立てに限られる。(7)
（なお、ここには「なにか」「いつか」のような不定語疑問に用いられるものはあげていないし、選択型疑問についても省いてある。）

一覧して気付くことは、カ（モ）が疑問表現となる場合の多くは、ム系述語とともに用いられたものであるということである。そしてまた、裸の用言や過去完了の助動詞とともに用いられた場合には、遭遇した現実事態への原因理由や見立てを提示する解釈適用型疑問文になるということである。カ（モ）と確定系の述語だけでは事態成立そのことを疑問の対象とする事態成立型の疑問にはなり得ないのである。

実はカのこの性格は、中古の文末カに引き継がれている。筆者は、近藤（一九九八c）で、源氏物語の助詞カの

文末用法の全例を調査した。上代とは異なってこれはすべて疑問文となるのだが、活用語下接のタイプは、やはり、

・「何事ぞや。童べとはらだち給へるか」（『源氏物語』若紫）

のような解釈適用型疑問であって事態成立型疑問ではないのである。事態成立型疑問とも解釈できる例が登場するのは、中古に現れなかった「ムカ」型の疑問文が復活する院政期以後のことである。

二の末尾に述べたが、文末カ（モ）による事態成立型疑問は、名詞一語文に近いと考えられる。おそらく上代における助詞カ（モ）による疑問文は、名詞下接が出発点ではなかったかと思われる。名詞文による疑問文の一つのタイプに「あの木は、椿か」のように眼前のモノが、ある集合に包含されるか否かを問題とする疑問文もある。このタイプには、当然「あの人は悪魔か」というような見立て的な疑問も含まれる。そして、このタイプの述語の名詞が句的体言に交代したものが解釈適用型の疑問文なのである。

ム系述語とともに用いられて事態成立型疑問文になる場合に関しては、野村（二〇〇二）における係り結びの成立への仮説が参考になる。本来は、注釈という解釈適用型疑問であったものが、現実に遭遇した事態を表す句との関係を強め、一つの文となり、さらに文全体が疑問の気持ちに覆われることで文末にム系述語が付されるようになり、その結果、疑問の気分は文全体を覆うのだから、カは疑問点とはいえないようなものにまでつく事ができるようになったというのが野村氏の論である。それに従えば、係り結び文は、カによる解釈適用型疑問を前提として成立し、成立後、一種の極限として、

・一重山へなれるものを月夜よみ門に出で立ち妹か（妹可）待つらむ（将待）（四巻七六五）

のような事態成立型相当の形が用いられるようになったことになるからである。

文末のム系カ（モ）については、次の「（五）『万葉集』の～ムカについて」で詳しく述べる。

五・二　詠嘆表現の確定カ（モ）と感動喚体句

最後に確定系カ（モ）と感動喚体句との関係について述べたい。感動喚体句は全体が句的体言の形式をとり、主述が一体的であるが、確定系カ（モ）は、主語と述語との対立が明確な述体句の形式をとる。この点では、両者は決定的に異なった表現であろう。

しかしながら、カ（モ）を用いた詠嘆表現という共通点がある以上、どこかに連続する点があると考えねばならない。そのように考えてくるとたとえば、感動喚体句には、

・み吉野の象山の際の木末には（木末尓波）ここだも騒ぐ鳥の声かも（鳥之声可聞）（六巻九二四）
・草枕旅に物思ひ我が聞けば（吾聞者）夕かたまけて鳴くかはづかも（鳴川津可聞）（一〇巻二一六三）

のように、喚体句がさらに大きな文の部分に繰り込まれることがある。このようなものと詠嘆の確定カ（モ）とは類似性を感じさせるのである。右のような用例のカモの直上の体言が、連体形によるものに入れ替われば、確定カ（モ）と同じ形が得られるのである。

上代は、準体句の形式が、サ語尾やク語法から連体形終止に移り変わる時代であるから、ク語法やサ語尾による感動表現とは別に、新たに連体形終止によるものが体言骨子タイプに侵入することも考えられる。しかし、それならば全体が句的体言の形式をもったものが感動喚体句として用いられそうなものだが、**二**で述べたようにそれらは疑問表現となってしまう。この問題については、今後の課題としたい。

注

（1）この稿では、文末のカとカモを一括して「カ（モ）」と表記する。
（2）なお本稿では、

・いつの間も神さびけるか（神左備祁留鹿）香具山の桙杉の本に苔生すまでに（三巻二五九）
・言出しは誰が言にあるか（誰言尓有鹿）小山田の苗代水の中淀にして（四巻七七六）
・玉かつま逢はむと言ふは誰れなるか（誰有香）逢へる時さへ面隠しする（一二巻二九一六）
のような不定語を含んだものについては扱わない。

（3）他に主語にノが付いたかに見える例に、
・油火の光りに見ゆる吾がかづらさ百合の花の笑まはしきかも（恵麻波之伎香母）（一八巻四〇八六）
がある。「聞きのかなしも（伎吉乃可奈之母）」（四〇八九）などと同様に対象語ゆえの特殊な形態ともとれるが、ここでは、『全注』（伊藤博）が示唆しているように、比喩の「の」ととっておく。また、野村（一九九三）では、
・誰れ聞きつこゆ鳴き渡る雁がねの妻呼ぶ声の（嬬呼音乃）羨しくもあるか（乏知在乎）（八巻一五六二）
についても、このタイプとしているが、この例は、『万葉集評釈』『古典文学全集』『新古典文学全集』『新古典文学大系』は、「ともしくもあるを」を訓んでいるので、それに従うことにする。なお、この二例を主語にノが下接した例と認めても、確定系カ（モ）が疑問表現であるためには、句的体言であることが必要条件であること、およびその疑問は解釈適用型になるということ自体は動かない。

（4）「たれ、何」など不定語を用いた疑問文のこと。これまでは説明要求疑問文と呼んでいたが改めた。

（5）川端（一九六三ｃ）による。

（6）このように、詠嘆モが文中に存在することは、詠嘆表現であることを決定付けるものと考えられるのだが、通常は疑問表現であると考えられているム系カ（モ）にも少数詠嘆モが存在する例がある。
・～人の寝る味寐は寝ずて大船のゆくらゆくらに思ひつつ我が寝る夜らを数みもあへむかも（読文将敢鴨）（一三巻三二七四）
・石見なる高角山の木の間ゆも（文）我が袖振るを妹見けむかも（妹見監鴨）（二巻一三四）
の二例であるが、前者は反語であり、反転した意味「数みもあへず」という表現のモが表現に反映している例であり、構文を決定付けるような詠嘆とは言いにくいであろう。後者は、まさに詠嘆と解されてはいるが、「木の間からも」という添加のモとも考えられる例ではある。

（7）近藤（一九九〇b）、野村（二〇〇二）による。

使用テキスト

澤瀉久孝『万葉集注釈　巻第一～巻第二〇』中央公論社　一九五七～一九六八年

高木市之助・五味智英・大野晋『日本古典文学大系　万葉集一～四』岩波書店　一九五七～一九六二年

小島憲之・木下正俊・佐竹昭広『日本古典文学全集　万葉集一～四』小学館　一九七一～一九七五年

『万葉集全注』有斐閣　巻第一　伊藤博（一九八三年九月）／巻第二　稲岡耕二（一九八五年四月）／巻第三　西宮一民（一九八四年三月）／巻第四　木下正俊（一九八三年一二月）／巻第五　井村哲夫（一九八四年六月）／巻第六　吉井巌（一九八四年九月）／巻第七　渡瀬昌忠（一九八五年八月）／巻第八　井手至（一九九三年四月）／巻第九　金井清一（二〇〇三年四月）／巻第一〇　阿蘇瑞枝（一九八九年五月）／巻第一一　稲岡耕二（一九九八年九月）／巻第一四　水島義治（一九八六年九月）／巻第一五　吉井巌（一九八八年七月）／巻第一七　橋本達雄（一九八五年六月）／巻第一八　伊藤博（一九九二年一一月）／巻第一九　青木生子（一九九七年一一月）／巻第二〇　木下正俊（一九八八年一月）

小島憲之・木下正俊・東野治之『新編日本古典文学全集　万葉集一～四』小学館　一九九四年五月～一九九六年八月

伊藤博『万葉集釈注　一～一〇』集英社　一九九五年一一月～二〇〇〇年五月

佐竹昭広・山田英雄・工藤力男・大谷雅夫・山崎福之『新日本古典文学大系　万葉集一～四』岩波書店　一九九九年五月～二〇〇三年一〇月

『万葉集』鶴久・森山隆編　桜楓社　一九七三年

さらに、吉村誠氏作成の万葉集データベースを用いた。

参考文献

尾上圭介「係助詞の二種」／川端善明「助詞『も』の説―文末の構成―」（一九六三b）・「助詞『も』の説二―心もしのに鳴く千鳥かも―」（一九六三c）／近藤要司「上代における助詞カ（モ）について―文中カ（モ）の指示しているものは何か―」（一九九〇b）・「『万葉集』の助詞カと助動詞ラムについて」・「係助詞の複合について（一）―『万葉集』のカ

とカモの比較—」・「『源氏物語』の助詞カナについて」・「『源氏物語』の助詞カの文末用法について」（一九九八ｃ）・「『万葉集』の無助詞喚体句について」・「『今昔物語集』の文末カの用法について」／酒井秀夫「万葉集の『か』『かも』」金城学院大学論集　二八／阪倉篤義『岩波セミナーブックス四五　日本語表現の流れ』／高山善行『日本語モダリティの史的研究』／野村剛史「上代語のノとガについて（上）」・「連体形による係り結びの展開」／森山卓郎「内容判断の一貫性の原則」／森山卓郎・仁田義雄・工藤浩『日本語の文法3　モダリティ』／山口堯二『日本語疑問表現通史』／吉田茂晃「「けり」の時制面と主観面—万葉集を中心として—」・「万葉集における助詞「も」の文中用法」

（五）『万葉集』の「〜ムカ」について

一　はじめに

古代語の助詞カは、係助詞として疑問を表す場合と終助詞として詠嘆を表す場合がある。そのことは現代語の終助詞カでも言えることなので、古代語も現代語も、この助詞の働きは同じであるように思えてしまう。

しかしながら、古代語の係り結びの問題や、もう一つの疑問係助詞ヤとの関係など、助詞カの用法全てを一覧表のようにして眺めてみると、単純にそのように言えないことがわかる。

近藤（二〇〇四）では、万葉集でカ（モ）[1]が用言や過去完了の助動詞の連体形に下接した例について調査し、圧倒的多数の詠嘆の用例と少数の疑問の用例があり、両者は、形式的にかなり異なっていることを確認した。

一方、推量系の助動詞に文末カが下接した「〜ムカ（モ）・〜ラムカ（モ）・〜ケムカ（モ）・〜ジカ（モ）」などは、疑問表現になることが多いとされる。

本稿では、これらの中で「〜ム＋カ（モ）」の形式を取り上げ、この中にも詠嘆表現の用例があることを確認し、そこから、上代の助詞カ（モ）は「話者の内面の情動の動きの対象を示す」ものであり、直接的に疑問に働く助詞ではないという仮説を提示する。

本稿の用例はすべて万葉集の例を用い、参考文献の項に示した注釈書を参考にした。用例末尾には万葉集の巻数と国歌大観番号を付した。

二　上代の文末カ（モ）の用法

二・一　上代の助詞カ（モ）の用法

上代の助詞カ（モ）は、文中用法（係り結び用法）と文末用法を持つ。文中用法は、「何、いつ、誰」などを用いた不定語疑問文と叙述内容の適否を問う真偽疑問文に用いられる。(2)

文末用法は万葉集に七〇〇例近くあり、体言下接の用法と用言下接の用法に分かれる。体言に下接するものは一四〇例ほどあり、その多くは、左の（1）のように感動喚体句となるが、四〇例ほどは、（2）のような疑問文である。この四〇例ほどの用例は、名詞文の真偽疑問文であり、（2）のような主語名詞句と述語名詞句の一致不一致を問題にするものと、「妹は花かも」（七巻一四一五）のような見立てや解釈を示すものとがある。

（1）人ごとに折りかざしつつ遊べどもいやめづらしき梅の花かも（烏梅能波奈加母）（五巻八二八）

（2）暁の家恋しきに浦廻より楫の音するは海人娘子かも（安麻乎等女可母）（一五巻三六四一）

用言に下接する文末カ（モ）は、五三〇例ほどあるが、裸の用言や過去完了の助動詞に下接するもの（以下、「確定系」とする）、打ち消しの「ズ（ヌ）」に下接したもの、それに「ム、ラム、ケム、ジ」に下接したものに大別できる。そして、この三つはそれぞれ際立った特徴を持っている。

二・二　用言に下接する文末カ（モ）の類型

二・二・一　用言下接タイプ　1　確定系

確定系のものは、万葉集に二七二例ある。

（3）静けくも岸には波は寄せけるか（縁家留香）これの屋通し聞きつつ居れば（七巻一二三七）

（4）我が園に梅の花散るひさかたの天より雪の流れ来るかも（阿米欲里由吉能那何列久流加母）（五巻八二二）

これらの用例は、現代語の感覚で眺めれば、真偽疑問に近いように思われる。しかしながら、前節で述べたように確定系では、詠嘆表現が多く、疑問表現は非常に少ない。真偽疑問の例は（4）の他に、数例あるのみで、そのほとんどが選択肢を列挙するものである。

疑問表現の用例と詠嘆表現の用例とには、明確な形式面での違いがある。それは、疑問表現に主語がある場合には（4）の用例のように「ノ、ガ」が付されて、全体が準体句であることが明示されるが、詠嘆表現のものの主語には「ノ、ガ」の付された例はないのである。

また、詠嘆の用例については、

・疑問表現には用いられない「ケリ」を用いたものが多い。
・文中に詠嘆の「モ」を用いたものが多い。
・「恋ひわたるかも」「偲ひつるかも」など、話者の心の状態を述べた述語をもつものが多い。

という特徴を持つ。これらの特徴から考えて、確定系の詠嘆用法のものは、疑問表現とは異質であり、その詠嘆性についても疑問文の表現効果であるとは考えられないのであった。[3]

また、疑問であるものも、（4）のような眼前の事態にある解釈を付け加えるタイプの真偽疑問文と選択疑問のものに限られていて、事態が成立しているか否かということを問題とするタイプの真偽疑問文には用いられていない。[4]

二・二・二　用言下接タイプ２「〜ヌカ（モ）」

打ち消しの助動詞「ズ」の連体形にカ（モ）が下接したもの、万葉集には一一〇例ほどある。

（5）霰打つ安良礼松原住吉の弟日娘女と見れど飽かぬかも（見礼常不飽香聞）（一巻六五）

（6）ぬばたまの夜渡る月を留めむに西の山辺に関もあらぬかも（塞毛有粳毛）（七巻一〇七七）

このヌカ（モ）は、（5）のような詠嘆と（6）のような希求という二つの表現性を持つ。「〜ヌカ」の希求について現代語の「宝くじでも当たらないかなあ」のようなものと同様に、疑問文の表現効果の一つであると考える方向もありえるが、そう考えても、「〜ヌカ（モ）」の半数が詠嘆であるという事実は動かない。また、「〜ヌカ（モ）」の詠嘆の例の多く（二六例）は、（5）のような「見れど飽かぬかも」のように話者の心中の状態を表すものであり、そのことは、先の確定系と同様であり、疑問の表現効果として詠嘆があるとは考えられないのである。

このように、確定系と「〜ヌカ（モ）」では、むしろ詠嘆表現の方が優勢で、かつ、その詠嘆性を疑問文であることの表現効果とは考えられないのである。

二・二・三　用言下接タイプ３「〜ム、ラム、ケム、ジ＋カ（モ）」

以上見たとおり、活用語に文末カ（モ）が下接した場合には、詠嘆表現の方が優勢なのだが、「ム、ラム、ケム、ジ」に下接した例は、通常疑問表現と考えられている。用例数と用例を以下に挙げる。

ムカ（モ）（七六例）

（7）玉に貫く楝を家に植ゑたらば山霍公鳥離れず来むかも（可礼受許武可聞）（一七巻三九一〇）

ラムカ（モ）（二〇例）

（8）ぬばたまの黒髪敷きて長き夜を手枕の上に妹待つらむか（妹待覧蚊）（一一巻二六三一）

ケムカ（モ）（一九例）

（9）高円の野辺の秋萩このころの暁露に咲きにけむかも（開兼可聞）（八巻一六〇五）

ジカ（モ）（一一例）

（10）あをによし奈良にある妹が高々に待つらむ心しかにはあらじか（之可尓波安良司可）（一八巻四一〇七）

（7）～（10）のどれも、「来るだろうか、待っているだろうか、咲いたであろうか、そうではないだろうか」と口語に訳してみて不自然な感じは受けない。疑問表現であると捉えても一応は違和感がないのである。

しかしながら、先に見たように上代において文末カ（モ）は詠嘆が多い。ム・ラム・ケムにカ（モ）がついた場合にだけ、それが真偽疑問文になるというのならば、それなりの説明が必要になる。

三　ム系述語と疑問文

三・一　カの係り結びの場合

たしかに、ム・ラム・ケムなどは、疑問表現と相性が良い。上代中古を通じて、多くの疑問表現において、その述語がム系助動詞を含んでいることは周知のことである。ここでは万葉集の「～カ～ム」の用例で見てみよう。

（11）久方の天の川瀬に舟浮けて今夜か君が我がり来まさむ（今夜可）（我許来益武）（八巻一五一九）

（12）神からか見が欲しからむみ吉野の滝の河内は見れど飽かぬかも（神柄加）（見欲賀藍）（六巻九一〇）

上代の「ム」は、現代語の「ダロウ」が推量を表すのとは異なり、「単に想像したことを述べる」ものであった。従って、「明けむ朝」のような推量の余地のない単純な未実現にも用いられた。さらに、野村（二〇〇二）が述べているように、疑問が話者の想像を述べるものであることに支えられて、疑問文の文末に用いられることもあった。[5]

さて、（11）（12）は「～カ～ム」という形式を取っているという点では共通である。（11）の用例では、「今夜」

という未来の時点を示す語があり、述語のムは、先の「明けむ朝」のような単純な未実現であると考えられる。従って、この用例に対応する平叙文を考えても、述語はやはり「今夜君我がり来まさむ」というように「ム」を含む形にならざるを得ない。

しかし、(12)の例における「見が欲しからむ」という結びの述語における「ム」は、未実現を表しているわけではない。「み吉野の滝の河内見が欲し」は、作者の内部にわき起こった現実の感情であり想像の産物ではない。(12)では、この現実の感情が「神から」というところから生ずるのかどうかという点が不明なのであり、因果関係を疑う疑問文である。「見が欲し」が不確定なのではなく、文全体が疑問文であることに応じて、述語に「ム」が用いられているのである。したがって、対応する平叙文を考えるのならば、主文末の「ム」は不要である。

(11)についても、疑問文であることに応じて、述語に「ム」が用いられているという側面はあるとも言えるのだが、重要なことは、対応する平叙文から分かるように、(11)は内容が未実現であるために主文末にムが要請されており、(12)は疑問文であるかぎりにおいて、主文末にムが許されているということである。

カの係り結びの場合、文末の「ム」には、(12)のように、疑問文であることによって用いられているものがあるのである。ここが、後に述べる「～ムカ」の「ム」と大きく異なる所である。(6)

三・二　文末「～ムカ（モ）」の場合

一方、(7)に見るように、ムカ（モ）に用いられたムに関しては、「ム」が未実現事態を述べるために用いられたものばかりである。いちいち用例を挙げることはしないが、用例七六例中、過半数の三九例には、仮定条件を含んでおり、主文事態は当然未実現事態である。また「後」や「また」など未来時を示唆する語を含む例が二〇例以上あり、これらは、未来に生起する具体的な事態を内容とするものである。また、残りの例も、先の係り結び文

（12）のように疑問文であることによって文末にムが用いられていると考えられるものはない。

ムカ（モ）には、疑問文であることによってムが用いられている例がなく、単純な未実現を示すものばかりだということは注目に値する。カによる係り結び文と「〜ムカ（モ）」では、「ム」という助動詞と「カ（モ）」との関係が同じであるとは言えないことになる。

この事実と、先ほどから述べている文末「カ（モ）」の詠嘆の用例の多さ、およびそれが真偽疑問とは異質であることなどから考えて、（7）のような例を単純に真偽疑問文であると考えることは出来なくなる。あるいは未実現の事態を対象とした詠嘆表現と呼べるものが「〜ムカ（モ）」の中に相当数あるのではないか。以下ではそれを検討する。

四　ムカの表現類型

ここでは、万葉集のムカについて、四種の類型に分類して、それらがどのような表現なのか、はたして疑問文といえるのかどうかという点について検討を加える。

四・一　「思ほえむかも」の用例

万葉集の「〜ムカ（モ）」の中で、注目すべきものは、以下のような「思ほえむかも」の例である。ムが仮名で示された三例を示す。(7)

（13）けころもを時かたまけて出でまししし宇陀の大野は思ほえむかも（所念武鴨）（二巻一九一）

（14）沖つ島荒礒の玉藻潮干満ちい隠りゆかば思ほえむかも（所念武香聞）（六巻九一八）

（15）奈呉の海の沖つ白波しくしくに思ほえむかも（於毛保要武可母）立ち別れなば（一七巻三九八九）

「思ほえむかも」には、（13）（14）のように土地への愛惜の情を歌ったものと、（15）のように恋人への思慕を題材にしたものがある。

「思ほえむ」という動詞を主文述語として用いた例は、「カ」の係り結びの文には見られない。また、平叙文の述語として用いられた「思ほえむ」も見あたらない。一方、確定系の「思ほゆるかも」の例は、万葉集に三〇例以上ある。これらは、ここであげた「思ほえむかも」との類似性が感じられる。

（16）奥山の岩本菅の根深くも思ほゆるかも（所思鴨）我が思ひ妻は（一一巻二七六一）

（17）あらたまの年返るまで相見ねば心もしのに思ほゆるかも（於母保由流香聞）（一七巻三九七九）

これらの「思ほゆるかも」の歌は、恋人や風景が「しきりに思われてならない」という詠嘆の表現である。そもそも「思ほゆ」は、話者の内部にある思考や感情が自発的に浮かび上がったことへの自覚を示す動詞である。このような話者の内面の心の動きの自覚を真偽疑問の対象にすることはできない。したがって、「思ほゆるかも」は、すべて真偽疑問ではなくて詠嘆表現である。

（13）～（15）の「思ほえむかも」も、この「思ほゆるかも」の詠嘆の延長上にある表現と考えられる。（15）について見てみる。この歌は、「別れた後、恋人のことが自然と頭に浮かぶ」という未実現の事態を題材にしている。しかし、未実現だからといって実現可能性の有無を問う真偽疑問の対象とはなりえない。それは、（15）の「思ほえむかも」が、「恋人のことが頭に浮かぶであろうか、浮かばないであろうか、判断がつかない」という判断保留ではありえないからだ。この歌においては、別離後恋人を思うであろうということは、現在の作者の心情の延長であり、未実現ながらも作者の心中には自明のこととしてあるのである。別離以後も恋人への思慕が持続することが、詠歌の前提であり、そうでないのなら、この歌は成立しない。

残り二つ、(13)や(14)の土地への思いと述べた歌も同様である。いずれも、ある場所を懐かしむ感情が未来にも持続することが前提となって一首が成立しているのであり、そこには「疑う」あるいは「仮の解答案として提示する」という疑念解消志向が生ずることはありえないのである。

注釈書においても「思ほえむかも」の用例については、「物恋しく思われるだろうなあ」「〜しきりに思い出されるでしょうね」など詠嘆表現として訳出しているものがほとんどである。

「思ほえむかも」の用例は、未実現ながら心中では自明の事態を詠嘆の対象としているのであり、「思ほゆるかも」が疑問でないのと同様に、疑問という回路をまったく経ない詠嘆なのである。

四・二　「恋ひむかも、恋しけむかも」の用例

「思ほえむかも」で述べたことについては、「恋ひむかも、恋しけむかも」も同様に考えられるのではなかろうか。

(18) 梓弓引き豊国の鏡山見ず久ならば恋しけむかも（恋敷牟鴨）（三巻三一一）
(19) 朝霞止まずたなびく龍田山舟出せむ日は我れ恋ひむかも（吾将恋香聞）（七巻一一八一）
(20) 香具山に雲居たなびきおほほしく相見し子らを後恋ひむかも（後恋牟鴨）（一一巻二四四九）
(21) 置きていなば妹恋ひむかも（妹将恋可聞）敷栲の黒髪敷きて長きこの夜を（四巻四九二）
(22) 玉桙の道に出で立ち別れなば見ぬ日さまねみ恋しけむかも（孤悲思家武可母）（一七巻三九九五）

「恋ひむかも」「恋しけむかも」を含む用例は、万葉集に一四例ある。これらの歌は、「別れた後、恋人の不在を寂しく思う」という事態を題材にしている。このような事態について、「恋人の不在を寂しく思うであろうか、思わないであろうか」判断がつかない、という判断保留が表現の主眼でありえない。これらの歌でも、別離後の慕情

を自明のこととして表現が成立しているのである。

ただし、「思ほえむかも」の用例とは微妙に異なる点がある。「思ほえむかも」は、現在の思いが未来においても持続することを自明のこととしているのであり、現在と未来とは連続している。「恋ふ」は、「思ほゆ」とは異なり、「相手が目の前にいない状況で、相手の不在を寂しく思う心情」を表す。したがって、「思ほえむかも」と異なり、現状とは異なる心情が生起することを、ややマイナスの感情、悲しみの感情を添えて表現することになる。現状とは異なる事態の生起であるという点で、現状の延長上にある「思ほえむかも」に比較して、不確実性が高まる。そして、現状と異なる未実現事態への強い関心は、疑念解消志向に連続している。

注釈書においても、「恋ひむかも」に関しては、「後に恋しく思うことだろうか」というように、疑問文で口語訳しているものが多い。「思ほえむかも」とは異なり、真偽疑問文の形で訳すこともできるのである。ただし、真偽疑問文の形で口語訳されるからといって、「恋ひむかも」の用例が、「恋するだろうか」「恋しないだろうか」の二つを並べてその実現の可能性を問題としているというわけではない。現代語で疑問文の形で口語訳できるのは、現代語でも、実現可能性を問題とせずに、未実現の事態への強い関心を表明する際には、「〜だろうか」の形を用いるということであり、「恋ひむかも」が疑念解消志向をもった疑問文である証拠にはならないのである。

ただし、現代語で「〜だろうか」で口語訳して不自然でないということは、やはり、疑問表現に連続している面もある。次項に扱う「危惧・期待」を表現した用例はまさにそのように捉えるべきであろう。

以上のように、「思ほえむかも」が現在の延長としての未来の事態、「恋ひむかも」「恋しけむかも」が、現在とは異なる未来の事態を対象とする違いはあるものの、両者は、未実現の事態に対する詠嘆的な予想と考えるべきなのである。

「〜むかも」は、「む＋か」であるからといって、機械的に「予想＋疑問」という事にはならない。この形式であっても、「カ（モ）」が単純に疑問に働くわけではなく、内容と連動して、場合によっては詠嘆にもなるのである。

　このことは、上代の助詞「カ」が、疑問とは離れたところで働くことが多いことと通底している。述べ定めることが表現の主眼であれば、助詞「カ」による表現は、平叙ムよりも消極的なものでしかない。しかし、述べ定めることが主眼ではない、対象を話者の心の動きによって捉えた対象としてのみ描くことが表現の眼目であると考えれば、これらは、積極的に詠嘆の表現であるということになるのである。

　疑念解消志向を持つということは、述定としての安定を志向するということであろう。このような志向を助詞自体が示すのであれば、その助詞は疑問助詞である。しかし、上代の「カ」自体にはそのような疑念解消志向は備わっていなかったと思われる。表現が述定として安定を目指さない表現であることもあり、その場合、「カ」は、単純に「話者の心の動きによって捉えた対象」を示す働きをしていたのである。

　「ムカ」が単純に「予想+疑問」ではないということを、少数ながら典型的である例により確認した。では、残りの多くの用例では、どのようなことが言えるのであろうか。

四・三　危惧・期待の用例

　危惧や期待の表現は、「ムカ（モ）」の用例の中で、大きな部分を占める。危惧の用例は、二二例あり、期待の用例は、一九例あった。

四・三・一　危惧の用例

　前項「恋ひむかも」とは異なり、実現についての見通しが立たない事態を対象としているものである。ここであげるのは実現したら困るという危惧の感情が感じ取れる例である。

（23）み薦刈る信濃の真弓我が引かば貴人さびていなと言はむかも（不欲常将言可聞）（二巻九六）

（24）我が背子が跡踏み求め追ひ行かば紀の関守い留めてむかも（将留鴨）（四巻五四五）

（25）我が門の片山椿まこと汝れ我が手触れなな土に落ちもかも（都知尓於知母加毛）（二〇巻四四一八）

（23）の用例では、相手が「貴人さびていなと言ふ」かどうかは予測不可能であり、一首がこの「貴人さびていなと言はむ」という事態の実現を前提として成り立っているわけではない。先の「思ほえむかも」「恋ひむかも」「恋しけむかも」が、予想の実現を前提とした表現であるのに対し、この（23）〜（25）はそうではないのである。したがって、これらは**四・一**に述べたような、未実現ながら心中には自明の事態を対象とした詠嘆とは言えない。

（23）の後半は、「我が引かば（私が誘ったら）」という仮定が仮に実現したとしても、確実に実現する事態ではない。相手が「いなと言ふ」か「をと言ふ」かは、予測不能なのである。

これが「貴人さびていなと言はむ」というム述語の平叙文であれば、予測不能ではあるのだが、作者の表現としては、「いなと言ふ」という予測に軸を置いた積極的な判断を下していることになる。しかし、「いなと言はむかも」にはそのような積極的な判断は下されていない。「いなと言はむ」は「いなと言はず」を排除せず、いわば併置されていることになる。

この併置を解消して、積極的な判断を下したいという意図が感じ取れるならばこれは疑念解消志向を目指した疑問文であることになる。

多くの注釈書も「〜貴人ぶっていやというのでしょうか」「いやと言うであろうか」「いやといわれるであろうか」など疑問表現に口語訳している。

しかしまた、前項にあげた「恋ひむかも」との連続面も見て取ることができる。（23）では、作者が「引く（誘いかける）」を実行した状況を思い浮かべた場合には、相手が「貴人さびていなと言ふ」という予想が危惧の感情とともに頭に浮かんでくるのである。つまり、ある状況を思うと話者の心中に必ず連想される事態を、強い関心のもとに描いているという言い方もまた可能なのである。

実際に（25）四四一八番歌「我が手触れなな土に落ちもかも」に関して『万葉集全注　巻第二十』（木下正俊注釈）では、「ムカ（モ）は、期待・不安の別なく未来を詠嘆的に推量する語法。ここは自分の留守中に他人から女を奪われるのではなかろうか、と不安に思い危惧していう」としている。上代の「〜ムカ（モ）」には、疑念解消志向を持つ真偽疑問文としてではなく、未実現の事態を実現可能性は問わずに、強い関心を持って描く用法も存在したのだと考えるべきであろう。

四・三・二　期待の用例

期待を示す用例にも同様のことが言える。

（26）百足らず八十隅坂に手向けせば過ぎにし人にけだし逢はむかも（蓋相牟鴨）（三巻四二七）

（27）山の端にいさよふ月の出でむか（将出香）と我が待つ君が夜はくたちつつ（六巻一〇〇八）

（28）小《を》筑波《づくは》の嶺《ね》ろに月立し間《あひだよ》　夜はさはだなりぬをまた寝てむかも（万多祢天武可聞）（一四巻三三九五）

予想される事態は、「思ほえむかも」とは異なり、予測不能である。予測不能の事態を、実現するか実現しないかに強い関心を持ちつつ描くという面で見れば、これは、真偽疑問文となる。一方また、望ましいという感情の対象として予想される事態を描くと考えれば、詠嘆性の表現であるとも言えるのである。とくに、（26）のような「亡くなった人に逢う」という実現不能の事態を対象とするものは、真偽疑問文とは言えず、四四一八番歌の木下正俊氏注が言うのと同様に、期待希求の念を込めた予想と言うべきであろう。

（27）は、「待たれる月のように、もう現れるかと待っているあなた」というような意味になるのだが、これも「もうすぐ出るだろうか出ないだろうか」という真偽疑問であると言えるとともに、「出でむ」という事態について期待をもって予想しているとも言えるのである。

（28）もまた、「再び共寝する」という未実現事態に関する真偽疑問とも、期待をもった予想とも取れる例である。(8)

危惧・期待の用例は、「思ほえむかも」の例のように、現実の延長上で話者にとって実現が自明であるような事態を対象としているわけではない。当然、実現しないという予想も排除できないわけで、そこには「可能性があるかないか」という疑念の生ずる余地もまたあるわけである。

しかし、この危惧・期待の用例に関しては、疑念の生ずる余地を持ちながらも、危惧期待といった強い感情の対象として、実現の可能性は問題とせずに、描くという詠嘆的な表現としての性格が強いのである。

四・四　「〜あへむかも」「〜えむかも」の用例

ここにあげるものは、述語の中に「敢ふ」「得（う）」など当該事態の成立可能性に言及する特殊な動詞が含まれている用例である。

（29）子らが家道やや間遠きをぬばたまの夜渡る月に競ひあへむかも（競敢六鴨）（三巻三〇二）

（30）朝霧のたなびく田居に鳴く雁を留め得むかも（留得哉）我が宿の萩（一九巻四二二四）

（31）常の恋いまだやまぬに都より馬に恋来ば担ひあへむかも（尓奈比安倍牟可母）（一八巻四〇八三）

（32）足玉も手玉もゆらに織る服を君が御衣に縫ひもあへむかも（縫将堪可聞）（一〇巻二〇六五）

（33）天雲に雁ぞ鳴くなる高円の萩の下葉はもみちあへむかも（毛美知安倍牟可聞）（二〇巻四二九六）

補助動詞の「敢ふ」は、「終わりまで持ちこたえる意を表わす」と、『時代別国語大辞典　上代編』が「考」に述べるように、打ち消しや疑問反語と結んで不可能や困難な意を表すことが多い。肯定表現ながら否定的事態を常に連想させる語だったのだろう。（29）で言えば、「競ひあへむ」は、常に「競ひあへず」を連想させることになる。先の危惧・期待よりも濃厚に否定的な事態を連想させるのである。

さらにまたその予想を「～あへむかも」という形式で示すことは「終わりまで持ちこたえるかどうか」という成立局面への強い関心を示すことになる。ここでは、まさに成立するか否かという真偽疑問文としての性格が色濃くなってくるのである。

とくに（31）「恋を背負いきれない」という否定的事態を強く暗示するものは、肯定的事態を判断保留したまま示し、その上で否定的事態に導くのであるから、まさに疑問という経路を経た表現になっているのである。

先に述べた危惧・期待の例では、未実現の事態を実現可能性は問題とせずに、危惧期待という強い関心を込めて表現するものであった。それに対して、ここに挙げた用例では、肯定的事態を表現しながら、否定的事態が連想されており、肯定否定という二面をにらんだ表現となっている。真偽疑問は肯定否定の決定を中止することであるから、ここにおいて、「～ムカ（モ）」は明確に疑念解消志向をもった疑問文として機能していることになる。

ただし、ここにあげた表現は、肯定否定のまったくの中立ではなく、「～しきれない」という否定的事態への傾きを持っている。そこには、先の危惧に似た忌避の感情が伴っているとも見ることができる。

四・五　選択肢が並列されているもの

四・四では、否定的な事態は暗示されているだけだったが、肯定的な予想と否定的な予想が実際に並列されている例もある。以下の二例である。

（34）梅の花咲きて散りなば我妹子を来むか来じかと（将来香不来香跡）我が松の木ぞ（一〇巻一九二二）

（35）荒雄らを来むか来じかと（将来可不来可等）飯盛りて門に出で立ち待てど来まさず（一六巻三八六一）

併置されている事態は両立不可で、どちらかが選択されることを前提として併置されている。作者がこれを一つに絞りたいという志向、疑念の解消志向を持っているのは自明である。

もちろん、これを**四・三**で述べた期待と危惧が並列されていると捉えることもできる。作者は「来む」を期待し、「来じ」を忌避しているわけで、「肯定への傾き」を持っているともいえる。しかし、表現形式として、二つの相矛盾する選択肢を併置するということは、肯定と否定のはざまで立ち止まる疑問であることを形式的に示しているのである。内容的には話者の期待が感じられてもよい用例なのだが、あくまでも「来るか来ないか」を問題にしている表現となっている。一首全体に期待の色合いが感じられはするが、選択肢が並列された「来むか来じか」の部分には、これまでの類型に見られたような詠嘆性はないのである。

五　まとめ　カの詠嘆と疑問

四において、「〜ムカ（モ）」を四類に分けて、それぞれがどのような表現であるかを検討した。その結果、

・「思ほえむかも」「恋ひむかも、恋しけむかも」の用例
内容は、現在の延長としての未実現であり、カ（モ）はそれに詠嘆性を添えている。

・危惧・期待の用例
内容は、話者の強い関心ある未実現事態であり、カ（モ）はそれに対する話者の強い関心を示す。

・「〜あへむかも」の用例
内容は、強い関心のある未実現事態と暗示される否定的事態。肯定的事態と否定的事態の両方に話者の関心があり、疑念解消志向も感じられる。

・選択疑問
内容は、未実現の肯定的事態と否定的事態の並列。相対立する肯定的事態と否定的事態が併置されることで、

疑念解消志向がはっきり示されている。詠嘆性は感じられない。

ということがわかった。

重要なことは、「〜ムカ（モ）」という形式のすべてに、疑念解消志向が明確に感じられるというわけではないことである。その表現された内容と話者との関係によって、疑念解消志向が強く感じられるタイプとまったく感じられないタイプに分かれるのである。特に「思ほえむかも」について疑念解消志向を持っているとすることはできない。これは「思ほゆるかも」から連続している詠嘆表現とみるべきである。

危惧・期待タイプは、未来のある時点、多くは前半の仮定が実現した時点で、「〜ムカ（モ）」で表される事態が成立するかどうかに強い関心があるのだから、これは真偽疑問として良いであろう。(9) しかしまた一方で、話者の情意の向かう先として未実現の事態を捉えているという、「思ほえむかも」と共通の面もまた指摘できるのである。

いずれにせよ、他の文末カ（モ）と同様に、「〜ムカ（モ）」についても、即疑問文というわけではなく、詠嘆になる場合もあるのである。文末カ（モ）は、「〜ムカ（モ）」を含めて、疑問表現となる条件がそろえば疑問表現になるし、そうでない場合には詠嘆表現になるのである。

また、**二・二・一**の項で、上代の確定系述語に下接する文末「カ（モ）」が詠嘆を表現する場合、それを疑問文であることによる表現効果であるとは考えられないと述べた。また、その逆に、詠嘆とは無関係の、単純な疑問の例も存在する。したがって、本稿では、上代の「カ（モ）」は場合によって、詠嘆にも疑問にもなりえる性質を持っていたのではないかという立場に立つことになる。

「カ」の機能について、野村（二〇〇三）は以下のように述べている。

判断は所詮「命題・肯」たること、既に述べた。その際、命題というものは自覚的な判断形式に到達しなくとも、そこに置かれただけで肯定されてしまうものである。既述の「きゃー、ねずみ。」の「ねずみ。」のような場合がそれである。また古代語の連体形終止（擬喚述法）は準体句と形式的に同じであって、体言的な句がそこに置かれるだけなのであるが、やはり肯定されてしまう。肯定しなければ、そこに置かれる意味がないからである。そのようなただそこに置かれただけで肯定されてしまう命題というものを、敢えて判断不決定の状態にする働きを古代語・現代語を通じてカは持っている。これを命題の不定化と名付けよう。命題はまず肯定されてしまうのであるから、むしろこのような特殊な機能を持った形式が必要なのである。さて、不定化はただちに疑問化に通ずる。

筆者も、この野村（二〇〇三）における「カ」の働きについての把握におおむね従うものである。ただし、上代の文末用法の「カ（モ）」を考える際には、詠嘆用法の方が疑問用法よりも優勢であるという点を看過できない。そこで筆者は、上代の「カ」については、「カは、話者の心の動きの対象を示す」と考えたい。そして、その結果、「対象事態は、通常の判断を経ない、すなわち、判断不決定の状態で言語化される」のだと考える。

そして、「心の動きの対象として事態を捉えること」が、通常の真偽判断を志向する方向、すなわち疑念解消を志向する場合が疑問文であると考える。そして、通常の判断を志向しない、単に心の動きの対象として示す場合が詠嘆文であると考える。

上代の「カ（モ）」について、そうであったからと言って、後代の「カ」が同様の機能を保持し続けたとは考えられない。しかしながら、たとえば現代語の終助詞カの用法についても、「（訪問客の顔を見て）やあ太郎君か。」という場合のような受容納得の表現については、疑念解消志向を持った疑問の表現効果としては説明しにくい。通常の判断を志向しないという点では上代の用法と通底するものがあるのかもしれない。

注

（1）本稿では「カ」と「カモ」を特に区別せず、以下「カ（モ）」と表記する。近藤（一九九七ａ）において、万葉集の「カ」と「カモ」の比較を行った。傾向として、単体の「カ」による文がより疑問に傾きやすく、「カモ」あるいは「～モ～カ」による文は詠嘆に傾きやすいが、以下のように、カモで疑問の例、カで詠嘆の例も存在するので、それはあくまで傾向差にすぎない。

・みをつくし心尽して思へかも（念鴨）ここにももとな夢にし見ゆる（一二巻三一六二）

・吾が園の李の花か庭に散るはだれのいまだ残りたるかも（遺在可母）（一九巻四一四〇）

・見わたせば春日の野辺に立つ霞見まくの欲しき君が姿か（君之容儀香）（一〇巻一九一三）

もちろん、この傾向差を視野に入れて論ずべき問題も当然あるのだが、本稿では、この傾向差を捨象してカとカモを同じものとして論じている。

（2）係り結び文のすべてが真偽疑問文といえるのかどうかについても、尾上（二〇〇一）が指摘するように議論が分かれるところである。

（3）近藤（二〇〇四）による。

（4）眼前の事態とそれへの解釈や見立てを結びつけるというのは、名詞文疑問における主語名詞と述語名詞の一致不一致を問題にする真偽疑問文と共通した性格をもっている。つまり、確定系の真偽疑問文は名詞文疑問と同じタイプの疑問にしか使えないのである。

（5）野村（二〇〇二）は「疑問は発話者の想像に過ぎない内容を示しているので、古代語ではそのような場合に、よく設想系（以下、ム系とも）の助動詞「ム・ラム・ケム」が現れる。（二三～二四頁）」と述べている。

（6）「ヤ～ム」は、木下（一九七八）が言うように「ふがいない自分の〝現在〟のあり方」について用いられているのだが、未実現ではないという点では同じである。

（7）以下の二例は仮名では「む」が明示されていない例である。四二六九番歌には「おもほゆるかも」の異訓がある。

・大和道の吉備の児島を過ぎて行かば筑紫の児島思ほえむかも（所念香聞）（六巻九六七）

・よそのみに見ればありしを今日見ては年に忘れず思ほえむかも（所念可母）（一九巻四二六九）

（8）『万葉集全注巻第十四』ではこれを「寝てやろうかな」「また一緒に寝ちゃおうかなあ」というように、現代語風のいわゆる「意志疑問」の形で口語訳している。「意志動詞＋ムカ」は他にも「逢はむ」「見む」「寝む、寝てむ」など一〇例ほどあるのだが、現代語の「〜うか、ようか」相当に取れる用例はない。そこから考えると、この例も作者の意志からは切り離された「共寝できようか」という解釈が妥当であると思われる。

（9）ただし、他の文末「カ（モ）」の場合には、解釈や見立ての適否を問題とする真偽疑問文であったから、それらとは異質の疑問文であるということになる。

使用テキスト

澤瀉久孝『万葉集注釈　巻第一〜巻第二〇』中央公論社　一九五七〜一九六八年
小島憲之・木下正俊・佐竹昭広『日本古典文学全集　万葉集一〜四』小学館　一九七一〜一九七五年
『万葉集全注』有斐閣　巻第一　伊藤博（一九八三年九月）／巻第二　稲岡耕二（一九八五年四月）／巻第三　西宮一民（一九八四年三月）／巻第四　木下正俊（一九八三年一二月）／巻第五　井村哲夫（一九八四年六月）／巻第六　吉井巌（一九八四年九月）／巻第七　渡瀬昌忠（一九八五年八月）／巻第八　井出至（一九九三年四月）／巻第九　金井清一（二〇〇三年四月）／巻第一〇　阿蘇瑞枝（一九八九年五月）／巻第一一　稲岡耕二（一九九八年九月）／巻第一二　小野寛（二〇〇六年五月）／巻第一四　水島義治（一九八六年九月）／巻第一五　吉井巌（一九八八年七月）／巻第一七　橋本達雄（一九八五年六月）／巻第一八　伊藤博（一九九二年一一月）／巻第一九　青木生子（一九九七年一一月）／巻第二〇　木下正俊（一九八八年一月）
小島憲之・木下正俊・東野治之『新編日本古典文学全集　万葉集一〜四』小学館　一九九四年五月〜一九九六年八月
佐竹昭広・山田英雄・工藤力男・大谷雅夫・山崎福之『新日本古典文学大系　万葉集一〜四』岩波書店　一九九九年五月〜二〇〇三年一〇月
『万葉集』鶴久・森山隆編　桜楓社　一九七三年
さらに、吉村誠氏作成の万葉集データベースを用いた。

参考文献

澤瀉久孝「『か』より『や』への推移（上中下）」／木下正俊「「斯くや嘆かむ」という語法」／尾上圭介『文法と意味Ⅰ』（二〇〇一）・「係助詞の二種」・「述語論への展望」／野村剛史「ズ、ム、マシについて」・「連体形による係り結びの展開」（二〇〇二）・「モダリティ形式の分類」（二〇〇三）／近藤要司「『万葉集』の助詞カと助動詞ラムについて」・「係助詞の複合について（一）―『万葉集』のカとカモの比較―」（一九九七ａ）・「文末カモの詠嘆用法について」（二〇〇四）

（六）『万葉集』の「〜ニカアラム」について

――中古語「ニヤアラム」の源流――

一　はじめに

本稿では、以下で説明する「句形式＋ニカアラム」を中古の「句形式＋ニヤアラム」の淵源ととらえ、『万葉集』を資料として、上代の句形式＋ニカアラムの実態について、上代の他のムの用法や「ニアリ構文[1]」との関連を踏まえて、報告し考察を行う。

一・一　中古のニヤアラムと上代のニカアラム

『源氏物語』には、「にや（あらむ）[2]」が四〇〇例以上見られる。この「にや（あらむ）」は、「かかるわざは、人のするものにやあらむ」（末摘花）のように名詞述語疑問文（この形を以下「体言＋ニヤアラム」と呼ぶ。同様に係助詞カが用いられたものを「体言＋ニカアラム」と呼ぶ。）として用いられるとともに、左の「空蟬」の例のように、連体形や形式名詞に下接して、前後にある文の内容に対する説明として用いられることも多い。

（1）碁うちはてつるにやあらむ、うちそよめくここちして人々あかるるけはひなどすなり。（空蟬）

ここでは、「うちそよめくここちして人々あかるるけはひなどす」という事態を物音から察して、「碁うちはてつる」がその事態についての説明として疑念を含みながら提出されているのである。

他の文で示された事態に対する説明に用いられるという点では、現代語の「のだ」あるいは「のだろうか」に近いといえる。（このようなニヤアラムを以下「句形式＋ニヤアラム」と呼ぶ。同様に係助詞カが用いられたものを「句形式＋ニカアラム」と呼ぶ。）

「句形式＋ニヤアラム」のムには変わった点がある。ムという助動詞は、通常は意志であれ未来仮想であれ一般論であれ、文内容を非現実の事態として語る働きをするものである。しかしながら、ニヤアラムのムは、非現実事態を語っているわけではない。「人々あかるるけはひなどす」という事態の原因が、個的具体的である既実現「碁うちはてつる」ことであることを不確かながらに語っているのであり、ムは非現実を語るというところから離れた用法になっているのである。

上代の資料である万葉集には、句形式＋ニヤアラムは登場しない。そのかわり、句形式＋ニカアラムが用いられている。ただし、上代の句形式＋ニカアラムは、用例数が少なく、かつ使用される状況も句形式＋ニヤアラムとはかなり異なっている。

この「句形式＋ニカアラム、ニヤアラム」と密接な関係にあるのが、「体言＋ニカアラム、ニヤアラム」である。これについても考察の対象とする。

疑問の係り結びは、広範な議論を土台とすべき対象である。しかしながら、本稿では議論を「ニカアラム」の周囲に限定したい。かつまた、カとヤの二つの助詞について、疑問係助詞としてひとしなみに扱い、その違いには必要以上には踏み込まない。文中用法文末用法ともに、カにもヤにも厳密な意味で疑問とは呼べない用法もあることを理解した上で、本稿では文中用法のカやヤの意味を広く「疑問」の名で呼ぶことにする。

一・二　野村氏の係り結び成立論と「疑問文特有のム」

ニカアラムについて考察する際には、疑問の係り結びと結びの助動詞ムとの関係が重要である。これについては、野村剛史氏の係り結びの成立論が参考になる。野村氏は一連の論文(3)の中では「か」「ぞ」の係り結びの起源について、以下のように「注釈的二文連置」から説明する説を提唱している。

Ⅰ　上代には、(2)のように「体言＋カ」の文が後続する文の内容に対する注釈となった用例がある。

(2)うま酒を三輪のはふりがいはふ杉手触れし罪か（歟）君に逢ひかたき（遇難寸）（四巻七一二）

この文では、先行する「〜手触れし罪か」が後行の「君に逢ひかたき」という連体形終止文の内容に対する注釈となっている。ここでいう注釈とは、後続する文の表す事実についての、話者から下す因果関係認定、評価、感想などである。(2)では、この注釈句と事実句が、喚体的な名詞文と連体形終止文の二文連置の関係にある。野村氏の係り結び成立論は、このような「注釈的二文連置」をその出発点としている。

Ⅱ　この「注釈的二文連置」が、複文に合体し、前句に「か（も）」が下接し、後句が連体形終止になると(3)の用例のように係り結びの形式が整う。

(3)白真弓斐太の細江の菅鳥の妹に恋ふれか（妹尓恋哉）寐を寝かねつる（寐宿金鶴）（一二巻三〇九二）

Ⅲ　さらに、野村氏は、カによる疑問の係り結びについて、注目すべき主張を行っている。(3)で形式的には係り結びは成立しているのだが、係り結び文全体がカによる疑問の色合いを帯びることに応じて、文末の事実を表す句の述語が設想系の助動詞ム・ラムで構成されるようになる。（Ⅱの段階、Ⅲの段階を以下では「注釈構文」と呼ぶ。）

(4)今さらに妹に逢はめやと思へかも（可聞）ここだ我が胸いぶせくあるらむ（四巻六一一）

用例(4)に現れたラムは「ここだ我が胸いぶせくある」という事実を表す句に下接しているわけで、これは中古に用例が増える原因推量のラムの源流ともいうべきものである(4)。

一方、ムについては、原因推量の用法は少ない。しかし、カやヤの係り結び文において、下記(5)のように、疑問という意味合いに対応して、ムが用いられていると考えねばならない例も存在する。

（5）～神からやそこば貴き山からや見が欲しからむ（見我保之加良武）（一七巻三九八五）

（5）の疑問に対して肯定の答えをすると「山からに見が欲し」という答えになり、そこにはムは必要とされない。つまり、（5）のムは、対象事態が非現実であることを示しているのではなく、疑問文であることによって、結びに要請されているのである。

ただし、上代においては疑問文であることによって文末に要請されるムはそれほど数が多くない。上にあげた例以外には、**一**「はじめに」で触れた「～ニカアラム」があるのみである。

（6）隠口の泊瀬の山に霞立ちたなびく雲は妹にかもあらむ（妹尓鴨在武）（七巻一四〇七）

この（6）の「たなびく雲は妹にかもあらむ」という疑問について肯定の答えを想定すれば、「たなびく雲は妹なり」というような答えになり、ここでもムは不必要になる。このような疑問の係り結び文であることによって文末に要請されるムを以下「疑問文特有のム」と呼ぶことにする。

このような上代のニカアラムは用例数が少なく、その用法も片寄っているが、これが中古のニヤアラムの淵源になったと考えられる。

一・三　本稿の構成

「ニヤアラム、ニカアラム」の構文について観察考察するためには、疑問係助詞のみならず、助動詞ムについて、さらには用言アリについての観察考察が必要である。このため本稿では、**二**「上代のムの意味について」**三**「疑問文特有のムの分布」で　ムについての先行研究の検討と万葉集での分布を観察した。さらに、**四**「万葉集のニアリ構文」において、『万葉集』のアリ特に「～ニアリ」の用例について観察考察した。そして、**五**「複文への介入」の項で、「句形式＋ニカアラム」の形式が、複文の内部に介入することで、「注釈部分」用法を帯びるようになったことについて述べることにする。

二　上代のムの意味について

野村氏の一連の係り結び論に登場する事実句に下接するムは、上代のムの用法にどのように位置づけられるのであろうか。

二・一　推量のムについて

通常ムは意志推量を表すとされることが多い。このうち意志のムは、話者の事態実現への意欲を意味するものであるから、その当該の事態そのものは未実現ということになる。「我京に行かむ」であれば、「我京に行く」という事態そのものは、発話時点では未実現なのである。

一方、一般に言われる「推量」の中身は、事態の実現未実現という観点からは、二つに分けられる。一つ目は、「意志」の場合と同じく、未実現の事態を対象とする場合である。「明日紅葉散らむ」のような場合で、発話の時点では「紅葉散る」は未実現の事態である。当該事態が未実現であるゆえに「推し量る」対象となっているのである。

二つ目は、未実現とはいえない事態について用いられる場合である。**一・二**にあげた（5）「山からや見が欲しからむ」のような用例である。

この場合の「推量」には未実現という意味はなく、その事態の実現をめぐってなにかしら不透明な点があるという、不確定の意味のみ持っていることになる。

本稿では、この「推量」については、「未実現」を意味するものと、「未実現を意味せずに、不確定のみを意味する」ものに分けて考えたい。後代になれば、不確定のみを意味するムはそれほど珍しくなくなるのであるが、上代においては、限られた場合にのみ登場することを意識した上でのことである。

「推量」について、そのような二分法に立つと、一「はじめに」で述べた注釈構文の後半、事実句に下接する「疑問のム」は、「不確定のみを意味する」ムであることになる。このようなムは上代においては、疑問表現にしか現れないことについては注意すべきであろう。

二・二　上代のムの用法

古代語のムについて、尾上（二〇〇一）では、

「未然形＋ム」という述定形式はその形式固有の述べ方を持っており、それは「話者の現実世界に存在していない事態（話者の立っている現実世界で話者が経験的に把握していない事態）を頭の中で一つの画面として思い描く」という述べ方である。このことを言い換えるなら、述語が「未然形＋ム」で述べられた文の事態認識のスキーマは「非現実事態仮構」ないし「設想」とでも呼ぶべきものである、ということになる。現実には存在しない事態をあえて仮構するという語り方が採用されるあり方としては原理的に二つの場合があり得て、一つは（A）その内容を（いつかどこかで）話者が存在しているこの世に成立、存在する事態として想定する場合であり、他の一つは（B）その内容をあくまで話者の立っているこの世と接触させず、観念上の内容たる位置にとどまるものとして思い描くという場合である。（四八一頁）

としている。このような把握に立った上で、尾上（二〇〇一）ではムの用法について以下のように分類している。

（A）この世に成立・存在する事態として想定

〔平叙文終止法〕

（A1）存在を想像……〈推量〉

（A2）実現を構想―広義希求―〈意志、命令、要請・願望〉
〔疑問文終止法〕〔非終止法〕
（A3）いずれこの世に存在するが今のところは存在していない事態として語るのみ
（B）仮構内容をこの世と接触させず、観念上の次元にとどめる
〔疑問文終止法〕
（B1）可能性、妥当性の次元で事態の成立を疑問（可能性、妥当性、反語）
〔非終止法〕
（B2）仮定世界に属する内容として想定（仮想）
（B3）一般化した事態

このように、ムの意味を「意志推量」と捉えずに、「単なる想像、非現実事態仮構」と考えることについては、本稿もほぼ同じ立場に立つ。

尾上（二〇〇二）では、「疑問文特有のム」については、B1の「可能性、妥当性、反語」に用いられるムに含まれると考えられる。ただし、疑問の係り結びとの関連について特に言及はされていない。

以上のように尾上（二〇〇二）は、ムの用法を上に述べた（A）と（B）に大きく二分している。

本稿では上に見た尾上（二〇〇二）を基本的に受け継ぎつつ、野村（二〇〇二）の疑問文において特別に生じたムの用法に着目したい。そこで本稿では、ムの用法を終止法に限った上で、「非現実事態仮構」「一般性のム」「疑問文特有のム」の三つに分けて考える。

二・三　非現実事態仮構

二・三・一　未実現

通常の意志予想希求である。尾上（二〇〇一）の（A）に該当する。平叙文の終止法（引用を含む）のムの用法の中では圧倒的に多数を占めている。本稿ではニカアラムが主な考察の対象なので、用例はアラムの例を中心にあげる。

（7）携はりともにあらむと（共将有等）思ひしに心違ひぬ〜（一九巻四二三六）

（8）命あらば逢ふこともあらむ（安布許登母安良牟）我がゆゑにはだな思ひそ命だに経ば（一五巻三七四五）

（9）大君は常磐にまさむ（等吉波尓麻佐牟）橘の殿の橘ひた照りにして（一八巻四〇六四）

用例（7）が「（妹と）いっしょにいよう」といった意志の例である。（8）は、予想の場合である。意志の用法では、話し手のその事態の実現を望む気持ちが表現に寄り添っているのはもちろんであるが、ムによる予想の場合も、多くの用例で「そうなってほしい」というような事態の実現への話者の積極的な指向が感じられる用例が多い。（9）などは予祝の色合いがあり、そのような積極的な指向が強い。万葉集の平叙文の述語に用いられたムのうち七割以上が意志の用法であることも、このことを裏付ける。ムは、「話者の現実世界に存在していない事態」を語るのであるが、平叙文で見る限り、それは、実現を視野に入れた積極的なものなのである。

とはいえ、この点は注意が必要である。本稿では「ムが積極的な意志や予想の意味を持っている」という主張をしているのではない。話し手の未来への積極的な関心が表れた場合に平叙文のムが用いられるということである。その点、ある側面で現代語の動詞終止形と似ているといえる。

二・三・二　一般論のム

本稿では主文述語のムのみを考察の対象にしているので、尾上（二〇〇一）の（B1）にのみ対応する。尾上（二〇〇一）では、これを「可能性、妥当性のム」としているが、これらの表現で、ムが使用されているのは、未実現というよりも個的具体的な出来事ではなく一般論として事態を捉えているからであると考え、本稿では「一般論のム」と呼ぶことにする。木下正俊（一九七八）に述べられた（11）のような自らのありようを嘆くとされるような「～ヤ～ム」の構文のムも一般論のムに含めておく。

（10）な思ひと君は言へども逢はむ時いつと知りてか我が恋ひずあらむ（吾不恋有牟）（二巻一四〇）

（11）荒栲の布衣をだに着せかてにかくや嘆かむ（可久夜歎敢）為むすべをなみ（五巻九〇一）

典型的な反語だけではなく、左記（12）のような譲歩の文脈の用例もここに分類する。このような文脈で用いられるムも個別具体的な未実現事態を表すのではなく、一般性を表すからである。

（12）大船に立つらむ波は間あらむ（間将有）君に恋ふらくやむ時もなし（一一巻二七四一）

二・三・三　疑問文特有のム

先にも述べたが万葉集のムの用例のうち平叙文のものは、そのほとんどが一・一の「未実現」の例である。[5]疑問文の主文述語に用いられたムについても、その多くは内容が未実現であるとか一般論であるとかいった事情で用いられており、ここでいう「疑問文特有のム」ではない。

「疑問文特有のム」は、典型的な非現実事態仮構のムとはかなり異質である。この「疑問文特有のム」など、文中カの結びとして登場するム系の助動詞について、野村（二〇〇二）では、以下のように述べている。

「～カ～連体形」の係り結び文の疑問の直接の対象は、「～カ」の部分である。しかし係りのカと結びの述語との結合によって全文の陳述が決定する。このためカの疑問の気持ちは全文を支配する。そこで文末句が事実句であっても、設想系の助動詞が現れることが許されるのである。（二一四頁）

上代の終止法にたつムの圧倒的多数が意志や予想など未実現事態に用いられているのに対して、この疑問のムは、疑問文であることに対応して登場しているのである。[6]

一「はじめに」で、「神からやそこば貴き山からや見が欲しからむ」の疑問の答えは「山からに見が欲し」というムを含まない答えになるとしたが、もちろん、これは「山からに見が欲しからむ」とムが加えられた答えでも構わない。構わないというのは、このムが対象事態が未実現であるからとか一般論であるからとかという理由で付されているのではなく、「不確かだ」という話者の事態の捉え方を示しているからである。

「疑問文特有のム」は、非現実事態仮構のムが「話者の現実世界に存在していない事態」を語るのに対して、「話者の現実世界に存在しているかいないか、わからない事態」を語ることに参加しているのである。(7)

以上のように、本稿では、主文のムを大きく三類に分けてみた。そして、疑問文特有のムを未実現や反語のムと別に立てて、万葉集のムの用例を見てみる。

三　疑問文特有のムの分布

三・一　疑問文特有のムは少数

前節で、上代のムの意味を検討し、野村氏の係り結び論の中の「カの疑問の意味に対応して文末に置かれる設想系の助動詞」のうちのムについて、未実現や一般論を意味しないものを「疑問文特有のム」とした。

平叙文のムは、上代のムの項に述べたように、そのほとんどが未実現事態を対象とするものである。疑問文についても、事情は同じだが、さらに反語などの一般論のムも数多くある。そのように見ていくと「疑問文特有のム」というものはそれほど多くないことが分かってくる。

それでは、この「疑問文特有のム」は、万葉集においてはどのように分布しているのだろうか。

三・二　注釈構文のム

「～カ～ム」あるいは「～ヤ～ム」という係り結び文は、上代に豊富にある。真偽疑問文が九〇例以上、疑問詞疑問文が一三〇例以上ある。しかし、そのほとんどは、未実現事態か一般論の世界の事態を表すのであり、二・三で述べたような「疑問文特有のム」は意外に少ない。典型的な注釈の構文で前句にカまたはヤが付され、後句が事実を内容とするものでありながら、ムが付加されている用例は下の三例のみである。(8)

(13) 百重にも来及かぬかもと思へかも君が使の見れど飽かずあらむ（雖見不飽有武）（四巻四九九）

(14) 月変へて君をば見むと思へかも日も変へずして恋の繁けむ（恋之重）（一一巻二一三一）(9)

(15) 玉藻刈る唐荷の島に島廻する鵜にしもあれや家思はずあらむ（家不念有六）（六巻九四三）

上にあげたような典型的な注釈構文ではないが、理由の状況語や理由を示す格成分にカまたはヤが下接する用例も三例ある。

(16) ～神からか貴くあるらむ国からか見が欲しからむ（見欲将有）（六巻九〇七）

(17) 神からか見が欲しからむ（見欲賀藍）み吉野の滝の河内は見れど飽かぬかも（六巻九一〇）

（再掲18）神からやそこば貴き山からや見が欲しからむ（見我保之加良武）（一七巻三九八五）

注釈構文およびそれに近い構文で用いられている疑問文特有のムは、以上である。注釈構文で文末に登場するのはラムが多く、ムは少数あるにすぎないのである。そして、これらのムは（14）の一例を除いて、みなアラムの形式をとっているのである。

三・三　ニアリに関係する疑問文特有のム

そして、その疑問のムによるアラムのもう一つのタイプがニカアラムなのである。全例を示す。

三・三・一　体言下接のもの

（19）こもりくの初瀬の山の山の際にいさよふ雲は妹にかもあらむ（妹鴨有牟）（三巻四二八）
（再掲20）隠口の泊瀬の山に霞立ちたなびく雲は妹にかもあらむ（妹尓鴨在武）（七巻一四〇七）
（21）臥やせる人は母父に愛子にかあらむ（真名子尓可有六）若草の妻かありけむ（一三巻三三三六）

三・三・二　句形式下接のもの

（22）間なく恋ふれにかあらむ（恋尓可有牟）草枕旅なる君が夢にし見ゆる（四巻六二一）
（23）我妹子に恋ふれにかあらむ（恋尓可有牟）沖に棲む鴨の浮寝の安けくもなき（一一巻二八〇六）
（24）秋の夜を長みにかあらむ（奈我美尓可安良武）なぞここば寐の寝らえぬもひとり寝ればか（一五巻三六八四）
（25）家人の斎へにかあらむ（伊波倍尓可安良牟）平けく船出はしぬと親に申さね（二〇巻四四〇九）

この七例について考える際には、上代のニアリ構文全体を概観する必要がある。

四　万葉集のニアリ構文

四・一　ニアリ構文の周辺

『時代別国語辞典　上代編』には、「あり」の用法について以下の三類に分類している。

①存在をあらわす。ある。居る。
②形容詞連用形およびそれに準ずる連用修飾格の語について、その状態が存在あるいは存続していることをいう。
　～である。～している。～を経る。
③ニアリの形で体言をうけて指定を表す補助動詞的用法。～である。(10)

ニカアラムはこのニアリの用法の一部であることになる。この三分類では、②の形式に分類されるのだが、補助動詞的に働くアリには他にもある。たとえば、形容詞連用形＋アリである。しかしながら、「形容詞連用形＋アリ」の形容詞連用形にカが下接した例はない。「奴かも無き」（七巻一二七五）の例はあるが、「奴無くかもある」というような用例はないのである。

また、③に分類すべきものとして、「名詞・句形式＋トアリ」という形式があるが、このトのあとに疑問助詞のカやヤが来る例は皆無である。疑問文になる際には、必ず「〜トニアリ」の形式になり、ニを介するのである。つまり、補助動詞的なアリの中で疑問の形式を有するのはニアリ構文だけなのである。

四・二　ニアリ構文

ニカアラムと同様、ニアリ構文も体言下接のものと句形式下接のものの二類に分かれる。

名詞述語文を構成するものは、平叙文、疑問文、連体句、条件句すべてを合わせて、一五〇例ほどある。[11] このなかで、アリ単体あるいは確定系の助動詞のついたものが、八九例と最も多い。この形式のものには疑問文の用例は存在しない。

(26) 風流士に我れはありけり（吾者有家里）やど貸さず帰しし我れぞ風流士にはある（吾曽風流士者有）（二巻一二七）

ついで、「体言＋ニアラズ・ニアラナク」が三六例ある。この形式にも疑問文はない。

(27) 今のみのわざにはあらず（行事庭不有）いにしへの人ぞまさりて音にさへ泣きし（四巻四九八）

また、ム以外の設想系の助動詞に下接したものが、一〇例ある。

(28) 外に居て恋ひつつあらずは君が家の池に住むといふ鴨にあらましを（鴨二有益雄）（四巻七二六）

さらに、「体言＋ニアラシ」が四例あった。

(29) ～百足らず筏に作り泝《のぼ》すらむいそはく見れば神ながらにあらし（神随尓有之）（一巻五〇）

「体言＋ニアラム」の例は、ニカアラム以外に、「体言＋ニアラメ」が三例、平叙文が一例ある。

(30) 玉葛花のみ咲きてならずあるは誰が恋にあらめ（誰恋尓有目）我れ恋ひ思ふを（二巻一〇二）

(31) 梅の花咲きて散りぬと人は言へど我が標結ひし枝にあらめやも（枝将有八方）（三巻四〇〇）

(32) なでしこは咲きて散りぬと人は言へど我が標めし野の花にあらめやも（花尓有目八方）（八巻一五一〇）

(33) ～母父が愛子にもあらむ（愛子丹裳在将）若草の妻もあらむと家問へど家道も言はず～（一三巻三三三九）

このように、ニアリ構文については、疑問文であるのは、ニアリにムが加えられたニアラムあるいは異訓のあるニアルラムに限られるのである。また逆にニアラムのほとんどすべてが疑問文であり、疑問文でないのは、(33)に限られるのである。[12]

四・三　ニアリ構文と疑問―名詞＋ニカアラム―

存在や持続のアリは、二・三に例をあげたように、ごく普通に未実現や一般論のムと結びつく。しかし、補助動詞のアリにムがつく場合には、一例をのぞいてすべてが疑問文である。

もともと名詞述語疑問文は「(名詞ハ) 名詞カ」の形であった。これが新しいニアリ～ナリに交替しつつあるのが上代であった。アリを含む形が用いられるようになったのは、アリがさまざまな助動詞を下接することで多様な表現が可能であるからであろう。

名詞＋ニアリの疑問文でカの係り結び文になった場合、文末は必ずムを付されている。これは、第一には野村氏の言う疑問の気分が全文を覆うということの表れであろう。注釈構文の場合には、文末の疑問文特有のムは「現れてもよい」のであるが、ニカアラムのムは必須である。これはやはり、補助動詞のアリの特殊なあり方に起因するのではないだろうか。補助動詞のアリを用いた文は、実質的な意味を先行部分（ニアリ構文であれば、句形式や体言）に譲って、アリ自身は話者の断定のみを表しているように見える。そのような断定を担うアリが終止形であれ、連体形であれ、カの結びとして文末に置かれるのは、判断を保留する疑問文としては、具合が悪かったのではないだろうか。係助詞カの結びとしてはアリやアルではなくて、アラムの形でなくてはならなかったのだろうと考えられる。アラムは、**二・三・一**（7）「携はりともにあらむと」（8）「命あらば逢ふこともあらむ」の例のように、本来はある事物の存在を非現実なものとして仮構する形である。これが、文中カの疑問（承認保留）に対応する、いわば「仮の形」として用いられているのである。

ニカアラムのムはそのような事情で、カとの係り結びの構造の中で、未実現でも一般論でもない「不確定」を表すことができたのである。逆に言えば、上代のムは、未実現や一般論を表すことがもっぱらであり、単なる不確定を表すのは、注釈構文やニカアラムにほぼ限られるのである。(13)

ニアラメ＋ヤについては助詞ヤの個性や已然形終止であることなど異なる事情があるのだが、アレではなくアラメが用いられる点については同様に考えられるのである。

五　複文への介入

五・一　句形式＋ニカアラム

このようなニカアラムが名詞述語疑問文に用いられている場合には、それほど大きな意味はない。主語名詞と述語名詞の一致や包含関係を疑っているという点では、単純な「（名詞ハ）名詞カ」の形式と変わるところはない。

しかし、このニカアラムが句形式に下接する場合には、大いに意味が異なってくる。本来ムは、非現実事態の述定をつかさどるものであった。したがって、「花カ散らム」あるいは「花散らムカ」のように非現実事態を表す述語を構成するのが正当な用い方であろう。

ところが句形式ニカアラムについては、事態を叙述する部分にムが参加せず、「花散るニカアラム」のように、事態叙述の外側で疑問の係り結びが構成されている。このような位置に係り結びが置かれれば、非現実事態をムが構成するのではなくて、**四・三**に述べたような「不確かなことを語る」という「判断」に関わる表現形式に転化する可能性を秘めているのである。もちろんそれはム単体の力ではなく、ニカアラムのようにカと近接して用いられることによって得られる表現性であり、上代における未実現や一般論のムに対しては少数の例外というほどのものであった。

五・二　句形式のニアリ構文

句形式にニアリが下接したものは、全部で一一例ある。ニカアラムの四例も再掲する。これらは、大きく二類に分けられる。名詞述語文と相似した形式で用いられるものと、複文に介入する形式のものである。

五・二・一　名詞述語文に相似したもの

句形式ニアラズ　二例

（34）木綿懸けて祭る三諸の神さびて斎むにはあらず（斎尓波不在）人目多みこそ（七巻一三七七）

（35）我が衣摺れるにはあらず（揩有者不在）高松の野辺行きしかば萩の摺れるぞ（一〇巻二一〇一）

句形式ニアルベシ　二例

（36）世間の遊びの道に楽しきは酔ひ泣きするにあるべくあるらし（酔泣為尓可有良師）（三巻三四七）
（37）春のうちの楽しき終は梅の花手折り招きつつ遊ぶにあるべし（遊尓可有）（一九巻四一七四）
「句形式ニアラズ」と「句形式ニアルベシ」は、名詞文を構成するニアリと相似した構造となっている。これらは主語と述語が「Aであることは、Bであることだ」という関係で結ばれている。つまり、主語となる事態に対して、それを別次元から捉え直した事態を述語づけているのである。注意すべき点は、万葉集の用例の中ではこれらは疑問文にはなっていないということである。

ニアリ構文の上接部分が連体形であることのみを見れば、こちらの方が中古の句形式＋ニヤアラムに近いので、こちらが直接の祖先かと考えたくなるが、こちらは疑問文には用いられないわけで、その点句形式ニヤアラムとは異なっているのである。

五・二・二　複文に介入したもの

句形式トニシアラシ　二例
（38）春雨を待つとにしあらし（待常二師有四）我がやどの若木の梅もいまだふふめり（四巻七九二）
（39）我が背子に恋ふとにしあらし（恋跡二四有四）みどり子の夜泣きをしつつ寐ねかてなくは（一二巻二九四二）
句形式トニカアルラム（アラムの異訓あり）　一例
（40）霜曇りすとにかあるらむ（為登尓可将有）久方の夜渡る月の見えなく思へば（異訓　全註、岩、注釈「すとにかあらむ」）（七巻一〇八三）
句形式ニカアラム　四例
（再掲41）間なく恋ふれにかあらむ（恋尓可有牟）草枕旅なる君が夢にし見ゆる（四巻六二一）
（再掲42）我妹子に恋ふれにかあらむ（恋尓可有牟）沖に棲む鴨の浮寝の安けくもなき（一一巻二八〇六）

（再掲43）秋の夜を長みにかあらむ（奈我美尓可安良武）なぞここば寐の寝らえぬもひとり寝ればか（一五巻三六八四）
（再掲44）家人の斎へにかあらむ（伊波倍尓可安良牟）平けく船出はしぬと親に申さね（二〇巻四四〇九）

句形式＋ニアリ構文は上に見たように複文介入に用いられている。複文介入に用いられたものは、疑問や推定の形式を含んでいることが特徴である。

後続部分には、その解釈の対象である事実を示す内容がくるのだが、係り結びによる注釈構文とは異なり、後半部分が通常の終止法のものもあるし、（43）のように、倒置と思える形式になっているものもある。ニアリ構文は、文を終止する形式なので、一旦前半で文が終わるともとれることにより、後半は形式が自由になるのであろう。

疑問条件法による複文は、―「はじめに」の項で説明したように、一方で係り結びによって前半と後半が緊密に結び付けられている。その表れとして、疑問文特有のムや原因推量のラムが文末に現れたのであった。

ここにあげたニアリ構文が複文に介入するものは、それとは逆に、注釈句のみを「確かでない」ものとして焦点化するのである。ニアリ構文によって、一旦文を断ち切ることによって、注釈部分を注釈部分として際立たせる構文であったらしい。

このような形式が用いられた事情の一つに、已然形やミ語法に疑問係助詞が付された疑問条件法の衰退ということがある。野村（二〇〇二）にも、「中古ではヤのみならず一体に、原因・理由句のような独立性の高い部分が係りとなることは、ほとんどなくなる」としている。[14] 事実、『古今和歌集』などに見られていた「〜ばや〜らむ」の形式は、『源氏物語』には見られなくなり、代わりに、以下のような「ばにやあらむ」だけが見えるようになる。

（45）草の文字はえ見知らねばにやあらむ、本末なくも見ゆるかな（常夏）

複文にニアリ構文が介入した形式は、そのような過渡期の反映なのか、複雑というか中途半端な形式ではある。

一方で、「〜已然形、ミ語法、前提を表すト」など、文を接続する形式を用いながら、一方で、アラシやニカアラムを用いて、そこで文を断ち切ってしまうのである。

名詞に下接することが本来のニアリが、文を接続する形式に下接することは現代語の「からだろう」のような形式と平行して考えれば理解しやすい。

注目すべきは、句形式＋ニカアラムは、このような形式で用いられることが、中古のニヤアラムの淵源であったということである。まさに注釈部分に下接するという位置に置かれ、その位置に置かれたことで、注釈―事実という文の構成に参加していたのである。そして、後続の事実を表す文に注釈を提示するという働きがニカアラム（ニヤアラム）に醸成されるに従って、上の句形式は、接続的な形式から自由になり、連体句に下接するというニアリのニから言えば本来的な形式になっていたのだと思われる。

中古になっても上に示したような「〜バニヤアラム」が多用されていたことからも、このような複文介入から、ニヤアラムが説明的な用法を得ることになったことがわかる。現代語のノダ文に慣れた目から見れば、(36)の用例「世間の遊びの道に楽しきは酔ひ泣きするにあるべくあるらし」のような名詞文に相似的なニアリ構文から、説明的な文脈に用いられるニヤアラムは転一歩の関係のように見えるが、万葉集の用例から見る限り、注釈の構文に介入する形で用いられるという段階があったのである。

六　まとめ

六・一　注釈構文への介入から説明へ

本稿では、野村（一九九五ａ）（二〇〇二）の係助詞カの係り結び成立論を出発点として、上代のムの用法を大きく三つに分類した。そして、疑問文特有のムが、注釈構文の結びのアラムとニカアラムに集中的に現れることを確認した。このうち、ニカアラムのムは、カによる疑問の係り結びに対応して、アリの肯定承認の強さを弱める形でアラムとなったと考えた。そして、ニカアラムという形によって、「非現実事態仮構」から、ムが一歩踏み出して、判断が不確定であることを示す用法を獲得する方向を得たのだと考察した。

ニカアラムは体言接続から拡張して、複文に介入して、接続形式に下接するようになった。そのような形で用いられる中で、ニカアラム・ニヤアラムは、本来注釈構文の前句が負っていた注釈の意味を表すようになった。中古のニヤアラムは、複文介入から離れて、独立した文として、文脈上前後にある事実句への説明的な使用や眼前の事実に対する背後の事情を持ち出す働きをすることになる。

六・二　説明から推量へ

最後に中古のニヤアラムについて、述べておきたい。中古のニヤアラムの多くも、前後に事実を表す文が置かれ、そのような文環境の中で、説明の機能を果たしている。そのような文脈でのみ用いられているものが大多数であり、それは、上代の複文に介入したニカアラムと頻度の差はあれ、それほど異なったものとはいえない。しかし、『源氏物語』の段階でも、前後に事実句が明示されてない例も見られるようになる。さらには、話者が話の場でなんらかの触発を受け、ある事態を想像するという用法を持つにいたる。

（46）深き心とて、なにばかりもあらずながら、またまことに弾き得ることはかたきにやあらむ。（常夏）

上の例文は単に源氏が玉鬘に和琴について語っている場面であり、この文は「深い秘法といっても何ほどのこともないのですけれど、といってまた、本当に弾きこなすのはむずかしいのではないでしょうか[15]」というほどの意味であり、前後の文脈や背後の事情というような、説明的用法ではない。単に、「またまことに弾き得ることかたからむ。」としてもさしつかえない用例である。このような用法が見え始めているということは、ニヤアラムのムには、判断が不確定であることを示す用法が実際に現れ始めたということを物語っているのである。

注

（1）体言あるいは句形式の後に、ニアリが下接し、さらにそのアリにさまざまな助動詞が下接したものについて、本稿では一括して、ニアリ構文と呼ぶ。

（2）「にや」は、「にやあらむ、にやあるらむ、にやありけむ」の「あらむ、あるらむ、ありけむ」の省略であるが、本稿では、用例の多いニヤアラムのみを考察の対象とする。

（3）カの係り結びについては、野村（一九九五ａ）（二〇〇二）が詳しい。

（4）中古にはこの原因推量のラムが発達するのであるが、「～静心なく花の散るらむ」（古今集八四）のような疑問詞を補うべき用法にまで発達する。これについては野村（一九九七）において、上記の係り結び成立論を元に論が展開されている。

（5）万葉集には、平叙文で**一・一**あるいは**一・二**に属さない、ムの用例が三例ある。疑問のムとは別の事情で用いられており、今回の考察の範囲外にあるので用例のみあげておく。

・世間は空しきものとあらむとぞ（空物跡将有登曽）この照る月は満ち欠けしける（三巻四四二）

・夢にだに見えむと我れはほどけども相し思はねばうべ見えずあらむ（諸不所見有武）（四巻七七二）

・駒造る土師の志婢麻呂白くあればうべ欲しからむ（諸欲将有）その黒色を（一六巻三八四五）

（6）野村（二〇〇二）では、疑問文であることに対応して登場するム系述語の中で、ラムが多いことについて、「未がテンス的に現在だからである」という見解を述べている。

（7）この疑問文特有のムも視野にいれて、ムの意味を論じているのが、野村（一九九五ｂ）である。そこでは、「ムは、事柄、文事態をまず単に想像的に示しているだけなのではあるまいか。すなわちそれは、古代語の「人歩く」が「人が歩いている」という現実の光景の写生画であるならば、「人歩かむ」は想像画のようなものである、ということである」としている。なお野村氏は野村（二〇一四）において、ムの意味として①単なる想定、②予想、③仮想、④推量、⑤疑い、⑥意志、⑦聞き手への意志、⑧聞き手の意志、⑨勧誘など、という九つを挙げている。

(8) 現時点での事実なのか、現時点から将来にかけての予想であるのか解釈の分かれる例もあるが、そのような例は含めていない。疑問文特有のムは、未実現や一般論のムと断絶しているわけではなくて、連続面も当然ある。ここでは典型的に「疑問文特有のム」だと断定できるもののみをあげている。

(9) (14)は、読み添えのムであり、異訓で「こひのしげけく」とク語法で訓むものもある。

(10) ニアリのニについては、『時代別国語辞典　上代編』の助詞ニの項に言う「アリ、ス、あるいはその系統の語を述語にして、指定の目標を表す」という解釈に従う。

(11) 文中で「〜ニアレヤ〜」の形となるものは、注釈構文の中に位置するものと捉えて、主文を構成するニアリとは考えない。

(12) この例は、「あるらむ」と訓ずる注釈書もある。この例がニアラムの唯一の平叙文表現なのだが、(21)の「母父に愛子にかあらむ」と同形の表現であり、このような類歌に支えられて辛うじて存在する表現であったようだ。

(13) 近藤（二〇一三ａ）に述べたように、ムに文末用法のカ（モ）が下接した「〜むか（も）」の七六例の多くは疑問文であるが、そのムはすべて未実現を示しており、ここでいう「疑問文特有のム」と解すべきものはない。「疑問文特有のム」はやはりカの係り結びと色濃く関係しているのである。

(14) 木下（一九七七）・堀尾（二〇〇九）にも、この変遷についての指摘がある。

(15) 小学館の『新編日本古典文学全集』の口語訳を参照した。

使用テキスト

澤瀉久孝『万葉集注釈　巻第一〜巻第二〇』中央公論社　一九五七〜一九六八年

小島憲之・木下正俊・佐竹昭広『日本古典文学全集　万葉集一〜四』小学館　一九七一〜一九七五年

『万葉集全注』有斐閣　巻第一　伊藤博（一九八三年九月）／巻第二　稲岡耕二（一九八五年四月）／巻第三　西宮一民（一九八四年三月）／巻第四　木下正俊（一九八三年一二月）／巻第五　井村哲夫（一九八四年六月）／巻第六　吉井巌

（一九八四年九月）／巻第七　渡瀬昌忠（一九八五年八月）／巻第八　井手至（一九九三年四月）／巻第九　金井清一（二〇〇三年四月）／巻第一〇　阿蘇瑞枝（一九八九年五月）／巻第一一　稲岡耕二（一九九八年九月）／巻第一二　小野寛（二〇〇六年五月）／巻第一四　水島義治（一九八六年九月）／巻第一五　吉井巖（一九八八年七月）／巻第一七　橋本達雄（一九八五年六月）／巻第一八　伊藤博（一九九二年一一月）／巻第一九　青木生子（一九九七年一一月）／巻第二〇　木下正俊（一九八八年一月）

小島憲之・木下正俊・東野治之『新編日本古典文学全集　万葉集一～四』小学館　一九九四年五月～一九九六年八月

佐竹昭広・山田英雄・工藤力男・大谷雅夫・山崎福之『新日本古典文学大系　万葉集一～四』岩波書店　一九九九年五月～二〇〇三年一〇月

『万葉集』鶴久・森山隆編　桜楓社　一九七三年

伊藤博『万葉集釈注』集英社　一九九五年一一月～二〇〇〇年五月

さらに、吉村誠氏作成の万葉集データベースを用いた。

参考文献

尾上圭介「文の構造と〝主観的〟意味―日本語の文の主観性をめぐって・その二」・「係助詞の二種」／春日和男「「也」字の訓について―「ぞ」と「なり」の消長―」／川端善明「喚体と述体の交渉―希望表現における述語の層について―」／木下正俊「疑問条件表現の衰退」（一九七七）・「「斯くや嘆かむ」という語法」（一九七八）／釘貫亨「完了辞リ、タリと断定辞ナリの成立」・「奈良時代語におけるニアリからナリへの形態変化と意味変化」／近藤要司「『源氏物語』の「～ニヤ」について」・「『万葉集』の～ムカについて」（二〇一三a）／鈴木義和「助動詞「む」に原因推量の用法は認められるか―上代語における考察」／高山善行『日本語モダリティの史的研究』／仁科明「見えないことの顕現と承認―「らし」の叙法的性格―」／野村剛史「カによる係り結び試論」（一九九五a）・「ズ、ム、マシについて」（一九九五b）・「三代集のラムの構文法」（一九九七）・「ヤによる係り結びの展開」・「連体形による係り結びの展開」（二〇〇二）・「ノダ文の文法記述」・「ム」項目執筆『日本語文法事典』（二〇一四）／堀尾香代子「古代語における疑問条件表現の変遷―ヤ・カの消長との関連から―」／山口堯二『構文史論考』・『助動詞史を探る』／山田孝雄『日本文法論』・『日本文法学概論』

（七）『源氏物語』の助詞カの不定語下接用法について

一　はじめに

本稿は、中古の助詞カの不定語に下接する用法について、『源氏物語』を資料として考察したものである。

ここでいう「不定語」とは、「なに、だれ、いつ」の類の語である。これらの語については、むしろ、「疑問詞」という名称が一般的かとも思うが、これらは必ずしも質問疑問の表現専用の語ではなく、「（その物なら物、人なら人、数なら数の）内容が不明、不定であること」(1)を示す語だからこう呼ぶことにする。

不定語にカが下接した形式は中古には疑問表現に用いられる。疑問表現については、阪倉（一九九三）に述べるように、不定語の内容の確定を求める説明要求の疑問文と、二つ以上の選択肢を提出して、その一つを選ぶことを求める選択的疑問文と、内容の肯定否定の決定を求める判定要求の疑問文の三つがあるが、本稿の考察の対象は、説明要求の疑問文である。

中古の説明要求の疑問文に関しては、

不定語のみを含んだ文

「不定語＋カ」を含む文

「不定語＋ゾ」を含む文

「〜ヤ＋不定語」の文

というように様々な形式が見られる。

右にあげた諸形式のうち、最後の「〜ヤ＋不定語」は、上代から用例が少なく、『源氏物語』でも和歌以外ではほとんど見かけない。

あとの「不定語のみ」、「不定語＋カ」、「不定語＋ゾ」は用例が豊富に見られる。これらの使い分けの大きな傾向としては「不定語＋ゾ」については、会話文においては、大きく単純な質問に傾くという傾向が見られるという指摘がある。もっとも、後の時代ほど明確な使い分けは無かったようである(2)。

本稿の考察の対象である「不定語のみ」の説明要求疑問文と「不定語＋カ」による説明要求疑問文とでは、明確な使い分けの基準があったという指摘はない。特に、疑問文の下位区分としてよくあげられる、他者への解答要求が明らかな「質問」と自身に問いかける「疑い」というような使い分けが見られるわけでない。

そこで本稿では、この従来あまり表現性に違いがないとされてきた両者について、その表現性の細かい差異について比較し、中古の助詞カの文中用法はどのような特色をもっていたかを考えたい。もちろん、明白な黒白がつけられるような差異は存在せず、そこにはなにがしかの傾向差が見られるのみではあるが、本稿ではこの傾向差を大切にしたいのである。

『源氏物語』の不定語の種類は、多種類に及ぶ。本稿で比較の対象にしたのは「いかに」、「いかで」、「いかなる（なれば）」、「なに」、「など（などて）」、「たれ」とそれぞれにカが後続したもののみである（「いかに」の場合には「いかが」の形になる）。このように対象を限定したのは、これらの語が用例が豊富にあり比較しやすいからである。

また本稿では、「たれかは」のように助詞カでは無くて「かは」が下接したものも、カが下接したものと同じに扱った。これは、カハが必ずしも反語にのみ用いられるのではないことによる。[3]
資料には『日本古典文学大系　源氏物語一～五』（岩波書店）を用い、『日本古典文学全集　源氏物語（1）～（6）』（小学館）を適宜参照した。
なお、各用例の後の括弧内には、源氏の巻名と古典大系本の巻数と頁数が記してある。

二　「不定語のみ」タイプと「不定語＋カ」タイプの比較

二・一　表現性による分類

疑問表現は、単に不明確な情報を明確化するという意図のみで用いられるだけではなく、そこにはさまざまな情意が託される。[4]本稿では不定語を用いた疑問文の用法の分類については、尾上（一九八三）に従い、さらに細かい表現性を分類するために、独自の分類基準を設けた。

尾上氏が指摘するように不定語の用法は疑問文に限られるわけではない。尾上氏において不定語の用法は、事態中の不定不明部分を特定しようとする「特定・明確化志向系用法」と事態中の不定不明部分の特定化を求めない「特定・明確化不志向系用法」の二つに大別される。古代語の「不定語＋カ」は疑問表現に限られるから、ここでは、尾上氏の特定・明確化志向系用法の中の「特定要求型」の下位区分である「疑問用法」のみが問題となる。尾上氏の疑問用法は、

1驚嘆的受理タイプ　例「なんだ！　もう来ているのか。」
2詠嘆タイプ　例「なんと大きな仏様だなあ。」
3疑タイプ　例「何時ごろ出かけるかな。」

4問タイプ　　例「あれは何ですか？」
5反語タイプ　例「誰がそんなこと言った！」

に分かれている(5)。

本稿ではおおむね尾上氏のこの分類にしたがうが、以下の点で違いがある。

まず、「1驚嘆的受理タイプ」については、単に驚嘆の場面で用いられるというのではなく「遭遇した対象の全体をすぐさま了解しがたいものとしてとりあえず言語化するために不定語をもちいる表現(6)」であり、これに典型的なものが見あたらなかったので、分類項目を立てなかった。もちろん、驚嘆すべき場面で不定語が用いられるものはあるが、これは後で述べるDタイプまたはEタイプに含めた。

また、「不定語＋カ」においては、「3疑タイプ」「4問タイプ」については、とくに会話文中では単純に自ら内部に問うているのか、聞き手に解答を求めているのかについて一線を引くことは困難であるので、両者を一緒に扱い「質問疑問」とした。

中古の和文には、

・初時雨、いつしかと気色だつ日、いかが思しけん、かれより、木枯の吹につけつつ待ちしまにおぼつかなさの頃も経にけり」ときこえ給へり。（賢木　一巻三九八）

のような「はさみこみ(7)」の用例がある。これは「それがどういうことだか特定できないが、何かの理由で」というように後続の文になかば連続しており、独立した文とは異質の側面を持っている。したがって、これらは完全な文末とは同様には扱えないが、話者の内部の疑念のみにとどまり、表現の重みは、後続することがらにあることから、それ自体はニュアンスの軽い単純な疑問だと考えられる。そこで後述するように、本稿の分類では、「挿入的疑問」として、「単純な質問疑問」に近いタイプとして処理することにした。

さらに、「2詠嘆タイプ」については、さらに二つにわけることにした。これは以下のような理由からである。詠嘆的な表現に用いられる不定語を含む文は、一方の極として、

・いかに、美しき、君の御ざれ心なり。きむぢは、おなじ年なれど、いふかひなく、はかなかめるかし（乙女二巻三一二）

の用例のように、文末が終止形で終わっており、すでに疑問文からは離れてしまって、詠嘆あるいは感動の表現に特化した用例も存在する。(8)

しかしまた、

・中将殿のむかしの御おぼえだに、いかガおはしましし。（玉鬘　二巻三五〇）

の用例（右近が玉鬘の零落を嘆き、源氏の栄華との落差を嘆く場面で「昔でさえ帝のご信望がどれほどでいらっしゃったことか」という内容）のように、前の例とは違って形式的には疑問文と同形式をとりながらも、詠嘆のニュアンスが文脈などからはっきりとれるものも見つけられる。

このような表現と、

・もとの品高く生まれながら、身は沈み、位みじかくて人げなき、又、直人の上達部などまで、なりのぼりたる、「我は」がほにて、家のうちを飾り、「人におとらじ」と思へる、そのけぢめをば、いかガ分くべき」（帚木一巻五九）

のような単純に自身の必要とする解答を志向する表現とは異質な点があると考えられる。したがって、ここでは、尾上氏の「2詠嘆タイプ」を「情意的ニュアンスが前面に出たもの」とし、それと「3疑タイプ」の間に位置するような「情意的ニュアンスを含んだ質問疑問」を立てた。分類は以下の五つになる。

A反語
B単純な解答指向型の質問疑問
C挿入的疑問
D情意的ニュアンスを含む質問疑問
E情意的ニュアンスが前面に出たもの

以下、各語について比較するが、先にも述べたように、「不定語のみ」と「不定語＋カ」とには、挿入的疑問のタイプ以外にはこの分類でもはっきりした質的な違いは見られず、傾向の差というものしか現れない。また、それぞれの用例の分類の微妙な点については、本稿筆者の思いこみもあるとは思うが、全体の傾向は以下各語について述べる通りである。また、比較に際しては、不定語が通常の文の内部にあるもの（以下「文中用法」とする）を中心とし、不定語が文末にあるものについては、用例数のみ示すことにした。また、「古歌」の引用の内部の用例は、前後の文脈となめらかにつながる場合は、A～Eに分類し、そうでない場合には総用例数にはあげるが、分類には入れなかった。

二・二　「不定語のみ」と「不定語＋カ」の表現性の比較

(a)「いかに」と「いかガ」「いかに～カ」

	不定語のみ文中（文末）	不定語＋カ文中（文末）
全用例数	二二六（五二）	二七二（四六）
A反語	一（一）	八八（一一）

B単純な解答指向型の質問疑問	一〇（三〇）	七九（一〇）
C挿入的疑問	〇（〇）	二二（〇）
D情意的ニュアンスを含む質問疑問	一七六（一八）	七六（二三）
E情意的ニュアンスが前面に出たもの	三九（三）	四（〇）
古歌の引用など	一（〇）	三（〇）

「いかに」の用例と補足説明

A反語　一例

・水鶏の、いとちかう鳴きたるを、くひなだにおどろかさずばいかにして荒れたる宿に月を入れまし（澪標　二巻一一五）

この一例のみだが、これも「いかでか」とする本もあり確実な例とは言えない。

B単純な解答指向型の質問疑問　一〇例

・「かう、したひありかば、いかにせさせ給はむ」と、聞え給ふ。（末摘花　一巻二四一）

D情意的ニュアンスを含む質問疑問　一七六例

「いかに」ではこのタイプが最も多い。

・わか君は、いと、むくつけう、「いかにする事ならん」と、ふるはれ給へど、さすがに、声立てても、え泣き給はず（若紫　一巻二二七）

これは、源氏の行動に対して幼い紫が「どうするつもりだろう」と不安におののく場面である。「いかに」のDタイプはこのような「危惧」を示すものが多い。

E情意的ニュアンスが前面に出たもの　三九例

「いかに」は上代から、

・波高しいかに（奈何）楫取り水鳥の浮寝やすべきなほや漕ぐべき（万葉七巻一二三五）

のように独立した感動詞としての用法をも持っていたことから、「いかに」にこのタイプが多いことは、うなずけることである。また、先にあげた（乙女　二巻三一二）の用例の他にも、

・きこしめさせたらば、「いとど、いかに悔しからぬ御心なりけり」と、見聞え給はん。（竹河　四巻二七二）

のように、文末述語が終止形で終わる感動文もある。ただし、「いかに」のEタイプで目だつのは、

・「内のおとどは、日へだてず、まゐり給ふ事しげからむを、かかるついでに、対面あらば、いかに嬉しからむ。（行幸　三巻七四）

のような「どれほど良いだろうか」という事態実現への希求を表現する用例である。これらも例えば未実現の事態ゆえ不明確な「嬉し」の程度をなんとか特定しようという意図よりも、「そうなればよい」という希求の意図が前面に出ているのである。

「いかガ」「いかに～カ」の用例と補足説明

A反語　八八例

このタイプが最も多い。「いかガ」「いかに～カ」一例ずつ挙げておく。

・見る見るも、尽きせずおぼしまどへど、かひなくて、日頃になれば、「いかガハせん」とて、鳥辺野にゐてたてまつるほど、いみじげなること多かり。（葵　一巻三三九）

・「いかにしてカ、おくれたてまつりては、世に片時もながらふべき」とおぼすに、かく、心細きさまの御あら

ましごとに、いふかたなき御心惑ひどもになむ。（椎本　四巻三五一）

B単純な解答指向型の質問疑問　七九例

「いかガ」「いかに〜カ」では、このBタイプとDタイプの用例数がほぼ拮抗している。

・「今日の試楽は、青海波に、こと皆つきぬな。いかガ見給ひつる」と聞え給へば、あいなう、御いらへ聞えにくくて、（紅葉賀　一巻二七二）

C挿入的疑問　二二例

・〜あはれなるものから、いかガ思さるらむ、いと、はかなき、物の端に、心こそ憂き世の岸を離るれど行へも知らぬあまの浮木をと、例の、手習にし給へるを（手習　五巻三九二）

D情意的ニュアンスを含む質問疑問　七六例

・「いかガ聞き給はむ」とむねつぶる。（末摘花　一巻二三八）

これは命婦が源氏の前で琴の演奏を披露しようとする末摘花の腕前を案じている場面である。

E情意的ニュアンスが前面に出たもの　四例

二・1にあげた「中将殿のむかしの御おぼえだに、いかガおはしましし。」以外はDタイプかと迷ってしまう例が多い。

・「〜」と、のたまはせけるを、つたへ聞きしに、いとほしくも、口惜しくも、いかガおもひ乱るる。げに、おなじ御筋とは、たづね聞えしかど（若菜下　三巻三六七）

これは、柏木が残念なことを聞いて嘆く場面である。自身の過去の嘆きを対象とした文であるから、不明確な項目を明確化したいという志向があるとは思えない。やはり、Eタイプとすべきであろう。

このように「いかに」と「いかガ」「いかに〜カ」の表現性を比較すると、「いかに」はDタイプ、Eタイプに大きく傾き、「いかガ」「いかに〜カ」はAタイプをその典型的な表現性としながら、Bタイプ、Cタイプにも多く用いられたということになる。

(b)「いかで」と「いかでカ」「いかで〜カ」

	不定語のみ文中（文末）	不定語＋カ文中（文末）
全用例数	一六五（一〇）	一一九（三一）
A反語	一〇（〇）	八五（二八）
B単純な解答指向型の質問疑問	一〇（一）	一三（一）
C挿入的疑問	〇（〇）	二（〇）
D情意的ニュアンスを含む質問疑問	二六（〇）	一〇（〇）
E情意的ニュアンスが前面に出たもの	九九＋二二（九）	九（二）
古歌の引用など	一（〇）	

「いかで」のEタイプの「＋二二」という用例数は、文末が「しがな」などの希求の終助詞で構成された用例数である。

「いかで」の用例と補足説明

A反語　一〇例

・いかで、さは侍らん。心にまかせても、え見侍らず。（乙女　二巻三一一）

この用例もそうなのだが、本によっては「いかでか」となっている例が多い。

B単純な解答指向型の質問疑問　一〇例

・兵部卿の宮は、いとあてに、なまめい給へれど、勾ひやかになどもあらぬを、いかで、かの一族におぼえ給ふらん。ひとつきさき腹なればにや」（若紫　一巻二〇三）

源氏がなぜ藤壺と紫上が似ているのか考えている場面である。後続する文が解答案の一つを提出しており、単純な疑問であることは明らかである。

D情意的ニュアンスを含む質問疑問　二六例

・「いかで、さる、山伏の聖心に、かかる事ども、思ひよりけむ」と、あはれにおほけなくも御覧ず。（若菜下　三巻三二九）

「いかで」のDタイプは用例のように「感動を伴った疑問」が多い。

E情意的ニュアンスが前面に出たもの　九九例

・「いかで、さやかに、御かたちを見てしがな」と思すも（澪標　二巻一一九）

「いかで」ではこのタイプが最も多い。疑問表現の形式からはずれるが、「いかで」には、のような希求の終助詞を文末に持つものが二一例あった。これと連動するように、疑問表現と同じ形式であっても、

・「いかで、思ふ心をかなへん」と、仏・神を、いよいよ念じたてまつる。（明石　二巻六八）

のような「意志・希求」の表現性が前面に出たものが多い。

「いかでカ」「いかで～カ」の用例と補足説明

「いかでカ」「いかで～カ」の文中用法の全用例数は一一〇例であるが、「いかで～カ」の方は、わずかに四例のみである。

A反語　八五例

「いかでカ」では、このタイプが最も多い。

・「いかでカまからむ。暗うて」といへば、（夕顔　一巻一四七）

B単純な解答指向型の質問疑問　一三例

・このわたりには、いかでカ、疎からぬにはあらむ。（浮舟　五巻二一〇）

この用例は「こちらのお方とはどうして親しい間柄なのだろう」という単純な疑問を浮かべる場面である。

C挿入的疑問　二例

・～と思して、やみにしを、いかでカ、きかせ給ひけむ、ただ、このきさらぎばかりより、音づれ聞え給ひし。（蜻蛉　五巻三〇四）

D情意的ニュアンスを含む質問疑問　一〇例

・「おのれを厭ひ給ふほどに。のこりの御齢は、多くものし給ふらん。いかでカ、すぐし給ふべき」など、（関屋　二巻一六七）

河内守が末摘花の将来を危惧して言った言葉である。

E情意的ニュアンスが前面に出たもの　九例

「いかで」には、Eタイプの意志希求を表すものが多かったのだが、「いかでカ」にも、

・「いかでカ、この髪剃りて、よろづ背き捨てん」と思ふを。（夕霧　四巻一四三）

のように意志や希求を示すものが九例ある。この中の一例は、

・いかでカ、この人の御ために、残し置くたましひもがな、わが子どもの心も知らぬを」（関屋　二巻一六七）

のように終助詞で終わるものである。

このように、「いかで」と「いかでカ」「いかで〜カ」は、用法の差が大きいのだが、また一方で全然用法が重ならないわけではなく、やはり傾向の違いであると言うべきであろう。

（c）「いかなる（なれば）」と「いかなる（なれば）+カ」

	不定語のみ文中	不定語+カ文中
全用例数	八〇	一〇三
A反語	〇	九
B単純な解答指向型の質問疑問	四五	五一
C挿入的疑問	〇	一七
D情意的ニュアンスを含む質問疑問	二七	二五
E情意的ニュアンスが前面に出たもの	八	一

「いかなる（なれば）」は、全用例数は八〇例としたが、これ以外に「いかならん」「いかなりし」（一例のみ）の形で文末述語を構成している例が四一例ある。これらは助詞カの方に対応する形が「いかにか（あらん）」となり、（a）の形式になってしまうので文末の「いかならん」「いかなりし」は除いて考えた。

「いかなる（なれば）」の用例と補足説明

B単純な解答指向型の質問疑問　四五例

・「いかなる人のすみかならん」とは、行き来に、御目とまり給ひけり。（夕顔　一巻一二八）

不定語のみ「いかなる（なれば）」ではこのタイプが最も多い。

D情意的ニュアンスを含む質問疑問　二七例

・などて、乗りそひて行かざりつらん。いき返りたらん時、いかなる心地せん。「見すてて行きあかれにけり」と、つらくや思はん（夕顔　一巻一五五）

E情意的ニュアンスが前面に出たもの　八例

・「～昔の御物語の、いかならむついでに、うち出で聞えさせ、かたはしをも、ほのめかし知ろしめさせん」と、年ごろ、念誦のついでにも、うちまぜおもひ給へわたるしるしにや、（橋姫　四巻三一八）

すべて、この用例のように「なんとかして～したい」という意志の表現になっている。

「いかなる（なれば）＋カ」の用例と補足説明

A反語　九例

・「げに、ここをおきて、いかならん仏の御国にカハ、かやうの、折ふしの、心やり所を求めむ」と、見えたり。（匂宮　四巻二三二）

B単純な解答指向型の質問疑問　五一例

「いかなる（なれば）＋カ」ではこのタイプが最も多い。

・大夫も、「いかなることにカあらむ」と心得がたう思ふ。（若紫　一巻二二二）

C挿入的疑問　一七例

・この御中の気色を、いかなるにカありけん、宮す所とこそ、文通はしも、細やかにし給ふめりしか（夕霧　四巻一三五）

D情意的ニュアンスを含む質問疑問　二五例

・「いかなる讒言などのありけるにカ」と、これなん、この世の憂へにて、残り侍れば（柏木　四巻三三二）

E情意的ニュアンスが前面に出たもの　一例

・いかならん折にカ、又、さばかりにても、ほのかなる御有様をだに見ん。（若菜上　三巻三一二）

この用例は「なんとかして御姿を見たい」という意志を示している。

このように「いかなる（なれば）」と「いかなる（なれば）＋カ」では、傾向がよく似通っている。しかし、カのない「いかなる（なれば）」の方には、Aタイプ、Cタイプがないことは、カが有る方にもそれほど用例が多いとはいえないにせよ、傾向の違いであるといえる。

(d)「なに」と「なに＋カ」

	不定語のみ文中（文末）	不定語＋カ文中（文末）
総用例数	四二（〇）	一三八（五五）
A反語	八（〇）	一〇六（五五）
B単純な解答指向型の質問疑問	八（〇）	一六（〇）
C挿入的疑問	〇（〇）	四（〇）
D情意的ニュアンスを含む質問疑問	二五（〇）	一一（〇）
E情意的ニュアンスが前面に出たもの	〇（〇）	一（〇）
古歌の引用など	一	

不定語のみ「なに」の用例と補足説明

A反語　八例

・我も、同じ大臣と聞ゆれど、御おぼえ殊なるが、御子腹にて、又なく、かしづかれたるは、なにばかり劣るべき際」とおぼえ給はぬなるべし。（紅葉賀　一巻二九八）

B単純な解答指向型の質問疑問　八例

・「何しにたてまつらん」と、思ふほどに、おどろきて、（若菜下　三巻三七四）

この用例は、柏木が夢の中で女三宮に猫をあげようと思ったのだが、それについて「なんのためにさしあげたのだろう」と疑問に思う場面である。「何」はこのように「何に」「何しに」の形でしばしばWHATの意味でなくWHYの意味で用いられている。

D情意的ニュアンスを含む質問疑問　二五例

不定語のみ「なに」ではこのタイプが最も多い。

・榻なども、みな押し折られて、すずろなる車の筒に、うちかけたれば、又なう、人わろく、くやしう、「なにに来つらん」と思ふに、かひなし。（葵　一巻三二二）

この用例では、「後悔」といった情意が色濃く出ている。

「なに＋カ」の用例と補足説明

A反語　一〇六例

・「何の面目にてカ、又、宮こにも帰らむ」と言ひて、頭もおろし侍りにけるを（若紫　一巻一八〇）

B単純な解答指向型の質問疑問　一六例

・「朝の露に異ならぬ世を、何をむさぼる、身の祈りにカ」と、きき給ふに、御嶽精進にやあらん、（夕顔　一巻一四一）

C挿入的疑問　四例

・〜など、のたまひて、なにカあらむ、さまざまなるものの色どもの、いと、清らなれば、（野分　三巻六〇）

D情意的ニュアンスを含む質問疑問　一一例

・「つぎつぎ、さのみ劣りまからば、何の身にカなり侍らむ」と、かなしく思ひ侍るを、これは、生まれし時より、たのむ所なむ侍る。（明石　二巻七四）

E情意的ニュアンスが前面に出たもの　一例

・「何につけてカハ」と、おぼしめぐらして、ひめ君の御ことを、あながちに聞え給ふにぞありける。（竹河　四巻二六六）

この一例のみである。冷泉帝がなんとかして、尚侍の君に逢いたいと願う場面で意志の表現性が前面に出ている。

不定語のみの「なに」と「なに＋カ」はこのように、「なに」がDタイプに比較的多い用例を持つのに対して、「なに＋カ」の方は、Aタイプに大きく傾くという傾向差がある。

(e)「など」と「など＋カ」

	不定語のみ文中（文末）	不定語＋カ文中（文末）
全用例数	七〇（〇）	九八（三）
A反語	一（〇）	六四（三）
B単純な解答指向型の質問疑問	二三（〇）	二七（〇）
C挿入的疑問	〇（〇）	〇（〇）
D情意的ニュアンスを含む質問疑問	四六（〇）	七（〇）
E情意的ニュアンスが前面に出たもの	〇（〇）	〇（〇）

不定語のみ「など」の用例と補足説明

A反語　一例

・「など、頼もしげなくやは有べき」と、きこえ給へば、（胡蝶　二巻四〇九）

紫上に源氏には不実な面があるとほのめかされて、源氏が強く否定する場面である。この用例には、助詞「ヤハ」が用いられていて、説明要求疑問文の基本的類型からはずれた形になっている。

B単純な解答指向型の質問疑問　二三例

・「かう、さだ過ぐるまで、など、さしも乱るらん」と、いぶかしく思え給ひければ、たはぶれごといひふれて、心み給ふ。（紅葉賀　一巻二九〇）

典侍が年をとっても好色なのを源氏が好奇心をいだく場面である。

D情意的ニュアンスを含む質問疑問　四六例

不定語のみ「など」ではこのタイプが一番多い。

・「などて、今まで立ち馴らさざりつらむ」と、過ぎぬるかた、悔しうおぼさる。（賢木　一巻三六八）

源氏が御息所に足繁く通わなかったことを後悔する場面である。

「など＋カ」の用例と補足説明

A反語　六四例

「など＋カ」ではこのタイプが最も多い。

・大将も、さる、世のおもしとなり給ふべき、したかたなれば、姫君の御おぼえ、などてカハ、軽くはあらむ。（若菜下　三巻三二三）

B単純な解答指向型の質問疑問　二七例

・「などカ、かへさひ申されける。ひがひがしきやうに、院にも聞し召さむを。おどろおどろしき病にもあらず。たすけて参り給へ」（若菜下　三巻四一〇）

柏木が宴席を辞退したことについて父が理由をたずねる場面である。

D情意的ニュアンスを含む質問疑問　七例

・「などカ、御子をだに、持給へるまじき。口惜しうもあるかな。（澪標　二巻一〇二）

朱雀帝が尚侍にむけたことばだが、Bにあげたものよりは、はるかに「難詰」といった情意的ニュアンスが強く感じられる。他はBとの区別が微妙なものが多い。

不定語のみの「など」と「などカ」とでは、他の語と同様、不定語のみはDタイプが多く、「などカ」はA反語とB単純な質問疑問が多いという傾向であった。

(f)「たれ」と「たれ＋カ」

	不定語のみ文中（文末）	不定語＋カ文中（文末）
総用例数	二〇（〇）	六六（四）
A反語	一（〇）	三五（三）
B単純な解答指向型の質問疑問	一四（〇）	二四（一）
C挿入的疑問	〇（〇）	一（〇）
D情意的ニュアンスを含む質問疑問	五（〇）	六（〇）
E情意的ニュアンスが前面に出たもの	〇（〇）	〇（〇）

不定語のみ「たれ」のうち、半数の一〇例が「たれならん」の形であった。これは「たれにか（あらん）」という対応形式があるので用例に含めて分類した。

不定語のみ「たれ」の用例と補足説明

A反語　一例

・立ちかへり、「誰が名は立たじ」など、かごとがましくて、（竹河　四巻二七七）

手紙文の中で古歌を引用しているこの一例以外には見あたらない。

B単純な解答指向型の質問疑問　一四例

このタイプが最も多い。「たれならん」のうちの九例はこのタイプである。

・「をかしの事や。誰ばかりとおぼゆ。この君」（玉鬘　二巻三五九）

女性の器量較べをしている場面である。後続の「この君」はたとえば「この女性とはどちらが」という意味なので単純な質問の例である。

D情意的ニュアンスを含む質問疑問　五例

・「いまはと、そむき捨て、山籠りしなん後の世に、たちとまりて、たれを頼むかげにて、ものし給はんとすらん」と、ただ、この御事を、うしろめたく思しなげく。（若菜上　四巻一一二）

朱雀帝が自身の出家ののちの、女三宮の境遇を心配する場面である。

「たれ＋カ」の用例と補足説明

A反語　三五例

このタイプが最も多い。

・「誰とカ知らむ」と、うちとけ給ひて、少し、さしのぞき給へれば、（夕顔　一巻一二三）

「夕顔」冒頭である。源氏が「このあたりでは顔が知られていない」と安心している場面である。

B単純な解答指向型の質問疑問　二四例

・「忍びたるさまに、物し給ふらむは、誰にカ」と、問ひ給ふ。（手習　五巻三六七）

C挿入的疑問　一例

・（和歌省略）又、誰にカ、君がため折れる挿頭はむらさきの雲に劣らぬ花のけしきか（宿木　五巻一一八）

「誰の歌であろうか」という挿入的疑問だが、本によってはこの文自体無いこともある。

D情意的ニュアンスを含む質問疑問　六例

・「いまは、まして、誰カハつかうまつらん」と、人々おもひたるを、ねんごろに、院には、おぼしのたまはせけり。（澪標　二巻一三一）

悲嘆の日々を送る前斎宮の身の上を人々が案じる場面である。「危惧」の情意が色濃く出ている。

「不定語＋カ」の方は、Aタイプが一番多く、Bタイプがこれに次ぐというように他の語と同じ傾向である。一方、不定語のみの「たれ」は、単純な質問疑問が最も多く、これは、他の語と傾向に違いが見られる。しかし、用例が少ないのでこれが、「不定語のみ」の表現性から大きくはずれるともいえない。

二・三　「不定語」のみと「不定語＋カ」の違い

各語の用例の分布をまとめて全体を示すと以下のようになる。

	不定語のみ文中	不定語＋カ文中
総用例数	五八二	六九〇
A反語	二一	三八七
B単純な解答指向型の質問疑問	一一〇	二一〇
C挿入的疑問	〇	四六
D情意的ニュアンスを含む質問疑問	三九五	一三五
E情意的ニュアンスが前面に出たもの	一四六	一五

「不定語＋カ」は「不定語のみ」と比較して、反語、単純な質問疑問、挿入的疑問に傾くという傾向が見られる。一方、「不定語」のみは、情意的ニュアンスを帯びたり、それが前面に出たものに傾くという傾向が見られる。このことは、助詞カの持つ性格とどのような関連があるのだろうか。

不明確な項目を含んだ疑問文は、その不明確な項目を明確化したいという志向を自然に持つが、また一方、不明確なままにある事態を言語化して表現せざるをえないという話し手の姿勢も同時に表現する。この両面は、疑問文に本来的に備わったものである。

疑問文が置かれた環境によっては、どちらかの面が色濃く顔を出すということもある。前者が色濃くなれば、もちろん、解答を求める典型的な質問疑問になるし、後者が色濃くなれば、不明確な事態を不明確なままに語らざるをえない話し手の危惧不審不満といった情意を帯び易いであろう。また一方で「話者の言語化能力を越えた事態」という側面からは感動という情意に結びつくし、「不明確な事態を不明確でありながらも思い描きたい」というところから、話者の希求的な態度から意志期待に結びつくこともある。

助詞カが下接するものがこういった情意性を帯びて用いられるよりも、単純な質問疑問や挿入的疑問に多く用いられるということは、前者の「不明確な事態の明確化志向」の面を色濃く出す役割を助詞カが担っていると考えられる。

これについては、二つのことが考えられる。

一つは、助詞カが不明確な項目に下接することによって、その項目がいわば焦点化されるということである。このことによって、文の表現の重点がその不明確項目にあることがより強調されることになるのである。

もう一点は、この時代の助詞カの意味個性のありかたと関係している。近藤（一九九八c）で、『源氏物語』の文末カの判定要求疑問文のほとんどは、「事態の成立如何を問題にするのではなく、対象事態へ適用する説明解釈の適否に関する疑問文である」ことを指摘した(9)。

対象事態へ適用する説明解釈を問題にするということは、当面した事態から一旦離れて、隠された事態を推理捜索するということである。この当面した事態から離れて、推理捜索して到達すべき事態を志向するという点は、本稿で問題にした不定語に下接した助詞カも同じなのである。この性格が、「不定語＋カ」が傾向として、話し手が現在抱く危惧や不満期待から離れて、不明確な項目を明確化する方向に向かうことに働いているのである。

この側面は、「不定語のみ」には用例が無くて、「不定語＋カ」には存在する「挿入的疑問」の場合に典型的に現れる。「挿入的疑問」は、後続する文で語られる確定した事態の原因理由や背後の事情が不明確であることを語るという特殊な文脈の中にある。ここでは、当面する事態を出発点として、その原因理由背後の事情を推理捜索するために、疑問文が用いられている。このような状況は、この時代のカの意味個性によくマッチしたものであり、もっぱら「不定語＋カ」のみが用いられるのもそのためである。

このような不明確項目を焦点化し、それへの推理捜索の姿勢を明確にする助詞が用いられた表現と、そのような志向を疑問文の元々の性格としては持ちながらもそれを強める要素がない表現とでは、当然、相対的な志向の差が生まれる。そのことが不定語のみの用例が話し手の今現在の情意と結びついた表現に用いられ易いという傾向を生むのである。

普通、主観的色合いの強いと考えられている「反語」が「不定語＋カ」に偏ることはどう理解すればよいのか。それは、以下のように考えられる。

反語は、結局内容の否定に傾くのではあるが、その内容の否定は、「はたして、このブランクを埋めるものがあるのか」という強い明確化志向を根底に置いている。否定に先だって強い明確化志向が働いているのである。このことは、

・つひに、猶、世にたちまふべくもおぼえぬ物思ひの、一かたならず、身に添ひにたるは、我よりほかに、誰カハつらき。（柏木　四巻一一）

のような「自分（あるいはあなた）以外のだれでもない」というタイプの反語を見れば分かりやすい。これは、不明確項目を埋めるものを確定化していけば結局特定の人物しか残らないという表現であり、反語が強い不明確項目明確化の志向のもとにあることを示しているのである。

「不定語＋カ」が、反語、単純疑問、挿入的疑問に傾くのは右に述べた「不明確項目の焦点化」と助詞カの意味個性の一つである「推理捜索性」がその要因となっており、そのような働きをする助詞カのない「不定語のみ」の場合には、相対的に、この二つの側面が弱まった情意含み疑問文や感動意志期待が前面に出た文に用いられやすいのである。

強調すべきことは、疑問文そのものにすでに、「不明確項目の明確化志向」と「不明確なままに語ることにまつわる情意の表現」の両面が備わっているのであり、助詞カはその一方を強める働きをするのみであるということである。これが、結局は「不定語のみ」と「不定語＋カ」の表現性の差が単なる傾向の差にとどまるゆえんなのである。

三　まとめ

以上のように、「不定語＋カ」と「不定語のみ」とをその表現性によって比較してきた。その結果、

一、「不定語＋カ」は「不定語のみ」と比較して、挿入的疑問、反語、単純な質問疑問に傾くという傾向が見られる。一方、「不定語」のみは　情意的ニュアンスを帯びた質問疑問や、期待意志感動といった情意が前面に出た文に多く用いられるという傾向が見られる。

二、このことは、助詞カが「不明確な項目を焦点化して文の表現の重点をその不明確項目にあることをより強調する」ということと、助詞カの「当面した事態から一旦離れて、隠された事態を推理捜索する」という性質による。この二つによって、「不定語＋カ」では、話し手の現在の情意を強くにじませることを志向するより、不明確事態の明確化を志向する傾向が「不定語のみ」の場合よりも相対的に強められるためだと考えられる。

最後に「不定語＋カ」の場合のカの位置の問題について、少し述べて置く。カの位置は不定語の直下、あるいは、それに準ずる位置にある場合と、断定助動詞ナリの連用形ニの後に位置する場合がある。

不定語の直後にカがある場合には、反語の色が強くなり、「〜にカ」のように、不定語から離れた位置にカがあると、反語の色が出にくくなり、表現性の現れ方の傾向が「不定語のみ」に近くなるという傾向がある。これは、二にあげた「不定語の焦点化」という側面が無くなるためだとひとまずは考えられる。しかし、不明確項目を連体形による句的体言や「こと」などを修飾する連体修飾句の中に閉じこめてしまうこと、その全体がナリの断定の対象になることなど、あるいは「にヤ」との相違点共通点など、考慮すべき点が多い。この問題についてはさらに研

究を深めたい。

注

（1）尾上（一九八三）による。
（2）磯部（一九九〇）による。磯部（一九九〇）では、「不定語＋カ」と「不定語＋ゾ」の比較を行っているが、この両者は後の時代のように疑問と質問で明確に用いられてはいないとする。
（3）「などか」には「なでう、なでふ、なむでう」なども含めた。
（4）疑問表現がさまざまな情意を帯びて用いられることについては、山口（一九九〇）の「第三章　疑問表現の情意」が詳しい。
（5）例文はすべて尾上（一九八三）による。
（6）尾上（一九八三）四〇九頁。
（7）佐伯（一九五三）による。
（8）全集本の口語訳は「なんとかわいらしい若君の戯れ心であろうか」となっている。大系本にも同趣旨の注がある。
（9）近藤（一九九八c）三一頁下段。

参考文献

佐伯梅友「はさみこみ」／尾上圭介「不定語の語性と用法」／柳田征司「文法史上の室町時代（二）疑問表現の変遷―「カ」「ヤ」の場合」／磯部佳宏「不定語「いかで」の構文的性格」・「中古和文の要説明疑問表現―『源氏物語』を資料として」（一九九〇）／山口堯二『日本語疑問表現通史』／大鹿薫久「萬葉集における不定語と不定の疑問」／阪倉篤義『岩波セミナーブックス四五　日本語表現の流れ』第四章「疑問表現の変遷」／近藤要司「係助詞の複合について（一）―『万葉集』のカとカモの比較―」・「『源氏物語』の助詞カナについて」・「『源氏物語』の助詞カの文末用法について」（一九九八c）／于康『日本語に於ける不定語の構文的機能に関する歴史的研究―副詞的不定語を中心に―』

（八）『源氏物語』の助詞カの文末用法について

一　はじめに

内容の肯定否定を問う判定要求疑問文には、上代から助詞カと助詞ヤがともに用いられてきた。このうち、助詞カが係り結びをなす文型については、中古になるともっぱら、別タイプの疑問文、すなわち、「なに、いつ、どこ」などの不定語を用いた説明要求疑問文のみに用いられるようになる。したがって、中古において、判定要求疑問文には、助詞ヤの文末用法と文中用法（係り結び）と助詞カの文末用法が用いられることになる。

時代が下れば、疑問文の文末にはもっぱら助詞カが用いられるようになるのは現代語を見てもわかる通りであるが、中古においては、むしろ、助詞カは、助詞ヤに押され気味で用例数も多いとはいえない。

以下、本稿では、助詞カの文末用法について、体言に下接するものと、活用語に下接するものに分けてそれぞれ、万葉集との用法の違いを見た上で、中古の活用語下接の助詞カの用法は、体言下接のものから派生したという観点から、各用例の表現のあり方をみてゆくことにする。

資料としては山岸徳平校注の『日本古典文学大系14～18　源氏物語一～五』（岩波書店）を用い、あわせて阿部秋生・秋山虔・今井源衛校注・訳『日本古典文学全集12～16源氏物語一～五』（小学館）を参照した。万葉集については、吉村誠氏作成のデータベースを利用し、あわせて澤瀉久孝『万葉集注釈』（中央公論社）、小島憲之・佐竹

昭広・木下正俊校注・訳『日本古典文学全集2〜5　万葉集一〜四』（小学館）を参照した。

二　万葉集の用例との相違点と共通点

上代と中古とで、助詞カの用法がどのように変わったかを『万葉集』と『源氏物語』との比較で見ておく。もちろん、この二つの比較に際しては、時代による違いのみならず、両者の文体上の違いが影を落とすことは当然だが、大きな変化を知る目安にはなりえる。

二・一　体言接続の場合

助詞カは、体言にも活用語の連体形にも接続する。ここではその二つに分け、まず、体言接続の場合を見てみる。

二・一・A　感動文を構成するもの

いわゆる感動喚体句がこれにあたるが、近藤（一九九七a）に述べたように、上代においても、単独の助詞カによるものは数が少なく、多くは助詞モと熟合した助詞カモによるものであった。源氏物語においては、助詞カによるものはさらに少数になり、和歌における次の二例のみとなっている。

・うきめみしその折よりも今日は又過ぎにしかたにかへる涙カ（絵合　二巻一七八）[1]

・かきつめて昔恋しき雪もよにあはれをそふる鴛鴦のうき寝カ（朝顔　二巻二六九）

もちろん、感動喚体句自体は、助詞カナによるものが多数見られるわけで、つまり、単独の助詞カが感動喚体句を構成することは、上代中古を通じて少数であったということである。

二・一・B　疑問文を構成するもの

体言接続のカが疑問文を構成するものは、上代にも数多く見られる。大きくは四つのタイプに分けることができる。

一つは、

・帰りける人来れりと言ひしかばほとほと死にき君カ（君香）と思ひて（一五巻三七七二）

のように一語文的なありかたをするもの。これは源氏にも、

・「しばしは、夢カとのみ、たどられしを、～」（桐壺　一巻三五）

のように豊富に用例がある。

さらに選択肢を列挙する、

・栲衾新羅へいます君が目を今日カ明日カ（家布可安須可）と斎ひて待たむ（一五巻三五八七）

のようなタイプも、万葉にも源氏にも存在する。

しかし、源氏に数例見られる、

・御馬ども近くたてて、見やりなる倉カ何ぞなる、稲ども取り出でて飼ふなど（須磨　二巻五〇）

のような「～カ、何ぞ」の用例は、万葉には見られなかった。

また源氏に数十例見られる、

・俗聖とカ、この若き人々の、つけたなる。あはれなることなり（橋姫　四巻三〇五）

のような「～とか」については、文末「とか」という形式はあっても、このような用い方のものは、万葉には見られない。この「～とか」は厳密には「体言＋助詞カ」の形式とは言えないのだが、表現効果がここにあげたものに近いのでここに含めておく。

もう一つは、

・穿沓を脱ぎ棄るごとく踏み脱きて行くちふ人は石木よりなり出し人カ（奈利提志比等迦）（五巻八〇〇）

のような「AはBか」のタイプで、これも源氏に

・「こは、宮の御消息カ」と、ゐなほりて（夕霧　四の九九）

など、数例見られる。

さらにもう一つは、

・〜かくばかりすべなきものカ（須部奈伎物能可）世間の道（五巻八九二）

・玉かぎる昨日の夕見しものを今日の朝に恋ふべきものカ（可恋物）（一一巻二三九一）

のように「〜ことか、〜ものか」の形式になるもので、単なる疑問ではなく、反語になったり、既成の事実への反発を表したりする場合に用いられるものである。このタイプは源氏にもやや形を変えながらも存在している。

・人離れたるところに、心とけて、寝ぬるものカ。（夕顔　一巻一四八）

・「それを、疵とすべきことカハ。殊更にも、かの御あたりにふればはせむに、などか、おぼえの劣らむ。〜」

とおぼせど、（行幸　三巻八四）

このように、体言接続の場合は、喚体句を構成することがカモやカナに較べてはるかにすくないことや、疑問文には豊富に用いられる点では、万葉集の場合と源氏物語の場合でそれほど大きな違いはないと言える。これらの形式の持つ表現効果については、三でさらに詳しく見ることにする。

二・二　活用語接続の場合

二・二・A　推量系助動詞に下接するもの

活用語に下接する場合は、万葉集と源氏物語では相当に様相が異なる。まず、周知の事実として、文末の「むか、らむか」の形式が中古では、ほとんど見られなくなるということがある。

　この形式は、万葉には、

・ひともねのうらぶれ居るに龍田山御馬近づかば忘らしなむカ（和周良志奈牟迦）（五巻八七七）

のような「〜ムカ（モ）」が七〇例以上ある。外に「〜らむカ（モ）」「〜けむカ（モ）」がそれぞれ十数例、「〜じカ（モ）」が一〇例程度見られる。一方、源氏物語にはこのようなものは、一例も見られない。[2]

　このことは、澤潟久孝（一九三八）が述べる「『か』より『や』への推移」の一つとされることが多い。しかし、後で見るように、他の活用語に下接する場合は、形式は引き継がれているものの、用法は大きく変化しているから、そのことと連動して考えるべき問題である。

二・二・B　打消の助動詞に下接するもの

　万葉集の用例では、打消「ぬ」にカ（モ）が下接した場合には、

・闇の夜は苦しきものをいつしかと我が待つ月も早も照らぬカ（早毛照奴賀）（七巻一三七四）

のように願望の表現になるか、

・大宮の内にも外にも光るまで降れる白雪見れど飽かぬカモ（見礼杼安可奴香聞）（一七巻三九二六）

のような感動文になるかの二つであり、疑問の表現にはならない。

　これに対して、源氏には打消に下接するものは、

・「〜ためしも、げに、あやなし。さは侍らぬカ」といへば、中将うなづく。（帚木　一巻六七）

のようなものがある。これらは質問に用いられた疑問文であり、感動や願望の文ではない。これも万葉と源氏とでは大きく異なっている。

二・二・C　確定系助動詞および用言に下接するもの(3)

このタイプで万葉にあるものは、ほとんどすべてが、

・御笠山野辺行く道はこきだくも繁く荒れたるカ（繁荒有可）久にあらなくに（二巻二三二）

のように詠嘆文となるものばかりで、疑問にとれるものは、

・我が園に梅の花散るひさかたの天より雪の流れ来るカモ（那何列久流加母）

を含む数例のみである(4)。また、続紀宣命についても、文末カの下接する活用語は、「〜じか」三例、「〜むか」二例で、ここに分類すべきものは見あたらない。

これに対して、源氏物語には、確定系助動詞および用言に下接する用例は、

・〜まらうどは寝給ひぬるカ。「いかに、近からむ」と、思ひつるを。（帚木　一巻九三）

のようなもので、すべて疑問文であり、感動文のものはない。これも万葉集と源氏とでは大きく異なっている点である(5)。

二・二・D　べし、まじに下接するもの

万葉集で文末カが、「べし」の連体形あるいは、「ましじ、まじ」の連体形に下接した用例はない。一方源氏には、

・「女などの御方違こそ。夜深くいそがせ給ふべきカハ」などいふ。（帚木　一巻九三）

のような「べし」に下接する例が五例ある。また、「まじ」に下接する例が一例だけある。

このように「活用語＋文末カ」の用法は、万葉集と源氏物語ではかなり異なっているのである。従来、指摘されてきたように「むか、らむか」が消滅したということだけを捉えれば、いわゆる「カよりヤへの推移」の結果とすることも可能なのだが、本稿で述べたように、活用語に下接する助詞カの用法の全体、ヤによって侵食されなかっ

た部分も含めて、かなり大きく変化しているのである。

万葉集を見るかぎり、そして、続紀宣命の数少ない用例を見るかぎり、上代の場合には、確定系助動詞や用言に文末のカが下接したものは、感動文になることが多かった。

上代の助詞カは、感動希求推量などの文の中でも用いられており、疑問専用の助詞ではないのだが、中古になると、同じ形式であっても、そのほとんどが疑問用法に限られて来るのである。かつ、**二・一**で述べたように、体言下接の用例には上代から疑問の用例があったことから考えて、中古の活用語下接のものも、上代の活用語下接の直系というよりも、体言下接のものの拡張ではないかと思えてくるのである。以下**三**ではそのことを検討する。

三　文末カによる疑問文の特徴

三・一　万葉集の「体言＋文末カ」による疑問文の整理

二では万葉集の「体言＋文末カ」を形式別にあげたが、これをそれぞれの形式の持つ表現効果によって分類すれば以下のようになる。

・選択肢列挙　「今日か明日か」のようなタイプ

・見立て　「降る雪を花かと見る」のようなタイプ

この二つは**二**にあげた一語文的なありかたをするものが果たす代表的な表現効果である。

・類の同定を問題とするもの

二・一・Bにあげた万葉八〇〇番歌のような「AはBか」のタイプの代表的な表現効果である。

・一般的な妥当性を問題とするもの

「カンニングは許されることか」のようなもの。上代では「～べきものか」あるいは「～ものか」の形であって、多くは反語になる。(6)

上代の「体言＋文末カ」による疑問文は、この四タイプが代表的なものである。元々体言を中核とする疑問文は、主語体言と述語体言が包含あるいは一致の関係にあるかをめぐるものであり、「舟なる人は妹と見えきヤ（所見寸哉）」（一〇巻一九九六）のような疑問文あるいは「太郎はもう家に着いたかな」のような疑問文のように、事態の成立の如何を問題とした疑問文には用いられないのである。

先の四つの表現効果のうちのはじめの三つも、主語が、述語名詞の内容（知識）に包含されるかどうかを問題とするものであり、体言を中核とする疑問文であることの自然な現れであると考えることができる。

四つ目の「～べきものか、～ものか」は、一見、かなりそれらとは異質な表現であるように思われる。しかしながら、この場合の「もの」は、連体修飾部の内容が一般性を持つ事柄であることを示す形式名詞として働いている。そこで「～べきもの」「～もの」は一般性のある知識という意味合いを持つことになる。つまり、四つめのタイプは、述語の内容が一般性を持つものである点が異なるだけで、対象事態に、ある知識を当てはめることの適否を問題としているという点では、前の三つと同じなのである。

このように、万葉集の「体言＋文末カ」による疑問文は、対象事態に、ある知識を当てはめることの適否を問題とする疑問文という共通点を持つ四つのタイプに分類できるのである。

三・二　源氏物語の「体言＋文末カ」による疑問文の整理

源氏物語において「体言＋文末カ」による疑問文は一二四例ある。この形式による疑問文については、万葉と源氏の両者にそれほど大きな違いはない。以下、**三・一**で述べた四つの分類に従って見てゆく。

三・二・a　選択肢列挙のタイプ

用例数　　　八例

事態成立の是非ではなく知識の適否を問う疑問の典型がこの項目列挙のタイプである。しかしながら、このタイプはそれほど数が多くなく、源氏全体で八例で、しかもその内の三例が、

・我も、今日カ明日カの心ちして、物心細ければ、（柏木　四巻一三）

「今日か明日か」である。ほとんどが二項の列挙であるが、中には、

・鬼カ、神カ、狐カ、木魂カ。かばかりの、天の下の験者のおはしますには、え隠れたてまつらじ。名のり給へ名のり給へ」（手習　五巻三四四）

の用例のように四つの選択肢を挙げたものもあった。

三・二・b「見立て」のタイプ

見立て全体の用例数　　六三例

b1典型的な見立て　　一九例

b2和歌による見立て　　三例

b3「〜とか」による例示　四一例

確かなものとしては把握できない対象に、仮にある名付けをしてみる、あるいは、正体を承知の上で別の名前で呼んでみる、そのような「見立て」の用例は、源氏物語にも豊富にある。

三・二・b1　典型的な見立て

・「今朝より、なまやさしくて、え参らぬ。「風カ」とて、とかく、つくろふと物するほどになん。（椎本　四巻三五三）

・おなじき花の、枝ざし・すがた、朝夕、露の光も、世のつねならず、玉カとかがやきて、（野分　三巻四五）

前者は、体調不良の原因を仮に「風（風邪）」と呼んでいるのであり、後者は、露が光に輝いているという正体を知りつつも、別の観点から「玉」と名付けているのである。

三・二・b2　和歌による見立て

さらに、この「見立て」が拡張されて、

・「猶、現とは思ひ給へられぬ御住ひをうけたまはるも、「あけぬ夜の心惑ひカ」となむ。（須磨　二巻三五）

・苦しくて、「夢のわたりの浮橋カ」とのみ、うち嘆かれて、（薄雲　二巻二二五）

のように、和歌的な表現を下敷きとして、目の前の光景を和歌の世界のものとしてみる、そのような用例にも助詞カが用いられている。ただし、このb2で注意すべき点は、これが「モノをモノで見立てる」のではなく、「コトをコトで見立てる」表現になっている点であろう。後で述べるように「コトをコトで見立てる」というのは、「事態の説明解説」に近いものなのである。

三・二・b3　「〜とか」による例示

万葉にも、文末のトカは存在するが、ここにあげるものはそれとは違って、

・「召人」とカ、憎げなる名のりする人どもなむ、数あまたきこゆる。（胡蝶　二巻四〇六）

・御宿世とカいふこと侍るなるをもとにて、かの院の、言に出でて、ねんごろにきこえ給ふに、（若葉下　三巻三六八）

のように文中に挿入的に用いられることもあるものである。このように厳密には、「体言＋文末カ」とはしがたいのであるが、対象に仮の名称を与えて示すという表現効果から見れば、見立てに近いのである。ただし、この「〜とか」は、この部分だけを抜き出せばたしかにb1b2と同じ疑問文なのであるが、挿入部分を含めた文全体は疑

問文とは言えなくなっているという意味で、すでに「とか」という別の助詞に転化したと考えるべきであろう。

三・二・c　類の同定を問題とするもの

用例数　　　一九例

ここはまず、

・「こは、宮の御消息カ」と、ゐなほりて（夕霧　四巻九九）

・「中将の下襲カ。御前の壺前栽の宴も、とまりぬらむかし。」（野分　三巻六〇）

のように「モノの類の同定」を問題にしたものが挙げられる。この「モノの類の同定」は、二・bにあげた「見立て」と直接につながるものである。

一方ここに入るものの中には、

・見給へよ、懸想びたる、文のさまカ。さても、なほなほしの御さまや。（夕霧　四巻一二〇）

・「～現の人ひとの中に、忍ぶる事だに、隠れある世の中カハ」（手習　五巻四一一）

のような「モノの属性の同定」のものもある。さらに、

・「さらば、さようの物のしたるわざカ。猶、よく見よ」とて（手習　五巻三四四）

のように対象事態を「こと、わざ、さま」などの状況全体をさすコト名詞で捉えて「コトの属性の同定」の問題とするタイプもこの中に含められる。この「コトの属性」を問題にするということは、対象事態を別角度から捉え直した上での解説や説明とも理解できる。三・二・b2「和歌による見立て」の部分でも少し触れたが、対象事態に対する解説や説明も、事態成立そのものではなく、事態を話し手の知識の中にどう位置づけるかを問題にするのであるから、「見立て」や「類の同定」に連続する面を持っているのである。

三・二・d　一般的な妥当性を問題とするもの

用例数　三三例

d1　ものかタイプ　五例

d2　べきことかタイプ　二八例

三・二・d1　ものかタイプ

このタイプは、**二**で述べたように基本的には万葉集と同じものである。一つ目のタイプは、

・「かく、けしからぬ心は、つかふ物カ。幼き人の、かかる事、言ひ伝ふるは、いみじく忌むなる物を」（帚木　一巻一〇四）

・「かかる夜の月に、心やすく、夢みる人はあるものカ。すこしいで給へ。あな心憂」（横笛　四巻六五）

のような「〜ものか」で終わるタイプで、眼前の既成立の事態に対する驚嘆を含む反発、まれには喜びを表すものである。

これらは、眼前の事実を一旦「〜もの」という形で一般化して捉えて疑問の対象とすることで、そのような事態の成立一般に疑義をはさみ、結果として、眼前に成立した個的な事態に対するいぶかしみを表現するものである。結果としては感動文に近い表現性になるのだが、これはあくまで疑問経由でそのような表現効果を帯びるのであり、感動喚体句などの表現性とは異質であることを確認しておきたい。

三・二・d2　べきことかタイプ

このタイプも万葉集から、引き継いでいるのだが、万葉では「べきものか」が多いのに対して源氏では、

・まして、これは取り隠すべきことカハ（末摘花　一巻二六一）

というように「〜べきことか」の形が一四例と一番多い。しかしこの形以外にも、

・我も、故北の方には、離れたてまつるべき人カハ。（東屋　五巻一五〇）

のように、中核の名詞が「これ」以外のものや、

・「～こは、はかばかしきことカハ。人めかしからぬ心どもにて、ただ一方に言ふにこそは」と、見給へば（総角　四巻四〇〇）

のように「べき」のない「～ことか」の形も数例ある。この場合も「～こと」という形式名詞で一般化した上で疑問の対象とすることで、事態への不審反発を示すものであると言う点では万葉集の用例と同じに考えられる。

三・二・e　特殊なもの

「体言＋文末カ」で、一例のみ特殊なものがあった。葵の上の死去と葬送の部分で源氏には夕顔の葬送以外にはたいして経験がないことを指摘する文で、

・つねの事なれど、人ひとりカ、あまたしも見給はぬことなればにや、たぐひなく、おぼしこがれたり。（葵　一巻三四〇）

というものがある。旧大系の注には、「……源氏はこれまでに、葬送と言えば夕顔一人位か、それ以外は沢山も経験なさらない事であるせいであろうか……」という訳が施されている。表現効果としては、選択肢列挙に近いのであるが、「～か」が一つだけでそのような表現効果を出しているものはこの用例だけであった。

以上のように源氏物語における「体言＋文末カ」による疑問文は、大きくは「主語である対象事態に適用する述語名詞の内容としての知識の適否」を問題とするものであった。そして、その中には単なる見立てや類の同定にとどまらず、「対象事態への説明や解説」の適否を問題とするものも見られたのである。

三・三　源氏物語の「活用語＋文末カ」による疑問文の整理

まず、「活用語＋文末カ」による疑問文の用例数を挙げる。ここでは活用語の形式に従って用例数をあげる。

総用例数　　四七例
動詞（る、らるを含む）　一一例（「ある、おはす、おはします」（六）、その他の動詞（四）、「る、らる」（一））
形容詞　　一例
あるかなきか　一〇例（固定化しているので別に数えた。）
確定系助動詞　一七例（つるか（〇）、ぬるか（三）、たるか（七）、るか（六）、しか（〇）、けるか（一））
べきか　　一例
まじきか　一例
打消ぬか　六例

二に述べたように、万葉集では、「体言＋文末カ」が疑問文になることはあっても「活用語＋文末カ」で疑問文となることはほとんどなかった。そこから考えられることは、中古の源氏物語に見られる、この形式の疑問文は、「体言＋文末カ」が拡張されたものではないかということである。

そう考えられるもう一つの根拠としては、この「活用語＋文末カ」でも「事態成立の如何を問う疑問文」はほとんど見られず、その大部分は「対象事態への、ある知識の適用の適否を問う疑問」であることが挙げられる。つまり、「活用語＋文末カ」による疑問文の表現効果も、三・二で見たa〜dにほとんどがおさまってしまうのである。

以下、三・二の分類にしたがってみてゆく。

三・三・a　選択肢列挙（一〇例）

すべてが、

・言にいでても、きこえやらず、あるカなきカに、消え入りつつ物し給ふを（桐壺　一巻二一）
・「〜いとど、あるカなきカの心地になりてなむ、え聞えぬ」とあれば（夕霧　四巻九九）
のように「あるかなきか」の用例である。体言接続の「今日か明日か」とは異なり、万葉集にはこの「あるかなきか」は見られないが、この「あるかなきか」も熟合が進んで一つの定型的な表現になっている。意味も「生きているか」「死んでいるか」の二者択一というよりも、どっちつかずの状態であるという意味に変わってきているが、元々は体言の場合と同様、状況への名付けとして適当と思われるものを列挙するものであったはずである。

三・三・b　見立て

三・三・b1　典型的見立て（二例）

典型的な見立ては、
・ぬぎかせ給ふ色々、「秋の錦を、風の吹きおほふカ」と見ゆ。（松風　二巻二一〇）
・「仮に、やどれるカ」と見ゆること、添ひ給へり（匂宮　四巻二二五）
の二例のみである。後者は現世の人間である薫を「仏菩薩が仮にこの世に現れたか」と見立てているのである。これも「体言＋カ」のものと同様である。

三・三・c　類の同定（説明解説に連続するもの）（二五例）

三・二・cでも述べたように、「類の同定」は、「コトの属性」の同定から説明や解説に結びつく。ここではそのような用例を挙げる。

三・三・c1　説明要求疑問文の直後に解答例を一例あげるもの（五例）

ここで挙げる用例は、
・「何事ぞや。童べと、はらだち給へるカ」（若紫　一巻一八四）

・「かの、尋ね出でたりけむや、なにざまの人ぞ。たふとき修行者を語らひて、率て来たるカ」（玉鬘　二巻三五七）

のようなもので、把握しがたい状況に対して、まず単に「なにがどうした」と不定語による問いかけを行い、しかるのちに、この状況を名付けるのにふさわしい内容を挙げてみる、そのような表現構造になっている。

これも、事態の成立そのことに関する疑問を提出しているわけではなく、眼前の対象事態に適用する知識の一例を提示して、そのことの適否を問題としているのである。

三・三・c2　眼前の対象事態への説明解説の適否を問題とするもの（一六例）

さらにここに分類されるものもc1と同様であるが、「なにがどうした」といった疑問文が先行しない場合である。まず挙げられるのが「別案提示」のタイプ（五例）で話し手にとって状況は一応把握できているのだが、別の解釈の可能性を示すというものである。うち二例を示す。

・「さぶらふ人々の中に、かの中納言の手に似たる手して、書きたるカ」とまで、おぼしよれど（若菜下　三巻三九四）

・「きこゆるままに、あはれなる御有様」と、みつるを、猶、へだてたる御心こそ、物し給ひけれな。さらずば、夜の程に、思し変りたるカ」（宿木　五巻六一）

前者は、源氏が女三宮の手元に柏木の筆跡と思われる手紙を見つけた場面である。柏木の手紙と気づきながらも、女房のだれかが筆跡をまねて書いたのかと別案を提示しているのである。後者は、匂宮が中君の自分に対する態度について、他人行儀なのを非難し、さらに別案として、夜の間の変心を挙げている場面である。このように、ここにあげた例も対象事態に対する別角度からの説明解説を問題とする表現なのである。

さらに、「可能性の示唆」ともいうべき用例（六例）もここに含まれる。これは、

・さすがに心細ければ、「おぼし忘れぬるカ」と（夕顔　一巻一七〇）
・〜啓せさせ給ふを、「好きばみたる気色あるカ」とは、思しかけざりけり。（蜻蛉　五巻三一九）
のような用例で、前者は、以前のようには消息を送って来ない源氏の態度について、空蟬がいだく危惧の提示である。後者は実直な言葉の裏に下心があるかどうかを問題とした場面である。これも事態の成立そのことではなく、その事態に対する解釈や説明が問題となっているものである。

さらに
・「母の御もとへ行くカ」と、とひ給ふにつけて（玉鬘　二巻三三〇）
・「紙燭をさしいでたるカ」と、あきれたり。（蛍　二巻四二三）
のような用例（五例）も、事態の説明解説として、同様に考えられる。ただし、これらは、別の解釈も可能で、たとえば、前者は「母の元へ行く」という行為の成立、後者は「紙燭を灯す」という行為の成立を問題にしている表現ともとれるのである。そのことは、次のタイプへ連続してゆく。

三・三・c3　眼前の事態の成立そのことを問題としているととれるもの（四例）

このタイプも、一面「対象事態への説明解説の提示」ととれなくもないが、「事態成立そのことの如何」を問題としているとすべき用例である。たとえば、
・「まらうどは寝給ひぬるカ。「いかに、近からむ」と、思ひつるを。」（帚木　一巻九三）
・「〜紀の守のいもうとも、こなたにあるカ。われに、垣間見せさせよ」（空蟬　一巻一一四）
のような用例である。「小君が声をかけてきた」という事態への説明解釈の提示ともとれなくはないが、やはり「客が寝入ったかどうか」という事態成立の如何を問うた疑問文だと解釈すべきであろう。後者に関しては、説明解釈の提示とはとれなくなっている。

このような用例は、校異のある用例を併せても源氏全体で四例のみであり、やはり、源氏の「活用語＋文末カ」のほとんどは、「対象事態に与えられる説明解釈」の提示に用いられているのである。

三・三・d　一般的な妥当性を問題とするもの（五例）

三・三・d1　「〜ものか」に相当するもの（一例）

体言に下接する用例には、既成立の事態に対する驚きを表現する「〜ものか」のタイプがあったが、このタイプに対応するものは、

・「つひに、かくて、生き返りぬるカ」と、思ふも、くちをしければ、（手習　五巻三五六）

の一例があげられるのみである。この用例は身投げした浮舟が意識を回復した直後に自身で思う内容として述べられているものである。既成立の事態に対する驚きと反発が込められているから「〜ものか」に近いものであると考えられる。

あるいは、この用例は、

・見まく欲り思ひしなへにかづらかけかぐはし君を相見つるカモ（安比見都流賀母）（一八巻四一二〇）

のような上代の感動表現に通ずる表現とも考えられるもので、注目すべき用例である。

三・三・d2　「〜べきことかは」に相当するもの（四例）

反語を表す「〜べきことかは」に対応するものとしては、

・「わがはかばかしくは、さのたまふとも、かかる道に、率て出でたてまつるべきカハ」と思ふに（夕顔　一巻一六二）

・「〜、物ごしにてなど、あるべきカハ」とて、ふし給へる所に、おまし、ちかう参りたれば、いりて、物など聞え給ふ（葵　一巻三三七）

のような「～べきかは」の四例がそれに相当すると考えられる。これらの表現効果は「～べきことは」と同様だと考えられる。

三・三・e　特殊なもの（打消に下接するもの、その他）

最後に、特殊なものを挙げる。二・二・Bで述べたように、万葉集では「～ぬカ（モ）」は願望か感動の表現であったが、源氏では全く異なって疑問文となる。現代語においても否定疑問は特殊な表現性を持つが、源氏でも、

・「～ためしも、げに、あやなし。さは侍らぬカ」といへば、中将うなづく。（帚木　一巻六七）

・「～親の顔は、ゆかしきものとこそ聞け。さもおぼされぬカ」とて、几帳、すこし押しやり給ふ。（玉鬘　二巻三六六）

のような用例は、一見現代語の用例かと思われるような表現で、聞き手の意向に対する配慮が感じられる質問になっている。この内の二例は「さは侍らぬか、さもおぼされぬか」であって、「さ」で指示される知識の適不適を問うているものであるから、これまで見たタイプと同様に考えられる。[7]

最後に、「～べきか」の例と「～まじきか」の例を挙げておく。d2の「～べきかは」と異なって、これは、

・「さらば、若君をば見たてまつらでは、侍るべきカ」といふよりほかのことなし。（松風　二巻一九五）

のように「～べきか」であって「べきかは」とはなっていない。これは明石入道が明石の姫君が母親とともに上洛することになったときにもらす落胆の言葉であって、反語とは少し違う表現効果を出している。むしろ、この用例は、母子ともどもの上洛という予測される事態に対する別角度からの解釈ととるべきで、これは、三・三・cの中に分類すべき用例であろう。

また、ただ一例の「まじきカ」は、

・「ただ一言も、え聞えさすまじきカ。いかなれば、今更に、かかるぞ。～」（浮舟　五巻二七〇）

というもので、「（浮舟に）ただの一言でも御話申すことができないだろうか」（小学館の旧全集の口語訳による）という意味合いであって、状況に対する解釈ととればこれもcに近いと考えられる。

以上のように、「活用語＋文末カ」による疑問文は、三・三・c3に分類した四例を除いては、「対象事態への知識の適用」に関する適否を問うものであり、基本的には「体言＋文末カ」による疑問文と同じ表現効果を持つものであることになる。

四　おわりに

以上のように、源氏物語における文末カの用法を見てきたが、注目すべきは、やはり、「活用語＋文末カ」の用法であろう。

この形式自体は上代から引き継がれているが、主たる用法は感動文から疑問文へ大きく変化している。またその疑問文の性質も、「事態の成立如何」を問題とするものではなく、ほぼすべてが「対象事態へ適用する説明解釈の適否」に関する疑問文に偏り、これは「体言＋文末カ」の持つ表現効果と共通するものであった。このことから、本稿筆者は、中古における「活用語＋文末カ」による疑問文は、「体言＋文末カ」の用法からの拡張ではないかと考えている。

また、源氏物語での、助詞ヤの文末用法との比較でいえば、ヤが、「む、らむ、けむ」に下接して疑問文を形作るのに対して、助詞カにはそのようなことがない、などの従来指摘されてきたこと以外に、助詞ヤの場合には、

・「北殿こそ、聞き給ふヤ」（夕顔　一巻一三九）

・「かの浦に、静やかにかくろふべき隈、侍りなむヤ」（明石　二巻六五）
・『さきざきの、かかる、事の例はありけりヤ』（薄雲　二巻二三七）

のように「事態の成立の如何」を問題とする疑問文が豊富に見られることから、文末カと文末ヤとの間には、「事態の成立の如何」を問題とする疑問文には文末カは用いないという表現効果による使い分けが存在したのではないかと推測されるのである。

もちろん、肯否を問う疑問文の文末は時代が下るとともに、助詞カを用いることが優勢になり、それに従って、助詞カの表現の幅も広がったと思われるが、少なくとも源氏物語に見られる用法は、以上述べたように幅の狭いものなのである。

注

（1）用例の末尾には、源氏の巻名と、岩波旧大系本の何巻目の何頁に出ているかを示してある。

（2）佐藤（一九八一）では「宇津保物語」における「うまからずとも一口まゐらむ。さて物語らひもうち聞こえむカ」（藤原の君）という用例を挙げているが、これも、本文に異同があって、おうふう社『うつほ物語　全』（室城秀之校注　一九九五年）では「聞こえむかし」としている。

（3）ここでいう確定系助動詞とは「つ、ぬ、たり、り、き、けり」のことである。また受け身使役の助動詞に下接するものも用言に下接したものと同じに扱い、この中に入れた。

（4）万葉集で文末のカが用言の連体形や確定系助動詞の連体形に下接したものについては、「（四）文末カモの詠嘆用法について」に詳しく述べた。

（5）佐藤（一九八一）に、カが活用語連体形に下接するものは三六例あるとある。この中で用例として示されている七例のうち、

・「さらば、かの大君は知り給はじとするカ。」（国譲　中）

・「まろをのたまへど、宮恋しくおぼえ給ふべかめり。母君も泣き給ふカ。」（楼の上　下）
・みづからのうへにかやうの時よりもいと久しかめるは。もし、そこに乳母すさせてものせらるるカ。（蔵開　中）
・女親をばいかにせよと思ふぞ。昔忘れにたるカ（国譲　下）
の四例が確定系の助動詞および用言に下接する用例で、疑問文の用例である。

（6）ただし「海神はくすしきものカ（霊寸物香）（三巻三八八）」の例は除く。

（7）打消下接のものは四例あり、ここに挙げた用例の他に二例あるが、一例は、
・「～尋ね聞え給ふべき人は、まことに、物し給はぬカ。」（手習　五の四〇一）
という用例で、問題となっている女性の身寄りが無いことを確認しているものであり、半ば事態の成立を問題にしているとも見られる。しかし、「あの女性には身寄りがない」という知識が話し手の気持ち（「この女性を自分のものとしたい」という下心がある）に大きく関係してくる場面であり、やはり知識の適不適を問題にしている用例だと解釈できる。
のこりの一例は、
・「さても、猶、この御忌の程には、いかでか。忌ませ給はぬカ」と、言へば（蜻蛉　五の二九七）
というもので、これは、**三・三・c1**「説明要求疑問文の直後に解答例を一例あげるもの」に分類した。

参考文献

澤瀉久孝「『か』より『や』への推移（上中下）」／阪倉篤義「反語について―ヤとカの違いなど」・『岩波セミナーブックス　四五　日本語表現の流れ』／此島正年『国語助詞の研究―助詞史の素描―』／佐藤宣男「文末用法におけるカとヤ―『宇津保物語』を中心として―」／山口堯二『日本語疑問表現通史』／近藤要司「源氏物語の助詞ヤについて」・「係助詞の複合について（一）―『万葉集』のカとカモの比較―」（一九九七ａ）・「『源氏物語』の助詞カナについて」

（九）『今昔物語集』の文末カの用法について

一　はじめに

真偽疑問文は上代には、

……カ……。　……カ。

……ヤ……。　……ヤ。

の四つのタイプがあったが、一つ目の「……カ……」が三つ目の「……ヤ……」と交代するように衰退していったとされている。そして、「……カ……」は平安時代にはわずかに和歌にのみ見られるだけとなるのだが、前節で見たようにカを用いるもう一つのタイプ「……カ」も不活発であった。平安時代の真偽疑問文はもっぱら助詞ヤによって構成されていたといっても過言ではないのである。

しかしながら、中世からは次第に「……ヤ……」も「……ヤ」も衰えていき、やがて、現代語のように真偽疑問文には「……カ」が専ら用いられるようになるのである。

『今昔物語集』は、院政期の作品であり、まだまだヤの優勢が続いていると見てよいのだが、平安時代には少数であった「……カ」にも変化が見られる。このことについて磯部（一九九五）では、

（一）文中用法の「ヤ」を使用する形式は、『源氏物語』の場合よりもはるかに比率が低く、むしろ『平家物語』

の場合に近い。

（二）文末用法の「ヤ」を使用する形式と、文末用法の「カ」を使用する形式との使用率を比較すると、『源氏物語』の場合、前者が二倍以上なのに対し、『平家物語』では、逆に後者が約五倍となって、完全に逆転している。『今昔物語集』本朝世俗部では、両者の比率は、前者がやや多いものの、ほぼ同程度となっている。

としていて、文末ヤと用例数が拮抗している事実を指摘している。また、『源氏物語』におけるカの文末用法は、「心中思惟の場合、言語主体の強い疑念を含む、感情表現的色彩の認められる例が多い。会話文の場合は、身分の上位者から下位者へ対して、明確に解答を要求する「問い」の表現として使用されて」いるが、『今昔物語集』ではさらに「「問い」の形式として、より一般化してきている」としている。

磯部（一九九五）では、このように、主に問いか疑いか、あるいは、待遇的なニュアンスの違いという観点から、ヤとカの使用状況の変遷を見ようとしているが、筆者はこの現象を別の角度から見たい。

前節で見たように『源氏物語』においては、文末の助詞カは名詞に下接する場合と活用語連体形に下接する場合があるが、後者「連体形＋カ」の形式のほぼすべてが、

・何事ぞや。わらはべと腹立ちたまへるか（若紫）

のような「眼前の事態を不審に思い、眼前の事態を説明できる解釈を模索し仮構して、その適否を問題とする」解釈適用型疑問文であって、

・北殿こそ聞き給ふや（夕顔）

のような助詞ヤの文末用法に見られる「ある時点（基本的には現在）において、その事態が現実に成立しているかどうかを問題とする」事態成立型疑問文の用例は、わずか数例のみであった。

つまり、『源氏物語』の文末カのほとんどは名詞文の疑問文になるか、解釈適用型の疑問文になるという限られ

た用法しか持たなかったのである。これが『今昔物語集』ではどのように変化したのであろうか。そのような観点から、『今昔物語集』の文末カの用例を整理してみたい。

なお、『今昔物語集』には、

・御息所極ク驚テ、「此ハ可被仰事ニカ有ラム。（巻第二四第三一）

・然ル間、我ガ門徒ヲ別ニ立テムト思フ心有テ、「我ガ門徒ノ仏法ヲ可伝置《ツタヘオクベ》キ所カ有ル」ト（巻第一一第二八）

のように、「……カ……」が肯否疑問文に用いられている用例があるが、今回は考察の対象外とした。[1]

資料としては、国文学研究資料館が公開している古典文学データベースの『今昔物語集』（岩波古典文学大系に基づく）を用い検索などの作業を行い、さらに岩波の日本古典文学大系、新日本古典文学大系、および小学館の日本古典文学全集の『今昔物語集』を参照した。また、吉村誠氏作成の万葉集データベースを利用した。

なお以下では、『今昔物語集』の説話の中にある和歌に用いられた文末カ（五例）は除外した。助詞カは和歌の中では、散文とは違う振る舞いをするからである。

二　文末カと文末ヤの比較

文末ヤと比較した場合に、磯部（一九九五）が指摘した違いの他に、全体として次のような違いが見られる。まず文末ヤには、

・車ノ簾ヲ少シ動シテ、仰セ給フ様、『我ヲバ知タリヤ不ヤ』ト。（巻第一九第三二）

のような「～ヤイナヤ」の形が五八例、さらに、

・比丘ノ云ク、「天上ニ般若ヲ受持スル者有リヤ无ヤ」ト。（巻第七第七）

のような「アリヤナシヤ」の例も数例みられる。これらは肯定と否定、存在と非存在という二者択一の選択肢列挙である。一方、文末カには、おなじ選択肢列挙でも、

・「希有ノ事カナ。此レハ只ノ事ニハ非ジ。此男ハ、道ニテ死タルカ、若ハ、重キ病ヲ受タルカ」ト終夜思ヒ明シテ（巻第二四第一一）

のような具体的な内容の句を列挙するようなタイプが多数見られるが、文末ヤにはこのような用例はほとんど見当たらない。つまり、文末ヤの方は「ヤイナヤ」にせよ「アリヤナシヤ」にせよ、「肯定・否定」というタイプしかないのである。まさに文末ヤが事態の成立の可否を問題とする疑問文であることを如実に示している。

これに対して、文末カの方は、基本的には解釈適用型であるから、右にあげた用例の「道ニテ死タルカ」も「重キ病ヲ受タルカ」も眼前の状況を説明する解釈の候補として並べられている。こちらは、「ヤイナヤ」のように「Aか非Aか」という肯定否定を並べているわけではないので、

・其ノ時ニ大王ノ云ク、「汝ハ人ニハ非ザリケリ。若ハ天カ若ハ龍カ、若ハ夜叉カ、若ハ乾闥婆カ」ト。（巻第三第二五）

のように有り得る選択肢をいくらでも並べることができるのである。

このように、選択肢列挙の形式に文末カと文末ヤに違いは顕著に現れており、これを見る限り、前節で述べたような文末カの特徴は今昔においてもほぼ守られていると予想できる。(2)

ただし、『源氏物語』の方は、文末カによる選択肢列挙は実はまれな存在で、名詞下接のものは「今日カ明日カ」、連体形下接のものは「あるかなきか」以外には、数例しかないのである。この点では『源氏物語』と『今昔物語集』とで、カの文末用法が大きく異なっているのである。

選択肢列挙の二つの文末カによる文は、連文として一体性を帯びる。特に「男カ女カ」のように名詞に下接した文末カの場合には、その傾向が強くなり、先行するカは半ば文中用法的な色合いを帯びてくる。別の面から見れば、先行のカは文中で上の名詞が選択肢にすぎないことを示しているとも見られるわけで、その方向が「梅か桜かが咲いている」のような副助詞としてのカにつながるのである。『今昔物語集』で選択肢列挙が増加したことは、副助詞カの萌芽であるという側面も持つと考えられる。

もう一つ選択肢列挙で注目すべき形式がある。それは、

・僧、神ニ問テ申サク、「世間ノ人ノ伝ヘ申スヲ聞ケバ、『太山ハ人ノ魂ヲ納メ給フ神也』ト。此レ、有ル事カ否ヤ」ト。神ノ宣ハク、「然カ有ル事也。」（巻第七第一九）

のような「〜カイナヤ」の用例である。これは、もちろん、「〜ヤイナヤ」と「男カ女カ」という二つの形式を混同したものなのだが、この用例では、「そういうことは果たしてあるのか」という事態成立の可否を正面から問題とした疑問文に用いられている。このように、『今昔物語集』の文末カには、解釈適用型とはいえない、事態成立型としか言えない例も出現しているのである。

以下、文末カを単純な名詞文形式のものとそれ以外にわけ、後者について、それがどのようなタイプに分かれるのか見ていきたい。

三　今昔物語集の文末カ

三・一　単純な体言下接のタイプ　五二例

単純な体言下接とは「あの木は桜か」のような体言相互の概念の一致や包括関係を問題としたものである。同じ

体言下接であっても、

・其ノ時ニ驚カセ給テ、「此ハ何カニ、鬼神ナドノ云ケル事カ」ト恐ヂ怖レサセ給テ（巻第二七第二九）

連体修飾句のついた形式名詞や抽象名詞に下接したものや、

・衣ヲ掻抱テ起走テ下ニ踊下テ、「若シ僻目カ」ト見レドモ、実ニ死人也。（巻第二七第二五）

・夢カト思エテ□立レバ（□は諸本欠字）（巻第二七第三二）

のような事態全体の属性を内容とする体言に下接するタイプは連体形下接と同じに扱った。

単純な体言下接の例を三例あげておく。

・満財ガ子、妻ニ問云ク、「此レハ汝ガ師カ」ト。妻ノ云ク、「非ズ、我ガ師ノ御弟子阿難ニコソ御スメレ」。（巻第一第一三）

・仏、王ヲ見給テ、「彼ハ大王阿闍世カ」ト問給フニ、即チ、果ヲ證シテ授記ヲ蒙レリ。（巻第三第二七）

・「子ニハ非ヌニヤ」ト疑テ、「其ノ児ハ其ノ子カ。糸厳気ナル児カナ」ト、子欲キ余ニ人ヲ以テ問ハスレバ（巻第三〇第六）

この「体言＋文末カ」は、体言述語文の疑問文としては、標準的な形で上代以来ずっと用いられてきている。このタイプで、「彼ハ大王阿闍世カ」のような眼前の存在物に対する疑問文は、目の前の人物に対して、「大王阿闍世」という解釈を下しているわけでやはり解釈適用型と考えるべきであろう。しかしまた同時に「あの人は大王阿闍世かそうでないか」というように、眼前においてある事態が成立しているのか否かを問う事態成立的な解釈も可能であって、さきほど、例を示した「カ否ヤ」が体言に下接した例があるが、それはそちらの表現性を強めていると考えられる。

三・二　連体形や形式名詞などに下接しているもの

こちらは、三・一の単純な体言述語文とは異なって、形はさまざまであるが、名詞のようなモノ概念ではなく事態を示す部分に文末カが下接している。このようなタイプは『源氏物語』では、ごくわずかな例外を除いて、解釈適用型疑問文であった。しかし、『今昔物語集』には、二で述べたように事態成立型と考えたほうがよいものも、出現している。

まず、明確に解釈適用型疑問文であるものをあげる。

a説明要求疑問文に前後して、解答例を挙げるもの　三四例

・王、此ヲ恠テ、「此ハ何ノ光ゾ、忽ニ我ガ宮ヲ照ス。若シ仏ノ、門ニ来リ給ヘルカ」ト宣テ、（巻第二第一二）

・舎人ノ男ハ糸六借《イトムツカシ》ク思テ、馬ノ尻ヲ打テバ、其時ニ□馬ヨリ踊り下テ、舎人ノ男ニ取り懸リテ云ク、「汝ハ何ニ思テ此ル態ヲバ為ルゾ。此ノ老法師ノ乗リ進レバ、蔑リテ此クハ打チ進ルカ。（巻第一九第二）

・恒世蜜「物ニ狂ヒ給カ。此ハ何カニシ給ゾ」ト云ヘド（巻第二三第二五）

このタイプは、眼前の不審な状況に対して、その解釈を模索している文脈に現れる。その不審な思いは「どういうことか」という内容の説明要求疑問文として表明されるが、それと前後して、眼前の事態への解釈案も提示されるのである。この文型は、文末カが解釈適用型であることが非常に分かりやすいタイプである。

b眼前の状況を「これ」などの言葉で示しているもの　三一例

・三七日ニ満テ、経ヲ取テ筥ニ入レ奉ルニ、筥延テ経吉ク入リ給ヌ、少モ不足ズト云フ事无クシテ叶ヘリ。願主、此レヲ見テ、「奇異也」ト思テ、「此レ、若シ、経ノ短ク成リ給ヘルカ、筥ノ延タルカ」ト疑テ、（巻第一二第二六）

・而ル間、漸ク年積テ老ニ臨テ、女、人ニ語テ云ク、「我レ、年来、『極楽ニ生レム』ト願テ、昼夜ニ念仏ヲ唱ツルニ、今、遥ニ微妙キ音楽ノ音ヲ聞ク。此レ、可往生キ相カ」ト。（巻第一五第五〇）

・僧、「此レ若シ、死人ヲ埋メルガ活テ云フカ」ト思テ、堀テ見レバ、薬師仏ノ木像ヲ堀出シ奉レリ。（巻第一二第一二）

これらの用例は、眼前の状況を「これ、かく～」などの語で表し、その状況に対する説明や解釈を文末カの句で表している。これも解釈適用型として理解しやすいタイプである。

c「事態（ハ）……カ」のタイプ　一九例

・子、母ニ問テ云ク、「世ヲ経テ歎キ給ヘル姿ニテ常ハ哭キ給フハ、心ニ思ス事ノ有ルカ。～」ト。（巻第五第二）

・「此ノ寺ニ籠タリシ僧ハ何カガ成リニケム。～人ノ気モ无キハ死ニケルカ」ト、（巻第一六第四）

・「然ハ我レハ寝タリツルニ美キ女ト婚ト見ツルハ、此ノ蛇ト婚ケルカ」ト思フニ、物モ不思エズ恐シクテ（巻第二九第四〇）

これは、bの「これ」などに相当する部分が、事態を具体的に語ったものになっている。bのように必ずしも眼前の状況というわけではなく、（巻第二九第四〇）の例のように、自身の以前の体験などの場合もある。

d「ひがめか、ゆめか」のタイプ　一〇例

・極テ怪ク思ヘバ、「若シ、僻耳カ」ト思テ（巻第二四第二四）

・「定メテ人无クテ、掻澄テゾ有ラム」ト思フニ、糸稔《ニギ》ハ、シクテ、有ツル所ニテ只今見ツル同僚共モ皆有リ。

夢カト思エテ□立レバ、（巻第二七第三二）

・此ノ従者ノ男ヲ呼寄セテ云ク、「若シ、我ガ僻目カ、亦物ノニ迷ハサレテ不思懸ヌ方ニ来ニタルカ。此ノ立ル檻ノ木ハ、和尊ノ目ニハ見ユヤ」ト問ケレバ（巻第二七第三七）

これらは眼前の状況を認識しつつも、それが事実だとは思えず、非現実であるという解釈を適用しようとしている場合に用いられている。その解釈を「ひがめ、ひがみみ、ゆめ」という言葉で表しているのでこれも解釈適用型であることが明確であろう。

e前後の文脈に眼前の不審な状況が示されているもの　七一例

・而ルニ、此ノ女子、年七歳ニ成ル時、何クニ行トモ无クテ忽ニ失ヌ。父母驚キ騒テ尋ネ求ムルニ、无シ。初ハ隣ノ里ニ戯レニ隠レタルカト疑フ、後ニハ遠ク心ノ及ブニ随テ尋ネ求ムト云ヘドモ、更ニ在所ヲ不知ズ、惣ベテ見タリト云フ人无シ。（巻第九第二一）

・夫、夜半許ニ聞ケバ、此ノ棹ニ懸タル鳥フタフタトフタメク。然レバ「此ノ鳥ノ生キ返タルカ」ト思テ、起テ火ヲ燈シテ行テ見レバ（巻第一九第六）

・船ニ乗ムトテ来テ見ニ、船モナシ。暫ハ、風隠ニ差隠タルカト思テ（巻第二六第一〇）

a～dとは異なって、直接に解釈適用型の文であるという証拠はないが、どれも、眼前の奇異で不審な状況に際して発せられており、その認識された眼前の事態を別な形に解釈しなおそうとしてる点ではa～dと同じである。典型的には、（巻第九第二一）の用例のように「此ノ女子、年七歳ニ成ル時、何クニ行トモ无クテ忽ニ失ヌ」のような事態が語られ、それに対する登場人物の「父母驚キ騒テ」のような驚愕や不審の念を語る部分があり、そして「隣ノ里ニ戯レニ隠レタルカ」のような遭遇した事態に対する解釈を疑問文で提示する形となっている。

f「知らざるか、思はぬか」タイプ　四例

これは、

・其ノ時ニ、三麻耶外道、出来テ満財ニ云ク、「汝ガ家ニ忽ニ悪人来レリ、汝及ビ家ノ内ノ千万ノ人ヲ殺トス、未ダ不知カ」ト云フ時ニ、満財、「未ダ不知ズ」ト答フ。（巻第一第一三）

・「然モ不侍ラズ。抑何ニ事ノ侍ルゾ」ト云ヘバ、通ル音《コヱ》、「明日武蔵寺ニ新キ仏ケ可出給シトテ、梵天・帝尺・四大天王・龍神八部皆集マリ給フトハ知リ不給ザルカ」ト云ヘバ（巻第一九第一二）

のような「知らざるか」「思はぬか」のタイプである。このタイプは、聞き手が当然すべき反応をしないという状況から、「その様子からすると、これこれのことについて知らないのか」という解釈適用型疑問を発しているのである。

しかしながら、これは単に「あなたは、これこれをしらないかどうか」という事態成立の可否を問う疑問文ともとれるのである。さらにこれが肯定の形になった、

・此男近ク寄来テ云ク、「其達ヲバ我迎ヘ寄ツルトハ、知タルカ」ト。（巻第二六第九）

・「〜我等ヲ助ヨ」ト云フ。沙弥「実ノ心ヲ発テ助ヨト思フカ」ト。商人等「今日ノ命ノ生死、只、汝ヲ憑ム所也」ト答フ。（巻第五第一一）

になるとさらに事態成立型に接近しているのである。

「思ふ」や「知る」は、相手の内部にある情報があるか否かを問題にするという一面があり、その点で「あり」など存在を表す動詞に近い面を持っているのである。存在に関わる肯否疑問には、「AカBカCカ」といった適用すべきさまざまな解釈を問題にすることはなくて、基本的には「あるかないか」という肯定否定のみが問題となる。したがって、存否を内容とする文は肯否疑問文になると事態成立型の疑問になりやすい。後の**四**の事態成立型疑問

のタイプの一つとして**四・二**「人の所在の確認」をあげてあるが、このｆタイプはそこに連続するものである。

最後にベキが関係したタイプを挙げておく。

g〜べきカ、〜べき名詞カ　九例

・〜『汝ガ云フ所、若シ実ナラバ、我レ試ニ汝ヲ乞請テ可返遣キカ』ト宣テ、即チ、冥官ノ所ニ行テ、訴ヘ乞テ、国挙ヲ免シ放ツ」ト思フ程ニ、半日ヲ経テ活ヌ。（巻第一七第二一）

・令聞ケル様、「充ハ良文ヲ『其ノ尊ハ我ニ可挑キ事カハ。何事ニ付テモ手向ヘシテムヤ。穴糸惜』トナム云」ト良文ニ告テ（巻第二十五第三）

これらの用例では、ベキによって一般性のある事態を示していて、眼前の事態に対して一般のある解釈を下そうという表現になっている。わざわざ一般世界にもちこんだうえで、その適否を問題とするので、『源氏物語』と同様に反語になりやすい。特殊なタイプだが、解釈適用型の中にいれてよいだろう。

四　事態成立型と考えられる文末カ

三で挙げたようなタイプにどうしても分類できない例が『今昔物語集』には存在する。つまりは、解釈適用型ではなくて、事態成立型と考えるべき例なのだが、それはそれほど多数ではない。

四・一　「〜カ否ヤ」タイプ　五例

まずあげられるのは、**二**でも見た「〜カイナヤ」の例である。これには、**二**にあげた「『太山ハ人ノ魂ヲ納メ給

フ神也』ト。此レ、有ル事カ否ヤ」ト。」（巻第七第一九）の用例の他に、体言接続の例が、

・志達、此レヲ見テ悟ル事无クシテ、「此レハ老子経也」ト思テ、其ノ書ケル人ニ問テ云ク、「此レ、老子経カ否ヤ」ト。書ケル人、戯レニ答テ云ク、「然也」ト。（巻第七第八）

・忽ニ見レバ、一ノ人来テ、迦葉ニ問テ云ク、「君ハ、此レ、遜ノ迦葉カ否ヤ」ト。答テ云ク、「我レ、然也。君、我レヲ問フ、何ノ故ゾ」ト。（巻第九第三二）

・尼、此ヲ聞テ、悲ムデ問テ云ク、『此レ、祥蓮カ否ヤ』ト。（巻第一七第三一）

の三例ある。**三・一**で述べたように、単純な体言述語＋カは、解釈適用型になるのが基本だが、このように「カ否ヤ」がついたものは、眼前で「AはB」が成立しているか否かを問題とした事態成立型の方向にシフトしている。さらにこの「カ否ヤ」が連体形に下接したものが、さらに一例、

・比丘亦、問テ云ク、「般若ヲ受持スル人ヲ守護スル天人、只汝ヂ一人ノミ有ルカ否ヤ」ト。（巻第七第七）

という用例があるが、これに先行する「比丘ノ云ク、『天上ニ般若ヲ受持スル者有リヤ无ヤ』ト。」に同じ表現意図を持った質問であり、事態成立を問題とした疑問文である。

四・二　人の所在の確認　九例

これは、

・「何人ナラム」ト思フ程ニ、一ノ人ノ云ク、「樹ノ本ノ翁ハ候フカ」ト。此ノ樹ノ本ニ荅テ云ク、「翁候フ」ト。（巻第一三第三四）

・奄ニ行着テ、馬ヨリ下テ、「御《オハシ》ヌルカ」ト云ヘバ、「候フ」トテ出来タリ。（巻第一六第九）

のような人間の所在を問題とした用例である。『源氏物語』にも一例、

・「〜紀の守の妹も、こなたにあるか。われに垣間見させよ」（空蟬）

という「あるか」の用例が存在し、『源氏物語』の文末カの中ではきわめてめずらしい事態成立型の疑問文となっていた。このようなものが次第に数をましてきたのであろう。三・二のfでも少し触れたように、「あるか」という問いは「ある／ない」を問題とする限り「何かがそこに存在する」という事態の成立の可否を問う疑問文となる。しかし、「ある場所でそこにいるはずの人の所在を確認する」場合には、「この様子から解釈して某はここにいるのかな」という解釈適用型としての解釈もできる。

文末カの側から見ればこれは逆に言うべきであろう。「状況からして某はここにいるのか」の意で用いられた解釈適用型疑問文「オハスカ、候フカ」は、そのまま、存在の可否を問題とする事態成立型疑問文に転化しうるのである。そのような事情から「人の所在を確認する」場合には例外的に早く文末カによる事態成立型疑問文が成立していたと考えられるのである。

四・三　ム＋カのタイプ

ム系述語にカが下接する用例は上代には豊富に見られるが、中古にはまったく無い。『今昔物語集』に見られるものは、上代から連続するものではなく、中古にも豊富に見られる「ム系述語＋ヤ」のヤがカに交代したものと考えられる。ムヤは『今昔物語集』に一六〇例以上あり、その多くは、事態成立型疑問文であると考えられる。ム系述語にカが下接した用例は以下の八例である。

・ム　四例

・「此ハ希有ニ寄異ノ事カナ。人ニハ非デ変化ノ者ナルベシ。何デカ我レニ会テ只今此様ニ擲ツ人ハ有ラム。

極テ上手也ト云フトモ、此ク皆殺シニハ被擲《うたれ》ナムカ」ト怖シク思テ（巻第二四第六）

・但シ我ガ思フ様ニ、『今夜ヒ家ノ内ニシテ焼キ被遣ナマシカバ、只今マデ命存セムカ。構テ此ク敦《ノガ》レタレバ、生タルニハ非ズ。〜』（巻第二五第五）

・「〜我ガ忿《イカリ》ヲ成シテ吠エ棙《ノノシ》ラムニハ、汝達モ平カニ御シナムカハ」ト。（巻第五第一四）

・女ノ云ク、「知タル人ノ侍ラムニハ、此ル様テハ侍ナムカハ」ト。（巻第一六第九）

・ムズ　三例

・「〜己等許成ヌル者ヲバ、心ニ任テ為得給ハムズルカハ」ト頬咲テ云ニ（巻第二五第一〇）

・「若シ、此門ノ只今倒レナムズルカ。然ラバゾ、被打輙テ忽皆可死キ」ト思ヒ得テ、（巻第二四第二一）

・抑『召テ問ハム』ト有ルハ、実ニ其ノ男ノ為態ナラバ、其男ヲ遺シ給ハムズルカ。其ノ由ヲ聞テナム召テ可奉キ。（巻第二五第四）

ラムやケム、マシに下接した例はなかった。また、以下の一例は純粋にムに下接してはいないが、ここに含めた。

・里ノ者共、此レヲ聞テ、「然ゾ崩レナム物カ」ナド云ヒ咲フ事无限シ。（巻第一〇第三六）

その中で、（巻第一六第九）の用例などは「知り合いがいたら、こんな暮らしをしているでしょうか」という意味であり、ムは現実に適用すべき一般な事態の示す述語として用いられている。[3] そのようにとれば、三・二末尾 g のベキカと同様にみることができる。この用例だけであれば、解釈適用型に入れてもかまわないのである。

しかしたとえば（巻第五第一四）の「我ガ忿ヲ成シテ吠エ棙ラムニハ、汝達モ平カニ御シナムカハ」の用例は、一般性のある事態のためにムが用いられているのではなくて、仮想された未実現の事態を示すために用いられていると見ることができる。すなわち仮想の世界に視点を移して、そこで事態が成立するか否かを問題にしているわけで、事態成立型になっていると見てもよい用例である。

さらに、ムズの「若シ、此門ノ只今倒レナムズルカ」（巻第二四第二一）の用例は、「登照見ルニ、此門《コノ》ノ下ニ有ル者共《ドモ》皆只今可死《シヌベ》キ相《サウ》有リ」という現実への解釈の内容が「もうじき、この門が倒れて全員死ぬ」という未実現の事柄であると見ることもできるが、それは同時に未来において疑問の内容が成立するか否かを問題にした、純然たる事態成立型疑問になっているともとれる。現実から出発して、未来の事態を想定するということは、未来の予想としてごく一般的な在り方であり、それゆえ、未実現事態をその内容とした場合には、解釈適用型疑問文と事態成立型疑問文はその差が無くなってくるのである。

このように、ムヤに引かれて、ム系述語にカが下接するようになると、ベシと同様の一般性のある事態のみならず、未実現の個的具体的事態を内容とした疑問文を構成するようになる。そして、それを契機として文末カによる事態成立型疑問文が増加するようになるのである。

四・四　ム以外の終止形接続　三例

・「仏ハ出キ御座タリカ」ト云フ。其ノ時ニ、仏師、同仏ヲ「此レ、汝ガ仏也」ト云フ。（巻第四第一六）

・其ノ後亦、云ク、「釈迦文仏ハ正覚成リ給ヒニキカ」ト。比丘荅テ云ク（巻第四第二九）

・男、心ニ違ヒテ、「『京ノ者ナレバ、此様ノ事ヲバ興ズラム』トコソ思ケルニ、少シ心月无シ」ト思テ、只本ノ妻ノ家ニ行テ、男、「此ノ鳴ツル鹿ノ音ハ聞給ヒツカ」ト云ケレバ（巻第三〇第一二）[4]

最後に挙げたものは、カが終止形接続した用例であるが、『今昔物語集』においては、文末ヤの圧倒的多数はまだ終止形接続を守っているから、それに引かれたものであろう。これらは、たとえば、（巻第四第一六）の用例は仏像の完成の可否を問うている用例であり、他の物も明確に事態成立を問題とした疑問文になっている。

終止形に接続すること自体は単にヤに引かれただけであるが、そのことによって、文末ヤと同様に事態成立型疑問文にもカが進出していくきっかけが出来たと考えられる。

五　まとめ

以上、『今昔物語集』の文末カの用法を見て来たが、これは以下のようにまとめられる。

（1）体言下接の場合

単純な名詞下接のもの（五二例）上代から基本的な性質は同じ。ただし、一部「〜カ否ヤ」（三例）は、事態成立型のニュアンスを強く帯びている。

（2）連体形、形式名詞に下接するもの

解釈適用型疑問がまだ圧倒的に多い。a〜gを合計すると一七八例あった。

a説明要求疑問文に前後して、解答例を挙げるもの　三四例

b眼前の状況を「これ」などの言葉で示しているもの　三一例

c「事態（ハ）……カ」のタイプ　一九例

d「ひがめか、ゆめか」のタイプ　一〇例

e前後の文脈に眼前の不審な状況が示されているもの　七一例

f「知らざるか、思はぬか」タイプ　四例

g〜べきカ、〜べき名詞カ　九例

eタイプが一番多いことから分かるように、文末カの解釈疑問文はまだまだ活発で少数の類型にまとまるような傾向はない。

事態成立型と考えられる文末カは、全部で二五例。

・カ否ヤ　五例
・人の所在の確認　九例
・ム＋カのタイプ　八例
・ム以外の終止形接続　三例

であった。

事態成立型はまだまだ少数で、類型的にもムカと人の所在の確認に集中しており、バラエティに乏しい状況である。ただし、ムカが成立して、本来的に解釈適用型と事態成立型の区別ができなくなる未実現事態を内容とする疑問文に文末カが用いられるようになっていることは注目すべきで、このあたりから、肯否疑問文の文末は解釈適用型と事態成立型を問わずにカが一般的に使用される契機が生まれるのであろう。

注

（1）阪倉（一九六〇）では、「「……カ……」の形は、平安時代において、すでにはなはだ希であったこと、前述の通りであるが、それが、室町時代に「後ノアタニカナラウズラウ」（『史記抄』十一）、「衣ヲ賊ニカトラレウズラウ」（『六物図抄』）、「死にかせうずらう」（『室町時代小歌集』）のごとくに、かなり用いられているのは、一見不思議である。しかし、これらはもう、疑問表現というよりは、右のように、すべて推量の助動詞と呼応して、「後のあだにデモなろう」「賊にデモとられよう」「死にデモしよう」のような意味で用いられ、上代の場合よりは一層、不定または例示の表現としての性格が強くなっていること明らかであろう」と述べている。『今昔物語集』の「……カ……」も室町時代の不定または例示の表現に用いられたものの萌芽ととらえるべきかもしれない。

（2）同じ助詞ヤであっても、断定ナリ連用形のニにヤが下接したものは、

・説経ノ間、時ノ縁ノ来ル程ニヤ有ケム、守、説経ヲ聞テ音ヲ放テ泣ヌ。（巻第一九第四）

のように解釈適用型疑問文に用いられる。当然、選択肢列挙のパターンも、

・此レヲ見テ、恐ヂ怖レテ、「此ノ尼共ノ此ク舞ヒ乙テ来ルハ、定メテヨモ人ニハ非ジ。天狗ニヤ有ラム、亦鬼神ニヤ有ラム」ナド思テ見居タルニ（巻第二八第二八）

のようにカと同じになる。

（3）（巻第二四第二一）の用例では逆にベシが未来予想に用いられており、この時代のムとベシの意味の接近をうかがわせる。

（4）旧大系の頭注には「B本（内閣文庫本岡本保孝手校本）の「聞給ヒツルカ」を除き、諸本かく作る」とある。

参考文献

澤瀉久孝「『か』より『や』への推移（上中下）」／沢田美代子「助詞カ・ヤの歴史的変遷」／阪倉篤義「文法史について疑問表現の変遷を一例として」／山口堯二『日本語疑問表現通史』／岡崎正継「疑・問の表現—今昔物語のヤ・カ—」／滝沢貞夫「『か』『や』の一特殊用法について　八代集の和歌における」／佐藤武義『今昔物語集の語彙と語法』／磯部佳宏「『今昔物語集』の要説明疑問表現—「疑問詞—ニカ」を中心に—」・「『源氏物語』の要判定疑問表現—「—ニヤ。」形式を中心に—」・「『平家物語』の要判定疑問表現」・「『今昔物語集』の要判定疑問表現（上）—本朝世俗部の場合—」（一九九五）・「『今昔物語集』の要判定疑問表現（下）—天竺・震旦・本朝仏法部の場合—」／近藤要司「『源氏物語』の助詞カの文末用法について」・「『源氏物語』の「〜ニヤ」について」

第二章　係助詞ヤとその表現

（一）上代から中古にかけての疑問表現形式の変遷
――『万葉集』『古今和歌集』の助詞ヤの用法について――

一　はじめに

本稿では上代から中古にかけての助詞ヤを用いた疑問表現の形式の変遷について扱う。

古代語で疑問表現を構成する係助詞の主なものはヤとカである。この二つの助詞の違いについては従来から様々に論じられて来た。このなかで、助詞カはその直上に疑問点を呈示し、助詞ヤは叙述全体をその対象にするという違いがあると云う観点は、実際の用例の中にはヤ、カの違いが明瞭に見えてこない用例が存在するにせよ、やはり、尊重せねばならないと考える(1)。

ただし、それでは、ヤが文中に位置した場合、その上接する語になんら関係しないということかといえば、それも誤りであろう。助詞ヤが文中の一点に位置するという事は、それなりの表現伝達上の理由があるはずである。ここでは、助詞ヤの文中用法においては「その上接項目と述語部分の二項の結び付きを疑うという形で文全体を対象にした疑問を表現する」と考えている。このように言うことは、助詞カとの差異を不明瞭にしてしまうとも見えるかもしれないが、助詞カの方は、あくまで上接項目をその対象とするのであって、そのように文中に不確定な項目が存在することが、結果として文全体が疑念をもって語るという疑問文としての表現性をもつことに働くのであり、助詞ヤとは、疑問文の構成の仕方が大きく違うのである。

もちろん、この二つの助詞の文中用法による疑問文が結果的に同じような表現効果を持ち、それゆえに、両者の間に澤瀉久孝氏がつとに「『か』より『や』への推移」で指摘されたような交替現象があったことも事実である。(2)

しかし、文中用法による疑問文における、両者の結果的な類似が、それぞれの助詞の用法全体の明確な相違のあくまでも一部分であるということは忘れてはならないのである。

さて、このような両者の違いを意識した上で、疑問文とこの二つの助詞の関係の史的変遷を見るならば、その第一の大きな変遷は、上代から中古にかけて、不定語に下接しない文中用法の助詞カが万葉集には二百数十例見られるのに、このような用例は古今和歌集ではわずか三例ほどになってしまったということである。さきほど、少し触れたいわゆる「『か』より『や』への推移」の現象である。ただし、このような推移は、ヤとカが同様な表現形式をもつ場合にのみ限られていたことには留意せねばならないだろう。

助詞カの文中用法のこのような大きな変化に対して、助詞ヤの文中用法は万葉集の時代の已然形に下接して、「前件＋ヤ〜後件。」の条件文全体を疑うような形式が中古にはあまり用いられなくなった事以外には、目立った変化はないとされている。(3)

しかし、中世以降、その文の内容の真偽を問う疑問文（以下判定要求疑問文とする）は、もっぱら、文末用法の助詞カによって表現されるようになるという疑問文の表現形式の変遷を考えると、文中用法の助詞ヤの表現形式が上代から中古を経てその用法自体が衰退する直前まで全く何の変化もなかったとは考えにくい。

ここでは、上代から中古にかけての助詞ヤの用法の変化を、従来とはすこし違った角度から眺めてみたい。それは、文の中に主語や主格に相当する語句があった場合、その語句と助詞ヤとはどのような関係になるのかということである。

古代語では文中の主語主格は、何も助詞を下接せずに示されるのが基本的な形であるが、係助詞などの助詞が下接する場合もある。

この論文では、主語主格のこのような形態のうち、判定要求疑問文で、㈠主語主格に助詞ヤが下接しているもの、㈡助詞ガ、ノが下接しているもの、㈢助詞ハが下接しているもの、㈣助詞が下接しないもの、の四つの形をその考察の対象とした。もちろん、これ以外にも主語主格に他の助詞が下接する場合もあるが、それらは、万葉集、古今和歌集を通じて用例が少なく、また、上代、中古を通じて目立った変化はないので、直接の考察の対象とはしない。

右にあげた㈠～㈣を、古今和歌集の実例で示すと、

文中の主語主格に助詞ヤが下接しているもの。

夏山に恋しき人や入りにけむ声ふりたてて鳴くほととぎす（古今一五八）

このような用例を「**タイプ1**」とする。

文中の主語主格に助詞ガ、ノが下接しているもの。

折りつれば袖こそ匂へ梅の花ありとやここにうぐひすの鳴く（古今三二）

このような用例を「**タイプ2**」とする。

文中の主語主格に助詞ハが下接しているもの。

春霞立つを見捨てて行く雁は花なき里に住みやならへる（古今三一）

このような用例を「**タイプ3**」とする。

文中の主語主格に助詞が何も下接しないもの。（このような主語主格を以下「裸の主語主格」とする）

ほととぎす峰の雲にやまじりにしありとは聞けど見るよしもなき（古今四四七）

このような用例を「**タイプ4**」とする。

これらの形式は古代語の文法においてはごく自然な形式であり、これまでは、上代と中古の両時代にかけて、特に使われ方の変化について注目されたことはなかった。

しかし、これらの四つの形式のうちのどれが好んで使われたかという傾向は、万葉集と古今和歌集ではかなり異なっているのである。

そのことは、とりもなおさず、助詞ヤが文中に位置する場合にどのような二項を結ぶことで疑問を表現すべきか、という意識の変遷にも通ずるはずである。

以下、このことについてくわしく見て行きたい。

二　万葉集の用例について

ここではまず、万葉集の用例について見ることにする。(4)

この場合、万葉集における、

ほととぎす声聞く小野の秋風に萩咲きぬれや声のともしき（八巻一四六八）（芽開礼也）

のような疑問条件法の用例は考察の対象からはずすことにする。これは、大きく見れば助詞ヤの文中の用法であるが、このヤは前件、後件二つの句の結び付きを疑っているのであり、一つの主語述語の関係しあう句の外側に位置しているのであって、他の文中用法のヤとはかなり異質であるからである。

万葉集の場合、今のべた疑問条件法を除いた文中用法の用例数は二〇〇例ほどある。このなかで、

卯の花の咲くとはなしにある人に恋ひや（恋也）渡らむ片思ひにして（一〇巻一九八九）

月夜良み門に出で立ち足占して行く時さへや（往時禁八）妹に逢はざらむ（一二巻三〇〇六）

のような文中に主語主格の存在しない用例を除いた、文中に何らかの形で主語主格の存在する例、つまり、一で四つのタイプを示したような用例は、七十数例となる。

万葉集のタイプ1

さてこの四つのタイプのうち、万葉集では、主語主格が文中に存在する場合、その主語主格にヤが下接するタイプ1の形式になる場合が多い。用例は、

なぞ鹿のわび鳴きすなるけだしくも秋野の萩や（秋野之芽子也）繁く散るらむ（一〇巻二一五四）

はしけやし妻も子どもも高々に待つらむ君や（麻都良武伎美也）山隠れぬる（一五巻三六九二）

のごときもので、四十数例ある。

一で述べたように本稿では助詞ヤの文中用法での働きを「二項の結び付きを疑う」と考えている。句的な事態を構成する主要な二項は主語と述語である。これが疑問の対象になったとき、「上接項目と述語項目の結合を疑う」文中用法のヤが主語主格の語について、「主語主格と述語の結合を疑う」形でその事態に対する疑問を表現することがこの場合の最も自然な形式であろう。

したがって、主語主格を含む文の文中に助詞ヤが位置するときは、タイプ1の形式が最も自然なものなのであり、用例も多いのである。

万葉集のタイプ2

主語主格ありの用例で助詞ヤが主語主格に下接しない用例、つまりタイプ1以外の形式で万葉集で最も数が多く典型的なものは、

み吉野の山のあらしの寒けくにはたや（為当也）今夜も我がひとり寝む（一巻七四）

人言の繁き間守ると逢はずあらばつひにや（終八）児らが面忘れなむ（一一巻二五九一）

のような、タイプ2の用例である。これが、二六例ほどあった。

この場合は、主語主格の語に助詞ガが下接した形で述語の直前に位置しており、後続の述語部分とのあいだに表現伝達上の積極的な切れ目がないことを示している。

このようにタイプ2では、主語主格は助詞ガ・ノが付くことで述語と形式的に一体化して、句全体の表現伝達上の構成は、「はたや」の部分と「（今夜も）我がひとり寝む」の部分の二項によって構成されているのである。つまり、タイプ2の用例では、ヤが下接した部分以外に表現伝達上の大きな切れ目が存在することを積極的に避けた形となっているのである。

万葉集では、文中に主格主語が存在する用例のなかで、この「〜ヤ〜主語主格ガ〜述語」タイプ2が「主語主格ヤ〜述語」のタイプ1についで用例数が多いことは、注目してよいであろう。実際、以下に述べるように、タイプ1、タイプ2以外の用例は、ほんの数例にとどまるのである。

万葉集のタイプ3

万葉集には典型的なタイプ3は非常に少ない。以下の四例のみである。

〜夜はも夜のことごと昼はも昼のことごと哭《ね》のみを泣きつつありてや（在而哉）ももしきの大宮人は（者）行き別れなむ（二巻一五五）

人皆の見らむ松浦の玉島を見ずてや（美受弖夜）我れは（和礼波）恋ひつつ居らむ（五巻八六二）

明日よりはいなむの川の出でて去なば留まれる我れは（吾者）恋ひつつや（恋乍也）あらむ（一二巻三一九八）

さす竹の大宮人は（者）今もかも人なぶりのみ好みたるらむ　一に云ふ今さへや（伊麻左倍也）（一五巻三七五八）

この中で（一五五）と（八六二）は、「〜ヤ〜ハ」のようにヤが先行している。

タイプ3によく似た例としては、文頭の時や場所の状況語にハが下接し、状況題目になった例が二例のみある。

　このころは（比者）千年や（千歳八）行きも過ぎぬると我やしか思ふみまくほりかも（四巻六八六）

　この里は（里者）継ぎて霜や（霜哉）置く夏の野に我が見し草はもみちたりけり（一九巻四二六八）

この二例では、ヤは「千年」「霜」という主格に下接していて当該事態を語る部分内部にあり、事態の外側にある「このころは」「この里は」という状況題目とは同じレベルではりあってはいない。つまり、この二例でも、「千年行きも過ぎぬる」「霜置く」という句の内部ではヤは、表現伝達上の一番大きな切れ目に位置しているのである。

このように、典型的なタイプ3とは言えないものをあえて含めてみても、万葉集ではこのような用例はきわめて少ないのである。そもそも、同一句内に助詞ハと助詞ヤがともに存在すること自体が万葉集では、きわめて稀なことなのである。

その中で、ハが題目提示の働きをしていると考えられるものは、（一五五）（八六二）（三二九八）（三七五八　一云）の四例と状況題目の（六八六）（四二八六）の二例、合計六例のみであり、その中でハがヤに先行する「〜ハ〜ヤ〜」の形式をとるものは、（三二九八）（三七五八　一云）（六八六）（四二八六）の四例のみである。

結局、冒頭にタイプ3の典型としてあげた「春霞立つを見捨てて行く雁は花なき里に住みやならへる」と完全に同じだといえる用例は万葉集には四例のみだということになる。

万葉集のタイプ4

さて、万葉集において用例数が少ないという点では、タイプ4も同様である。タイプ4つまり、助詞ヤによる疑問文のなかに、助詞の下接しない主語主格（以後「裸の主語主格」とする）が文中に存在するものは万葉集では

　恋ひ死なば恋ひも死ねとや（古悲毛之祢等也）ほととぎす物思ふ時に来鳴きとよむる（一五巻三七八〇）

豊国の企救の池なる菱の末《うれ》を摘むとや｜（採跡也）妹がみ袖（妹之御袖）濡れなむ（一六巻三八七六）

の二例のみである。

この場合、主格である「ほととぎす」「妹がみ袖」には助詞ハも助詞ガも下接してはいないから、この部分が述語に対して対立的であるか否か、すなわち、この「ほととぎす」「妹がみ袖」の直後に、表現伝達上の大きな切れ目が意識されているのかどうかはわからない。しかし、「ほととぎす」「妹がみ袖」が文頭に位置せずに「～ヤ～裸の主語主格～述語部」という語順をとって、助詞ヤの位置よりも述語に近い位置を占めているのは、助詞ヤの位置により大きな表現伝達上の切れ目があるという意識の反映だと思われる。

なお、この用例で助詞ヤが下接している部分は述語部の事態の意図や理由にあたる部分である。形としては連用修飾語にヤが下接しているのであるが、意味的には、動作の意図を示す部分とその動作を示す部分の間にヤが割ってはいっているのであり、このような関係は因果関係ともとれる関係である。したがって、このヤ主格と裸の主語主格は同じ文内で張り合っているのではないと考えたほうがよいかもしれない。

いずれにせよ、万葉集では一つの文の中で裸の主語主格と主語主格以外の要素についた助詞ヤが存在するタイプ4の用例はきわめてまれなのである。

以上、万葉集の文中用法の助詞ヤとその文の主語主格との関係を見てきた。その結果は以下のようにまとめられるだろう。

万葉集では、文中ヤによる疑問文の中に主語主格の語が存在する場合、

一　「タイプ1　その主語主格にヤが下接する」という場合が最も多い。

二　その次に多いのが「タイプ2　『～ヤ～主語主格ガ、ノ～』の形になる」というものである。

三　これ以外の「タイプ3　『主語主格ハ～ヤ～』の形になる」や「タイプ4　『裸の主語主格～ヤ～』の形にな

る」ものは、きわめて希である。

結局、万葉集では、タイプ1とタイプ2がこの場合の九割を占めるということになるのである。

三　古今和歌集の用例について

古今和歌集では、助詞ヤの文中用法の疑問文の中に、主語主格が存在する用例は一〇〇例ちかくある。[5]

古今和歌集のタイプ1

そのなかで、

袖ひちてむすびし水のこほれるを春立つ今日の風や解くらむ（古今二）

のような主語主格に助詞ヤが下接するタイプ1の用例は五〇例ほど存在しており、形式として主要なものであることは、万葉集と変わりがない。

しかし、文中に主語主格があって、しかもそれにヤが下接していないタイプ2以下の用例については万葉集とはその様相がかなり異なっている。

古今和歌集のタイプ2

古今和歌集における、主語主格に助詞ガ、ノが下接したタイプ2の用例は、

蟬の声聞けば悲しな夏衣うすくや人のならむと思へば（古今七一五）

風吹けば沖つ白波たつた山夜半にや君がひとり越ゆらむ（古今九九四）

など一五例ほどある。一〇〇例の二割弱の用例数である。

万葉集では、この主語主格にガ、ノがつく用例が、ヤが主語主格につかない場合の典型的用例であり、タイプ1

以外のほとんどの用例がこれに当たっていた。しかし、古今集では、タイプ1タイプ2以外の用例が数を増している のである。

そのことは、古今和歌集における、タイプ1タイプ2の合計が、四つのタイプの合計の七割に終わっていること からもわかる。このように万葉集と古今和歌集とでは、タイプ2、3、4の割合がかなり異なっているのである。

古今和歌集のタイプ3

助詞ハが主語主格について、題目となっているタイプ3の用例は古今和歌集では、一九例ある。その用例は、

春霞立つを見捨てて行く雁は花なき里に住みやならへる（古今三一）

年を経て花の鏡となる水はちりかかるをやくもるといふらむ（古今四四）

秋の夜のあくるも知らず鳴く虫はわがごとものや悲しかるらむ（古今一九七）

もろともになきてとどめよきりぎりす秋の別れはをしくやはあらぬ（古今三八五）

世の中は昔よりやは憂かりけむ我が身ひとつのためになれるか（古今九四八）

などである。[6]万葉集よりもかなり増加している。

この一九例の以外の一〇例が、

夏と秋とゆきかふ空のかよひぢはかたへ涼しき風や吹くらむ（古今一六八）

白雪の降りてつもれる山里は住む人さへや思ひ消ゆらむ（古今三二八）

のような状況題目にハが下接した例で、このような用例は数は少ないながらも、万葉集にも存在した用例である。

二で述べたごとく、万葉集では、そもそも、助詞ヤと助詞ハが同一文中に存在することは少なかった。しかし、古今和歌集では、このようなタイプ3の用例が、タイプ2を用例数で凌駕するほど存在するのである。

このように、タイプ3の用例については、万葉集と古今和歌集とでは、その様相が大きく異なるものであった。

古今和歌集のタイプ4

そして、もう一点、万葉集と古今和歌集で異なっているところは、文中に裸の主語述語が存在するタイプ4の用例が多くなっていることである。その用例は、

雪の内に春は来にけり鶯のこほれる涙今やとくらむ（古今四）

年を経て住みこし里をいでていなばいとど深草野とやなりなむ（古今九七一）

ほととぎす峰の雲にやまじりにしありとは聞けど見るよしもなき（古今四四七）

のようなもので、一二例ある。

これも、用例の数としては、タイプ3の主語主格にガ、ノがついた用例に匹敵する数になっている。**二**で述べたようにこのような用例は、万葉集ではかろうじて二例存在するのみであった。しかも、その場合、「〜ヤ〜裸の主語主格〜」の形で、助詞ヤのついた部分が語順的に先行し、その分だけ、助詞ヤ部分の切れ目がより大きいといえるものであった。

ところが、古今和歌集では、先にあげた（古今四）、（古今四四七）のように、裸の主語主格が文頭に位置するものが一二例のうち九例もあるのである。

表現伝達上、文頭は特別な位置であり、ここに位置した主語主格は、助詞ハなどを下接させない形であっても、題目としての表現性を帯びる場合が多い。

裸の主語主格は、表現伝達上、その後ろで大きく切れる要素か否かを積極的には示さない。その形が文頭という特殊な位置にあることによって、後続する部分と積極的に対立することとなるのである。したがって、裸の主語主格が文頭に立つことの多い古今和歌集の用例は、万葉集の例とはその性格が大きく異なっていて、その部分が助詞ヤが位置する部分よりも表現伝達上、大きな切れ目となっていることが多いのである。

このようなことから、裸の主語主格の用例の増加も、先に述べた主格主語に助詞ハがついた用例の増加と同じように、助詞ヤの位置以外にも、表現伝達上の大きな切れ目の存在を許す用例の増加としてとらえることができるのである。

以上のように、文中用法のヤが主語主格以外の項目についた場合、古今和歌集の用例は万葉集のそれとは、かなりな異なりをみせているのである。

古今和歌集における、文中用法の助詞ヤとその文の主語主格の関係についてまとめておくと以下のようになる。

一　「タイプ1　その主語主格にヤが下接する」という場合が最も多い。

二　万葉集とは異なり、その次に用例の多いタイプは「タイプ3　『主語主格ハ〜ヤ〜』の形になる」であった。

三　また、万葉集ではほとんど見られなかった「タイプ4　『裸の主語主格〜ヤ〜』の形になる」もかなり目立つようになった。

四　万葉集ではタイプ1以外はほとんどが「タイプ2　『〜ヤ〜主語主格ガ、ノ〜』の形になる」であったのだが、古今和歌集では、タイプ1以外の用例の内の三分の一をしめるにすぎない。

万葉集の場合、主格主語が文中にあって、それに助詞ヤが下接しない場合、つまりタイプ1以外の場合の典型は、「人言の繁き間守ると逢はずあらばつひにや児らが面忘れなむ（一一巻二五九一）」のように「〜ヤ〜主格主語ガ〜」というタイプ2の形式であった。これに対して、古今和歌集では、同じような場合には「〜ヤ〜主格主語ガ〜」以外に「〜主格主語ハ〜ヤ〜」のタイプ3、「〜裸の主格主語〜ヤ〜」のタイプ4の二つの形式が、「〜ヤ〜主格主語ガ〜」と頻度としては、同じように用いられるようになったのである。

そして、このことは、万葉集では、助詞ヤの立つ位置以外には、表現伝達上の大きな切れ目がない用例がほとんどであったのに対して、古今和歌集においては、別に表現伝達上の大きな切れ目を許容する用例が増加しているということでもあるのである。

四　まとめ

以上、述べて来た助詞ヤの万葉集の時代から古今和歌集の時代にかけての用法の変遷は何を物語るものであろうか。

万葉集では、主格主語にヤがつかない場合、つまりタイプ1以外の形式になる必要がある場合には、その主格主語に助詞ガ、ノを下接させて、表現伝達上、述語部分と対立しない形、つまりタイプ2の形式をとることが圧倒的に多かった。

タイプ1やタイプ2では、ヤの上接項目は、表現伝達上、述語部分と最も対立する項目である。この二つの形式では、「二項の結び付きを疑う」というヤの働きが文の構成の中心となっている。特にタイプ2では表現伝達上、最も自然な主語述語の対立をあえて抑制してまで、助詞ヤの「二項の結び付きを疑う」働きを文の構成の中心においているのである。

もし、タイプ3の「主格主語ハ～ヤ～」の形式を取れば、主格主語による「題目」部分と述語部分を中心とする「解説」部分の対立という表現伝達上の構造が形成されて、ヤの上接項目以外に、表現伝達のうえで述語部分と積極的に対立する項目が文中に存在することになる。タイプ4のように「裸の主格主語」が文中に存在した場合も、タイプ2のように述語部分への形式的な一体化がなされているわけではないから、やはり、表現伝達上、述語部分と対立しやすい項目が文中に存在することになる。

万葉集において、タイプ3、タイプ4の用例が非常に少ないことは、文内部に、助詞ヤの上接項目以外に、表現伝達のうえで述語部分と対立する要素が存在してはいけなかったという事実を示している。したがって、タイプ1のように、主格主語にヤが下接する場合以外は、主格主語に助詞ガ、ノを下接させて、述語の直前において、形式的にも位置的にも表現伝達上に述語部分とは対立しない形をとる必要があったのである。

万葉集ではこのように、タイプ1とタイプ2がそのほとんどであり、タイプ3、タイプ4が非常に少ないということは、助詞ヤによって疑問を表する場合、まさにこのヤの疑問を中心に文を構成するのがこの時代もっとも自然な表現のありかたであったことを示している。

つまり、万葉集の時代では、文中用法の助詞ヤはその文の表現伝達上の最も大きな切れ目に位置して、その前後両項の結び付きを疑うという形で疑問を表現していたのである。

それが古今和歌集の時代になると、文中用法の助詞ヤは「二項の結び付きを疑う」という性格は、同じではあるが、その位置するところは、必ずしも文の一番大きな切れ目でなくてもよくなったのである。そのことを、古今和歌集におけるタイプ3、タイプ4の用例の著しい増加がしめしているのである。

そして、古今和歌集においては主格主語にヤが下接しない場合には、主語述語の対立は、助詞ハを位置させることによってむしろ積極的に示し、助詞ヤはより位置的に述語に近く、意味的にも述語に従属的な項目を下接して、述語部分における「二項の結び付きを疑う」ことに働いているのである。

このように、タイプ3やタイプ4が大きな割合を示すようになった古今和歌集の時代では、主語述語の対立は、むしろ、「題目解説」の対立として積極的に残したうえに、疑問を「解説部分の内容を疑う」という形で表現するやり方、つまり題目部分に疑問の対象となる解説部分をむすびつけるという表現方法も助詞ヤを用いた場合の自然な疑問の表現として認められるようになったのである。

このことは、文全体を対象とする「疑問」を、二項の結び付きを疑うという形式で表すやりかたから、後の時代の「AはBか」のような述語部分を疑うという形式で表すやり方に一歩近付いたのだといえる。

もちろん、古今和歌集の時代には主格主語に下接する助詞ヤの用例もたくさんあり、全体として見れば、助詞ヤはまだまだ文の一番大きな切れ目に位置する形式が一般的である。しかし、「〜ハ〜ヤ〜」のような用例を許容するようになったのは、後の時代の「〜にやあらむ」の隆盛、そして、疑問表現がもっぱら、述語に疑問助詞を下接させて行われるようになるという国語史的な変遷の萌芽的意味合いをもつものであろう。

最後に助詞ヤのこのような歴史的変化と助詞カの文中用法の衰退との関連について述べておく。

ごく単純に考えれば、今まで述べてきたようなヤの用法の変化は、カがそれまで果たしてきた働きをヤが侵したためであるともいえる。事実、ヤによるタイプ3がきわめて少なかった万葉集の時代でも、助詞カにはタイプ3のような用例が、

流らふるつま吹く風の寒き夜に我が夫の君はひとりか（独香）寝らむ（一巻五九）

こもりくの泊瀬の山の山のまにいさよふ雲は妹にかもあらむ（三巻四二八）

のようなものとして多数存在するのである。

したがって、表面的に考えれば、古今和歌集における助詞ヤのタイプ3の著しい増加もこのようなタイプ3相当の助詞カを侵したものだと考えることも出来よう。

もしも、カとヤの違いが単なる音感の違いや詠嘆性の濃淡だけであるのなら、そのように考えることも差しつかえあるまい。しかし、「なにか、たれか」のように不定語に下接するカは古今和歌集でも引き続き用いられている事実、文末用法ではヤとならんでカも引き続き用いられている事実などを見れば、ヤとカの相違がそのようなものではないことは明らかである。

また従来「カよりヤへの推移」としてとらえられてきた現象は、澤瀉氏が精密に調査された已然形接続の用法を

代表として、助詞カも助詞ヤも、ともにその表現の形式の一つとして所有していた表現形式の間に起こった現象なのである。

同じ形式でしかも、両者とも結果的には文内容の成立の適否を問う判定要求疑問文であるという関係が成り立つ場合であるなら、音感など使用者の好みの推移によってカがヤに移り変わることもあるかも知れない。

ところが、助詞ヤにおけるタイプ3やタイプ4は、万葉集の時代には形式として極めてありにくいものであり、助詞カのタイプ3、タイプ4相当の形式と張り合ってはいなかったのである。かつ、これまで何度も述べてきたように、タイプ1やタイプ2と、タイプ3タイプ4とでは、表現伝達上の構造が大きく違うのである。本稿で扱った万葉集と古今和歌集における助詞ヤの表現形式の変化は、元来、助詞ヤが所有していなかった表現伝達上の構造を獲得していくという変化なのである。

このような変化は単なる好みの変化によるものとは考えられない。そもそも、カの領域がヤに侵されていくという現象はまずカの文中用法の衰退という現象としてとらえるべきであり、それは単にヤとカの力関係の変化などではなくもっと別の観点からの考察が必要とされる問題なのである。

同様に古今和歌集のタイプ3タイプ4の用例の増加についても、単なるカとヤの交替とみるべきではない。それは、あくまでも結果にすぎないのである。その用法の変化の原因は、やはり、ヤの用法の内部にまず求めねばならない。

万葉集の時代から古今和歌集の時代にかけて、タイプ2の表現形式をタイプ3、タイプ4が数量的に凌いでいく変化は、やはり、文中に係助詞をおいた疑問文の構造上の変化を示すものであり、その後の係助詞の文中用法による疑問文の衰退の萌芽的現象ととらえるべきなのである。

注

（1）本稿の立場は基本的には、澤瀉氏（一九三八）、阪倉氏（一九五七）（一九六〇）、山口佳也氏（一九七四）と一致する。

（2）澤瀉氏（一九三八）において、氏は文中で已然形に接続するヤとカについて詳しく調査しており、①上代のある時期までは、カは単純な疑問、ヤは反語ないし詠嘆に用いられて来た。②時代が下るとともに、その両者の区別に乱れが生じて、本来カとあるべきところにもヤが用いられるようになった。③このようなヤのカの領域への侵入を許した要因としては、ヤの音感がカよりも柔らかく、次第にカよりも好まれるようになったことがあげられる、と結論された。

（3）木下氏（一九七七）に詳しい。

（4）万葉集については『日本古典文学全集　万葉集一〜四』（小学館　一九七一〜一九七五年）を資料としてもちいた。

（5）古今和歌集については、『日本古典文学全集　古今和歌集』（小学館　一九七一年）を用いた。

（6）古今和歌集の用例には「ヤハ」の用例を含めた。

参考文献

佐伯梅友「万葉集の助詞二種　『の』『が』及び『や』『か』について」／澤瀉久孝「『か』より『や』への推移（上中下）」／阪倉篤義「反語について―ヤとカの違いなど」（一九五七）・「文法史について―疑問表現の変遷を一例として」（一九六〇）／此島正年『国語助詞の研究―助詞史研究素描―』／山口佳也「万葉集の文中のヤについて」／木下正俊「疑問条件表現の衰退」／山口尭二「疑問表現の変遷」

（二）『万葉集』のヤとヤモの比較

一　はじめに

係助詞ヤが他の係助詞と複合する場合、上代では助詞モと複合して「ヤモ」となることが多い。上代に多用された複合係助詞にカモがあるが、カモがおおむねカと同じ様な分布を示すのに対して、ヤモの用例は非常に偏った分布を示す。本稿は、そのヤモの分布の偏りとヤとモの複合の関連について考察したものである。

古代語のヤの意味に関しては、常にカとの相違が問題とされてきた。特に上代においては、澤瀉久孝（一九三八）が指摘したように助詞カの意味領域を助詞ヤが侵していく過程が見られる。助詞ヤの意味用法について考える場合にこの推移は非常に重要な問題である。しかしながら、本稿では万葉集全体を一つの共時態にあると考えた。これは万葉集の歌で制作年が正確に分かっているものが少ないため、助詞ヤの個々の用例を推移前、推移期、推移後と位置づけることが困難であるということが理由である。

用いた資料は万葉集である。用例の検索抽出には吉村誠氏制作のデータベース「万葉集テキスト改訂版　ver2」を利用し、澤瀉久孝『万葉集注釈』（中央公論社）、『万葉集全注』（有斐閣）、小島憲之・木下正俊・東野治之『新編日本古典文学全集　万葉集一～四』（小学館）の訳注を参考にした。

以下の用例末の括弧の中は万葉集の巻数と旧国歌大観番号である。

二　助詞ヤ（モ）の全体像

万葉集では、ヤモという複合係助詞は、「〜メヤモ」という形式に集中して現れるが、それに限定されるわけではない。ここでは、「〜メヤ（モ）」以外の助詞ヤの用例を概観し、その中でのヤモと単独ヤの違いを見ておく。

二・一　いわゆる間投助詞のヤ

用法として活発なのは、二類あって、一つは、「はしきやし」「よしゑやし」の類で、これは万葉集中に四十数例ある。次に目だつのは、

・君が代も我が代も知るヤ（吾代毛所知哉）岩代の岡の草根をいざ結びてな（一巻一〇）

のように連体修飾句に下接するもので、万葉集中に三十数例ある。[1]

この二類以外は、用例数が少ない。呼び掛けや「これやこの」の形式で用いられているもの七例、さらに、文末に用いられるもの六例である。文末の間投助詞ヤは、平安時代には非常に発達するのだが、上代では不活発である。また、文中に用いられたものが四例ほど見られるが、この中には疑問係助詞のヤとは区別しがたい場合もある。

このような間投助詞の用例の中には「ヤモ」の例は見られないが、

・我れはモヤ（吾者毛也）安見児得たり皆人の得かてにすとふ安見児得たり（二巻九五）

・白玉を手に取り持して見るのすも家なる妹をまた見てもモヤ（麻多美弖毛母也）（二〇巻四四一五）

のように「モヤ」の用例が二例あった。

二・二　不定語が後続するもの

「ここにありて筑紫ヤいづち（筑紫也何処）（四巻五七四）」のようなもので一一例ある。[2]

このタイプには、

・ここにして家ヤモいづく（家八方何処）白雲のたなびく山を越えて来にけり（三巻二八七）

のように、ヤモとなる用例が一つだけある。後述する「〜メヤモ」はすべて反語であるが、このヤモについては、他の単独ヤの用例と比較しても特に反語の気息が感じられるわけではない。

二・三　係助詞

二・三・一　文中用法

係助詞ヤの文中用法は、万葉集に二百数十例ある。その中で、

・〜遊び歩きし世間ヤ（余乃奈迦野）常にありける（都祢尓阿利家留）〜（五巻八〇四）

のように結びがム、ラム、ケムのような推量系の助動詞ではないものは八〇例ある。[3] 内訳は動詞が結びであるものが一七、形容詞が六、確定系助動詞が三二、打消が八、ベシが五、その他省略や結びが不明確なものが一二である。

この中で、ヤモは七例で、全体の一割以下である。その七例のうち、

・明日香川明日だに見むと思へヤモ（念八方）我が大君の御名忘れせぬ（忘世奴）（二巻一九八）

・江林に臥せる獣ヤモ（次宍也物）求むるによき（求吉）白栲の袖巻き上げて獣待つ我が背（七巻一二九二）

のように反語に解釈されているものが多いが、

・背の山に直に向へる妹の山事許せヤモ（事聴屋毛）打橋渡す（打橋渡）（七巻一一九三）

・いにしへささきし我れやはしきやし今日ヤモ（今日八方）子らにいさにとや思はえてある（所思而在）〜（一六

巻三七九一）

のように特に反語の気息を感じられない用例もある。

ム、ラム、ケムが結びであるものは、一五〇例以上あるが、ラム、ケムが結びであるもの一八例のうち、ヤモの用例は、

・～世間人の嘆きは相思はぬ君にあれヤモ（安礼也母）～寒き山辺に宿りせるらむ（世流良牟）（一五巻三六九一）

の一例のみでこれは反語である。ただしこの例は已然形接続で、結びが離れているから、文末の用例に近いと考えるべきであろう。

ムが結びであるものは、一三四例ある。この類型については、木下正俊（一九七八）が指摘したように、ある意味の偏りが見られる。木下（一九七八）によれば、このタイプの大部分は、

・荒栲の布衣をだに着せかてにかくヤ嘆かむ（可久夜歎敢）為むすべをなみ（五巻九〇一）

・み吉野の山のあらしの寒けくにはたヤ（為当也）今夜も我が独り寝む（我独宿牟）（一巻七四）

のように、一人称を主格とするものがほとんどで、「ふがいない自分の現在の在り方をじれったく思いつつそれをどうすることもできない」ということを示す文型であるとしている。

さて、この「～ヤ～ム」のタイプには、ヤモの例が、

・大夫の心はなしに秋萩の恋のみにヤモ（恋耳八方）なづみてありなむ（奈積而有南）（一〇巻二一二二）

・白真弓石辺の山の常磐なる命なれヤモ（命哉）恋ひつつ居らむ（恋乍居）（一一巻二四四四）

（この他に、一一巻二五九六番歌、一一巻二六五八番歌）

のように四例みられる。このうち、二四四四番歌は、已然形接続で通常の反語であるが、他の三例は木下（一九七八）が扱ったものと同じタイプである。この三例については、単独ヤの場合と同じく現状を嘆いているのであり、

通常の反語とは言えないのである。

二・三・二　終止形接続の文末用法

文末の終止形に接続するヤは、全部で七一例ある。その内訳は動詞や確定系の助動詞が三九例、ベシが一三例、ズが一二例である。残りの七例は、ム、ラム、ケムなど推量系助動詞に下接したものだが、これらには異訓が多い。

このうちヤモの用例は、動詞や確定系助動詞に下接したものが、

・さす竹の大宮人の家と住む佐保の山をば思ふヤモ（思哉毛）君（六巻九五五）

・あしひきの山の常蔭に鳴く鹿の声聞かすヤモ（声聞為八方）山田守らす子（一〇巻二一五六）

・眉根掻き鼻ひ紐解け待てりヤモ（待八方）いつかモ見むと恋ひ来し我れを（一一巻二八〇八）

のように三例あるが、これらは単純な質問であって反語とはいえない。

さらにズヤモの形が、

・今日今日と我が待つ君は石川の峡に交りてありといはずヤモ（有登不言八方）（二巻二二四）

（この他に二巻一六〇番歌、三巻四二四番歌）

のように、三例あるが、これらはすべて反語となる。もっとも、「ズヤ」は、すべて反語である。

ベシヤの用例はすべて反語になるが、ヤモの用例はない。

推量系のものでは、

・人言の繁きによりてまを薦の同じ枕は我はまかじヤモ（和波麻可自夜毛）（一四巻三四六四）

の一例のみで、反語の用例である。

二・三・三　已然形接続の文末用法

まず、メヤ以外のものについて見る。助詞ヤが、ム、ラム、ケム以外のものの已然形に下接して文末を構成する

ものは、二五例ある。文末かどうかの判断に迷うものもあったが、それらは複数の注釈書の解説にしたがった。この二五例のうち半数が、

・河内女の手染めの糸を繰り返し片糸にあれど絶えむと思へヤ（将絶跡念也）（七巻一三一六）

のように「思へヤ」の用例であり、それほど活発な用法ではない。すべてが、現状を強調するために現状とは逆の事態の成立を疑義あるものとして提出する通常の反語の用例である。このうちヤモの例は、

・あぶり干す人もあれヤモ（人母在八方）濡れ衣を家には遣らな旅のしるしに（九巻一六八八）

（この他に、一巻三一　一云、一八巻四一一八番歌、一九巻四一六四番歌）

の四例のみである。この四例もすべて反語である。

ラメヤ、ケメヤに関しては、八例ある。ヤモの形になるのは、

・安騎の野に宿る旅人うち靡き寐も寝らめヤモ（寐毛宿良目八方）いにしへ思ふに（一巻四六）

・真木柱作る杣人いささめに仮廬のためと作りけめヤモ（造計米八方）（七巻一三五五）

（その他に、一五巻三六五七番歌に、らめヤモの例）

の三例である。ラメヤモ、ケメヤモの用例は、すべて反語であるが、これは「〜メヤ（モ）」に引かれて派生したものだと考えたい。

以上、万葉集の助詞ヤの用例で「〜メヤ（モ）」以外の用例を概観し、併せてヤモの分布を見てきた。ヤモの用例はヤに較べてごくわずかであり、その意味は特に反語に決まるというものでもなかった。また、「〜ベシヤ」のように反語専用のような形式にはかえって「ヤモ」の形は現れないという興味深い事実も見られた。

三　〜メヤ（モ）について

二で概観したものの中では、ヤモの形はわずかな用例にとどまった。しかし、以下に述べる「〜メヤ（モ）」においては、単独ヤが五二例に対してヤモが一一四例で、ヤモの方がはるかに数が多いのである。このような偏りとムの已然形にヤが下接することとの関連について考えてみる。

三・一　ムの已然形に下接することについて

「メヤ（モ）」には、文中用法はない。したがって、文中用法における已然形接続のヤとの比較はあまり意味がない。むしろ、「〜メヤ」の性格を考える上で参考になるのが、

・泉川行く瀬の水の絶えばコソ（絶者許曽）大宮所移ろひ行かメ（徃目）（六巻一〇五四）

・天地の神なきものにあらばコソ（安良婆許曽）我が思ふ妹に逢はず死にせメ（思仁世米）（一五巻三七五四）

のような「〜バコソ〜メ」の形式である。「〜コソ〜メ」の用例は万葉集中に五〇例ほどあるが。この中に「〜バコソ〜メ」の用例は一五例ある。この形式は、一〇五四番歌を例にとれば、「泉川の行く瀬の水が絶えたらばこそ、この大宮処もかはりゆく事があらう」（澤瀉久孝『万葉集注釈』による）というのが表面上の意味である。しかし、これは当然「川の流れの絶えない限り」、つまりはほぼ永遠に「大宮処は変わらない」ことを主張するものである。つまりこの形式は、言葉の上では仮想（泉川の流れが絶えることがある世界）について述べているのみだが、話者の主張すべき点はそこにはなく、仮想と対置される現実こそが主張の眼目なのである。

コソによる係り結びは、已然形によって並列された二句の対立的な関係を強調するところから来たとされている(4)

が、「大宮処移ろひ行かメ」のように、仮想の事態を已然形で示すことにより、そこには、その仮想と対立的な現実の事態が招致されるのである。

「〜メヤモ」についても、これと近い事情が考えられるのである。

・紫のにほへる妹を憎くあらば人妻故に我れ恋ひめヤモ（吾恋目八方）（一巻二一）

・若鮎釣る松浦の川の川なみの並にし思はば我れ恋ひめヤモ（故飛米夜母）（五巻八五八）

のように「〜バコソ〜メ」と同様に仮定条件句を含んでいる用例で見てみる。これらも、言葉の上では、「妹を憎くある」「（相手を）並みに思ふ」という仮想された世界の中でのことに終始している。そして、この仮想の中では、前件で示された前提から、後件の内容「人妻ゆえに（困らせようと）自分はあなたに恋している」が成立する。

しかしながら、この仮想はあくまで現実との対置のために提出されているものである。述語部のムが已然形であることが、現実と対置される仮想であることを示しているからである。「〜メヤ（モ）」は、直接には仮想した事態を述べながらも、已然形であることによって、その仮想は何らかの別の事態と対置されるべきものとして提示されるのである。(5) 表現の主眼は、現実の事態、すなわち「妹を憎くあらず」「並みに思はず」の世界であり、そこでは「我恋ふ」ことが現実として強く肯定され主張されるのである。

現実の当該事態の動かしがたさを主張するために、仮想の中で課題を設定するという表現法は、反語という表現につながる。先の二例は、現実においては「我恋ふ」が肯定されるので典型的な反語とは言いにくいのだが、

・我が盛りまたをちめヤモ（復将変八方）ほとほとに奈良の都を見ずかなりなむ（三巻三三一）

・鞆の浦の礒のむろの木見むごとに相見し妹は忘らえめヤモ（将所忘八方）（三巻四四七）

などでは、仮想（ここでは一般論というべきかもしれない）の中でさえ、設定された課題は成立しがたいことをもって対置された現実の当該事態の動かしがたさ（「盛りをつ」や「妹忘る」ことが成立しないこと）を主張しているので

あって、典型的な反語といえる。

以上のように、「〜メヤ（モ）」の形式で、ムの已然形が用いられるのは、述べられた仮想が現実と対置されるものとしてあることを示すためであった[6]。

ムの已然形で終わるものは他に、

・玉葛花のみ咲きてならずあるは誰が恋にあらめ（誰恋尓有目）我れ恋ひ思ふを（二巻一〇二）

のような説明要求疑問文が四例ある。これらも、メヤ（モ）と同様に、現実と対置された仮想における疑問と解釈できるものばかりである[7]。

三・二　モとの複合について

文末メに助詞ヤが下接する例は万葉集に一七六例ある。この中でモと複合してメヤモの形になっているものは、一一六例ある。実に七割近くがヤモの形であり、単独ヤを大きく上回っている。他の形式すべてあわせても　ヤモの例は三〇例足らずであるから、まさに、ヤモは偏在しているのである。

このようなヤモがメヤモの形式に偏る理由は、やはり先ほど述べたム已然形の性格と関連するものと考えられる。このことを考えるためにまず、メヤモと単独メヤのそれぞれが現れる和歌の構成の違いについて述べたい。

この両者については、和歌一首が、

・大名児を彼方野辺に刈る草の束の間も我れ忘れめヤ（吾忘目八）（二巻一一〇）

・我妹子が形見の衣下に着て直に逢ふまでは我れ脱かめヤモ（吾将脱八方）（四巻七四七）

のように、一文（「〜メヤ（モ）」が主文述語部であれば、単文、複文を問わない）で構成されている用例の比率に大きな違いがある。単独ヤについては、そのような用例は一四あり、全体の四分の一にすぎない。これに対してヤモでは、一文構成のものは、八四例でヤモの七割以上になる。

一方、一首一文以外の用例が具体的にどのようなものであるかというと、まず、単独ヤでは長歌の部分になっているものが七例ある。ヤモではこのようなものは二例に過ぎない。

さらに、単独ヤには、

・今さらに妹に逢はめヤと思へかもここだ我が胸いぶせくあるらむ（四巻六一〇）

のように引用句中にあるものが八例あるが、ヤモに引用句中にある例はない。

さらに、

・昼は咲き夜は恋ひ寝る合歓木の花君のみ見めヤ（君耳将見哉）戯奴さへに見よ（八巻一四六一）

・いなと言はば強ひめヤ（将強哉）我が背菅の根の思ひ乱れて恋ひつつもあらむ（四巻六七九）

のように、聞き手への呼び掛けや要求の文とともに用いられているものが単独ヤに五例、ヤモに五例ある。

また、

・万代に見とも飽かめヤ（見友将飽八）み吉野のたぎつ河内の大宮所（六巻九二一）

・愛しと我が思ふ妹を人皆の行くごと見めヤ（如去見耶）手にまかずして（一二巻二八四三）

のように、倒置になっていて表現的には一首の半ばに断絶があるものが単独ヤに一二例ある。ヤモの場合には九例である。

数だけを比較すると大差ないようにも思えるが、先に述べたようにヤモは、単独ヤの二倍以上の用例数があるわけで、その分母の違いを考えてみれば、これははっきりとした傾向の違いといえるのである。

すなわち、単独ヤは、一首一文であることが少なく長歌の部分になったりすることが多いのだが、これは単独ヤの方は、文脈による支えをヤモ以上に必要としていたためであると考えられる。これに対して、ヤモの多くの用例は、一首一文で用いられることが多く、それだけ文脈から独立しやすかったと考えられる(8)。

三・一で述べたように、「〜メヤ（モ）」という形式は、現実と対置されるべき仮想を疑問文の形で提示するものであった。そのようなものであるかぎり、それは本来的に他の事態との連関を持った中で用いられる形式であり、それ故、文脈というものを必要とするものであったろう。それは、「〜コソ〜已然形」の係り結びが上代に限らず、後続する文と密接なつながりをもって使われる傾向にあったことからも明らかである。

そう考えると「〜メヤ」が文脈を必要とするという点については納得が行く。それは已然形が主文述語であることによるのである。

では、なぜメヤにモがつくと文脈を必要とする度合いが減り、一首一文で安定しやすくなるのだろうか。

このことは、「〜メヤ（モ）」による反語の性格と深く関連しているのである。「〜メヤ（モ）」による反語は、あくまで話者が直面している当該事態と対置されるべき仮想を問題とするものであり、表現の主眼は語られない現状への思いにあるのである。「人妻故に我れ恋ひめやも」というのは、「憎いのなら、恋しないはずだ」という仮想世界での結論を主張するものではなく、現実での作者の「妹」への思いが一首の主眼なのである。

同じように文末ヤで反語になりやすい形式が**二・三・二**で述べた「〜ベシヤ」である。しかし「〜ベシヤ」の反語は、一般的な道理として成り立つか否かをまさに問題とした表現であり、そのことは「〜ベシヤ」には「ヤモ」の用例が無いということに反映していた。「〜メヤ（モ）」は「〜ベシヤ」とは異なり、あくまでも、話者の当面した事態が問題なのである。話者が当面した事態そのものには、疑義を挟む点はなく、確信に満ちており、強い情意を帯びている。

「〜メヤモ」のモはこのような情意とひびきあうのである。川端（一九六三b）に明らかなように、文末に用いられる助詞モは、「悲し、苦し、さぶし」などの情意性形容詞に下接することが多い。「〜メヤ」という表現は、単なる反語ではなく、言葉には現れない現実事態への思いが主眼の表現であるために、情意的な表現の文末に立つことの多い助詞モがこの表現にも姿を見せているのである。そしてまた、このモによって、現実への思いが表現の中に姿を見せることで、已然形終止であるメヤも安定した表現たりえるのである。

このように、「〜メヤ（モ）」におけるモは、反語の機構そのものには関与してはいないと考えるべきであろう。むしろ、それは反語の背後にある強い確信、強い情意と関係して働いているのである。

四　まとめ

以上、特に、文末のメヤとメヤモの比較に重点を置いて、論じてきたが、その他のヤモが、文末「〜メヤ（モ）」と同じ事情で用いられたとは思えない。上代の助詞モ自体が非常に広い用法を持っており、助詞ヤのどの面とモのどの面が調和して複合した形をとるかは、さまざまなありようがあると考えられるからである。本稿では、ヤモの形式がもっとも多くある文末「〜メヤモ」について、それが、反語を強調するのではなく、むしろ詠嘆の意味で働いているということのみを報告した。

注

（1）「よしゑやし」の類と連体修飾句に下接する用法、さらに、「これやこの」の用法のヤついて、川端善明（一九七八）においては、助詞イや助詞シと並んで、特殊な係助詞なのだと位置づけている。

（2）このような助詞ヤを**二・一**のいわゆる間投助詞と呼ばれるタイプと同じに考えるか、係助詞と考えるかは迷うところである。疑問文であることをもって、係助詞とするならば、**二・一**に属する「いかなるヤ（如何有哉）人の子ゆゑぞ」（一三巻三二九五）の処置に困ることになる。

（3）「～とヤ」で終わるものや「幸くヤ」で結びがないものもここに含めた。

（4）石田春昭（一九三九）

（5）この点、助詞カ（モ）が文末のムに下接した「～むカ（モ）」とは大きく性格を異にする。助詞カ（モ）の場合には、仮想された事態への思いが表現の主眼なのである。

（6）この文型に助詞ヤが用いられるのは以下のような理由だと思われる。すなわち助詞ヤは、助詞カが仮想の中の対象を主眼とした表現に用いられるのと違って、現実の事態と対峙するような表現で用いられるものだったのであろう。そのために主文述語がムでありながら、結局は話者が当面する現実を主眼とした表現に向いていたのだと考えられる。**二・三・一**で述べたように、木下（一九七八）のいう「かくや嘆かむ」タイプではムを用いながら現実の事態が表現されているが、ここでも助詞ヤが用いられているのである。このように、助詞ヤの「疑問」は上代では常に話者と対峙する現実を問題にするものばかりであったと考えられるのである。いわゆる間投助詞のヤと係助詞のヤとの連絡も、話者と現実の中で対峙するものに用いられるという共通点を基軸にすべきだと思うが、まだ論を立てるには至っていない。

（7）メが述語を構成するものには外に、「～メカモ」の例があるが、これについては、木下正俊（一九五四）鶴久（一九六四）など先行研究を参照されたい。

（8）このようなメヤとメヤモの違いについて、酒井秀夫（一九六七）では、「『めやも』は強い断絶感を伴うので、長歌や旋頭歌には適しないのであろう」という指摘をしている。

参考文献

佐伯梅友「万葉集の助詞二種　『の』『が』及び『や』『か』について」／澤瀉久孝「『か』より『や』への推移（上中下）」／石田春昭「コソケレ形式の本義　上下」／森重敏「上代係助辞論」／木下正俊「『けめかも』攷」（一九五四）・「斯くや嘆かむ」という語法」（一九七八）／阪倉篤義「反語について―ヤとカの違いなど」・『岩波セミナーブックス四五　日本語表現の流れ』第四章「疑問表現の変遷」／川端善明「助詞『も』の説―文末の構成―」（一九六三b）・「助詞『も』

の説二―心もしのに鳴く千鳥かも―」（一九六三c）・「独立化《ⅰ》の問題（二）係助詞ヤ・イ・シ」・「已然形の成立」／鶴久「已然形に承接して反語を表す『かも』」／此島正年『国語助詞の研究―助詞史の素描―』／酒井秀夫「万葉集の『や』（一）―已然形につく『や』―」／山口佳也「万葉集の文中のヤについて」／古江尚美「係助詞「こそ」―順接仮定条件句を受ける場合―」／近藤要司「上代における助詞カ（モ）について―文中カ（モ）の指示しているものは何か―」・「『万葉集』の助詞カと助動詞ラムについて」・「係助詞の複合について（一）―『万葉集』のカとカモの比較―」／鈴木義和「上代における〈～已然形＋や、～む〉型の文について」

（三）『源氏物語』の助詞ヤについて

一　はじめに

助詞ヤは、係助詞と間投助詞の二種類あるといわれる。あるいは、係助詞と間投助詞と終助詞の三種に分類される場合もある。間投助詞あるいは終助詞とされる助詞ヤは、中古においては、「……文中の間投助詞的な用法もあるけれども大勢は文末用法が圧倒的に多くなっている。（中略）、平叙はもちろん、命令・禁止あるいは「は」「ぞ」等による終止の下などきわめて自由に添うている」（此島一九七三）とされるように文末用法が非常に活発になっている。

一方、疑問系の係助詞とされるヤも、質問や反語というような典型的な疑問の形も多用されながらも、疑問とはとれない用例もまた多数存在するようになる。このような広がりを持ちながらも、当時の話者にとっては、助詞ヤは一つのものであり、それをさまざまに使い分けていたのだと考えられる。とすれば、あらかじめ、助詞ヤを二つないし三つに分類するのではなく、助詞ヤがどのような条件の中でどのように用いられていたのか、という観点から、助詞ヤを分類することも有意義であろう。本稿ではそのような考えにそって考察をすすめるものとする。

調査の対象としては、散文で言語量の豊富な『源氏物語』を調査の対象とした。源氏物語の本文は岩波書店の旧古典文学大系『源氏物語一～五』を用いた。なお、和歌の用例については、本稿の対象からは除外した。

二　『源氏物語』の助詞ヤの分類

本稿では、助詞ヤを以下のように分類して、叙述をすすめることとする。(1)

（1）詠嘆・強調の助詞ヤのみが用いられる場合
A　感動詞による文、命令文、呼びかけ文などに下接する助詞ヤ
B　形容詞、形容動詞の語幹に下接する助詞ヤ
C　他の係助詞などによって構成された文に用いられる助詞ヤ
D　連体形終止の形式に下接する助詞ヤ
E　感動喚体を構成する助詞ヤ

（2）詠嘆・強調と疑問が混在する場合
F　形容詞、形容動詞、断定ナリに下接する助詞ヤ
G　ム、ラム、ケム、マシに下接する助詞ヤ
H　ム、ラム、ケム、マシ以外の助動詞や動詞に下接する助詞ヤ

（3）係り結びをする場合
I　結びが用言、確定系助動詞などであるもの
J　結びがム、ラム、ケム、マシであるもの

二・一　(1)　詠嘆・強調の助詞ヤのみが用いられる場合

ここに分類されるものは、もっぱら詠嘆・強調の助詞ヤのみが用いられる文型である。（なお、以下の用例において、巻数は岩波大系本の巻数を表しその下の数字は各巻の頁数を表している。）

二・一・A　感動詞による文、命令文、呼びかけ文などに下接する助詞ヤ

感動詞に下接する助詞ヤは、

・いでヤ、上の品と思ふにだに、難げなる世を（帚木　一巻六二）

・いさヤ。たゞ今、かう、にはかにしも、思ひ立たざりしを。（竹河　四巻二七九）

のように「いで、いさ」につく例が目だち、全体で七〇例ほどある。「いで、いさ」は、感動詞であり、単独で文を構成し得る。したがって、助詞ヤがつかない形でも、同じように用いることができる。

・いで、およずけたる事は、言はぬぞ。（帚木　一巻一〇二）

・いさ、「見しかば、心地のあしさ慰めき」との給ひしかばぞかし（若紫　一巻二一一）

感動詞は語の性格上、それが感動表現であることを決定されている。感動表現はその表現としての性格上、成立するか否かを疑うことはできない。したがって、そのような表現に下接する助詞ヤは、疑問表現の方向に働くことは許されない。そのような事情で、この文型に用いられる助詞ヤは詠嘆・強調のものに限定されるのである。

同様に、以下のような命令文、希望喚文、呼び掛け文に下接しているものも、文内容を疑い得ないことが文の形式として決定されているため、下接する助詞ヤは詠嘆・強調に限られている。

・なほ、もて来ヤ。（夕顔　一巻一四九）

・げに、あが君ヤ。（宿木　五巻六一）

・とり返すものにもがなヤ（早蕨　五巻二一六）

また、指示詞に下接する、

・「こちヤ」（明石　一巻一八五）

のような用例も同様に考えられる。

二・一・B　形容詞、形容動詞の語幹に下接する助詞ヤ

この形式は、全体で三〇例ほど存在する。

・あな、かしこヤ。一日、めし侍りしにや、おはしますらん。（若紫　一巻一七八）

・あなかまヤ。おぼし捨つまじき事も、ものし給ふめれば、さりとも、おぼす所あらむ。（明石　二巻九三）

のようなものである。このタイプは、すべて右の例のように、主語を持たない、語幹のみの形であることが特徴である。

この形容詞、形容動詞の語幹は、助詞ヤがつかない形でも用いられる。

・「あなかしこ。もの、ついでに、いはけなく、うち出で聞えさせ給ふな」（若紫　一巻二二一）

・「いとことわり」（藤裏葉　三巻一九九）

・いと、うたて。いかなれば、いと、かうおぼすらん。（夕霧　四巻一六一）

このように、形容詞や形容動詞の語幹は、助詞ヤがなくても文の形式として感動の表現であることが決定されている。そのため、このようなものに下接する助詞ヤは、Aタイプと同様に詠嘆・強調のものに限られるのである。

同じように、形容動詞の語幹に助詞ヤがついたと考えられるものに「まことや」があるが、こちらは、

・まことヤ、かの、惟光があづかりの垣間見は、いとよく案内見とりて申す。（夕顔　一巻一三三）

・まことヤ、かの見物の女房たち、宮のには、みな、気色ある贈物ども、せさせ給うけり。（胡蝶　二巻四〇一）

のように、文中に挿入句的に用いられる方が多い。これについては、助詞ヤが付かない「まこと」という例は見られない。「まことに」という形ならば、

・まことに、さる御執の、見に添ひたるならば、いとはしき身もひきかへ、やんごとなくこそ、なりぬべけれ。（柏木　四巻一五）

のようなものが存在する。ただし、「まことヤ」の方には、「ほんとうにまあ」といった、軽い驚きがつきまとうが、「まことに」の方にはそのようなニュアンスは感じとれない。単独の「まことヤ」のみならば、その内容は疑うことはできず、助詞ヤは、他の語幹に下接したものと同様に考えられる。しかし、後続する文と密接な関係を持つことによって、その後続する文と「まことヤ」が結びつくかどうかは疑うことができる。このような関係の中では「まことヤ」は後続する文と疑似的に係り結びの関係を結んでいると見ることもできるのである。

二・一・C　他の係助詞などによって構成された文に用いられる助詞ヤ

二・一・C1　係助詞ゾの係り結びに下接するもの

助詞ヤが係り結び文に下接するものの大部分は、以下のような助詞ゾの係り結び文に下接する用例で全体で七〇例ほどある。

・人づての御返りなどぞ、心やましきヤ。（朝顔　二巻二六二）
・世の人の物言ひぞ、いと、味気なく怪しからず侍るヤ。（浮舟　五巻二四五）

ゾによる係り結び文はそれ自体の形式において確定した内容であることが決定されている。したがって、そのような文形式に下接する助詞ヤも疑問の意味となることはなく、詠嘆・強調の意味に限定されるのである。

二・一・C2　文末の係助詞に下接するもの

このタイプでまず目につくものは、助詞ゾに下接するもので、全部で六〇例弱ほどの用例がある。その半数近くは、

・まだ思ひ知らぬ初事ぞヤ。（帚木　一巻九六）

・この端書の、いとほしげに侍るぞヤ。（若菜下　三巻三九〇）

のようなもので、C1と同様な事情で、助詞ヤは詠嘆・強調に限られる。一方、残りは、

・いかなる行触に、かゝらせ給ふぞヤ（夕顔　一巻一五六）

・「なぞヤ、人やりならぬ心ならむ」（宿木　五巻五三）

・「わかき人とても、うちざればみ、いかにぞヤ、世づきたる人も、おはすべかめるを、夢に乱れたる所おはしまさゞめれば、更に思ひ寄らざりけること」（少女　二巻二九五）

のように不定語とともに用いられた助詞ゾにヤが下接するものである。これらは、文の形式からして、文の内容は疑うべきものである。しかしながら、文の内容が疑うべきものであることは、「不定語＋ゾ」の部分が決定しているのであって、それに助詞ヤが関与しているわけではない。そのような意味でこのような文型に用いられる助詞ヤも詠嘆・強調と同じ用いられ方をしていると考えてよい。

同様に、

・物の聞えヤ、また、いかゞとりなされん（須磨　二巻一一）

・心の程ヤ、いかゞ（総角　四巻四二七）

のように、「……ヤ不定語」に用いられる助詞ヤも、不定語がこのように用いられているから、疑問の意味が生ずるのであって、助詞ヤが疑問に関与しているわけではない。したがって、これも詠嘆や強調と同じ用いられ方をしていると考えてよい。

二・一・C3　文末の助詞「は」に下接するもの

これは、連体形述語に助詞ハが下接したものにさらに助詞ヤが下接したもので、全体で二〇例ほどある。

・「内教坊、内侍所のほどに、かゝる者どものあるはヤ」（末摘花　一巻二五五）
・あはれ、いと、珍らかなる音に、かきならし給ひしはヤ。（横笛　四巻六一）

のようなものである。

これも、文末の連体形に助詞ハがつくことによって詠嘆の表現であることが決定されているのだから、この形に助詞ヤが下接しても、詠嘆・強調の意味にしかならない。

二・一・C4　「とか」に下接するもの

「とか」は、もちろん格助詞トに係助詞カが下接したものだが、これにさらに助詞ヤが下接したものが存在する。

・おほせ言には、何とかヤ。（行幸　三巻七〇）
・「引く手、あまたに」とかヤ。いとほしくぞ、侍るや」と、の給へば、（東屋　五巻一五九）

というようなもので、全体で九例あった。「とか」には、助詞ヤの下接しない、

・あづさ弓いるさの山にまよふかなほのみし月の影ヤ見ゆると何故とか（花宴　一巻三一三）
・今日も、御文ありつとか。（若菜下　三巻三九六）

のような用例が九例ほど見られる。双方とも用例数が少ないので比較しにくいのだが、助詞ヤが下接したものとそうでないものには、違いが見られない。このタイプでも疑問あるいは婉曲的な意味合いは、助詞カによってもたらされているのであり、助詞ヤは詠嘆・強調に用いられているものと同じに考えることができる。

二・一・C5　文末の助詞ヲに下接する助詞ヤ

これは全体で二〇例弱存在する。

・後やすく、のどけき所だに強くは、うはべの情は、おのづから、もてつけつべきわざをヤ。（帚木　一巻六五）
・まして、いまは、心苦しきほだしもなく、思ひはなれにたらんをヤ。（若菜上　三巻二九六）

助詞ヤの上の助詞ヲは、本来は格助詞か接続助詞であるから、結びの省略的な語法といえないこともないのだが、助詞ヲが文末にあって、逆説的な文脈を暗示させるような余情効果をねらった語法は多くある。このタイプの助詞ヤもそのような助詞ヲによって文の表現効果が決定されたものに下接しているのであり、自らが文の意味を決定しているわけではない。その意味で他のCタイプのものと同様に考えることができる。

二・一・D　連体形終止の形式に下接する助詞ヤ

源氏物語における連体形終止法の用法には、和歌に見られるような詠嘆的用法以外に、聞き手に対して説明したり解説したりするような文脈で用いられるものも存在した。(2) 連体形終止法に助詞ヤが下接したものは全体で九例あるが、これらにも、

・人も許されぬ物を、拾ひたりしヤ（自己の過去の行為を述懐する文脈）（宿木　五巻一一一）

のように、「……ものだなあ」というような解釈がふさわしい詠嘆性のものがみられるのだが、一方では、

・人々しく、たてたるおもむき異にて、よきほどに構へぬヤ。（女性が男性に対して適切な対応がとれないことへの解釈）（蛍　二巻四三五）

・「とくまかで侍りにしくやしさに、まだ、内におはしますと、人の申しつれば、いそぎ参りつるヤ」（質問に対する事情説明）（紅梅　四巻二四三）

などのように、「……のですよ」というような解釈がふさわしい解説的な用法のものも見られるのである。

詠嘆にせよ解説にせよ、このような連体形終止法のものは、内容を疑いえないものとして働いている。そのような形式に助詞ヤがついた場合には、Cタイプと同様に詠嘆・強調の意味に限られるのである。

二・一・E　感動喚体を構成する助詞ヤ

・言ふかひなのことヤ。（空蟬　一巻一〇二）

のようなもので全体で一〇〇例見られた。このタイプから助詞ヤを取った「言ふかひなのこと」のような感動表現はなかった。故に、Eでは助詞ヤは文に必須の要素である。その点は他のタイプと異質だが、上にある形式が疑えないものである点では、A～Dと共通する。このヤによる感動喚体句については、本書「第二部第二章（三）「をかしの御髪や」型の感動喚体句について」で詳しく述べている。

（1）で見てきたA～DおよびEの各タイプは、「まことや」の例を除いてすべて助詞ヤが詠嘆・強調の意味でのみ用いられているものであった。これは、A～Dタイプのものの多くが、文の形式がすでに感動や強調といった表現であることを決定しているものであった。このような文に下接する助詞ヤは、いわば感動や強調といった表現に外接して用いられているのであった。A～Dタイプには、不定語の存在によって疑問表現となったものがあるが、これも、助詞ヤ以外の要素が疑問表現であることを決定しているのであり、表現に外接しているという意味では他のものと同様なのである。

最後にあげたEタイプは、A～Dとは異なり、感動喚体句となるためには、文末の助詞ヤが必須なのだが「形容詞・形容動詞語幹＋名詞＋助詞ヤ」という型式であり、名詞に下接しているという点で、Aと連続しており、形容詞・形容動詞語幹と関係するという点で、Bと連続していると考えられるので、大きくはA～Dと共通すると考えられる。

二・二　（2）詠嘆・強調と疑問が混在する場合

二・二・F　形容詞、形容動詞、断定ナリに下接する助詞ヤ

形容詞の終止形につくものには、見方を変えれば、シク活用形容詞の語幹に付いていてBタイプとも見られるも

のも含めた。また事実、このタイプはBタイプと連続していると考えられるのである。

Bタイプは形容詞形容動詞の語幹にヤが下接するのだが、シク活用形容詞の場合には、語幹と終止形は同じ形をしている。したがって、シク活用形容詞の場合、Bタイプは終止形についているようにも見える。この形にならって、ク活用形容詞の場合にも、終止形に助詞ヤが下接するようになったのではないかと考えられる。

そして、この形がやがて、語幹単独の用法から離れて、主述を備えた文の述語にも用いられるようになり、さらに、形容動詞の終止形にも、この詠嘆の助詞ヤが下接するようになったのではないか、と推測されるのである。もちろん、源氏物語だけを見た推測だから、即断はできないが、BタイプとこのFタイプが連続性を持つことは明らかである。

二・二・F1　形容詞の終止形に下接する助詞ヤ

このF1タイプは、源氏物語全体で一三〇例ほど存在するが、その中の九〇例ほどが、

・かたしヤ。（藤袴　三巻一〇五）

のように、形容詞述語のみの一語文的なあり方をするものか、

・あな、いみじヤ。（若紫　一巻一八六）

のように、感動詞を伴うものであり、これらについては、Bタイプの形容詞や形容動詞の語幹に直接助詞ヤが下接したものと同じ形になる。

しかし、残りの四〇例ほどは、

・さすがに、つらき人の御前のわたりの待たるゝも、心よわしヤ。（葵　一巻三二二）

・なべて睦ましう思さるゝゆゑも、はかなしヤ。（椎本　四巻三三九）

のように、文の主語に対する述語としての形容詞終止形に助詞ヤが下接しているものであり、述定文の述語たりえ

ないBタイプとは大きく異なっている。

述定文であるということは、（1）にあげた各タイプとは異なり、文の内容を疑うことができるということである。そのため、このタイプには、

・ありヤなしヤを聞かぬ間は、見えたてまつらんも、恥づかし。（浮舟　五巻二二八）

・「聞き合はせらるゝ事も、なしヤ」と、問ひ給ふ。（手習　五巻三五三）

のように疑問表現に用いられたものが存在する。もっとも、疑問表現になっているものは、この二例のみで、他はすべて助詞ヤが詠嘆・強調に用いられているものであった。

このことは以下のように考えられる。述定文の述語としての形容詞終止形に助詞ヤがついて、疑問の意味になるものは、万葉集には一例もなく、古今集にやはり「ありやなしや」の形で一例あるのみである。先に述べたように述定文は、通常、内容の成立をめぐって「疑問」を持つことができるのであるが、しかしながら、述語に形容詞終止形が用いられた場合には、形容詞の終止形というもの自体が事態の承認という意味合いを強く帯びているために、それを疑うということがありにくいのである。そのため、このFタイプには助詞ヤが疑問で用いられるということがきわめてまれなのだと考えられるのである。

Fタイプは、一方では、Bタイプの語幹に下接する用法と連続をもちながら、一方で述定文の述語に下接するものとして、疑問の意味を持つ可能性があるのである。ただし、形容詞終止形というものの性格から、助詞ヤが疑問の意味になるのはきわめてまれなケースなのである。

二・二・F2　形容動詞終止形、断定ナリに下接する助詞ヤ

これは、全体で六〇例ほどある。このうち

・安らかに身をもてなし、ふるまひたる、いと、かはらかなりヤ。（帚木　一巻六〇）

のように、形容動詞終止形に関しては、形容詞終止形につくＦ１タイプに準ずるような事情が考えられる。断定ナリに関して、特徴的なことは、用言の連体形に下接するナリにヤが下接することはないということである。(3)その多くは、

・いと、安らかなる御振舞なりヤ。（帚木　一巻八七）

のように「連体修飾部＋名詞＋ナリ＋ヤ」という形式をもつものである。そして、これらの連体修飾部は、

・いと、あはれに悲しく、心深き事かな（帚木　一巻六六）

・おもひやりなき御心かな（若菜上　三巻二五三）

のような感動喚体句の連体修飾部と同様に、後続する名詞を限定修飾することに働くのではなくて、「（その）御振舞、安らかなり」という事態が存在することを表現しているのである。ここで、事態が「（その）御振舞、安らかなり」という述定の形式で語られるならば、そこにはその事態の成立に関する疑問が生ずる余地があるが、感動喚体句と同様「安らかなる御振舞」のような形式をとっているために、そこには疑問が生ずる余地はないのである。このような事情によって、Ｆ２タイプの助詞ヤは、詠嘆・強調の意味になるのである。

もちろん、このタイプには一方では、

・やをら、御帳の東おもての御座の端に、すゑつ。さまでもあるべき事なりヤハ。（若菜下　三巻三七一）

のような疑問表現になるものも存在するが、それらは、右に述べたような感動喚体的なありようをしていないのである。

二・二・Ｇ　ム、ラム、ケム、マシに下接する助詞ヤ

Ｆタイプと対照的なありかたをするものが、このＧタイプである。これは、文末のム、ラム、ケム、マシに助詞ヤが下接するものである。ム、ラム、ケムに下接するものは全体で九〇例ほど、マシに下接するものは六例あった。

ム、ラム、ケムに下接するものの多くは、

・これより珍しき事は、候なんヤ（帚木　一巻八五）

・「恋しとは、おぼしなんヤ」との給へば、すこしうなづき給ふさまも、をさなげなり。（松風　二巻二〇四）

のような質問や反語に用いられるものである。

・この世に、の、しり給ふ光源氏。か、るついでに、見たてまつり給はんヤ。（若紫　一巻一八六）

・「いで、遊ばさんヤ。御こと、まゐれ」と、の給ふ。（紅梅　四巻二四〇）

のように依頼や勧誘に用いられたものもあるが、これは疑問表現というものの表現効果の一種であり、質問と同様に考えられる。

マシに文末の助詞ヤが下接するものは、六例ある。これらはすべて、

・「まことの親の御あたりならましかば、おろかには見放ち給ふとも、かくざまの憂きことは、あらましヤ」（胡蝶　二巻四一二）

・「おはせましかば、この人も、か、る心も添へ給はましヤは」（宿木　五巻八六）

のように反語を表すものである。

Fタイプは、終止形下接とは言え、Bタイプからの派生であり、ほとんどが詠嘆表現とみることができた。しかし、Gタイプは、係助詞ヤの文末用法であるとみるべきものがほとんどである。その点は次にのべるHタイプと同じであるのだが、Hの中には、疑問表現とは言えず、詠嘆表現とすべき用例が無視できない数で存在するのに対して、このGタイプにはほとんどない。このことはGタイプの述語が不確定の助動詞によるものであり、「語幹＋ヤ」のような即自的な事態の述べ方とは対照的な性質を持つことと関係していると考えられる。(4)

二・二・H　ム、ラム、ケム、マシ以外の助動詞や動詞に下接する助詞ヤ

ここであつかうものは、Fと G以外のもので、動詞に直接つくもの、ツ、ヌ、タリ、リ、キ、ケリのような確定系の助動詞につくもの、ズ、ジ、マジのような打消の助動詞につくもの、ベシ、メリのような推定系の助動詞につくもので全体で一三〇例ある。

これらは、一方で、

・まづ、おとゞはおはすヤ。（玉鬘　二巻三四六）

・さきざきの、かゝる、事の例はありけりヤ（薄雲　二巻二三七）

のように質問や反語といった意味合いで用いられ、疑問の典型だといえるものもあるのだが、一方には、

・「さて、その文の言葉は」と問ひ給へば、いさや、異なることもなかりきヤ。（帚木　一巻七九）

・そのをり、かの御身を惜しみ聞え給ひし人の、多くも亡せ給ひけるかな。おくれ先だつ程なき世なりけりヤ。（野分　三巻六二）

のように詠嘆としか考えられない用例も存在するのである。

もう少し細かく、形態別に見ると、以下のようになる。

動詞では、アリ、侍リについては、詠嘆の用例が多いが、それ以外の動詞では質問反語が大半を占める。

キ、ケリについては、キには、質問反語が三例、詠嘆のものが二例あるが、ケリはそのほとんどが詠嘆である。

完了のツ、ヌについては、ツは八例すべてが質問反語に用いられ、ヌは三例のうちの二例が質問反語で一例が詠嘆である。

完了存続のタリ、リでは、リはすべて質問だが、タリ九例のうち四例ほどが詠嘆の用法である。

ベシは、八例中の三例が詠嘆で残りは反語である。

メリについては、三例すべてが詠嘆である。

ズに関しては、質問反語になるものと詠嘆になるものがほぼ拮抗する。
ジ、マジは、ほとんどが質問反語になる。

このように大きく見れば、ラ変型活用のものは詠嘆の用法で用いられやすいという傾向が指摘できる。しかしながら、これはあくまでも傾向にすぎず、これとは別に、「ヤハ」の形であれば詠嘆・強調に傾きやすいものも反語になるし、また、

一　文中に助詞ハが用いられているときは、質問反語になることが多く、助詞モが用いられているときは、詠嘆になることが多い(5)。

二　「自らの意志、状態」のように話し手側の情報に属する内容である場合には詠嘆に傾く。

というようなことで、質問反語になったり、詠嘆になったりするのである。このうちの一は、詠嘆のモによって、文内容が詠嘆の対象としてより確定的な内容であることが明確になるのであるし、二は「自らの意志、状態」は話し手にとっては自明のことであり、それだけ確定的な内容をもつことになるのである。

このように、Hタイプでは、述語の性質、文脈や状況などのさまざまな要因で、決定されるのである。そのことによって、文の内容が疑えないものであれば、助詞ヤは詠嘆・強調に傾き、不確定であれば、疑問に傾くのである。

以上、(1)(2)で述べてきたように、文末においては助詞ヤがどのような意味に働くかということについては、大きく二つの場合があるのである。

一つはA〜Eタイプのように、文の形式自体が表現のありようを決定してしまう場合である。この場合、文末の助詞ヤは、詠嘆・強調にのみ働くことになる。Fの形容詞や形容動詞の終止形および断定ナリに下接する助詞ヤもこれに準じて考えることができる。

一方、文の形式自体には、文の表現を決定する働きがない場合には、助詞ヤは、文の内容が確定的であるか否か

によって、その働きを変えるのである。後者における詠嘆の用法は、おそらくは、Bタイプの形容詞、形容動詞の語幹に助詞ヤが下接する用法から生じたと類推できるが、このような用法の成立によって、述定的な形式を持つ文の文末の助詞ヤの性格は、いわば曖昧なものになっているのである。

二・三（3）係り結びをする場合

文中に位置して係り結びを構成する助詞ヤは、一応はすべて疑問に働いていると考えられる。しかしながら、疑問表現のすべてが、答えを求めることに主眼があるわけではない。そのため、係り結びを構成する助詞ヤにおいても、実はさまざまなバリエーションが生じているのである。

二・三・I　結びが用言、確定系助動詞などであるもの

このような用例は、八〇例近くある。そのうち、十数例がツ、ヌ、タリ、リ、キ、ケリなどの確定系の助動詞が結びになるものである。[7] 五〇例が動詞、形容詞など裸の用言が結びのものである。[6]残りが、ベシ、ナリが結びのものと、打消のズが結びとなるものである。打消のズが結びとなるものは一例を除いて、

・身づからヤは、かしこに出で給はぬ（東屋　五巻一八五）

のような依頼や勧誘の意味となるものである。

このような依頼勧誘も質問の表現効果の一種であり、Iタイプのほとんどの用例は、質問や反語になるのである。とはいうものの、実は、Iタイプにも質問や反語とはいえない例もあるが、これについては、Jタイプのところで述べたい。

二・三・J　結びがム、ラム、ケム、マシであるもの

このタイプは用例数が非常に多い。「にヤあらむ」のような用例を入れると五〇〇例以上になり、「にヤあらむ」を除いても、四〇〇例以上にのぼる。なお「あらむ」の省略された「にヤ」は、この他に三〇〇例ほどある。

結びが、ム、ラム、ケム、マシであった場合には、

・「かねて、例ならず、御心地、ものせさせ給ふ事ヤ侍りつらん」「さる事もなかりつ」（夕顔　一巻一五二）
・「あな、かしこや。一日、めし侍りしにヤ、おはしますらん。いまは、この世の事を思ひ給へねば、験方のおこなひも、捨て忘れて侍るを、いかで、かうおはしまつらむ」（若紫　一巻一七八）

のような典型的な質問や反語というものは数が少ない。

Jタイプで数が多いのは、質問反語のように答えを求めるところに表現の主眼があるものではなく[8]、

・時々、見たてまつらば、いとゞしき命ヤ延び侍らん。（朝顔　二巻二五一）
・内裏になど、悪し様に聞し召さする人ヤ侍らん。（浮舟　五巻二四五）

のように、将来のことについての危惧や期待を表現するもの[9]や、あるいは、

・さやうに、聞し召すばかりには、侍らずヤあらむ（琴の腕前への婉曲な批評）（末摘花　一巻二三七）
・これヤ、仏の、御迦陵頻伽の声ならむ（紅葉賀　一巻二七一）
・しづかなる御本意ならば、それヤ、違ひ侍らむ（話題の地が騒がしいことの指摘）（松風　二巻一九三）

のように、断定しえる事態をあえてぼかした形で表現するものなのである。

これらのものも、話し手が推量することの責任を回避している、すなわち、判断の抑止を行っているという点で広い意味での疑問表現に含みうるであろう。しかしながら、これらは表現効果としては、答えを求めるということをねらったものではなく、事態をあえてぼかした形で表現することに主眼を置いているのである。

このような表現の中では、助詞ヤは、見かけ上、疑問のありかを示すというよりは、文中のある項目を強調的に示すことに働くようになる。つまり、結果として帯びる意味合いは、文末の詠嘆・強調の助詞ヤときわめて近いものになってしまうのである。このような用例については、「第一部第二章（五）中古における疑問係助詞ヤの脱疑問化について」に詳しく述べている。

係り結びを行う助詞ヤにおいてもこのような事情で、詠嘆・強調と見れば見られるような助詞ヤが存在することになるのである。

同様の事情で詠嘆・強調と似通ったものとなる助詞ヤは、結びがム、ラム、ケムでなくても、通常の動詞の場合にも、

・定めかね給へる御心もヤ慰む（葵　一巻三二八）

・例の、きゝもヤあはせ給ふ（松風　二巻二〇〇）

のような例が存在する。ただしこれは、下に確定系の助動詞を伴わない裸の動詞が述語の場合で、未来についての期待を述べる場合に限られる。

このように助詞ヤが係り結びを行う場合には、基本的にはそれは疑問表現となるのだが、表現効果としては、危惧、期待あるいは婉曲な断定といったものが表に出ることがあり、その場合には助詞ヤが詠嘆・強調を行うものときわめて似通ってくるのである。

三　まとめ

以上、源氏物語における助詞ヤの用法を見てきたわけだが、源氏物語における助詞ヤは基本的には二つの用法に分けられる。

一つは、疑問の意味になるもので、述定的な形式の文の文中文末に用いられる。もう一つは、詠嘆・強調の意味になるもので、こちらは感動詞による文のように文の形式によって表現の質が決定されている文に用いられる。

このように、助詞ヤの二つの意味は、文の構造が異質なものの中でそれぞれの意味が実現するのが本来であるのだが、詠嘆・強調のものは、述定的な文においても、その文が内容として確定的であるならば、用いられることになる。その結果、述定的な文の文末に位置する助詞ヤには、疑問のものと、詠嘆・強調のものとの二種が存在することになる。また、疑問の意味の助詞ヤも、表現効果として、危惧や期待などをねらった表現に用いられる中で、見かけ上、詠嘆・強調にみえるものも存在する。

このように源氏物語においては、助詞ヤには、基本的あるいは典型的には二つの用法が見て取れるのであるが、とりわけ述定的な形式を持つ文においては、この二つの用法が微妙な使い分けをもって混在しているのである。

注

（1）　なお、並列を示す、

・「とやかくヤ」と、おぼしあつかひ聞えさせ給へるさま、あはれに、かたじけなし。（葵　一巻三五四）

・「かう、何ヤかヤときこゆるをも、（胡蝶　二巻四〇六）

のようなものは、本稿で問題としている助詞ヤとは大きく性格が異なるので、この分類からは除き、直接、本稿の対象とはしなかった。

（2）小池清治（一九六七）による。

（3）高山善行（一九九〇）にもこれについての指摘がある。

（4）ただし、このタイプにも少数ながら、

・されば、かのさがな者も、思ひいである方は、忘れ難けれど、さしあたりて見むには、わづらはしく、よくせずば、飽きたき事もありなんヤ。（帚木　一巻八〇）

のような明確に疑問とはいいにくい例も存在する。しかしながら、これは、疑問表現の広がりの一つとしてのありようと理解できる。そのことについては、**二・三（3）**係り結びをする場合に述べることとする。

（5）同様の指摘は佐藤（一九八一）にも見られる。

（6）この中で純粋に形容詞、形容動詞が結びになっているものは、

・あか月の別れハ、かうのみヤ、心づくしなる。（須磨　二巻一七）

・「世ヤは憂き」（宿木　五巻七二）

の二例のみで、他は、

・「ほかなる程は、恋しくヤある」（紅葉賀　一巻二八七）

のように、形式上の結びは「あり」が担当する形式になっている。

（7）伝聞ナリが結びとなる例は、

・さぶらふ人々も、さしもあらぬきはのことをだに、靡きヤすなるなどは、あやまちもしつべくめで聞ゆれど（朝顔　二巻二五六）

・かく、憂き事あるためしは、下衆などの中にだに、多くヤはあなる（浮舟　五巻二六二）

の二例である。推定の助動詞メリ、ナリは疑問文にはめったに用いられないのであるが、源氏物語では、助詞ヤの結びとなるナリの例が存在するのである。メリの用例はなかった。

（8）反語も答えをもとめたあげく、「そのような答はないのだ」というところに行き着くという表現効果をねらったも

ので、答えを求めるということについては質問と同じであると考える。

（9）この危惧期待については、結びが省略されたものの中で

・「わくらはに人にまさる事もヤ」（少女　二巻二九二）

・「をこがましきこともヤ」（早蕨　五巻二九）

のように「体言＋モ＋ヤ」の形式になるものがこの意味に特化したものとなっている。

参考文献

此島正年『国語助詞の研究―助詞史の素描―』／佐藤宣男「文末用法におけるカとヤ―『宇津保物語』を中心として―」／近藤泰弘「構文上より見た係助詞「なむ」―「なむ」と「ぞ―や」との比較」／小池清治「連体形終止法の表現効果今昔物語集・源氏物語を中心に」／大野晋『係り結びの研究』／山口堯二『日本語疑問表現通史』／高山善行「連体ナリと終止ナリの差異について」

（四）『源氏物語』の「〜ニヤ」について

一　はじめに

中古においては、真偽疑問文には、「助詞カの文末用法」、「助詞ヤの文末用法」、「助詞ヤの文中用法（係り結び）」の三つの形式があった。このうち、「助詞カの文末用法」について、筆者は本書「第一部第一章（八）『源氏物語』の助詞カの文末用法について」において、『源氏物語』の助詞カの文末用法の観察を行った。この中で、文末カが活用語の連体形に下接したものは、真偽疑問文の中の特定のタイプ「対象事態へ適用する説明解釈の適否」（以下、本稿では「解釈適用型疑問文」とする）に関する疑問文に偏るということを明らかにした。

解釈適用型疑問文は、現代語ではよく「〜のか」の形で用いられる。[1]例えば、朝起きてなんだか喉が痛いときに「空気が乾燥しているのかな」あるいは「空気が乾燥しているせいかな」と言う。この場合には、「空気が乾燥している」という事態が成立しているか否かよりも、話者が直面した事態「のどが痛い」への一つの解釈として、「空気が乾燥している」ということが適用できるか、ということを問題としているのである。

一方、真偽疑問文にはもっと単純に事態の成立のみを問題とするものもある。たとえば、外出してから「あ、ベランダの花に水をやったかな」などという場合の疑問文である。このようなタイプの疑問文を以下「事態成立型疑問文」と呼ぶことにする。

この両者については、右のような典型的な例を出せば違いは明確であるものの、真偽疑問文全体をこの二つにきれいに分けることはしにくいと思われる。それは、単純な事態成立型疑問文でも、その発端となる疑念の発生は、話者をめぐる状況と関連しているのが普通だからである。また一方、「空気が乾燥しているのかな」のような解釈適用に重点が置かれた疑問文でも多くの場合は、事態成立と完全に無縁ではありえない。

とはいえ、「空気が乾燥しているのかな」と「ベランダの花に水をやったかな」のごとく、解釈適用と事態成立の二つの面のどちらかに重点を置いて述べる場合が多々あるのは事実であるし、この二つの意味のどちらかに用いられやすい疑問文の形式があるのも事実である。解釈適用型疑問文に多用される形式は、現代語ならば「〜のか、〜せいか」などがそうであり、平安時代中期ならば、それは、たとえば、連体形＋文末カだったのである。

その文末カが連体形に下接した文が解釈適用型に傾くのは、以下のような理由だと考えられる。

連体形は句的体言でもある。その意味で連体形下接の文末カは「体言主語、体言述語＋文末カ」と連続する。「体言主語、体言述語＋文末カ」による疑問文は、「イルカは哺乳類か」のような、主語体言が述語体言の範疇に属するかを問うタイプが一般的であるが、これは、ある場合には「露の光は玉か」のような見立て的な関係を問題とする疑問文としても用いられる。この見立て型疑問文は、主語のモノをあえて通常の次元とは別の次元から捉え直そうという疑問文である。これは、主語のモノに対してある解釈を与えようとする営みにほかならない。

「連体形＋カ」については、この別次元からの捉え直しが事態と事態の間で行われるのである。つまり、「当面する事態は別角度から見ればこうも解釈できるかもしれない」ということを問題とする疑問になるわけで、これは、つまり解釈適用型の疑問文のことである。このような事情で「連体形＋文末カ」の疑問文は、解釈適用型疑問文として適しているのである。適していたというよりも、中古の段階では、連体形下接の文末カによる疑問文はもっぱら、この解釈適用型の疑問文として用いられたと考えられるのである。

後代には、真偽疑問文のみならず、疑問文を一手に引き受ける文末助詞カも中古にはまだまだこのような用法の制限があり、『源氏物語』の中の用例数も、文末カ全体で一五〇例程度であり、ヤと比較すれば少数にすぎない。

一方、助詞ヤの疑問文においては、このような解釈適用型の疑問文ではない、単に事態の成立の如何を問題とする事態成立型疑問文がいくつも見られるのである。

・「北殿こそ、聞き給ふヤ」（夕顔　一の一三九）
・「その、かたかどもなき人は、あらんヤ」（帚木　一の五九）
・「又、この事を知りて、もらし伝ふるたぐひヤあらん」と、の給はす。（薄雲　二の二三四）
・「この男に、さりげなくて、目つけよ、佐衛門の大夫の家にヤ入る」（浮舟　五の二五三）

など、事態成立の如何そのことを問題とする例がいくつも挙げられる。

では、「連体形＋文末カ」は解釈適用型で、助詞ヤによるものはすべてが事態成立型疑問文かというと実態はそうではないのである。助詞ヤにおいても、解釈適用型になりやすい文型と思われるものが存在する。それが「連体形＋断定「なり」の連用形「に」＋や＋（あらむ）」のタイプである。このタイプでは、一部の「〜ばにや」などを除いて、文末カと同様に、体言あるいは、連体形に下接している。したがって、文末カと同様の事情でニヤのほとんどの用例は、解釈適用型になるはずである。

磯部（一九九二）によれば、一般にカによる真偽疑問文が疑い、ヤによるものが問いであるのに対して、このニヤのみは疑いに偏って用いられるということだが、これは解釈適用型疑問文が疑いに用いられやすいということも要因の一つになっていると考えられる。すなわち、解釈適用型疑問文が発せられる際には、前段階として、話者がある事態に直面し、その事態をめぐる状況に対しての強い関心を持っていることが必要だが、そのような関心は他者と共有しにくいものである。したがって、そのような疑問を他者にむけて発することは、単純な事態成立の可否

を他者に問うことよりは少ないのである。(2)

以下、本稿では、断定「なり」の連用形「に」に係助詞ヤが下接した用例のうち、結びの述語が「あらむ」であるものと、結びが省略されたものを取り上げて、これが解釈適用型の疑問文であることを確認していくことにする。用例は、国文学資料館で公開している岩波書店の『日本古典文学大系14〜18　源氏物語一〜五』のデータベースを利用し、かつ、小学館『日本古典文学全集（1）〜（6）』と本文の比較を行った。各用例のカッコ内には源氏の巻名と大系本の巻数と頁数を示した。

二　ニヤの全体像

断定の助動詞ナリの連用形ニに係助詞ヤが下接したものは、『源氏物語』の中に四五七例存在する。これには形容動詞と思われるものを含めてある。以下そのうちわけを示す。

ニヤアラム（「侍ラム」などを含む。以下同じ）	一一〇例
ニヤアリケム	二四例
ニヤアルラム	三例
その他（アラマシ、アリケリ）	二例
結びが省略されているもの	三一八例
計	四五七例

結びが省略されたものの中には、あるいは、上の「ニ」が本当に助動詞ナリの連用形か疑わしいものもある。しかしながら、ここでは「ニヤアラム」の省略である、と一応見ておくことにする。以下では、この中の大半を占め

る「にやあらむ」型と結び省略型を対象に、その表現が解釈適用型に傾くかどうかの確認を行う。

さて、ではその「にやあらむ」型あるいは、省略型の内部はさらにどのように分類されるのか、ここでは上接する部分によって分けてみる。

「にやあらむ」型

・名詞下接　三八例
・連体形　五七例
・～ばにや　五例
・～とにや　四例
・形容動詞語幹　四例
・その他　二例

「その他」としたのは、「さにやあらむ」の二例である。

省略型

「にやあらむ」とほぼ同様の類型に収まるが、用例ははるかに多い。

・名詞下接　一三三例
・連体形　一三六例
・～ばにや　三一例
・～とにや　五例

・形容動詞語幹　一〇例
・その他　三例
「その他」としたのは「さにや」などである。
以下、名詞下接と連体形下接について、「にやあらむ」型と省略型について見てみる。

三　名詞下接

名詞に下接するものをさらに、「イルカは哺乳類か」のような単純なモノ名詞文の疑問文タイプ、「～というコトハ～というコトか」のような事態主語事態述語タイプ、後続部分に対しての解釈を提示している挿入解釈タイプ、描写されている場面に対する解釈を行っている現状解釈タイプ、および、その他、に分けて用例をあげる。

三a　単純な名詞文タイプ

「にやあらむ」型　一一例
・「世中にあらぬ所は、これにヤあらん」とぞ、かつは、思ひなされける。（手習　五の三六〇）
・「～大将殿とは」「この、女二の宮の御をとこにヤ、おはしつらむ」など、いふも、いと、この世遠く、ゐ中びにたるや。（夢浮橋　五の四二五）
省略型　一八例
・まして、松のひびき、木ぶかく聞えて、気色ある鳥の空声の鳴きたるも、「梟は、これにヤ」と、おぼゆ。（夕顔　一の一五一）

・紀の守とか、ありし人の、世の物語すめりし中になむ、「見しあたりのことにヤ」と、ほのかに、思ひ出でらるる事ある心地せし。（夢浮橋　五の四三〇）

これらは、具体的な個物を対象として、その同定を行う単純な名詞文の疑問文である。「にや」は、「ナリ」による基本的には名詞述語文の疑問だから、単純なモノ名詞の名詞文の疑問表現として用いられる場合があるということである。

しかし、「にやあらむ」型で注意すべきは、この述語は、ムによって構成されている点である。これは「にやあらむ」型全体にいえることだが、「にやあらむ」型のムに未来の意味は出てこない。未来というよりは、「不確定」という角度で用いられている。第一章「（六）『万葉集』の「～ニカアラム」について―中古語「ニヤアラムの源流―」において述べたが、上代では、未実現ではなく不確定という意味合いが前面に出たムというのは、注釈構文やニヤアラムの前身といえるニカアラム以外にはほとんど例を見なかった。中古においては、「～ヤ～ム」の形式で不確定を意味するムは増加しているが、このニヤアラムのムは、その典型である。名詞疑問文は、「（～ハ）～カ」でもあらわされるが、こちらは端的に疑念解消志向の明確な疑問文である。これに対して、ニヤアラムは、疑念解消志向が前面に出た表現としても、むしろ主述の結びつきが不確定であることを表す表現としても用いられている。

ここで述べた「にやあらむ」型のムが不確定の世界を表しているということは、この単純な名詞文タイプのみならず他のタイプにもみな言えることであるし、このことが、「にや（あらむ）」の解釈適用型疑問の特徴でもある。(3)

三b　事態主語事態述語タイプ

この場合は、主語にあたる部分は、コト名詞である場合も、連体形の場合もある。述語にあたる名詞は当然コト名詞である。

「にやあらむ」型　三例

・その頃ほひきゝしことの、そばそば思ひ出らるゝは、ひが事にヤあらむ。（行幸　三の七〇）

・わが身にては、『まだ、いと、あれが程にはあらず、目も鼻も、なほし』とおぼゆるは、心のなしにヤあらん」（総角　四の四二七）

省略型　一五例

・これも、故尼上の、この御事をおぼして、御おこなひにも、祈りきこえ給ひし仏の御しるしにヤ」と、思ゆるに（紅葉賀　一の二七七）

・いと若く、清らにて、かく、御賀などいふことは、「ひが数へにヤ」とおぼゆるさまの（若菜上　三の二四二）

このタイプは、文の中に、主題にあたる句が明示されていて「〜コトハ〜コトニヤ（アラム）」という文型になっているものである。主題にあたる部分は、直面した事実であり、「〜コトニヤ」にあたる部分は、その事実の背後にあると話者が推測した事情や話者が感じた評価など、事実への解釈を内容としていて、そのような背後事情や評価などが適用可能かどうかを問う疑問文となっているのである。省略型としてあげた「若菜上」の用例ならば、「御賀などいふ」コトに対して、「ひが数へ」であるという解釈を適用しその適否を問題としているのである。

三C　挿入解釈タイプ

「にやあらむ」型　一五例

・「朝の露に異ならぬ世を、何をむさぼる、身の祈りにか」と、きゝ給ふに、御嶽精進にヤあらん、「南無当来導師」とぞ、拝むなる。（夕顔　一の一四一）

・宿世つたなき人にヤ侍らん、思ひ憚るべきこと侍りて、「いかでか、人には御覧ぜられむ」など、人知れず嘆

き侍れば、心ぐるしう見たまへ煩ひぬる」といふ。（玉鬘　二の三三七）

・「釣する海士のうけなれや」と、起き臥し思しわづらふけにヤ、御心地も、うきたるやうに思されて、なやましう、し給ふ。（葵　一の三二七）

・年ごろ、念誦のついでにも、うちまぜおもひ給へわたるしるしにヤ、嬉しき折に侍るを、まだきに、おぼほれる涙にくれて、えこそ、聞えさせず侍りけれ」（橋姫　四の三一九）

省略型　　六〇例

これらは、形式として「～コトハ～コトニヤ（アラム）」という形にはなっていないが、後続部分に、事実や話者の観察を述べた部分があり、それに対して、その背後の事情や評価などを述べる形になっている。「夕顔」の用例であれば、「『南無当来導師』とぞ、拝む」という声を耳にして、それに対して「御嶽精進ではないのか」という解釈を適用することを問題としているのである。挿入的に用いられるためか、これまでの類型に比して、結びがはっきりした「にやあらむ」型よりも、省略型が多く用いられている。三bであげたタイプとは異なり、直面した事態を示す文が「にや（あらむ）」より後にきているが、これは、文脈上、あくまで、直面した事態が重要であり、挿入された解釈は注釈に過ぎないからであろう。

「にやあらむ」型にも省略型にも、「～けにや」「～しるしにや」「思ひなしにや」など決まった形が多く用いられる。「～けにや」「～しるしにや」などは、現代語の「タイヤを替えたためか、何だか車が滑らかに走る」などのような文との類似性を感じさせる。

この挿入句タイプは、

・このきはに立てたる屏風も、端の方おし畳まれたるに、紛るべき几帳なども、暑ければにヤ、うち掛けて、いとよく見いれらる。（空蟬　一の一一一）

のような「～バニヤ」タイプとの連続を感じさせる。挿入句タイプが、前後の文脈に依存しているのに対して、「～バニヤ」タイプは、因果関係を示すものであることを接続助詞バによって明示している。これも第一章「(六)『万葉集』の「～ニカアラム」について」において述べたことだが、『万葉集』に見られる注釈の「ニカアラム」は、「秋の夜を長みにかあらむ～」(一五巻三六八四)のように条件句に直接ニカアラムが下接した形なので、挿入解釈に用いられるものとしては、むしろ「～バニヤアラム」の方が祖型かもしれない。

三d　状況解釈タイプ

「にやあらむ」型　四例

・「おぼえずこそ侍れ。筑紫の国に、廿年ばかり経にける下衆の身を、見知らせ給ふべき京人よ。人たがへにヤ|侍らむ」とて、より来たり。(玉鬘　二の三四六)

・あきたる障子を、今少し、おし開けて、屏風のつまより、覗き給ふに、宮とは、おもひもかけず、「例、こなたに来馴れたる人にヤ|あらん」と、思ひて(東屋　五の一六五)

省略型　二二例

・「比良の山さへ」といひける、雪のあしたを思しやれば、「祭の心、受けたまふしるしにヤ|」と、いよいよ、頼もしくなむ。(若菜下　三の三三二)

・ことなくて過ぐすべきころは、心のどかにあいな頼みして、いとしもあらぬ御心ざしなれど、「『今は』と、別れたてまつるべき門出にヤ|」と思ふは、あはれに悲しく(若菜下　三の四一六)

このタイプでは、はっきりした形で眼前の事実が示されているわけではない。課題となる事態は文表現として明確化されないままで、それに対する一般性の世界からの捉えなおしの部分のみが「にや(あらむ)」で示されるのである。三cの挿入解釈は、通常の文脈への挿入であり、重点は、後続部にあるのだが、このタイプは、これ自体が主要な文脈をなしている。したがって、単なる現状解釈のみならず、危惧や期待といったニュアンスを帯びて用いられることが多い。

三e　その他

「にやあらむ」型にはあと一例あるが、これは解釈が揺れていて、どのタイプか迷ったので保留とした。

また、省略型には一〇例ほど、

・「物思し乱る、慰めにもヤ」と、忍びていで給へるなりけり。（若紫　一の三二一）（岩波旧大系「せん」、小学館旧全集「ならん」を補うとする）

のような用例があるが、これらはニが本当に断定助動詞か迷うものなのでこれも保留とする。

四　連体形下接タイプ

名詞に下接するものも、その名詞がコト名詞である場合には、解釈適用型の疑問文となることが多かった。したがって、当然、ニヤの上が連体形である場合にも、同じ様に解釈適用型疑問文が多くなる。

四a　単なる主述構文タイプ

「にやあらむ」型　五例

・「かかることを『くやし』などは、いふにヤあらむ。さりとて、いかがはせん。われ、さりとも、心ながう見

はててむ」（末摘花　一の二五二）

・げに、かく、賑はしう、花やかなる事は、見るかひあれば、物語などに、まづ、言ひ立てたるにヤあらむ。されど、くはしうは、えぞ、数へ立てざりけるとや。（宿木　五の六五）

省略型　　九例

・忍やかにうちみじろき給へるけはひも、袖の香も、「昔よりは、ねびまさり給へるにヤ」とおぼさる。（蓬生　二の一五八）

・「折々ほのめく、箏の琴の音こそ、心得たるにヤ」（橋姫　四の三二九）

これらは、連体形接続であるから、コト述語になっているのだが、主語の方はモノであり、コトによってモノの属性性質を提示することの適否を問う疑問文となっている。したがって、**三**で述べたモノ名詞文と近いものになる。

四b　事態主語事態述語タイプ

「にやあらむ」型　一一例

・「怪しくも、さまかへたる高麗人かな」といふは、心知らぬにヤあらむ。（花宴　一の三一三）

・「げに、をかしきさましたりけり。心なむ、まだなつき難きは、見馴れぬ人を、知るにヤあらむ。ここなる猫ども、ことに劣らずかし」とのたまへば（若菜下　三の三二〇）

省略型　　一〇例

・我君、かう、おぼえなき世界に、かりにても、移ろひおはしましたるは、「もし、年頃、老法師の祈申し侍る神・仏の、あはれびおはしまして、しばしのほど、御心をも悩ましたてまつるにヤ」となむ思う給ふる。（明石　二の七二）

・「『桂の院といふ所、にはかに造らせ給ふ』ときくは、そこにすゑ給へるにヤ」と、おぼすに、心づきなければ（松風　二の二〇〇）

このタイプは、名詞下接と同様である。用例数もほぼ拮抗している。

四C　挿入疑問タイプ

「にやあらむ」型　二六例

・思ふ心ありて、ゆきかゝづらふかたも侍りながら、世に心の染まぬにヤあらむ、独り住みにてのみなむ。（若紫　一の一九〇）

・宮は「いと、いとほし」と思すなかにも、をとこ君の御かなしさは、すぐれ給ふにヤあらん、かゝる心のありけるも、うつくしうおぼさるゝに、なさけなくこよなき事のやうに、おぼしのたまへるを（少女　二の二九六）

省略型　四五例

・物の情知らぬ山賤も、花の陰には、猶やすらはまほしきにヤ、この御光を見たてまつるあたりは、ほどほどにつけて（夕顔　一の一二三）

・箏の御琴ひき寄せて、かき合はせすさび給ひて、そゝのかし聞えたまへど、かの勝れたりけむも、ねたきにヤ、手も触れ給はず。（澪標　二の一一二）

これも、名詞下接のものとほぼ同様で、主文脈よりも相対的に軽い表現になっている。名詞下接同様、省略型が多い。

四d　状況解釈タイプ

「にやあらむ」型　九例

・「あな、かうばしや。いみじき香の香こそすれ。あま君のたき給ふにヤあらむ」(宿木　五の一一二)

・「『人の、かくし据ゑたるにヤあらむ』と、わが御心の、思ひ寄らぬ隈なく、落し置き給へりしならひに」とぞ。(夢浮橋　五の四三五)

省略型　五四例

・いとど夢の心地して、「もし、受領の子どもの、すきずきしきが、頭の君におぢ聞えて、やがて、ゐて下りたるにヤ」とぞ、思ひよりける。(夕顔　一の一七三)

・をとこ君は、とく起き給ひて、女君は、更に起き給はぬ朝あり、人ひと、「いかなれば、かくおはしますらん。御心地の、例ならず思さるゝにヤ」と、見たてまつり嘆くに(葵　一の三五七)

四dと同様、直面した事態との関係がはっきりと文脈に示されないタイプである。挿入タイプと異なり、直面した事態の描写よりも後に登場する。ちなみに、「夢浮橋」の例は、薫が対話した浮舟の真意を解釈する内容であり、「夕顔」の例は、「いとど夢の心地する」ことへの解釈である。このように、このタイプでは、解釈が下される対象の事態がはっきりしなくなるにつれて、注釈ではなくて単なる推量とも感じられるようになる。

四e　「原因〜結果にや」タイプ

これは名詞下接には見られないタイプである。

「にやあらむ」型　四例

・「思ふやうありて、ものし給へるにヤあらむ。さも、すすみ物し給はばこそは、過ぎにしかたの孝なかりし恨

みも、解けめ」と、のたまふ御心おごり、こよなうねたげなり。（藤裏葉　三の一八六）
・「これも、あまたにうつろはぬほど、目とまるにヤあらん。花のさかりに、ならべて見ばや」など、の給ふに、御返あり。（若菜上　三の二五四）
省略型　九例
・「我いもうとゞもの、よろしき聞えあるを思ひて、の給ふにヤ」とや心得らん、ものも言はず。（帚木　一の六二）
・「さらば、その子なりけり」と、おぼし合はせつ。「御子の御すぢにて、かの人にもかよひ聞えたるにヤ」と、いとどあはれに見まほし。（若紫　一の一九〇）

あたかも、ラムの原因推量のように、直面した現実事態の方に「ニヤ（アラム）」が下接している。「藤裏葉」の用例では「ものし給へる」というのは、目にみえる結果であり、「思ふやうあり」というのは背後の事情である。また、「帚木」の用例においても「の給ふ」ことは直面した事態であり、「我いもうとゞもの、よろしき聞えあるを思ひて」というのは推測される背後の事情である。これは、以下のような事情によるものと考えられる。この連体形下接タイプは連体形によって文的な内容全体が句的体言にまとめられているが、このタイプではその句的体言の内部に背後の事情と直面する現実事態の両方が含みこまれているのである。先の「帚木」の用例ならば「我いもうとゞもの、よろしき聞えあるを思ひて」という原因と「の給ふ」という結果の二つともが一つの句的体言に収まっているのである。そしてその原因と結果の両者は通常の因果関係の配列順にしたがって、背後の事情が先行し、現実事態が後になる。つまり、ニヤのすぐ上は、現実事態になるのである。このようにこのタイプでは、ニヤは、適用されるべき解釈を示す部分のみならず直面した現実事態までも含みこんだ部分に下接しているのである。

とはいえ、このタイプは他のタイプと比較すれば少数にとどまっている。

四f　その他　べきにや（あらむ）

「にやあらむ」型　一例

・「人におとされ給へる御有様とて、めでたき方に、改め給ふべきにヤは侍らん。（若菜下　三の三七〇）

省略型　八例

・「かうやうのためしを聞くにつけても、亡からむ後、うしろめたう思ひ聞ゆる」さまを、の給へば、御顔、うち赤めて、「心憂く、さまで、おくらかし給ふべきにヤ」とおぼしたり。（夕霧　四の一四二）

・「日頃、おとづれ給はざりつれば、『おぼつかなくて過ぎ侍るべきにヤ』と、口惜しくこそ侍りつれ」と、息の下にのたまふ。（総角　四の四五五）

「〜べきにや（あらむ）」についても、現実を対象に、「〜べし」で妥当性や当為性を持つとして提示された事態を適用すべきかどうかを問題としているのだから、解釈適用型と考えられるのだが、反語や将来に対する危惧反発といった異なるニュアンスを帯びて用いられることが多い。ここでは危惧や反語の色合いの強いものをここに分類した。

五　まとめ

以上見て来たように、ニヤ疑問文は、解釈適用型であった。第一章の「(八)『源氏物語』の助詞カの文末用法について」で取り上げた文末カによるものは少数であったのだが、ニヤは多数用いられており、こちらがやはり優勢であったのだろう。

一方、事態成立型疑問文は、ニヤ以外のヤの疑問文の大半がそうなのであるが、しかし、すべてが事態成立型疑

問文というわけではない。たとえば、
・うめきたる気色も、はづかしげなれば、いと、なべてはあらねど、我も、思しあはすることヤあらん、うちほゝゑみて（帚木　一の五八）
・あいなき心の、さまざま乱るゝヤ、しるからむ、「色かはる」とありしも、らうたう思えて、常よりことに、語らひ聞え給ふ。（賢木　一の三九四）
のように普通の「～ヤ～ム」でも、挿入されて、後続部分への解釈をなす解釈適用型の疑問文として用いられることもあるが少数にとどまっている。「～ヤ～ラム」「～ヤ～ケム」については、助動詞の個性が影響して解釈適用型の方が多いようだ。

文末用法では、ほとんどの用例が事態成立型であった。ニヤ以外の結び省略の形式については未調査である。ここから言えることは、係助詞ヤは、ニヤ以外は、ラムやケムのように述語自体に「原因推量」の用法があるものを別にしては、通常は、事態成立型疑問文に用いられるようだということである。

やはり、事態を句的体言の形にまとめたものを疑問文に用いる「ニヤ（アラム）」は、一「はじめに」で述べたように、解釈適用型の疑問文に特化しているといってよいだろう。

注目すべきは、**四d**状況解釈タイプにあげた用例のように、「眼前の事態への注釈」というところから離れて、「単にある事態を推量する」といった意味合いで用いられるニヤアラムである。後の時代の「ヤラン」「ヤラ」の用法へのつながりなどから、注目すべきタイプである。

注

（1）現代語「～のか」はすべて、解釈適用型疑問文であると主張するつもりはない。

（2）ヤが問いにカが疑いに用いられるという傾向のすべてをここから説明しようというわけではもちろんない。

（3）結びが「にやある、にやありける」など「あらむ」でないものは、反語に傾きやすい傾向がある。

参考文献

磯部佳宏「『源氏物語』の要判定疑問表現「―ニヤ。」形式を中心に／吉田茂晃「疑問文の諸類型とその実現形式―ノデスカ／マスカ型疑問文の用法をめぐって―」／近藤要司「『源氏物語』の助詞ヤについて」・「『源氏物語』の助詞カの文末用法について」

（五）中古における疑問係助詞ヤの脱疑問化について

一　はじめに

一・一　疑問係助詞ヤの脱疑問化

古代語の疑問表現は、係り結びが関係することによってその形式が現代語よりも多様であった。本稿の対象である疑問係助詞のヤについても、古代語では、文中用法と文末用法との二種類が真偽疑問文[1]として用いられていた。疑問文の表現効果は、質問反語依頼疑いなど代表的なものを挙げても多様である。上に述べた疑問文の表現形式と、その表現効果は、どのような関係にあるのか。本稿では、中古の疑問係助詞のヤの用例、とりわけ文中の主語や目的語などにヤが下接し、結びの述語がムによって構成されるもの（以下「主語ヤ述語ム」と呼ぶ）について、その形式が疑問表現という範疇には収まらない表現効果をもって使用されていること、「脱疑問化」について、調査し報告するものである。

本稿では『源氏物語』の「桐壺の巻」から「幻の巻」までの疑問係助詞ヤの用例を採取し[2]、主に『新編日本古典文学全集　源氏物語一～四』を参照し、分類など独自に施した。各用例には新編古典文学全集の口語訳を付した。なお、以下の用例・用例数には、和歌や漢詩などの用例は除外している。和歌などでは古い時代の表現が残されていることが多いからである。また、反語などに多用されるヤハについては、本稿の対象からは除外している。

一・二　疑問について

現代語の研究においても古代語においても、具体的な形式を離れて「疑問とは何か」を問題にしている研究は少ないが、古代語の疑問文について比較的明確にまとめたものに、山口堯二（一九九〇）の記述がある。

～「疑い」の表現は、本来少なくとも主体の内面に湧く疑念（あるいは、意図的にさしはさまれる疑念でもよい）に発するものであると考えられる。同様に、いわゆる「問い」の表現も、本来少なくとも内面の問いかけに発するものであると考えてよいだろう。

典型的な疑問表現というものは、内面の疑念とその解消をめざす問いかけとに基づき、かつ、それを示す表現であると考えて良いだろう(3)。

また、安達（二〇一四）は、疑問文を以下のように規定している。

疑問文の規定

疑問文には、狭い意味で用いられる場合と広い意味で用いられる場合とがある。狭い意味における疑問文は、文中の命題に対して判断が成立しなかったことを表す文である。判断の不成立を前提として、聞き手に問いかけることによってそれを解消しようとする典型的な疑問文を質問文として特立させることもある。一方、広い意味における疑問文は、質問文を中心として、その周辺に位置するさまざまな問いかけ的表現を包括するものである。疑問表現と呼ばれることもある。広い意味の疑問文には命題に対して何らかの判断が成立しているものもある。

疑問文の規定をめぐるこのような状況は、不確定性条件と問いかけ性条件という二つの条件によってとらえることができる。不確定性条件は、命題内容に対する話し手の判断が成立していないことを表すものであり、問いかけ性条件は、その命題内容に対する判断の未成立状態を解消することを目指したり、成り立っている判断の強化を目指したりするために聞き手に対して問いかける機能の有無に関わるものである。不確定性条件は狭い意味での疑問文の成立に関わる条件であり、問いかけ性条件は広い意味での疑問文の範囲に関わる条件とも言える。質問文のような典型的な疑問文はこの二つの条件を兼ね備えている。

としている。疑問を「判断の不成立」(4)という側面と「問いかけ性」という二つの側面にわけたことで、見通しが良くなっている。ただし、「問いかけ性」という用語については、安達が述べているように「質問」という表現性への傾きを感じさせる。本稿では、山口（一九九一）の用語を受け継ぎ、「内面の疑念の解消をめざす」という意味で「疑念解消志向」(5)という用語を用いる。山口（一九九一）と安達（二〇一四）を参考に本稿では、疑問を「判断の不成立」を表すものであり、そこにその判断の確立をめざす疑念解消志向が付随すると考えたい。

古代語では、疑問文は実に多様な形で表現される。中古の疑問係助詞ヤ一つをとっても実にさまざまである。そのような多様性と疑念解消志向の表れ方に一定の傾向が見られるということ、そして、ある場合には、疑問文とは呼べないような表現効果が現れる場合があるというのが、本稿の主旨である。

二　『源氏物語』における疑問係助詞ヤ――「主語ヤ述語ム」形式以外の表現性――

二・一　文末用法

本題の「主語ヤ述語ム」形式に入る前に、それ以外の疑問係助詞ヤの表現形式とその表現効果について、概観しておきたい。

まず、文末用法である。『源氏物語』（桐壺〜幻）には、表1のように一一六例見られた(6)。

文末ヤの形式は、多岐にわたるが、ここでは「主語ヤ述語ム」との比較のためにヤの上の述語が確定系のものと、

表1　係助詞ヤの文末用法　上接述語の形式

アリハベリなど	4	
動詞	14	
過去完了の助動詞	21	
確定系の述語小計		39
ム	58	
ラム	6	
ケム	1	
ジ	6	
マシ	2	
ム系助動詞小計		73
ズ	2	
ベシ	2	
総計		116

ムのもののみ用例を示す。

二・一・一　文末用法　ヤが確定系述語の場合

確定系の述語にヤが下接したものは表1のように三九例ある。この場合、そのほとんどが左の（1）（2）のような単純な質問の表現である。和歌にはこのタイプで反語の例もあるのだが、散文の文脈では見あたらない。

（1）「北殿こそ、聞きたまふや」など、言ひかはすも聞こゆ。（夕顔）

（「北隣さんよ、聞いていなさるか」などと言葉を交しているのも聞こえる。）

（2）ただ大臣に、いかでほのめかし問ひきこえて、さきざきのかかることの例はありけりや、と問ひ聞かむ、とぞおぼせど（薄雲）

（ただ大臣には、なんぞしてそれとなくお聞きして、これまでにもこうした事例があったものかどうかを問い尋ねてみたいとお思いになるけれど）

二・一・二　文末用法　ヤがムにつく場合

「～ムヤ。」の場合は、確定系よりも、用法が広がる。表1のように用例数も多い。

（3）（4）は、典型的な質問の例で、これらは事の真偽を尋ねる単純な質問表現である。

（3）「恋しとはおぼしなむや」とのたまへば、少しうなづきたまふさまも幼げなり。（少女）

（「（私を）恋しいとお思いくださいますか」と若君がお尋ねになると、わずかにうなずいてみせるさまも、いかにもあどけないのである。）

（4）「まろがはべらざらむにおぼしいでなむや」と聞こえたまへば（御法）
（「この私がいなくなりましたら、思い出してくださいますかしら」とお尋ね申されると）

しかし、「〜ムヤ。」に関してはこのような真偽決定のみを目的とする質問は実は少ない。「〜ムヤ。」で多いのは、左のような聞き手の意向を尋ねる、あるいはその形を取り、結果的には依頼をするものである。これらは、二〇例ほど存在する。

（5）この世に、のゝしり給ふ光源氏。かゝるついでに、見たてまつり給はんや。（若紫）
（世間で評判になっていらっしゃる光源氏をこうした機会に拝みになりませんか。）

（6）「修理などして、かたのごと、人住みぬべくはつくろひなされなむや」と言ふ。（松風）
（「修理などして、形だけでも人の住めるように手を加えていただけまいか」と言う。）

（5）は、聞き手をある行動に誘う勧誘の文であり、（6）は、依頼の文である。
「〜ムヤ。」の用例で、このような意向を問う質問や依頼と並んで多いのは、反語である。一八例ある。

（7）「少しよろしからむことを申せ」と責めたまへど「これよりめづらしきことはさぶらひなむや」とてをり。
（帚木）
（「もう少しましな話を申せ」とせがまれるが、「これ以上に珍しい話がございましょうか」と言ってすましている。）

（8）これにあしくせられては、この近き世界にはめぐらひなむや。（玉鬘）
（この人ににらまれるようなことになったら、この近在、どこで暮していけましょう。）

質問・反語にせよ意向質問・依頼にせよ、真偽の決着を付けるという志向（疑念解消志向）が明確な用法である。

そういう意味では、確定系述語に文末用法のヤが下接したものも、ムにヤが下接した例も共通しているといえる。

ただし、確定系の場合とは異なって、「ムヤ。」には少数「疑念解消志向」が感じられない例もある。六例あるが二例のみ示す。

(9) 容貌はしもいと心につきて、つらき人の慰めにも、見るわざしてむや、と思ふ。(少女)

(その美しい顔だちがじつに強く胸に焼きついて、あの恨めしいお方と逢えぬ慰めとしてでも、これをわがものにできぬかと思っている。)

(10) さてもて離れ、いざなひ取りてば、思ひも絶えなむや、言ふかひなきにても、さもしてむ、とおぼすをりもあり。(常夏)

(そして自分とは縁が切れて、その人たちに迎え取られるというのだったら、あきらめもつこうというもの、つまらないことだがそうでもしてみようとお思いになるときもある。)

(9) は、二重傍線を付したように、心内文である。つまり、問いかけではない。一応は疑いの文ではあるが、「疑念解消志向」という観点から見れば、これらは、そのような志向があまり明確とは言えない。これらは「疑念の解消」というよりも、期待や危惧という話し手の情意が感じ取れる文である。

(9) や (10) は、実現可能性がそれほど高くない事態である。しかし、その事態が実現するか否かについて、話者が強い関心を抱いている。つまり、実現の可能性の高低とは異なる次元で話者にとって「切実な課題」と意識されている事態なのであり、表現の主眼は、「疑念解消志向」ではなく、「未実現事態への話し手の切実な関心」なのである。「疑念解消志向」と、この「課題への切実な関心」とは、文の内容に対する話し手の強い関心という点では共通するが、「疑念解消志向」が真偽が決定されることにより情報が安定することを求めるのに対し、後者は、「話し手の意識がその事態を求めて止まない」というような関心の切実さを示しているのである。

文末用法については、ごく簡単に概観したのみだが、係助詞ヤに上接する述語の種類によって、表現性がかなり変化することがわかる。確定系の述語の場合には、明確な「疑念解消志向」に支えられた質問の表現が多い。疑問係助詞ヤと助動詞ムが共起する場合には、（1）～（8）のように、当該事態を想定する妥当性を問題にするといった疑念解消志向が明確な場合もあり、その一方で、（9）（10）のように「疑念解消志向」というよりも、話し手の期待や危惧の対象となる未実現事態を述べる方に力点が置かれた場合もあるのである。[7]

二・二　文中用法

『源氏物語』の桐壺～幻までの疑問係助詞ヤの文中用法（係り結び用法）は、表2のごとく、七〇六例あった。これも和歌の例は除外している。裸の用言や過去完了の助動詞による述語（確定系述語）が結びであるものが、四三例で、ム系の結びが三一六例である。また、結びが省略されたものが、三三六例とかなりの数に上るのだが、この大部分が「ニヤ（アラム）」の結びが省略されたものである。[8] 文末用法に倣えば、これを確定系の結びのものとムが結びであるものに分けることになるが、文中用法に関しては、ニヤ（アラム）が用例も多く、「主語ヤ述語ム」とは別の特徴を持っているので別に扱い、「主語ヤ述語ム」については、節を改め、**三**で述べる。

表2　係助詞ヤの文中用法　結びの形式

アリ類	14	
動詞	20	
過去完了助動詞	9	
確定系小計		43
ム	194	
ラム・ケム・マシ	122	
ム系小計		316
省略		336
その他		11
総計		706

二・二・一　確定系の述語が結びの場合

結びが確定系述語（裸の用言、過去完了系助動詞）の用例は、四三例あった。質問や疑問が多い。

（11）「その姉君は、朝臣の弟やもたる」（帚木）

（「その姉君には、そなたの弟があるのか。」）

（12）「さて今宵もやかへしてむとする。いとあさましう、からうこそあべけれ」（空蟬）

（「では、また今夜も追い返そうというのか。あんまりな、まったく酷い話ではないか。」）

（13）「もし見たまへ得ることもやはべる、とはかなきついで作りいでて、消息など遣はしたりき。（夕顔）

（「もしかしたら、何か見つけ出せることもあるかと存じまして、ちょっとしたきっかけを作って、ためしに手紙などをやってみました。）

（14）かやうに思ひかけぬほどに、もしさりぬべきひまもやある、と藤壺わたりを、わりなう忍びてうかがひありけど（花宴）

（こうした思いがけぬ折に、もしや格好な機会もありはせぬかと、藤壺のあたりを是非もなくこっそりとうかがい歩くけれども）

（11）（12）は単純な質問疑問である。中には（13）（14）のような「〜モヤ」を用いた期待感の表明の例も多い。

二・二・二　ニヤ（アラム）

『源氏物語』桐壺〜幻には、ニヤアラムあるいはニヤの例が、二七三例ある。(9)

ニヤ（アラム）は、第二章（四）で述べたように、際立った特徴をもって用いられる。下の例のように、事実を表す部分に先立って、その事実に対する原因や事情を不確定ながら提示するという注釈構文(10)の中で用いられるのが典型である。

（15）この暁より、しはぶき病みにやはべらむ、頭いと痛くて苦しくはべれば、いと無礼にて聞こゆること（夕顔）

（それに、この明け方から、風邪ででもございましょうか、頭痛がして気分がわるうございますので、まことにご

無礼のまま申しあげるしだいで）

（16）人わろく恋しう悲しきに、心魂も失せにけるにや、なやましうさへおぼさる。（賢木）

（人目にも見苦しいくらいに恋しく悲しく思われるので、ついに気力も失せてしまったのだろうか、病人のようなお気持にまでおなりになる。）

ニヤアラムについてさらに注意すべき点は、このムが未定や意志といったような未実現を示すのではなく、「不確定」を示していることである。こちらは「やらむ」「やら」というように述語あるいは複合助詞としての不確定表現への道を歩むことになるが、これについては、この節では立ち入らない。

二・三　ヤの文末用法、文中用法と「疑念解消志向」

ここでは、ヤの文末用法とヤの文中用法の内、「主語ヤ述語ム」以外のものを概観した。まとめれば、

疑問係助詞ヤの文末用法

・確定系述語にヤが下接したものは質問表現となる。

・ムにヤが下接したものの多くは、質問にせよ反語にせよ、聞き手の意向への質問となる。少数危惧や期待の例がある。

疑問係助詞ヤの文中用法（係り結び用法）

・結びが確定系述語であるものは、質問や疑いとなるものが多い。「モヤ」の例のほとんどは、期待感の表明となる。

・「ニヤアラム」のほとんどの用例は、遭遇した事態の背後の不明確な原因や事情を疑いつつしめすというものである。

ということになる。これらの諸類型の多くは、「真偽・理非を決したい」という「疑念解消志向」を濃厚に持つものであった。中には期待や危惧といった疑念解消志向の感じられない用例も存在するが、全体の傾向は「疑念解消志向」を持つものが大半を占めるのである。

三　『源氏物語』における「主語ヤ述語ム」

三・一　「主語ヤ述語ム」の用例数など

　前節で扱った疑問係助詞ヤの用法では、多くのものに明確な「疑念解消志向」が感じられた。しかし、ここで扱う「主語ヤ述語ム」については、様相がかなり異なっている。本題に入る前にここでいう「主語ヤ述語ム」というタイプについて、再度確認しておく。これは

　文中用法で結びがムで終わるもので、ニヤ（アラム）以外のもの。

ということになる。その場合、ヤがすべて主語の下に位置するわけではないが、典型的な場合に主語に下接することが多いのでこのように名づけたわけである。

　用例は、表3のごとく、一一九例あった。述べたように主語下接の用例が六六例と全体の五割強を占めている。

表3　主語ヤ述語ムのヤの位置

主語	66
連用修飾語	25
目的語	14
述語内部	14
総計	119

表の連用修飾語というのは「うちつけにやおぼさむ」（末摘花）のような連用修飾語に下接した例を言うが、主語・目的語以外の格成分も含んでいる。述語内部というのは、「見やうとまれむ」（帚木）や「おぼし知らずやあらむ」（若菜下）のように複合動詞の内部や用言と補助用言の間にヤが割って入ったものである。主語や目的語は、述語に対立的な要素であり、述語の内部に位置するのとは大きく異なっている。連用修

飾語は、主語寄りとも述語寄りともとれる成分である。

　桐壺から幻までのヤの文中用法全体で見ると、総数七〇六例中、主語に下接しているものは、全体で一一六例ある。[11]『源氏物語』の文中ヤは、この一〇〇例を越える主語下接の例と、先に述べた「ニヤ（アラム）」の二七三例というのが代表的な形式ということになる。その中で、述語がムであるものは、主語にヤがつくか、「ニヤアラム」の形になるか、大きく二つの傾向があるということになる。ここではその主語にヤがついたものを扱うことになる。

三・二　「主語ヤ述語ム」の表現性

　著しい特徴から述べるなら、「主語ヤ述語ム」には、明確な「疑念解消志向」を持つ用例がほとんど見られない。そして、疑念解消志向が感じられないものはさらに二類三種に分かれる。特徴が際立ったタイプから見ていくことにする。

三・二・一　断定回避の用法

「主語ヤ述語ム」には、疑問や質問というよりも、聞き手に直截には表明しにくい内容について、あえて、不確実な形で表現するという「断定回避」[12]と呼ぶべき用例が多い。これらの用例には、疑念解消志向がまったく感じられない。特に左に示した「回答・報告」に用いられた例は、それが顕著である。

（回答・報告における断定回避）

　相手からの質問や課題に対して回答を返さねばならないという場面で、「主語ヤ述語ム」が用いられていることがある。このような聞き手に情報を提供すべき回答の中で疑問や質問が出てくるのは不自然なので、口語訳でも単なる推し量りの文で訳される場合が多い。以下の三例である。

（17）「国の親となりて、帝王のかみなき位にのぼるべき相おはします人の、そなたにて見れば、乱れうれふるこ

とやあらむ。（桐壺）

（幼い源氏の容貌を見た人相見の言葉）「国の親となって帝王という最高の位にのぼるはずの相のおありになる方であるが、さてそういう方として見ると、世が乱れ民の苦しむことがあるかもしれません。

光源氏の将来が予告される場面である。「この子供の将来はどうか」という課題を与えられ、その回答が期待される文脈であり、質問や疑問の提示を許される場面ではない。さらにまた、占いの結果について、この人相見以外に解き明かす者はおらず、「他に答えを求める」場面でもない。「疑念解消志向」が発動される文脈場面ではありえないのである。（17）の「乱れうれふることやあらむ」の文は、ここではもっぱら「世が乱れ民の苦しむことがあるかもしれない」という「不確かな事態を提示する」ことのみに働いているのである。もちろん、この文脈であれば、単なる推し量りの平叙文「乱れうれふることあらむ」を使うことも可能であろう。この文でも不確かな事態を提示していることに違いはないからである。しかし、当時ムによる「設想」[13]は、「実現の見通しが高い」場合に用いられることが多く、かなり積極的な意味での不確実表現であった。これを用いれば不吉な予想を直截に伝えることになってしまう。それに比較すると「主語ヤ述語ム」は、判断保留の形式であるがゆえに、平叙文の設想よりも、いっそう消極的な推し量りともいえる側面を持っている。この側面を生かすことによって、（17）の文は「断言を回避する」という表現性をもつことになるのである。

このように（17）の文では、疑問係助詞を用いた形式的には疑問文を用いながらも、「疑念解消志向」を前面化するのではなく、「判断を中止したまま不確定な内容を提示する」形式として用いられているのである。

次の（18）の用例は、主君に対しての報告の文である。

（18）四位の少将、右中弁などいそぎいでて、送りしはべるや、弘徽殿の御あかれならむ、と見たまへつる。（花宴）

（四位少将や右中弁などが急いで出てきて送って行きましたのは、弘徽殿からのご退出であろうと見受けられました。）

この文は、源氏の命を受けて、様子を見に言った家臣からの報告である。この報告によって、源氏は、「朧月夜の君」と呼ばれる女性が、源氏を敵視し続ける弘徽殿女御の妹であることを知ることになる。これも事実を伝えるべき報告であるからには、疑問や質問が許される文脈ではない。ここで、「主語ヤ述語ム」が用いられている事情は、(17)と同じく、断定回避の表現効果を意図しているからなのである。

次の(19)は、目上の人間の下問に対して、期待を裏切る回答をせねばならない場面である。

(19)「〜この春のころより、内の大殿の造らせたまふ御堂近くて、かのわたりなむ、いとけ騒がしうなりにてはべる。いかめしき御堂ども建てて、多くの人なむ造りいとなみはべるめる。静かなる御本意ならば、それやたがひはべらむ」（松風）

（「〜この春ごろから、内大臣殿（源氏）の造営なさっている御堂が近いものですから、あの辺は実に何やら騒がしくなっております。荘厳な数々の御堂を建てて大勢の人が仕事にかかっているようでございます。閑静な所をというご希望でしたら、それはご期待には反しましょう」）

この文は、明石の入道から屋敷の建造の相談を持ちかけられた預かり人が答えているところである。これも回答である以上、質問や疑いであることはありえない。ここでも「主語ヤ述語ム」は、断定回避のために用いられているのである。ただし、(17)が将来、(18)が遠くからの観察といったものであり、回答の内容自体が「不確か」なものであるのに対して、(19)については、預かり人の内面では「静かなる御本意かなはず」ということを確信しているると考えられる。それを表明する際に、相手の失望を思いやって、あえて「断定回避」を行っているのである。

(17)～(19)に共通するのは、目上の質問者に対して、その意に沿わない回答をせねばならないという場面で用いられているということである。回答や報告であるから、質問疑問が許される文脈ではない。そのような文脈で用いられた「主語ヤ述語ム」は、疑問文の「判断を中止したまま不確定な内容を提示する」という側面が前面化した表現になっているのである。

(他者への評価)

もう一つ、「主語ヤ述語ム」が用いられることが多いのが、「他者への評価」をくだす場面である。これは、眼前の聞き手、あるいはそれ以外の配慮が必要な人物についての評価を下すという場面であり、これも直截な断定が避けられる場面である。このような用例は一四例見られた。五例示す。

(20)「さやうにきこしめすばかりにはあらずやはべらむ」(末摘花)

(「そう改めてお聞きあそばすほどのことはございますまいが」)

末摘花の琴の腕前を期待する源氏に、女房の命婦が否定的な答えをする場面である。回答の眼目の文であるから、ここに「問いかけ」や「疑い」というような「疑念解消志向」が明確な表現は置くことができない。しかしながら、さすがに、主への低い評価をあからさまにするわけにもいかずに断定回避の「主語ヤ述語ム」を用いているのである。回答であるから「さやうにきこしめすばかりにはあらずもはべらむ」などの推し量りの平叙文を用いることもできる。しかしそうなると、たとえ推し量りという形であっても、話し手は「判断の責任者」になってしまう。それを避けるために「主語ヤ述語ム」が用いられている。

(21)「いと長き人も、額髪は少し短うぞあめるを、むげに後れたる筋のなきや、あまりなさけなからむ」(葵)

(「あなたのようにまるでおくれ毛がないというのも、あまり風情(ふぜい)がないでしょうに」)

(22)そは、さ言へど紫のゆゑこよなからずものしたまふめれど、少しわづらはしき気そひて、かどかどしさの

すすみたまへるや苦しからむ。（朝顔）

（あなたはなんといってもその宮のゆかりのお方で、ひどく違ってはいらっしゃらないけれど、少し厄介なところがあって、きかぬ気の勝ちすぎておられるのが困ったものだと思いますよ。）

(23)「風につきてあくがれたまはむや、かるがるしからむ。さりともとまるかたありなむかし。やうやうかかる御心むけこそそひにけれ。ことわりや」とのたまへば（野分）

（「風についてどこぞへお行きになるのでは、軽はずみというものでしょう。それにしても、どこかお目当ての所がおありに違いない。だんだんわたしをお嫌いになるお気持ちがでてきましたね。無理もないことだが」とおっしゃるものだから）

(21)(22)(23)は、聞き手本人の「まるでおくれ毛がない」とか「きかぬ気が勝ちすぎている」とか「軽はずみである」という聞き手の欠点を伝えるという場面であり、当然、明確な断定は避けられるべき場面である。次の(24)は、直接の聞き手ではないが、配慮が必要な相手ということもあり、「断定回避」を行っている。

(24)「宮の御手は、こまかにをかしげなれど、かどやおくれたらむ」と、うちささめきて聞こえたまふ。（梅枝）

（「中宮の御筆跡（て）は、行き届いていて風情（ふぜい）はあるけれど、才気が乏しいといえましょうね」と小声で対の上にお話し申し上げる。）

回答や評価に用いられた断定回避の例には、「疑念解消志向」は感じられない。用いられた助詞ヤもあるいは、間投助詞など別種の助詞に位置づけるべきかと思うほどである。しかし、「主語ヤ述語ム」の中にも、後に述べるように、疑念解消志向につながる、あるいは、疑念解消志向が明確な例も存在しており、それらとの連続性もまた十分に感じ取れる。そちらとの連続面を見るなら「判断回避」も疑問係助詞ヤの用法の一つなのである。

見られる。

三・二・二　危惧の用例

「主語ヤ述語ム」の中で用例数が多いのは、この危惧のタイプである。『源氏物語』桐壺〜幻までで、七〇例ほど見られる。

(25) せばきところにはべれば、なめげなることやはべらむ」（帚木）
（手狭な所でございますから、失礼にあたることでもございましては。」）

(26) 「うたてこそあらめ」とて、さもやしみつかむ、とあやふく思ひたまへり。（末摘花）
（「いやでございますわ」と言って、本当にそのまま赤く染（し）みつきはせぬかと心配しておいでになる。）

(27) 姫君いかにつれづれならむ、日ごろになれば屈してやあらむ、とらうたくおぼしやる。（花宴）
（対の姫君がどんなに所在ない気持でいることか、幾日も逢わずにいるので、さぞふさぎこんでいることだろうと、いじらしくお思いやりになる。）

(28) 浪風に騒がれてなど人の言ひ伝へんこと、後の世まで、いとかろがろしき名や流しはてむ、とおぼし乱る。（明石）
（波風の騒ぎにあの始末（須磨から逃げ出すこと）だと、後の世までまったくあさはかな浮名を残すことになるのだろう、とあれこれお迷いになる。）

「危惧」の例自体は、二で述べたようにヤの文末用法など他の形式にも見られる。これも「課題への切実な関心」という側面が前面に出ているために「疑念解消志向」から遠くなっているという点では、「断定回避」とつながる面がある。しかし、一方で、未実現未確認の事態について、「その事態が成立するかどうか」に課題意識があるわけで、その点では「疑念解消志向」を持つ用例にも近い点があり、その点で質問や疑問と連続的ではある。

このように「危惧」の用例は多数見られるのだが「期待」の例が見られない。「期待」の例がなく、「危惧」に傾くというのは、忌避すべき事態の実現については、積極的な推し量りがはばかられるということだと考えられる。

三・二・三　質問反語疑いの例

「主語ヤ述語ム」は、まったく質問疑問に用いられないわけではない。少数ながら、明確な疑念解消志向を持った質問や反語や疑いの例も見られる。（29）（30）は会話における発話。（31）は心話である。

質問

（29）またこのことを知りて漏らし伝ふるたぐひやあらむ」（薄雲）
（ほかにこのことを知っていて、世間に漏すような者はいるだろうか。」）

（29）は、天皇が出生の秘密を知って、これを相手に問いただすという場面であり、明確な質問表現である。(14)

反語

（30）「わりなしや。世にある人の上とてや、問はず語りは聞こえいでむ。（玉鬘）
（「困ったことをおっしゃる。生きている人のことだって、尋ねられもせぬのにこちらから進んで話をきり出すことがありましょうか。」）

（31）あやにくに、いまさらにたちかへり、にはかにものをや思はせきこえむ（若菜上）
（分別もなくいまさら後戻りして、にわかに女君に苦労をおかけしてよいものか。）

疑い

（32）（33）の例は、「ニヤ（アラム）」と同様に、前後の事実句に対して解釈を下している。これらも「疑念解消志向」を前面に出した表現になっている。

（32）いとなべてはあらねど、われおぼしあはすることやあらむ、うちほほ笑みて（帚木）
（全部が全部というわけではないが、ご自身でもお思い当られることがあってか、笑みを浮べて）

（33）また契りたまへるかたやあらむ、いと忍びて帰りたまふ。（末摘花）
（ほかにもお約束の所があるのだろう、ごくこっそりと君はお帰りになる。）

四　まとめ

二で用例を取り上げて解説したように『源氏物語』（桐壺〜幻）において、係助詞ヤは、文末用法でも文中用法でも「ニヤ（アラム）」でも、「疑念解消志向」をもった典型的な疑問文に使用されることが多かった。ところが、三で見たように「主語ヤ述語ム」のタイプでは、断定回避の用例のようにまったく疑念解消志向を感じさせない用例も無視できない数で存在する。「主語ヤ述語ム」は、「脱疑問化」といってもよい状況になっている。(15)

中世になると、真偽疑問の主体は次第に文末のカに交替し、ヤの文中用法は、ニヤ（アラム）がヤラに形を変えて生き残った以外は、滅びてしまう。今回見たような、「主語ヤ述語ム」の「脱疑問化」は、ヤの文中用法が力を失っていく一因と考えられる。

古代語の疑問表現には、設想の助動詞が用いられることが多い。現代語にも「〜だろうか、でしょうか」の用例があるが、その比率よりもはるかに高い頻度で用いられている。そのことについては、単純に疑問は叙述内容が不確定だから、不確かな表現である設想系の助動詞と相性がよいのだ、と考えることは出来ない。

筆者は、古代語の疑問係助詞ヤとカと疑問という表現の関係については、端的に言えば「問いや反語や勧誘依頼などの疑問という表現は、助詞ヤ・助詞カの位置（文末にあるのか、文中のどのような要素に下接するのか）や、述語の形式などの、全体的な相互作用のもとで生ずる表現効果である」と考えている。かつまた、上に述べた相互作用の中で、助詞の意味も、述語の形式、とりわけ設想系助動詞の意味も、時代が下るにつれて少しずつ変容していったのではないかと考えている。

今回対象とした「主語ヤ述語ム」も、文全体の表現性は、助詞ヤの働きとその文中での位置、そして、述語の形式によって決定されていたのである。

注

（1）文の内容が真か偽かを問題とする疑問文。いわゆるイエス・ノー疑問文。
（2）用例の採集は『CD―ROM角川古典大観源氏物語』の検索抽出機能を利用して行った。
（3）山口尭二（一九九一）「一編　疑問表現とその周辺　第一章　疑問表現の原理　二　内面の疑念と問いかけ」（五頁）
（4）この「判断の不成立」については、山口（一九九一）では「一編　疑問表現とその周辺　第一章　疑問表現の原理　三　解答案の提示」において「解答案を示すことによって、疑問表現も未定ながらに主体の判断を担って成立することになると考えられる」としている。
（5）山口（一九九一）「一編　疑問表現とその周辺　第一章　疑問表現の原理　二　内面の疑念と問いかけ」（八頁）に「疑念解消志向は、だれかへの解答要求となる前に、それ自体においてすでに解答を見出そうとする自問自答性を含んでいる」とある。
（6）係助詞ヤの文末用法には、終助詞との区別が困難な例もある。ここでは、課題解決志向が感じられないものは終助詞と考え除外した。ここにいう終助詞の表現性は、後述する「主語ヤ述語ム」のヤとは異なり対象事態に関する不透明感は感じられない。
（7）ム以外のラム、ケム、マシ、ジなどは反語質問が多い。また打ち消しズにヤが付した二例は反語。べシヤは反語と「できるだろうか」という疑問であった。
（8）ニヤの結びがアラムであるとは限らないので、アラムが省略されているとは厳密には断言できないが、本稿ではニヤの結びにはアラムがとりわけて多いことをもとに「アラム」が省略されたと考えておく。

(9)　この他に、ニヤアリケムが一三例、ニヤアルラムが一例、ニヤアラマシが一例、ニヤアリケルが一例あった。
(10)　野村剛史（二〇〇二）による。
(11)　この他に「ほど経ば少しうちまぎるることもや」（桐壺）のような省略された部分を補って考えると、主語にヤが下接したと考えられるものが四六例あるが、これは主語の中に含めていない。
(12)　「婉曲」と呼ぶべきかもしれないが、「婉曲」という用語はさまざまな意味合いで用いられているので、ここではあえて用いない。
(13)　ムの本来的な意味については、「設想」という語句を用いる。「設想」の定義については、野村剛史（二〇一四）に従って、「事柄を想定的・想像的に示す働きを言う」とする。本稿では、ムの意味を論ずる際にはこの「設想」を用いるが、「不確定な平叙」ということを「推し量る、推し量り」と表現することもある。
(14)　このような切実で真剣な質問になぜ「たぐひありや」という通常の質問文でなく、「主語ヤ述語ム」を用いたのかは分からない。なにがしかの配慮を感じさせる表現なのであろう。
(15)　「主語ヤ述語ム」については、上代でもある種の特徴を持って用いられていた。上代の「主語ヤ述語ム」は、（木下一九七八）が述べるように、そのほとんどが一人称主語で現在から未来にかけての「自身のふがいなさを嘆く」という用法であった。「主語ヤ述語ム」は、その成立当初から「詠嘆を込めた推し量りの文」というのが主流であったのかもしれない。

参考文献

石井文夫「中世の疑問助詞「や」について―文のなかにあるばあい―」／磯部佳宏「『源氏物語』の要判定疑問表現「―ニヤ。」形式を中心に」／大野晋『係り結びの研究』／小田勝『実例詳解古典文法総覧』／尾上圭介「現代語のテンスとアスペクト」・「スル・シタ・シテイルの叙法論的把握」・「文の構造と〝主観的〟意味―日本語の文の主観性をめぐって・その二」・「係助詞の二種」／澤瀉久孝「『か』より『や』への推移（上中下）」／木下正俊「「斯くや嘆かむ」という語法」／近藤泰弘「六・五　中古語の疑問文」／近藤要司「『源氏物語』の助詞カの文末用法について」・「『源氏物語』の「〜ニヤ」について」・「『今昔物語集』の文末カの用法について」・「助詞ヤの文中用法の変遷―『源氏物語』と『今昔物語集』

の比較―」・「『万葉集』の～ムカについて」／阪倉篤義「文法史について―疑問表現の変遷を一例として―」／高山善行『日本語モダリティの史的研究』・「中古語における疑問文とモダリティ形式の関係」／野村剛史「ズ、ム、マシについて」・「連体形による係り結びの展開」（二〇〇二）・「ム」項目執筆『日本語文法事典』（二〇一四）・「中古係り結びの変容」／山口堯二『日本語疑問表現通史』

（六）助詞ヤの文中用法の変遷
――『源氏物語』と『今昔物語集』の比較――

一　はじめに

疑問表現は、大きくは、「誰が見た」のような説明要求疑問文と、「亀は爬虫類か両生類か」のような選択疑問文と、「山田さんは会議に間に合いましたか」のような判定要求疑問文（以下真偽疑問文とする）[1]に分かれる。このうち真偽疑問文については、古代語では、助詞のカとヤが大きく関わっており、かつ、その関わり方は時代によって大きく異なっている。

てみじかに言えば、上代では両者ともに「虎カ吼ゆる」「かくヤ嘆かむ」のような文中用法もあり「妹見つらむカ」「聞きつヤ」のような文末用法もあるのだが、すでにカの文中用法には衰えが見られ、中古になると、真偽疑問文は、カの文末用法とヤの文中文末用法にほとんど限られてしまう。さらに、中世になるとヤの文中文末用法も衰え、近世以後の真偽疑問文は、カの文末用法のみが用いられることになる。

本稿では、このような変遷の内で、とくにヤの文中用法の推移について、『源氏物語』と『今昔物語集』の比較をしてみたい。

これについては、すでに磯部佳宏氏が比較を試みていて、文中用法の「ヤ」の用例数が真偽疑問文の用例数全体に占める割合が、『今昔物語集』では『源氏物語』に比較して五割近くから三割弱とはるかに少なくなってきているとされている。[2]

真偽疑問文全体でなく、文中用法のヤのみに着目しても、筆者の概算で『源氏物語』のヤの文中用法（ここでは「ニヤアラム」を含める）は、九〇〇例ほどであり、『今昔物語集』のそれが、五〇〇例であるから、実数として半分近くの用例数となっている。

しかしながら、助詞ヤの文中用法がすべて一様に減少しているわけではない。たとえば、

・「年ごろ、念誦のついでにも、うちまぜおもひ給へわたるしるしにや、嬉しき折に侍るを、まだきに、おぼほれる涙にくれて、えこそ、聞えさせず侍りけれ」（橋姫　四の三一九）[3]

のような「ニヤアラム」のようなタイプは、『源氏物語』に四五〇例ほど存在するが、『今昔物語集』にも、

・其ノ怖シト思ケル気ニヤ、日来温テナム病ケル。（巻二七第三三）

のような用例が二三〇例存在しているから、「ニヤアラム」を含めた文中用法全体に対する「ニヤアラム」の比率は『源氏物語』でも『今昔物語集』でも、ほぼ半数ということで変化はないのである。

これに対して、ニヤアラム以外の文中用法[4]の他のタイプでは必ずしもそうではない。ある用法では減少が著しく、またある用法では比率が増大している。

このような用法間での増減の違いの実態はどうなのか。また、このような増減の実態はいったいどのような事情によるものなのか。本稿では、この点について考察したい。

二　助詞ヤの文中用法の比較

二・一　資料

『源氏物語』については、国文学研究資料館の岩波書店『日本古典文学大系　源氏物語一～五』を元にしたデータベースを利用し、角川書店CD-ROM『源氏物語』、および小学館の『日本古典文学全集（1）～（6）』を参照した。

『今昔物語集』についても、国文学研究資料館の『岩波古典文学大系　今昔物語集一～五』を元にしたデータベースを利用し、『岩波新古典文学大系　今昔物語集一～五』を参照した。

二・二　比較のための分類の方針

まず、両者の「ニヤ（アラム）」以外の文中用法の用例を、結びがム・ラム・ケム・マシ（以下「ム系助動詞」とする）であるものと、用言・過去完了系助動詞が結びであるものの二つに分けた。それ以外の打ち消し、ベシ、ナリ、メリなどについては今回は対象外とした。また、結びの省略されたもの、結びの不明確なものも除外した。なお助詞ヤは、「やは」「やも」の形でも用いられ、表現性にそれぞれ特徴があるが、本稿では単純なヤと同じに扱った。

また、両者とも散文の用例に限り、和歌の用例は取らなかった。和歌は散文よりもより古い形態を保存していることが多いからである。

両者を対照していると、アリを述語とする場合に特に著しい違いが見られたので、述語の主要部が「あり、はべり、おはす」であるものと、それ以外に分けた（「はべり」に関しては、敬語の補助動詞として動作変化動詞の後に付されたものについては除外した）。後者には形容詞形容動詞も含まれるが、数は少ない。

ヤが文中のどのような項目に下接しているかについても、『源氏物語』と『今昔物語集』では違いが見られたので、

・「人目、しげからん所に、便なき振舞や現はれん。人のためもいとほし」と、思しわづらふ。（帚木　一の一〇三）

のように主語などにあたる体言に直接ヤが下接しているもの、

・「名のりも、ものうき際」とや思ふらん、更にこそきこえね。（常夏　三の一三）

のように格助詞にヤが下接しているもの、その他の連用修飾語にヤが下接している、

・「ほかなる程は、恋しくやある」との給へば、うなづき給ふ。（紅葉賀　一の二八七）

のような用例にわけた。

体言に直接下接している場合、その体言の多くは文の主語にあたるものが大部分であるが、中には意味役割としては目的語のもの、あるいは時の状況語であるものも少数含まれる。格助詞に下接するものは、『源氏物語』でも『今昔物語集』でも、「をや」「とや」が多く、また少数「にや」がある。「をや」にも「とや」にも文末におかれて反語を示す例もある。連用修飾語としたものは「紅葉賀」の例のような述語にヤがわって入るものが大半を占めるが、

・「妻若シ尚ヤ来ル」ト待テドモ、遂ニ不見エズシテ、夫恋ヒ悲ブト云ヘドモ、甲斐无シ。（巻三〇第一四）

のような副詞に下接したものも含めた。

体言下接は、述語と対立する部分に下接するヤ、連用修飾語下接は述語に従属する要素に下接するヤ、格助詞下

接はその中間という観点からの分類である。

二・三　結びの述語の比較

ここで比較する用例は、『源氏物語』と『今昔物語集』で結びがム系助動詞であるものと用言・確定系助動詞であるものである。先にも述べたように「にや（アラム）」などは除外している。その総用例数は、『源氏物語』が四三二例、『今昔物語集』が二六七例で、今昔の用例数は源氏の半分強である。用例全体の比率は、『源氏物語』が二に対し『今昔物語集』が一でニヤと同じであり、変化がない。

しかし、細かく見れば大きな変化が見られる。

『源氏物語』では、

・「『軽かるしう、もてひがめたる』と、人もや漏り聞かむ」など、つつましければ（若紫　一の二二二）
・「かかるついでに」とや、思ひよりけむ、蘭の花の、いとおもしろきを、持給へりけるを、御簾の前よりさし入れて（藤袴　三の一〇二）
・「猶、忍びてやむかへまし」とおぼす。（須磨　二の三四）

のような結びがム系助動詞であるものが、三七一例と八割近くを占める。

一方、

・「これ、あけさせ給へ。小侍従やさぶらふ」とのたまへど、音もせず。（少女　二の二九八）
・「『その間にも』とやおぼす」と、心苦しげにおぼして、たちとまり給ふ。（若菜下　三の三九一）
・「さて、その児は、死にやしにし」と、言へば（手習　五の三四三）

のような用言や過去完了助動詞が下接したものは、九二例で全体の二割しかない。

また、散文で形容詞形容動詞が結びであったのは

・「あか月の別れは、かうのみや、心づくしなる。思ひしり給へる人もあらんかし」との給へば、（須磨　二の一七）

の一例のみであった。(5)

『今昔物語集』では、『源氏物語』とは逆転した現象が見られる。

・鬼ノ云ク、「其年ノ人有ル所ヲ知レリ。汝ガ代ニ其人ヲ召サム。但シ、与ツル牛ヲバ食ツ。又、我等ヤ打被責ム。」（巻二〇第一九）

・茸ノ有ツルヲ見付テ、物ノ欲キマヽニ、『此レヲ取テ食タラム、酔ヤセムズラム』トハ思ヒ乍ラ（巻二八第二八）

・「我レ此ニ有リトヤ云ハマシ」ト思ドモ（巻一九第一）

のようなム系助動詞で結ぶ用例は一一一例であり、これは全体の四割にすぎない。

それに対して、

・弟子ノ僧一人ヲ以テ関寺ニ遣ル、教テ云ク、「『若シ寺ノ材木引ク黒キ牛ヤ其ノ寺ニ有ル』ト問テ来レ」ト（巻一二第二四）

・然レバ、「今ヤ晴《ハル》ル晴《ハル》ル」ト立テ待ツ間ニ（巻一九第二五）

・我ガ家ノ門ヨリ隣人ノ死人車出ス人ヤ有ケル。糸弃異キ事也」ト（巻二〇第四四）

のような用言・確定系の結びのものは一五六例であり、六割近くになる。この用言・確定系助動詞の結びのものは、用例数自体も『源氏物語』よりも増えており、注目すべき形式である。

また、形容詞で結ぶものがずいぶん増えているが、これは二例を除いては、

・僧、「今日ハ物ヘ行カム」ト思ヒツレドモ、「此ノ事ヲ見テコソ何チモ行カメ」ト思テ、明ルヤ遅キト、武蔵寺近キ程ナレバ、参テ見レドモ（巻一九第一二）

という「遅き」を述語とするものに限られており、形式は疑問文であるが、表現効果としては疑問文というよりも、強調のための慣用句として働いていて、疑問表現からは離れているように見える。この表現は、後には「〜や遅し」のような終止形結びとなり、ヤも間投助詞と理解されるようになるのである。

このように、『源氏物語』では、ヤの結びの大半がム系の助動詞だったが、『今昔物語集』では、動詞や過去完了の助動詞で結ぶことのほうがむしろ普通になってきているのである。

二・四　アリを述語とする用例の比較

二・三で述べた傾向がよりはっきり出るのは、述語が「あり、はべり、おはす」などである場合だ。これらは、存在のみならず、判断を示すのにも用いられ、使用頻度の高い動詞である。ここで扱っているヤの文中用法の結びの述語もアリを中心とする存在や判断を表すものであることが多い。

『源氏物語』も『今昔物語集』も、「ニヤ（アラム）」を除く、アリ系述語と非アリ形の述語の比率は四対六前後で、この比率自体はたいして変化していない。

しかし、二・三のようにム系助動詞と用言・確定系助動詞で分けてみると違いがはっきり出る。『源氏物語』では、

・つぎつぎの人も、心の中には、思ふこともやあらん、うはべは、ほこりかに見ゆる頃ほひなりかし。（薄雲二の二二三）

・「内裏になど、悪し様に聞し召さする人や侍らん。世の人の物言ひぞ、いと、味気なく怪しからず侍るや。〜」

など、聞え給ふ。（浮舟　五の二四五）

のような「あらむ、はべらむ」などの「ム」が結ぶ用例は、六五例あったのに対して、『今昔物語集』では、「あらむ、はべらむ」の用例自体がほとんど見当たらない。(6)

そのかわり、『今昔物語集』では、

・舎利弗ノ云ク、「暫ク待チテ、汝ガ出家ノ業ヤ有《アル》ト定ニ入テ見ム」トテ三日定ニ入テ（巻一第二七）

・「飯ヤ有ル。食ハム」ト云フニ（巻二〇第三二）

・「土御門ノ門ニテ待テ」ト云置タリケレバ、「従者共ヤ有ル」ト問ケレバ（巻二七第四一）

のような、アリの下にムを下接させない例が増加していて、六六例もあるのである。ちなみに、このような形式は『源氏物語』では、十数例と「あらむ」の半数以下にとどまっている。

このようにアリを述語とするものは、『源氏物語』と『今昔物語集』とでは大きな違いがあるのである。

さらに『源氏物語』のアリと『今昔物語集』のアリにはもう一つ大きな違いがある。アリには存在のアリと判断のアリがあるのだが、この比率が大きく違うのである。『源氏物語』では、

・「大人は、恥づかしうやあらむ」とおぼしけるを（絵合　二の一七四）

・「かくてものし給ふは、つきなく、うひうひしくなどやある。（常夏　三の二七）

のような判断を示すアリの例がム系と用言・過去完了系あわせて五五例あり、これは、アリを述語とするものの三五％を占める。この比率はム系であっても、用言・過去完了系であっても変わらない。

これに対して、『今昔物語集』の場合には、

・実ノ父ニ送レ給テ後、心細ク御セシヲ、此介殿ノ母上ヲ迎ヘ取給テ後ヨリハ、可然契ヤ御スラム、亦无者ニ傅キ給テ、『生タル時ニ男合セ奉ラム』ト宣テ、既ニ今日明日ノ事ニ成タルヲ（巻二六第五）

のようなアリが存在を表す用例が増加しているのである。一方、アリが判断を表す用例の比率は、アリ全体の二二％であり、『今昔物語集』で増加した用言・確定系助動詞のアリにいたっては、一〇％に落ち込んでいる。

　このように、『源氏物語』のアリは、存在判断両者を含んでいるが、『今昔物語集』のアリは、存在のアリがはるかに優勢になっているのである。

二・五　ヤが下接する項目の変化

　文中でヤがどのような文法項目に下接するかについても変化が見られる。

『源氏物語』の場合、述語がム・ラム・ケム・マシなどム系助動詞である場合、

・「姫君の御有様も、似つかはしく、よしめきなどもあらぬを、中々なるみちびきに、いとほしきことや見えむ」など、おもひけれど（末摘花　一の二四六）

・前の世にも、御ちぎりや深かりけむ、世になく清らなる、玉のをのこ御子さへうまれ給ひぬ。（桐壺　一の二八）

のように主語など体言に直接ヤが下接する例は、一五二例ある。

・「〜人の言ひ伝へん事、後の世までも、いと軽々しき名をや、流しはてむ」と、おぼし、乱る。（明石　二の五七）

・「ほかの散りなむ」とや、教へられたりけむ、おくれて咲く桜二木ぞ、いとおもしろき。（花宴　一の三一一）

のように格助詞下接は七四例ある。

・「少納言は、おとなしくて、はづかしうや思さむ」と、思ひやり深く、心しらひて、むすめの弁といふを、呼び出でて、（葵　一の三五九）

・「猶、忍びてやむかへまし」とおぼす。（須磨　二の三四）
のような連用修飾語下接の例は一二七例ある。

一方、用言・確定系助動詞が結びの場合には、
・「母屋の中柱にそばめる人や、わが心かくる」と、まづ目とどめ給へば、濃き綾の単襲なめり。（空蟬　一の一二一）
・「昨夜、大将殿の御使にて、小君や、まうで給へりし。〜」と、書き給へり。（夢浮橋　五の四二七）
のように主語など体言に直接ヤが下接する例は三二例、
・「もし、それにや生きとまる」と心み（柏木　四の二一）
・大弐の御館の上の、清水の御寺の、観世音寺に詣で給ひしいきほひは、みかどの御幸にやはおとれる。（玉鬘　二の三五〇）
のような格助詞下接が八例、
・「生きやかへり給ふ」と、さまざまに、残る事なく、かつ、そこなはれ給ふ事どものあるを（葵　一の三三九）
・「あしうやは、聞えおきける」と、いとど申し給ふ。（竹河　四の二八八）
のような連用修飾語が一九例である。

ム系助動詞についても、確定系助動詞についても、体言下接が一番多くて、それについで連用修飾語下接が多く、格助詞下接は少ないことでは一致している。そして、体言下接と連用修飾語下接の用例数にはそれほど大きな差はない。これが『源氏物語』におけるヤの上接項目の全体的傾向である。

これと同じことを『今昔物語集』で見てみると、その用例数順位や傾向がずいぶん変わっていることに気がつく。今昔物語の場合、述語がム系助動詞の場合、主語など体言に直接ヤが下接する例は、

・其ノ平中、此ノ大臣ノ御許ニ常ニ参ケレバ、大臣、「若シ此ノ伯父ノ大納言ノ妻ヲバ、此ノ人ヤ見タラム」ト思給テ（巻二二第八）

・国王、歎キ給テ、若シ其レヤ取ツラムト疑ハシク思ヒ給ケレバ（巻五第三）

のような例が三五例あった。そして、

・僧都「我ハ此ヘヤ来ムト思ツル、壇所ニ行ムト思ツル」ト云ケレバ（巻二三第一九）

・男此ヲ聞テ、「哀レ也」トヤ思ヒケム、運ビ取タリケル物共ヲ、皆運ビ返シテ、本ノ妻ノ許ニ返行キテ（巻三〇第一〇）

のような格助詞下接が二一例あり、

・征箭シシコソ射候へ、ヒキメハ更ニ否ヤ不射付候ラム。（巻二五第六）

・此ノ書生ノ思ケル様、「『此ル構ヘタル事共ヲ書セテハ、新司ニヤ語リヤ為ムズラム』ト守ハ疑ハシカルラムカシ。」（巻二九第二六）

のような連用修飾語下接が五五例あった。『源氏物語』の同様の例と比較すると体言下接よりも、連用修飾語下接の方が割合がやや多くなっている。

用言・過去完了助動詞の場合は『源氏物語』との相違が顕著である。用言・過去完了の助動詞が結びの場合には、

・僧共ニ云フ様、「若シ此ノ御寺ノ辺ニ年老タル法師ヤ罷リ行ク」ト問ヘバ（巻二九第一七）

・児走リ寄来テ、常ニ具シテ遊ブ童ヲ「某丸ヤ見エツル」ト尋ヌレバ（巻二六第五）

のように体言に直接ヤが下接する例が一一例あった。そして、

・児ノ父会テ問テ云ク、「汝等、我ガ子ノ児ヲヤ見ツル。今朝疾ク人来テ喚ツルニ依テ出ヌルガ不見ザル也」ト。（巻九第二四）

・「春宮ノ御消想得タル人ハ仏ニヤハ成ル。此ク思テヤハ頭ヲバ剃シ。」（巻一九第一〇）

のような格助詞下接が二〇例あり、

・然レバ女ノ童部ヲ出シテ「若シヤ来ル」ト伺ハセケルヲモ（巻二三第一六）

・互ニ「我レヲバ然ヤ云ケル。然コソ不云ラメ」ナド云言ドモ共ニ重ク成ニケレバ（巻二五第五）

のような連用修飾語が二四例である。

用言・確定系助動詞が結びの場合には、ム系助動詞の場合とは大きく異なり、体言下接が他を圧倒して多い。『源氏物語』の場合には、ム系助動詞にせよ、用言・確定系助動詞にせよ、体言下接と連用修飾語下接は拮抗していて大差はない。ところが、『今昔物語集』の場合には、用言・確定系助動詞の場合には、体言下接が文中用法全体の中で大きく目立つようになっているのである。

二・六　増えた部分と減った部分

結局、ヤの係り結び用法においては、『源氏物語』と『今昔物語集』では、単に用例数が減少したという量的変化のみならず、質的な変化があることになる。それは、以下のようにまとめられる。

『源氏物語』の文中ヤは、ム系述語中心で、ヤの位置も、述語と対立する主語的な部分にも、述語内部とも言える連用修飾語にも、偏りなく分布していた。このような様相は、上代の係り結び用法のヤ、カと同様のものである。ところが『今昔物語集』では、結びがム系述語から動詞や過去完了系助動詞に重点が移っている。かつまた、ヤが下接する位置も主語など体言直下に大きく偏るようになるのである。

『源氏物語』では、結びはム系助動詞であるが、述語の種類やヤの位置はバリエーションに富んでいた。それに対して『今昔物語集』では、「〜ヤある」の形で、物事の存否を問題とするものが突出して増加しているのである。

三　文中用法の変遷の意味

阪倉（一九六〇）が「それが文中に位置すると、文末に位置するとを問わず、その文の叙述を全体的に強調し、そうすることによって、これを相手に持ち掛けるものであった」と述べるように、助詞ヤは文中にあっても、直上に疑問点を指示するのではなく、文全体をその対象とする。

したがって、『源氏物語』の文中ヤについても、疑問点を指示する位置に置かれているわけではない。それは、文全体を疑問文とする中で、特別に気持ちをこめる部分に付されているのであり、どこにヤを置くかはある程度話し手のその時の気分にまかせられていたのかもしれない(7)。

そのことは、二・五で述べたことにも反映されていて、ヤは述語と対立する主語に直接つくのと述語に従属的な要素に下接する場合が拮抗していたことからもうかがえる。『源氏物語』の文中ヤは比較的自由に文中に介入できたのである。

かつまた、『源氏物語』のヤの文中用法の多くは、ムで結ばれていた。したがって、内容は未実現不確定な事柄である。このような未実現不確定な事態に対する真偽疑問文は、単なる推量と大差なくなることが多い。これはラムの用例であるが、古今の、

・袖ひぢてむすびし水のこほれるを春たつけふの風やとくらむ（古今春上二）

のような例も、「詠嘆的疑問」とされて、推量に嘆きを込めたものと理解されている。『源氏物語』に多い、

・「さて、侍ふ人のつらにや、聞えなされむ」とおぼして、（玉鬘　二の三六二）

のような用例でも「お仕えしている人と同列という印象をもたれることもあろう(8)」のように、現代語に訳せば疑問

文である必要が感じられない例も多く存在するのである。これについては、「第一部第二章（五）中古における疑問係助詞ヤの脱疑問化について」で詳しく述べた。

もちろんその反対に、

・「人ヤ、空言を、確かなるやうに聞えたらん」など、思す。（浮舟　五の二二八）

のような現代語にはっきりと疑問であると感じさせる用例もあるし、

・「ことことしからぬ紙ヤ侍る。御局のすずり」と、こひ給へば（野分　三の六一）

のように、結びが用言確定系助動詞であれば、もっと疑問文としての性格がはっきりするものがいくらでも存在する。『源氏物語』の文中用法のヤは、このような表現性の広がりの中で用いられていたのである。

これに対して、『今昔物語集』では、同じ文中用法でもその表現性には偏りがあったのではないか。**二・四**で述べたように、『今昔物語集』では、

・猿、亀ニ向テ云ク、「亀、墓无シヤ。身ニ離タル肝モヤ有ル」ト云ヘバ（巻五第二五）

のように「〜ヤ有る」で物事の存在を疑問する用法が突出して増加している。

このような「〜ヤ有る」は、述語が存在そのことを表すものだから、文全体の疑問文としての意味は主語にあたる事物の存否を問題とするものであり、それは結局、主語に疑問点があることと同じことになる。右の例でいえば、ヤは確かに「身ニ離タル肝モヤ有ル」全体を疑問の対象とするのだが、この真偽疑問文は結局、「身ニ離タル肝」の存在そのことを問題としているのであるから、疑問の対象は「身ニ離タル肝」そのものになってしまう。つまり、「身ニ離タル肝」が疑問点になるのである。

以上のように、同じヤの文中用法であっても、『源氏物語』のヤは推量をいわば補助しているという面がかなりの部分を占めたのに対して、『今昔物語集』ではそのような面は影を潜めて、疑問点指示に見えることが多くなっ

たのである。

無論、このようなヤは中世に命脈を保つ事はなくて、真偽疑問文はもっぱらカの文末用法のみに収斂していき、文中ヤは「ニヤアラム」から「ヤラン」「ヤラ」という平叙表現に用いられる助詞に変化するもの、並列助詞に変化するもののみが生き残るのだが、『今昔物語集』の段階では、『源氏物語』と比較して、かえって疑問文らしい疑問文に用いられるものが活発化しているのである。

このことから、逆に『源氏物語』の文中ヤを見れば、やはりそれは、現代語の疑問文の感覚からは離れた推量補助的な色合いのものが優勢であったことが確認できるのである。

四　まとめ

『源氏物語』の文中ヤと『今昔物語集』の文中ヤを比較すると、その真偽疑問文全体の比率は、『今昔物語集』の方が低下している。その中で「ニヤアラム」以外の文中用法では、ヤの表現性自体も変質していた。『源氏物語』の文中ヤの主体は、ム系述語と呼応して推量補助的な意味になるものであったが、『今昔物語集』では、「～ヤ有ル」の形で、物事の存在を疑問する表現が目立つようになっている。そして、そのことと連動して、ヤが疑問点を指示するように見える用法が増加しているのである。

注

（1）第一章（九）「『今昔物語集』の文末カの用法について」では肯否疑問文としたが、なじまないので真偽疑問文にあらためる。

（2）磯部（一九九五）による

（3）巻名の後の数字は岩波旧大系の巻数と頁数を示している。

（4）以下、特に断らない限り「ヤの文中用法」という場合には「ニヤ（アラム）」を含まない。

（5）和歌には「紫のゆゑに心をしめたれば淵に身なげん名やは惜しけき」（胡蝶　二の三九九）など六例見られる。

（6）「有ラム」の用例が一一例あるが、これは、ラムの用例とした。これを「アラム」としても、『源氏物語』の用例数からの減少ということには変わりはない。

（7）「連体形＋に＋や＋あらむ」のように、文の構造が特殊である場合には、主文の直接要素に下接するという係助詞一般の通則から、ヤの位置もおのずと一点に定まり変更はきかない。

（8）小学館の日本古典文学全集『源氏物語　三』の口語訳による。

参考文献

澤瀉久孝「『か』より『や』への推移（上中下）」／沢田美代子「助詞カ・ヤの歴史的変遷」／阪倉篤義「文法史について―疑問表現の変遷を一例として」（一九六〇）・「反語について―ヤとカの違いなど」／山口堯二『日本語疑問表現通史』／岡崎正継「疑・問の表現―今昔物語のヤ・カ」／桜井光昭『今昔物語集の語法の研究』／佐藤武義『今昔物語集の語彙と語法』／重見一行「中古助詞「や」の構文的機能」／野村剛史「カによる係り結び試論」・「ヤによる係り結びの展開」／磯部佳宏「『源氏物語』の要判定疑問表現「―ニヤ。」形式を中心に」・「『平家物語』の要判定疑問表現」・「『今昔物語集』の要判定疑問表現（上）本朝世俗部の場合」（一九九五）・「『今昔物語集』の要判定疑問表現（下）天竺・震旦・本朝仏法部の場合」／近藤泰弘「中古語の疑問文」／尾上圭介「係助詞の二種」／近藤要司「『源氏物語』の助詞カの文末用法について」・「『源氏物語』の「〜ニヤ」について」・「『今昔物語集』の文末カの用法について」

補節　詠嘆のコトダロウをめぐって

一　はじめに

本稿の直接の対象は現代語の現象であるが、その射程は、古代語から現代語への推量や詠嘆の表現の変遷という点にある。したがって、まず古代語と現代語の詠嘆的推量の形式の違いから話を始めたい。古代語の疑問係助詞ヤ・カとム・ラムによる係り結びには、しばしば疑問表現というよりは詠嘆を込めた推量表現といったほうがよい場合がある。万葉集でいえば、

・あしひきの山の黄葉今夜もか（今夜毛加）浮かび行くらむ（浮去良武）山川の瀬に（八巻一五八七）

（「この山のもみじは今夜あたりも、水面に浮かんで流れて行っていることだろう、山間の谷川の瀬に。」井手至『万葉集全注　巻八』口語訳）

のような用例である。付した口語訳を見れば分かるとおり、これらは疑問係助詞を用いながらも、知的な解答の模索にはなっていない。むしろ作者から空間的に離れた場所で起きているであろう事態について、情意を込めて表現した詠嘆的な推量文という性格が色濃いのである。

この口語訳を見ていただきたい。原歌のラムに対応する部分が「ことだろう」となっている。原歌には、名詞「こと」は無いから、これは註釈者が付け加えた要素である。そして、確かにこの「こと」があることによって、

口語訳の方もなにがしかの詠嘆性が感じ取られる表現となっているのである。

この「ことだろう（ことであろう）」という表現は、万葉集の「〜カ〜ム・ラム」の係り結びを疑問表現として口語訳する際にもよく用いられており、この歌についても、澤瀉久孝氏の『万葉集注釈』においては、「山のもみぢ葉は今夜あたりは浮いてゆくことであらうかナア。山川の瀬に」のように「ことであらうか」が訳語として採用されている。文末にカを付して一応は疑問表現として口語訳しながらも、その詠嘆性を生かすために「こと」が付け加えられていると考えられる。

古代語の疑問推量の係り結びは、知的な疑念解消に用いられるものから、右に見たように詠嘆的推量に用いられるものまでの幅の広さを持っていることは周知のことであるが、一方で、これと対応している現代語の「ことだろう」に感じ取られる詠嘆性とはいったい何か。現代語の「ことだろう」の詠嘆性の内実について、考えてみたい。

現代語の資料については、『CD-ROM　明治の文豪』と『CD-ROM　新潮文庫の一〇〇冊』から、以下の作品を選んで使用した。

二葉亭四迷『浮雲』明治二十年（一八八七）
二葉亭四迷『平凡』明治四十年（一九〇七）
田山花袋『田舎教師』明治四十二年（一九〇九）
森鷗外『雁』一九一一（明治四十四）年九月
夏目漱石『行人』大正元年（一九一二）
以上、CD-ROM『明治の文豪』所収

志賀直哉『佐々木の場合』『城の崎にて』『好人物の夫婦』『十一月三日午後の事』『流行感冒　上下』『小僧の神様』『雪の日』『焚火』『真鶴』『雨蛙』『転生』『濠端の住まい』『冬の往来』『瑣事』『山科の記憶』『痴情』『晩秋』一九一七〜一九二六年刊
武者小路実篤『友情　上下』一九一九年刊
谷崎潤一郎『痴人の愛』一九二四〜一九二五年刊
山本有三『路傍の石』一九四一年刊
川端康成『雪国』一九二五〜一九四七年刊
梶井基次郎『檸檬』『城のある町にて』『泥濘』『橡の花』『雪後』『ある心の風景』『Kの昇天』『冬の日』『器楽的幻覚』『蒼穹』『筧の話』『冬の蠅』『ある崖上の感情』『愛撫』『闇の絵巻』『交尾』『のんきな患者』一九二一〜一九三二年刊
堀辰雄『美しい村』一九三四年刊　『風立ちぬ』一九三八年刊
井上靖『あすなろ物語』一九五四年刊
大岡昇平『野火』一九五一年刊
阿川弘之『山本五十六』一九六五年刊
安部公房『砂の女』一九六二年刊
立原正秋『冬の旅』一九六九年刊
北杜夫『楡家の人びと』一九六九年刊
大江健三郎『死者の奢り』『他人の足』『飼育』『人間の羊』『不意の啞』『戦いの今日』一九五七〜一九五八年刊
沢木耕太郎『一瞬の夏』一九八一年刊

村上春樹『世界の終わりとハードボイルド・ワンダーランド』（以下「世界の終わり」と略記する）一九八五年刊
以上、CD-ROM『新潮文庫の一〇〇冊』所収

また、本稿内で言及している近世の用例に関しては、国文学研究資料館のデータベースを利用して入手したものである。

二　五つのコトダロウ

現代語のコトダロウには大きく分けて二つのタイプがある。一つは「〜ことだ」と平行したタイプであり、コトダの推量形としての用法と考えることができる。二つ目は、何らかの情意性を感じさせるものであり、現代語の感動表現の一類型として、あるいは単なるダロウとの比較の上で注目されてきたものである。こちらはさらに三つに分けられる。

以下コトダロウ全体を簡単に紹介する。

二・一　コトダに平行するタイプ

コトダには、通常の名詞文としてよいものと、文末に用いられた形式名詞が独特の意味合いを持つ文末名詞文[1]とすべきものの二つがあるが、この二つはコトダロウにも存在する。

二・一・一　コトコトタイプ

これは、「〜コト1は、〜コト2だ」のように主語にあたるコト1に対して、それに対して解釈や評価をコト2

として述語づけるものであり、事柄を主述に持つ通常の名詞述語文「同情は愛情だ」のようなものと同じ構造を持っている。

・一つ注目していいのは、ミッドウェーのころから日本が脅威を感じていたアメリカ軍のレーダーが、暗夜でも、無照射射撃で第一弾をいきなり命中させるほどの精度を示しはじめたことであろう。（阿川弘之『山本五十六』）

・星がけむっているということは、つまり風に、空中の水蒸気を吹きはらうだけの力がないということだろう。（安部公房『砂の女』）

これらはコト1にあたる「注目していいの（こと）」、「星がけむっているということ」が主語主題として明示され、コト2にあたる「ミッドウェーのころから～精度を示しはじめたこと」、「風に、空中の水蒸気を吹きはらうだけの力がないということ」が述語として示されていて、コト1を別の角度から捉えた解釈がコト2によって示されている。

このタイプでは、

・どんな方法でかは分らないが、とにかく、縄梯子がつかわれたことはたしかなのだ……そんなことだろうと、うすうす予想はしていた。（安部公房『砂の女』）

のように主語たるべきコト1が明示されず、文脈によって暗示される場合も多い。また、

・全体これはどういう事だろう？　自信の乏しい僕は直ぐそう疑う気にもなる。（志賀直哉『冬の往来』）

のように述語にあたるコト2が話者にとって分明でなく、「どんなことだろうか」のような形で示されることも多い。

二・一・二　忠告勧告タイプ

「ことだ」には、コトコトタイプの他に、忠告勧告タイプがある。これは、

・「若いというのはいいものだ。若者の特権を有効に活かすことだな。一歩あやまると取りかえしがつかない道に踏みこんでしまうが、有効に活かしたら、道はいくらでもひらけてくる。」（立原正秋『冬の旅』）

のようなもので、聞き手、あるいは話し手にとって、する必要があることを提示するものである。このタイプも、少数ながらコトダロウに存在する。

・もし私の現在の偶然を必然と変える術ありとすれば、それはあの権力のために偶然を強制された生活と、現在の生活とを繋げることであろう。（大岡昇平『野火』）

ただし、この例も、「それは」が主語として示されているので、コトコトタイプに含めるべきかも知れない。収集した用例の中には、たまたまこの例しか見あたらなかったが、忠告勧告タイプと平行するコトダロウはあっても不思議はない。

二・二　詠嘆的な推量を意味するコトダロウ

コトダとは平行しないタイプは、ある種の詠嘆をこめた推量文に用いられていることが多い。本稿では、不定語が用いられているタイプ（以下「不定語タイプ」と呼ぶ）、副詞サゾが用いられている、あるいは挿入できるタイプ（以下「サゾタイプ」と呼ぶ）、不定語と共に用いられていないし、サゾを挿入できないタイプ（以下「ハルカタイプ」と呼ぶ）の三者にわけている。

二・二・一　不定語タイプ

これは、不定語を含み、感嘆文に近いものとして機能するタイプである。(2)

・「何という窮屈な事だろう」（夏目漱石『行人』）

・それは、確かになんというすばらしい《獲物》だったことだろう。（大江健三郎『飼育』）

上の例のようにナントを用いるものが典型であるが、ナント以外の不定語タイプも、

・ナオミのこの言葉は、どんなに私を喜ばしたことでしょう。（谷崎潤一郎『痴人の愛』）
・澄江は、きょうまで、いくどその部屋に独りで出はいりしたことだろう。（立原正秋『冬の旅』）
・そのことが、ボクサーとしての内藤に、どれほどのハンデを与えてきたことだろう……。（沢木耕太郎『一瞬の夏』）

のように多くみられ、その中には、

・何年の間、この待ちくたびれる辛い感情を忘れていたことだろう、と僕は思った。（大江健三郎『他人の足』）

のように、説明要求の疑問文としての解答模索の姿勢が感じられるものもあり、疑問表現との間に一線は引きにくいものもある。また、

・さいぜん彼は幼い子供たちにソップをのむときの外国仕込みの作法をきかしてやったばかりであったが、それなのに本人がそれをのむときは、なんとしたことだろう、あきらかに耳につく音響がひびきわたった。（『楡家の人々』）

のようなものもこのタイプとの連続性が感じられるのだが、これは、尾上（一九八三）が「遭遇した対象の全体をすぐさま了解しがたいものとしてとりあえず言語化するために不定語を用いる」とした「なんだ！　もう来ていたのか」のような驚嘆タイプに近いものであろう。

この驚嘆タイプに近い用例をふくめて、この不定語タイプは、笹井（二〇〇六）が指摘するように、ダロウがないタイプ「何と窮屈なことか」「どれほど忘れていたことか」などと比較すると現場依存性が低いものであり、収集した用例の中でもほとんどが地の文に用いられていた。この不定語タイプのコトダロウは現場性の強い感嘆表現を書き言葉に転換するために用いられることが多いようだ。

二・二・二　サゾタイプ

これは、サゾという副詞を含むことができるタイプである。

・さぞ叔母が厭な面をする事だろうナア……眼に見えるようだ（二葉亭四迷『浮雲』）

・停車場の運送屋にある大きな物と全く同じで小さい、その可愛い秤を妻や子供がさぞ喜ぶ事だろうと彼は考えた。（志賀直哉『小僧の神様』）

のような用例である。本稿では、

・店では厚子が天手古舞していることだろう、さあ、早く戻って一杯でも多くラーメンを売らないことには……。（立原正秋『冬の旅』）

のように、実際にはサゾが用いられていなくても、サゾを挿入可能であればこのタイプであると考える。

二・二・三　ハルカタイプ

一見、コトダロウが用いられていて、文中に不定語がなく、詠嘆性を感じさせることからサゾタイプと同様に思えるのだが、サゾという副詞を文中に用いることができないタイプである。

・今も巣の蜂共は元気に働いているが、死んだ蜂は雨樋を伝って地面へ流し出された事であろう。（志賀直哉『城の崎にて』）

・自分はそれを眉一つ動かさず、鼓動も高めずに、ごくなにげなくやってのけることだろう。（北杜夫『楡家の人々』）

・恐らく、小さな試合に勝ったり負けたりしながら、残り少ない持ち時間を浪費していくことだろう。（沢木耕太郎『一瞬の夏』）

・あなたはいったい何を選んだというの？　と彼女は私に言うことだろう。（村上春樹『世界の終わり』）

というようなタイプである。調査した中で明治期の作品にはほとんどみられず、昭和期の北杜夫『楡家の人々』あるいは村上春樹『世界の終わり』などに多用されていることから考えて、新しいタイプなのかもしれない。

三　コトダの推量形といえないコトダロウ独特のタイプについて

宮崎（二〇〇五）は、推量を「想像・思考といった間接的な認識を通してその事柄の真偽を判断すること」と考える。そして推量には、既知の事実から未知の事実を導く〈推論的な推量〉と特定の事実に基づかず話し手自らの想像力によって未知の事柄を描き出す〈想像的推量〉とがあると考える。「「ダロウ」はいずれの〈推量〉にも対応するが、「コトダロウ」は後者のみに対応する」としている。以下では、コトダロウの三つのタイプを観察し、特に被修飾部であるコトとそれを修飾する部分との意味関係に着目し、宮崎（二〇〇五）のいう想像的推量にのみなぜコトダロウが用いられるのかについて明らかにしたい。

三・一　不定語タイプについて

不定語があり、説明要求疑問文としての形態を持つこのタイプが詠嘆を表す文になるのは、尾上（一九八三）の述べるとおり、「どれほど〜なのか把握しがたいほどである」ということを不定語の使用によって示すのである。したがって、不定語とともに情意を示す語が連体修飾部に用いられていることが通例である。

三・一・一　典型的な用例

不定語が用いられる例の典型的なタイプは、

・「何という窮屈な事だろう」（夏目漱石『行人』）

・なんというありがたいことだろう。（山本有三『路傍の石』）
・一日に一度、たとえ三十分でもいいから、崖にのぼって海を眺めることができたら、どんなにか素晴らしいことだろう。（安部公房『砂の女』）

のような用例であると考えられる。これらでは、情意評価を示す語が直接コトダロウのコトを連体修飾している(3)。この場合のコトと連体修飾語の関係は、意味的には情意性形容詞文の主語述語と同等のものである。情意性形容詞の主語には情意の持ち主である話者かあるいは、その情意の契機となった事態の二通りがありえるが、ここではコトダロウのコトは情意の契機となった事態をさしている。

このように典型的と呼んだタイプにおいては、連体修飾部と被修飾語たるコトの間には明確な主述の関係がある。これは、逆に言えば、「コト」が有ることによって、話者の情意とその契機となった事態の存在がより明確な形で示されているのである。

このタイプでは、上に記したように不定語は、この遭遇した事態によって生起した情意評価の量が表現不能であることを示し、結果的に情意評価の感情が極大であったことを示す。

そして、「コトダロウ」のダロウが持つ不確定性は、不定語によって情意の量が表現不能とされたことと対応している。「窮屈だ」「ありがたい」などの話者内部の情意が不確定なわけではない。この情意は話者にとっては確実に存在するのである(4)。

このように、不定語タイプの典型的な用例においては、コトダロウのコトは、話し手の情意の契機となった事態という資格であり、連体修飾部がその情意の内容であり、それが文の形式に素直に反映しているのである。

このように典型的な不定語タイプは、

(1)　コトは、情意の語の存在によって遭遇対象コトとしての意味を明確に持っており、コトをあえて示すことによって、そのコトと対応すべき話者の情意の存在が明確化する。

(2)　感動性は、不定語と情意の語によって補強されている。

(3)　ダロウは、遭遇対象の成立が不確定であるということよりも、不定語とあいまって、情意の程度量が表現不能であることを示すことに働いている。

という構造をもっているのである。

三・一・二　さまざまな展開

前項で見た典型的なもの以外にも不定語タイプには他にさまざまなものがある。

・そしていつもは彼女をハイカラに見せたところの、あのモスリンの葡萄の模様の単衣物が、まあその時はどんなに情なく見えたことでしょう。（谷崎潤一郎『痴人の愛』）

・青山館とは比べものにならぬ石造りの活動写真館の弁士たちは、なんと流暢に、すべての観客の心に沁みとおる弁舌を聞かしてくれたことであろう。（北杜夫『楡家の人々』）

・あの釜から手摑みでごっそりと飯をすくいとれたら！　なんというふくよかな湯気の香、なんという充実した飯の感触であることだろう。（北杜夫『楡家の人々』）

これらでは、コトと連体修飾部の関係は単純な主述の関係とは言えなくなっている。連体修飾部は遭遇したコトの内容「あのモスリンの葡萄の模様の単衣物が情なく見えたこと」、「活動写真館の弁士たちが流暢にすべての観客の心に沁みとおる弁舌を聞かしてくれたこと」などを語っており、まさに寺村秀夫氏の言う「外の関係」のみを示すことになっている。(5)

しかしながら、典型的なタイプとは連続性がある。それは情意評価の語を含んでいることである。ただし、「情けなく見えた」ことは、遭遇した事態でもあるが、一方、「情けない」という感情そのものは、事態によって惹起された話者自身の内部の情意でもあるのだ。典型的なものとは異なり、情意評価の語はコトを直接修飾するのではなく、コトの修飾成分の述語用言に対して連用修飾、あるいは連体修飾の形を取っている。従って、上の例を「なんと情けないことだろう」「なんと流暢なことだろう」とすれば、典型的なタイプと同じになる。ここから見ても分かるように、コトの内容を語りつつ、そのコトとの遭遇を契機とする情意評価も語られているのである。典型的なタイプに見られた素直な情意性形容詞と遭遇事態の関係はこのタイプでは遭遇した事態を語ることの中に、潜在しているのである。

さらには、

・ナオミのこの言葉は、どんなに私を喜ばしたことでしょう。（谷崎潤一郎『痴人の愛』）

・ああ、鷗が南下してきた！　俺は、おまえ達の来るのをどんなに待っていたことだろう……。（立原正秋『冬の旅』）

のように情意評価を語る語がまったく現れないタイプもある。ただし、これらも、「喜ばした」「待っていた」など、心理状態を表す語が連体修飾部に現れていて、コトダロウのコトが表す事態が話者の感情の対象であることが暗示されているのである。中には、

・ああ、彼はどんなにこれを持ちたいと思ったことだろう。（山本有三『路傍の石』）

のように連体修飾部が第三者の心理状態を語る場合もあるが、この場合も、話者がその第三者の心理状態に同化しつつ語っているのであろう。

このようにここであげた用例のコトとの連体修飾関係はたしかに「外の関係」と言わざるを得ないのだが、遭遇した事態への情意評価を語る姿勢は明示されていて、そのことにより、遭遇事態＝コトを主語とし情意評価を述語におくという関係は内在しているのである。(6)

三・二　サゾタイプ

現代語に用いられる副詞のサゾは「他人のあるいは未知の経験を目前のことのように共感、また想像するときの実感を表す」（『旧版日本国語大辞典』による）とされるものである。

このサゾが用いられるものについては、文の内容が情意や評価あるいは、心的な状態、心的な状態変化を表すものに限られている。これは、現代語サゾの特徴であり、コトダロウとともに用いられないものでも、

・補充兵一人じゃ、さぞ心細かろうが、とにかく一人で行ったらいいじゃねえか。（大岡昇平『野火』）

・同時にもしこの眠から永久覚めなかったらさぞ悲しいだろうという気も何処かでします。（夏目漱石『行人』）

のように用いられ、ある場面に生起する情意評価や喜怒哀楽の感情の生起をなまなましく想定するものである。ただし、その感情の持ち主は、話者のものであるより、聞き手や第三者のものであることが多い。

このことは先の不定語タイプとは大きく異なっている。不定語の場合、感情の持ち主は多くは話者であった。そして、コトを契機として生起する情意の持ち主も話者であり、この情意の程度はともかく存在自体は話者にとって確定的であった。このサゾタイプでは、語られる事態も、そこに託される感情も話者にとっては不確定なものである。この他者の感情あるいは喜怒哀楽の生起を語る表現において、コトはどう働いているのか。

収集した資料の中で「さぞ～ことだろう」という形式であったのは以下の四例である。

・「それはそうとどうしようかしらん、到底言わずには置けん事だから、今夜にも帰ッたら、断念ッて言ッてしまおうかしらん。さぞ叔母が厭な面をする事だろうナア……眼に見えるようだ」（二葉亭四迷『浮雲』）

・「アアアア母親さんもあんなに今年の暮を楽しみにしてお出でなされるとこだから、今度御免にお成りだとお聞きなすったらさぞマア落胆なさる事だろうが、年を寄ッて御苦労なさるのを見ると真個にお痛しいようだ」（二葉亭四迷『浮雲』）

・停車場の運送屋にある大きな物と全く同じで小さい、その可愛い秤を妻や子供がさぞ喜ぶ事だろうと彼は考えた。（志賀直哉『小僧の神様』）

・もう気づいただろうか？　さぞ小気味のいい思いで、この瞬間を待ちうけていたことだろう。（安部公房『砂の女』）

不定語タイプで典型的としたような例、すなわち「さぞ残念なことであろう」のように、コトダロウのコトとの間に主述関係があるようなものは、採集した近現代の用例には無かった。(7)したがって、ここにあげたものの連体修飾部とコトとは単純な主語と述語になりえる関係にはなく、いわゆる「外の関係」を持つものばかりである。かつまた、先に延べたように「厭な面をする」「落胆なさる」「喜ぶ」「小気味よく思う」という心理の動きをなすのは皆他者である。

ただし、これらの用例の連体修飾部がすべて他者のものとはいえ、人間の情意の生起や動きを表すものばかりであるのは注目すべきである。このことは、実はこれらが、話者自身がその事態に遭遇した場合に話者自身の内部に生ずる情動について語っていると見るべきなのである。この点は、『浮雲』の二つの例のように話者が続けて「眼に見えるようだ」「お痛しいようだ」と話者自身の情意を披瀝しているものなどから明らかである。サゾタイプの連体修飾部は、自己の内部に生ずるであろう情意を他者に託して表現しているのである。

つまりは、サゾタイプにおいても、話者の感情の対象として想定された事態があり、そのことの現れとして、コトが用いられているのである。ただし、不定語タイプとは傾向が異なって、話者の感情の対象であるということを素直に示した例が近現代では姿を見せなくなっている。これは、コトが遭遇事態そのものを表し、連体修飾部が遭遇によって生ずる感情を示していたものから、コトの連体修飾部が遭遇するであろう事態そのものを示すように変化したことを表している。感情そのものは連用修飾語として示されているとは言え、遭遇事態主語に対する述語という位置から一歩遠ざかっているのである。しかし、一方で、コトダロウのコトがあることによって、予想される事態そのものを語ることが文の趣意ではなく、その事態への話者の情意評価を語ることが趣意であることが保証されているともいえるのである。

一・二・二で述べたように、実際の用例ではサゾを含まない場合もある。

・弟は、城吉は、どうしているだろう？　妹は今ごろは草とりで大変なことだろう。（北杜夫『楡家の人々』）
・それは淡泊に舌を愉しませ喉を魅してくれることであろう。（北杜夫『楡家の人々』）
・もっとも彼らの目から見れば私の存在の方がずっと不自然に映ることだろう。（村上春樹『世界の終わり』）
・たぶんひどい顔をしていることだろう。（村上春樹『世界の終わり』）

これらの用例でも、想定された事態の情意評価的な側面「大変」「淡泊」「愉しむ」「不自然」「ひどい」を明示しており、話者の想定事態への関心が感情的な側面にあることが示される点はサゾのある用例と同じである。

このように、不定語タイプもサゾタイプも、直接間接の違いはあるものの、事態が話者の情意の対象であり、そのことを保証するためにコトが付加されていると見ることができた。次のハルカタイプでは事情が異なっている。

三・三　ハルカタイプ

ハルカタイプは、不定語タイプやサゾタイプとは大きく異なる点がある。それは、想定される事態への情意・評価あるいは感情の動きの表現がないことである。

・今も巣の蜂共は元気に働いているが、死んだ蜂は雨樋を伝って地面へ流し出された事であろう。（志賀直哉『城の崎にて』）

・これがこれから咲き乱れて、いいにおいをさせて、それからそれが散るころ、やっと避暑客たちが入り込んでくることでしょう。（堀辰雄『美しい村』）

・僕の倉庫にも夕暮や夜明けがた、突然激しい音をたてて、その褐色の銃弾が撃ちこまれることだろう……（大江健三郎『飼育』）

・このぶんでは我我の残した足あともすっかり消えてしまったことだろう。（村上春樹『世界の終わり』）

これらは、コトとそれを修飾する部分との間に格的な関係や情意や感情とその対象といった意味的な関係はない。単に事態内容とその形式という「外の関係」しか存在していない。

コトの連体修飾部も心理や情意といった状態性のものでなくてもよくなり、「流し出された」「避暑客たちが入り込んでくる」「銃弾が撃ちこまれる」「消えてしまった」のような動的事態を語るものも現れてくるのである。この点は、不定語タイプやサゾタイプとは大きく異なった印象を受ける。

先のサゾタイプとはある種の連続性を感じさせる点もある。それは、想定された事態が、知的な興味の対象としてあるのではなく、情意の対象であることをコトが保証している点である。たとえば、ハルカタイプとしては古い、明治期の『平凡』にある用例では、

・人生は斯うしたものだから、今私共を嗤《わら》う青年達も、軈《やが》ては矢張《やっぱ》り同じ様に、後の青年達に嗤われて、残念がって穴に入る事だろうと思うと、私は何となく人間というものが、果敢《はか》ないような、味気ないような、妙な気がして、泣きたくなる（二葉亭四迷『平凡』）

のように、後続する部分に「果敢ないような、味気ないような、妙な気がして、泣きたくなる」という話者の情意が明示されている。おそらく、このようなものから、次第に、ハルカタイプが出来てきたのであろう。後の時代のものも、

・明治神宮の境内へ逃げようとした人々の上に、それは雨のように降りそそいだことであろう。（北杜夫『楡家の人々』）

のように同情や悲惨といった感情が文内容から感じ取れるものが目に付く。

しかし一方では、この節冒頭にあげた志賀直哉『城の崎にて』の例のように、死んだ蜂への思い入れは文章全体から感じ取れるが、「死んだ蜂は雨樋を伝って地面へ流し出された事であろう」という文そのものからはまったく感じ取れないような例もある。これはサゾタイプでも少し述べたように、コトが想定された事態が話者の情意の対象であることを示す保証からさらに一歩進んでコトダロウという形式が詠嘆的な推量を示すようになった現れであろう。

用例数自体の比率もあがってきて、明治期にはハルカタイプは「だろう、であろう、でしょう」など全体の比率から見れば、一パーセント以下であったのが、村上春樹『世界の終わり』では　ハルカタイプ一六例でダロウ系四二五例に対して四パーセント近くの使用量になっている。これと連動して、コトダロウと話者の情意との関係がわかりにくい例も増えてきている。

しかしながら、このように表現性が希薄化しているとはいえ、単なるダロウを用いた表現に比べて、なにがしかの詠嘆性を感じるのは、このコトダロウがもともとは、不定語タイプやサゾタイプのように情意の対象として事態を描くものに用いられていることに支えられているからなのである。

三の冒頭にあげた宮崎（二〇〇五）の言う想像的推量の内実は、話者の知的な関心に支えられた推量ではなく、本来は情意の対象であることの保証としてコトが用いられていたことに支えられた結果、それが情意の対象としての想定として働いているということなのである。

四　まとめ

文は、一旦内容が叙述されてしまえば、それは対象化され、別種の判断の構成要素となりうる。したがって、叙述内容は、判断の素材としての名詞と同等の資格を持ちうるのである。

そのような観点から見れば、文の在り方としても通常の文は、その文を構成する判断そのことが表現の主眼であるが、句的体言による文は、それとは別の判断や表現の素材としてあるのだということになろう。コトダロウが詠嘆的な推量を表すようになる背景には、事態を句的体言にまとめあげ、これを話者の情意や評価の対象にするという営みがあったのである。

一「はじめに」の部分に述べた古代語の詠嘆的な疑問推量文の和歌を現代語訳する場合に、しばしばこれが用いられるのも、疑問係助詞とム・ラムを用いた表現もしばしば情意の対象としての想定事態を描くのに用いられたからである。

古代語の係り結びが衰退した後、どのような経緯をたどって、コトダロウが詠嘆的な推量を表現するようになったのかは、分明ではない。少なくとも近世には、

・今も聴てゐれば、冷水をあがるに他の銭を借ながら、三十二文で一盃とは勿体ないことだ。ア、其銭がさぞ嘆たことであらう。（『浮世風呂』）

のようなサゾタイプがあるし、

・ムム、今日は芥子園が書画会から顧炎武が所へよつて、山谷が詩会へ廻るが、東坡や放翁か代作をたのむ事だらう。（『浮世風呂』）

のようにハルカタイプかと思われるタイプもわずかながら存在することが分かっている。

逆に古代語の方から見ると、コトダロウに相当する「ことならむ、ことなるらむ」あるいは、その係り結び形は、すべて、この稿の用語でいえば、コトコトのタイプばかりである。コトダロウについても、古代語のコトを述語とする表現を整理した上で再度位置づけてみたい。

注

(1)　新屋（一九八九）による。

(2)　不定語とは「なに、いつ、どこ」のような疑問詞と呼ばれている類であるが、この語は疑問表現以外にも用いられるので、不定語と呼ぶ。なお笹井（二〇〇六）では「ナント〜コトダロウ」に用いられるナントは「不定語として、機能を果たさない」（二一頁）としているが、本稿では不定語タイプに含めた。

(3)　笹井（二〇〇六）は「なんと」について「属性概念を持つ語に加えて体言あるいは体言資格の語をも両方を要求する性質を持っている。」（二二頁）としている。

(4)　想定された事態であるから、ダロウが用いられるのが基本線であると考えるが、二・二・一で述べたように、「不定語〜ことか」の書き言葉への転換として「コトダロウ」が現れることもある。三・一・二の「ああ、鷗が南下してきた！　俺は、おまえ達の来るのをどんなに待っていたことだろう……。」はそのようなコトダロウの使用である。

(5)　寺村秀夫（一九七五、一九七七ａｂ）による。内の関係は、底の名詞（被修飾部名詞）と修飾部の用言との間に述語と補語（主語を含む）という関係が内在しているもの。これに対して、外の関係は、被修飾部名詞が、修飾部用言に対して補語の関係にはない。修飾部は、被修飾部の内容を表すか、あるいは内容に関わるものである。内の関係の場合には、名詞を修飾部が付加的に修飾している（名詞を特定しているが、その内容を述べているのではない）のに対して、外の関係では、内容補充的に修飾している。ただし寺村氏のこの規定では、情意性形容詞とコトのような形式名詞による連体修飾関係は、主語と述語であり、同時に形式と内容であるという内外両様の関係をもつことになる。

（6） 情意評価の存在を感じさせない「この家は欧州と自分との家であるはずなのに、この有様はなんとしたことであろう。」（北杜夫『楡家の人々』）のような例は、二・二・一で述べたように、別の感情表現のタイプであると考える。

（7） 近世後期の『春色梅児誉美』に「アレサ、モウいいにしないましヨ。しかしはやく夫婦喧嘩がして見たいねへ。そうなりイしたら、さぞ嬉しいことでありイせうネ」という例がある。

参考文献

石垣謙二「作用性用言反撥の法則」／川端善明「形容詞文」／寺村秀夫「連体修飾のシンタクスと意味　その一」（一九七五）・「連体修飾のシンタクスと意味　その二」（一九七七a）・「連体修飾のシンタスクと意味　その三」（一九七七b）／尾上圭介「不定語の語性と用法」／新屋映子「文末名詞文について」／近藤泰弘「古典語の連体と名詞節」／宮地朝子「特集　日本語の最前線　形式名詞に関わる文法的展開―連体と連用の境界として」／安達太郎「現代日本語の感嘆文をめぐって」／笹井香「現代語の感動喚体句の構造と形式」・「現代語の感動文の構造「なんと」型感動文の構造をめぐって」（二〇〇六）／宮崎和人「Ⅱ推量の疑問化と「コト」」

第二部　感動喚体句の諸相

序章　古代語における感動喚体句の諸相について
――関係する助詞に着目して――

一　感動喚体句という概念について

一・一　山田孝雄の感動喚体句

山田孝雄博士の文法研究の根幹には、人間の精神の活動としての「判断」と言語の表面上の形式との関係を密接なものとして捉える立場がある。人は統覚作用の活動により思想を形成するのだとした上で、「一つの句とは統覚作用の一回の活動によりて組織せられたる思想の言語上の発表をいふ」（『日本文法学概論』九一七頁）と定義されることになる。

山田氏はさらに、句（文）において「完備句」と「不完備句」を峻別する。「この木は桜なり。」のような通常の文は、完備句であり、「桜！」のような一語文は、「不完備句」である。一語文は思想の伝達を行っている点では、通常の文と同様であるが、その言語化された部分だけで「一の思想を言語に寓して他人の之に対して一定の思想を喚起しうるか否か」（『日本文法論』一一八九頁）というところに違いがあるのである。

この完備句不完備句の別は山田氏の句の分類において非常に重要である。日本語の文の中には、従来の観点からは省略文に見えるものでも、山田氏の完備句不完備句の別に従えば、立派に完備句であるものが存在する。それが、「喚体句」なのである。そして、この喚体句は一語文のような不完備句とは違うのだということが山田氏の強調するところである。

喚体句には二種類あって、一つは感動喚体句であり、もう一つは希望喚体句である。希望喚体句とは、「老いず死なずの薬もが」のような希求の表現であって、その完備句たる条件は「中心たる体言と希望終助詞」（『日本文法学概論』九五二頁）である。ここでは、希望喚体句についてこれ以上触れないが、完備句たる条件が後の感動喚体句とは異なっていることには注意を喚起しておきたい。

感動喚体句は、「美しき花かも」のような感動の表現に用いられる。山田氏は喚体句を「直感的の発表形式にして一元性のものにして、呼格の語を中心とするもの」（『日本文法学概論』九三五頁）としているが、感動喚体句においては一元的ということには少々問題がある。先に述べた希望喚体句とは異なり、感動喚体句の完備句たる条件は「中心たる体言と連体格」という二つの因子が存在していることである。体言と連体修飾語はどちらも観念語であり、この二つが必須条件であるということであれば、感動喚体句は一元的な表現とは言えないのではないかという疑問が湧いてくるのである。

山田氏の句論は、事態の理性的な記述描写をする述体的な表現をのみ対象としがちな、それまでの文構造論に対して、喚体句という概念を提出することによって、述体的な文を相対化し、言葉として現れたものと結果的に表現されるものとの関係についてより深い考察を促すものであった。従って、後の文構造論にも強い影響を与えたが、喚体句という概念をどう受け継いで発展させているかは、論者によって若干異なっている。

なお、山田孝雄（一九〇八）においては、「音のさやけさ」「見るがわびしさ」のような形容詞にサ語尾が付したものについても、喚体句に含めている。また、連体形終止のあるタイプを「擬喚述法」と呼び、「述体ながらも喚体の性質を帯びたるなり」（一一八八頁）。喚体句の議論を深めるにあたっては、このような形式にも注意を払うべきではあるが、本書では、あくまで、感動喚体句末の助詞に着目するという観点から考察を行っており、サ語尾による文や連体形終止については、扱っていない。

一・二　山田孝雄以後の感動喚体句の定義

喚体句の概念の継承の道筋は大きくいって二つに別れる。一つは、川端（一九六三）に見られるように、喚体句は自同判断に基づくもの
述体句を通じて「文は判断に対応するものである」という共通性を確認した上で、喚体句は自同判断に基づくもの
であり、そのことは、自身の内部に主語述語相当の語を含みながら、通常の主・述の対立統一を拒否された形式で
あることによって保証されており、まさにその点で、喚体句と「火事！」のような驚嘆の一語文とは異質な表現で
あるという立場である。

もう一つは、尾上（一九八六）におけるものであり、これは、喚体句を、

（1）その表現はその時、その場の心的経験・心的行為（感嘆・希求など）に対応する。

（2）表現される心的経験・心的行為はものやことの中に対象化されえない。

（3）ことばになるのは、遭遇対象、希求対象のみで、心的経験・心的行為の面はことばにならない。

というものと把握する立場である。また、石神（二〇一〇）も、感動喚体句の中心骨子は呼格体言であり、指示判断を根拠としており、相対的な関係構成を行わない、つまり、連体修飾語は不要であるという主張をしている。このような定義に従えば、山田氏が不完備句として重きを置かなかった「火事！」のような一語文がむしろ典型的な感動喚体句ということになり、山田氏の完備句としての感動喚体句は、対象描写対象説明という述体句的な性格を持っているために感動喚体句の典型からははずれることになる。

このように山田氏の提唱した感動喚体句という概念は、「直感的一元的」ということを重視するか、完備句として述体との転換が常に可能なことを重視するかで、異なる展開をみせることになる。このような点を踏まえた上で、

上代中古の感動喚体句について、文末助詞の種類に特に注意して類型化を試みる。用例について、『源氏物語』は、『CD-ROM 角川古典大観　源氏物語』を用いて採集した。『万葉集』は、吉村誠氏作成の電子化テキストを利用して採集した。

二　古代語の感動喚体句の実相

古代語における感動喚体句は、呼び掛け表現に連続するものと、しないものとの二類にわけることができる。これは終止に立つ助詞の種類とほぼ対応している。以下、順に見て行く。

二・一　呼び掛け表現と連続するもの

二・一・一　助詞ヨ

助詞ヨの用例については『源氏物語』から挙げる。助詞ヨは呼び掛け表現に下接して用いられる。用例を挙げれば、

・少納言ヨ。直衣着たりつらんは、いづら。（若紫）
・秋の夜の月げの駒ヨ我恋ふる雲井にかけれ時のまも見む（明石）

のような用例が三例ほど見られる。外には、

・花のかげの旅寝ヨ。いかにぞや。（藤裏葉）
・この藤ヨ。いかに染めけん色にか。（若菜上）
・その文ヨ。いづら（夕霧）

などの四例が、類似した表現として挙げられる。これらの表現では、助詞ヨの文が呼び掛けるべき相手ではなく、眼前にある疑問の対象に対して用いられている点、典型的な呼び掛け表現とは異質なものであるが、前後する対他的意志表現と密接に関わって用いられている点は、共通のものと見るべきである。また、

・いとはかなしや。この人の程ヨ（乙女）

・古体なる御文書なれど、いたしや。この御手ヨ。（行幸）

のような表現も、人格を持たないものへの呼び掛けであり、山田氏の言葉を借りれば不完備句としての感動喚体句と言えるものである。

この助詞ヨはまた完備句としての喚体句的な表現においても用いられる。源氏物語では、

・あはれなりける人かな。かかりける物を、今まで尋ねも知らで過しける事ヨ。（宿木）

・いにしへだに、知らせたてまつらずなりにし、あか月の別れヨ。（野分）

のようなものが二〇例近く見られる。ただし、これらと典型的な感動喚体句とは大きな違いが見られる。後述するようにこの時代の典型的な感動喚体句は助詞カナによるものであるが、助詞カナの場合には、連体修飾部は「わりなし」「あはれなり」のような情意評価を表す語であることが圧倒的に多い。これに対して、助詞ヨでは、連体修飾部は動詞を主体にした、体言部の動きやその体言部がどのような事情で存在するのかといった履歴を述べるものが多いのである。山田氏は典型的感動喚体句の例として「妙なる笛の音よ」のような助詞ヨによるものも挙げているが、平安中期においては、助詞ヨはこのような典型的感動喚体句には用いられなかったと考えられる。

つまり、平安中期においては、助詞ヨは呼び掛け的な表現、つまり単独の呼格体言に接続する用法はあっても、典型的な感動喚体句の用法はなかったことになる。

助詞ヨについては、「第二部第二章（二）『源氏物語』の助詞ヨについて」で詳しく述べる。

二・一・二　助詞ヤ

助詞ヤは、非常に複雑な様相を持つ助詞である。いわゆる間投助詞あるいは終助詞とされるヤと係助詞のヤとの位置関係がわかりにくい。かつ、上代、中古と時代によってもそれぞれの用法が大きく変化しており、整合性を持った整理がしにくい助詞である。ここでは、呼び掛けと感動喚体句に関係した用法にのみ触れる。

助詞ヤは、上代中古にかけて呼び掛けの用法を持つ。

・我妹子ヤ（吾妹児哉）我を忘らすな石上袖布留川の絶えむと思へや（万葉・一二巻三〇一三）

・朝臣ヤ。御やすみ所もとめよ。翁、いたう酔ひすすみて、無礼なれば、まかり入りぬ（源氏・藤裏葉）

助詞ヤでは、助詞ヨに見られた、人格を持たない物事に呼び掛けるような用例は稀であるが、

・御返しヤ御返しヤ（源氏・常夏）

の用例のようにないわけではない。

次に助詞ヤによる感動喚体句の例であるが、このような用例は上代にはなかったと考えられる。中古になると宇津保物語などには見られるし（佐藤宣男（一九八一）による）、源氏物語にも、

・をかしの事ヤ（源氏・朝顔）

・良からずの、右近が様ヤな。（源氏・浮舟）

のように若干の用法に広がりを見せつつ、豊富に（一〇〇例）見られた。これらの用例のほとんどははじめの二例のように連体修飾部は情意評価の語であり、その点で後の助詞カナと共通である。しかし、形式としては「形容詞形容動詞語幹＋助詞ノ＋体言」という特殊な形態であり、これは他に見られない。かつまた、「形容詞形容動詞語幹＋助詞ノ＋体言」がヤを伴わずに感動表現に用いられた例も見あたらない。この助詞ヤによる感動喚体句については「第二部第二章（三）「をかしの御髪や」型の感動喚体句について」で詳しく述べる。

先述したように、助詞ヤの用法の広がりは複雑多岐である。この形式は、呼び掛けの助詞ヤとの連続だけでなく、「いでや、いさや」のような感動詞に下接するものあるいは、

・あな、かしこヤ。一日、めし侍りしにや、おはしますらん。（源氏・若紫）

のような形容詞語幹に下接して感動表現を構成するものとも連続している。助詞ヤが感動喚体句的に使われる場合には助詞ヨに近い呼び掛け用法と、平安時代に出来た独自の用法の二通りがあると考えるべきであろう。

二・二　呼び掛け表現と連続しないもの

ここでは感動喚体句は構成するが、呼び掛けの表現には用いられない助詞カ、カモ、カナを取り上げる。

二・二・一　助詞カ

助詞カは、上代の歌謡の中では感動喚体句を構成している。ただし、それは助詞カモに較べると遥かに少数である。

・秋の野を朝行く鹿の跡もなく思ひし君に逢へる今夜カ（相有今夜香）（万葉・八巻一六一三）
・見わたせば春日の野辺に立つ霞見まくの欲しき君が姿カ（君之容儀香）（万葉・一〇巻一九一三）

のようなものが感動喚体句とされている用例である。

中古においては、カが感動喚体句を構成することは非常に少なくなるようだ。源氏物語の散文部分には、カによる感動喚体句は見られない。

一方、助詞カには、一語文的な用法が存在する。これは上代の歌謡の中にも、

・夢カ（夢可）と心惑ひぬ月まねく離れにし君が言の通へば（万葉・一二巻二九五五）
・帰りける人来れりと言ひしかばほとほと死にき君カ（君香）と思ひて（万葉・一五巻三七七二）

のような用例が見られることから、おそらく散文的な文脈にも普通に用いられたと考えられる。この形式は源氏物語にも豊富に見られる。

・今朝より、なやましくて、え参らぬ。「風カ」とて、とかく、つくろふと物するほどになん。（源氏・椎本）

これらは、疑問表現と一応考えられるが、「体言＋終助詞」という在り方は、「呼格体言＋終助詞」の呼び掛け表現と近いものを感じさせる。

このように上代から中古にかけて助詞カは、典型的な感動喚体句にはあまり用いられないが、一語文的な在り方をするものには多く用いられるのである。

二・二・二　助詞カモ

上代の歌謡に非常に多く用いられる助詞カモは全体としてみれば、助詞カとほぼ共通の用法を持っている。しかしながら、その細部および量的な傾向は異なっている。先ほど上代において助詞カによる感動喚体句は少ないと書いたが、カモによるそれは典型的なものに限っても多数存在する。

・人ごとに折りかざしつつ遊べどもいやめづらしき梅の花カモ（烏梅能波奈加母）（万葉・五巻八二八）

・思はじと言ひてしものをはねず色のうつろひやすき我が心カモ（吾意可聞）（万葉・四巻六五七）

もっとも多いのは「〜君かも」（一八例）の用例だが、ついで多いのは「〜ころかも」（一二例）の用例で、このような傾向は後の助詞カナに通ずるものがある。

一方、助詞カモは助詞カとは異なり、一語文的な用法にはほとんど用いられない。万葉にも、確実な例は、

・まそ鏡照るべき月を白栲の雲か隠せる天つ霧カモ（天津霧鴫）（万葉・七巻一〇七九）

という一例がそれと考えられるのみである。文末用法のカモは、五〇〇例以上あり、文末用法のカの四倍以上の用例数があるのだが、この一語文的なありかたをするものについていえば、例外的に少数しか存在しないのである。

このことは、感動喚体句と「君カ」のように一語文的なありかたをする用例とは、連体修飾部の有無以上に大きな違いがあることを示唆している。

『万葉集』のカとカモの用法全体の比較については、「第一部第一章（二）『万葉集』のカとカモの比較」で詳しく述べた。

二・二・三　助詞カナ

カモの衰退と入れ替わるように活発に用いられるようになるのが、助詞カナである。源氏物語には散文部分に六〇例近く用いられている。この中で半数が、

・いと、わりなきわざカナ（源氏・桐壺）
・あやしう、おぼつかなきわざカナ（源氏・真木柱）

のような典型的な感動喚体句の形式で、残りの半数が、

・かく、思ひ染み給へる別の、堪へがたくもあるカナ（源氏・若菜上）
・かたちの、まほならずもおはしけるカナ（源氏・乙女）

のような連体形に下接したものである。

二・一・二の助詞ヤのところで述べた「をかしの御髪や」タイプのものは源氏全体で九十数例であるから、源氏において、典型的な感動喚体句のほとんどが助詞カナによるものであることになる。

連体修飾部のほとんどは、情意や評価を意味する形容詞や形容動詞の連体形である。この点で**二・一・一**に述べた助詞ヨの場合とは大きく性格を異にしている。それはまた、上代の助詞カモとも一線を画しているのだが、これは、カモがもっぱら歌謡の中で用いられているということが原因であると考えられる。カナにおいても源氏物語の和歌の中に用いられた場合には、

・吹まよふ深山おろしに夢さめて涙もよほす瀧の音カナ（源氏・若紫）
・うしとのみひとへに物は思ほえでひだり右にもぬるる袖カナ（源氏・須磨）

のように、動詞を中心とした連体修飾部が普通に見られる。近藤（一九九七ａ）に述べたように、カモ、カナによる感動喚体句の在り方は、凝縮した表現を要求される和歌に用いられた場合と散文に用いられ場合とでは大きく異なるのであり、カモとカナの見かけ上の違いはそこに起因すると考えられる。

むしろ、助詞カナが助詞カや助詞カモと異なる最大の点は、決して疑問文に用いられないという点であろう。カナは典型的なものも連体形接続のものも含めて感動喚体句専用のものなのである。

助詞カナはまた一語文的なものにも用いられない。源氏物語の六〇〇例近い用例にも「花カナ」のように、連体修飾部がない形のものは見あたらなかった。連体形接続のものにおいては、主語は省略されることが多いのだが、典型的な感動喚体句の連体修飾部に対応する、連用修飾部が省略されることはない。

源氏物語の助詞カナについては、「第二部第二章（二）『源氏物語』の助詞カナについて」で詳しく述べる。

三　まとめ

以上、上代中古の感動喚体句の諸相を見てきたが、同じ感動喚体句といっても、文末の助詞によって、かなり性格が異なるということがわかった。まとめれば以下のようになる。

一、同じように、呼格体言を用いる表現であっても、呼び掛け表現と感動喚体句はかなり異質な構造をもっている。両方の用法に用いられる助詞はヤのみである。

二、助詞ヨ、助詞ヤ、助詞カは体言一語に下接して一語文を作る用法を持っているが、カモ、カナにはそのような用法はほとんど見られない。

三、古代語においては、一語文と感動喚体句は、文末助詞から見ると、真に一元的な一語文と感動喚体句はまったく性格の異なる表現である。

四、散文においては典型的な感動喚体句の連体修飾部は情意評価の語に限られており、感動喚体句は、具体的な情意評価の定まった詠嘆的な表現であり、単に遭遇した事態の中核の名を呼格をもって呼ぶという表現とはこの点でも異質である。

参考文献

川端善明「喚体と述体—係助詞と助動詞とその層」／石神照雄「山田文法の文の論理と述体、喚体」／尾上圭介「感嘆文と希求・命令文—喚体・述体概念の有効性—」／佐藤宣男「文末用法におけるカとヤ—『宇津保物語』を中心として—」／近藤要司「特集　文法研究用語入門　喚体と述体」・「『源氏物語』の助詞ヤについて」・「『源氏物語』の助詞ヨについて」・「係助詞の複合について（一）—『万葉集』のカとカモの比較—」（一九九七ａ）／山田孝雄『日本文法論』

第一章　上代の感動喚体句について

（一）『万葉集』の無助詞喚体句について

一　無助詞の感動喚体句

「喚体句」という概念は、山田孝雄博士が創出したもので「常に体言を骨子として、それを呼格とし、それを思想の中心点として、構成せらるるもの」（『日本文法学概論』）というものである。

一見、「あっ、雷！」のような一語文と大差ないように思えるが、「美しき花かも」が、「（その）花、美し」という述体に対応した、つまり、「思想を過不足なく表現している」点において、完備句なのである。

さて、この喚体句はさらに先の「美しき花かも」のような感動喚体句と「老いず死なずの薬もが」のような希望喚体句に二分される。このうち、希望喚体句においては、句末の終助詞は必須のものであるが、感動喚体句においては終助詞はない場合もある。本稿では、この終助詞を伴わない感動喚体句を「無助詞感動喚体句」と呼ぶことにする。

上代において、感動喚体句の典型的なものは、

・み吉野の象山の際の木末にはここだも騒く（散和口）鳥の声カモ（鳥之声可聞）（六巻九二四）

のように助詞カモあるいは助詞カを文末に伴うものである。これに対して、無助詞喚体句は、

・千鳥鳴くみ吉野川の川音のやむ時なしに思ほゆる（所思）君（六巻九一五）

のような体言で終わるもの、

・このころの秋の朝明に霧隠り妻呼ぶ鹿の声のさやけさ（音之亮左）（一〇巻二一四一）

のような形容詞のサ語尾で終わるものがある。山田博士は、『概論』『奈良朝文法史』において、これらを喚体句の典型の一つにあげている。[1]

また、これら以外に、

・茂岡に神さび立ちて栄えたる千代松の木の年の知らなく（歳之不知久）（六巻九九〇）

のようなク語法によるものがある。ク語法によるものについては、山田博士はその『日本文法論　第二部　句論　句の性質　第二　述体の句　（三）叙述体の句　（二）中止述法』において、「下につゞくが如くなしてとめたる如き形をとる」ものとして述体の一つに挙げているが、後述する連体形終止による擬喚述法と同じであると見れば、これも感動喚体句の中にいれるべきである。

その『日本文法論』にいう擬喚述法は、

・かくのみにありける君を衣にあらば下にも着むと我が思へりける（念有家留）（一二巻二九六四）

のような連体形終止によるものであるが、これは万葉集にはまだ少数の用例しかない。

本稿で考察の対象とするのは、最初にあげた体言で終わるもの、すなわち、典型的な感動喚体句と形式が酷似するものである。

本稿作成にあたっては、吉村誠氏作成の万葉集の電子化テキストを利用させていただいた。

二　無助詞感動喚体句と類似の構文

二・一　一語文の体言止め

まず、無助詞感動喚体句と単なる体言止めの構文との区別を述べておく。単なる体言止めの用例としては、

・後れ居て恋ひつつあらずは追ひ及かむ道の隈廻に標結へ我が背（標結吾勢）（二巻一一五）

のような命令・禁止や質問の相手に対する呼びかけ表現がある。これらの多くは、挙げた用例のように、連体修飾部を持たない。したがって、山田博士の完備句としての感動喚体句の形式からはずれるため、考察の対象からははずした。

また、

・春草は後はうつろふ巌なす常盤にいませ　貴き我が君（貴吾君）（六巻九八八）
・あしひきの山の常蔭に鳴く鹿の声聞かすやも　山田守らす子（山田守酢児）（一〇巻二一五六）
・大野らに小雨降りしく木の下に時と寄り来ね　我が思ふ人（我念人）（一一巻二四五七）
・まそ鏡見とも言はめや　玉かぎる岩垣淵の隠りたる妻（隠而在孋）（一一巻二五〇九）
・〜松柏の栄えいまさね　貴き我が君（尊安我吉美）（一九巻四一六九）
・あしひきの八つ峰の椿つらつらに見とも飽かめや　植ゑてける君（宇恵弖家流伎美）（二〇巻四四八一）

の六例については、連体修飾部が存在するが、これも、呼び掛けの一語文の特殊なケースと考えて考察の対象からはずした。

二・二　「AはB」型名詞述語文との違い

体言は、「AはB」型の名詞述語文の述語成分となる場合がある。上代ではこのような場合には、助詞ゾが下接することが多いのであるが、

・標結ひて我が定めてし住吉の浜の小松は後も我が松（後毛吾松）（三巻三九四）
・人妻に言ふは誰が言さ衣のこの紐解けと言ふは誰が言（言者孰言）（一二巻二八六六）

のように、体言のみで終わっている場合もある。このような例も考察からは除外した。

二・三　倒置表現との違い

結果的に体言で一首が終わる場合には、倒置表現のものがあるが、これについては、

・青山の嶺の白雲朝に日に常に見れどもめづらし我が君（目頬四吾君）（三巻三七七）
・万世に語り継げとしこの丘に領巾振りけらし松浦佐用姫（比例布利家良之）（五巻八七三）

のような倒置による体言止めであることが明確なものも考察の対象からは除いた。

ただし、これも終止形と連体形の活用形が同じものは、「美しく咲く。花」のような倒置なのか、「美しく咲く花。」のような無助詞感動喚体句かは区別できない。これらの用例については、複数の注釈書を参照して、感動喚体句の解釈を下したものがあれば、考察の対象に加えた。

三　無助詞感動喚体句の全体像

二で除外したものを除いて、形式として無助詞感動喚体句と呼べるものは、万葉集全体で八四例あった[2]。

これらの用例について、**四**で整理するカモ感動喚体句との比較のため、

・修飾成分の形式

・骨子たる体言の種類

の二点について述べる。

三・一　修飾成分の形式

各類型の用例数と用例一つを挙げる。

○裸の動詞連体形　三八例

・鹿背の山木立を茂み朝さらず来鳴き響もす（寸鳴響為）鶯の声（六巻一〇五七）

○形容詞連体形　一〇例

・昔こそ外にも見しか我妹子が奥つ城と思へばはしき（波之吉）佐保山（三巻四七四）

これらのうち、八例が情意評価を表す形容詞である。

○リ・タリの連体形　八例

・み崎廻の荒磯に寄する五百重波立ちても居ても我が思へる（我念流）君（四巻五六八）

○過去キの連体形シ　九例

・礒の上に爪木折り焚き汝がためと我が潜き来し（吾潜来之）沖つ白玉（七巻一二〇三）

○打ち消しズの連体形ヌ　七例

・新室のこどきに至ればはだすすき穂に出し君が見えぬ（見延奴）このころ（一四巻三五〇六）

○推量系の助動詞のム・ラム・ケムによるもの　一〇例

ム・ラム・ケムの用例については、倒置と迷うものばかりであるが、諸注の中には、喚体句ととらえているものもあるので、それらは無助詞喚体句に含めておく。

ム　四例
・〜遠き代に神さびゆかむ（神左備将往）幸しところ（三巻三二二）

ラム　三例
・たまきはる宇智の大野に馬並めて朝踏ますらむ（朝布麻須等六）その草深野（一巻四）

ケム　三例
・いにしへにありけむ人の求めつつ衣に揩りけむ（衣丹揩牟）真野の榛原（七巻一一六六）

○打ち消し意志推量のマシジの連体形　二例。
・布当山山なみ見れば百代にも変るましじき（不可易）大宮所（六巻一〇五五）

三・二　骨子たる体言の種類

感動喚体句は「直観直叙」の文形式であるから、その骨子たる呼格体言には、眼前の物が来ることが多い。ここでは、その眼前のものを示す語が、人称や固有名詞、指示代名詞といった実体指示の性格の強いものか、あるいは普通名詞で属性表示的性質の強いものであるかといった観点から、分類した。

（A）第一人称者・第二人称者。あるいは、それらの所有物　二五例

ここに分類されるものは、「我」などの一人称者を表す言葉と「君、妹」など二人称者を指す言葉あるいは主君などを指す言葉、およびそれらの所有にかかるものである。

（A1）妹・君・背など　一七例
・み崎廻の荒磯に寄する五百重波立ちても居ても我が思へる君（我念流吉美）（四巻五六八）
・道に逢ひて笑まししからに降る雪の消なば消ぬがに恋ふといふ我妹（恋云吾妹）（四巻六二四）
（A2）我・我が心　一例
・〜ありなみすれどありなみえずぞ言はえにし我が身（所言西我身）（一三巻三三〇〇）
（A3）一人称者所有物　四例
・沖辺行き辺を行き今や妹がため我が漁れる藻臥束鮒（吾漁有藻臥束鮒）（四巻六二五）
・礒の上に爪木折り焚き汝がためと我が潜き来し沖つ白玉（吾潜来之奥津白玉）（七巻一二〇三）
（A4）二人称者所有物　一例
・上つ毛野伊香保の嶺ろに降ろ雪の行き過ぎかてぬ妹が家のあたり（伊毛賀伊敝乃安多里）（一四巻三四二三）
（A5）主君など　二例
・〜あやにともしき高照らす日の御子（日之御子）（二巻一六二）
・山背の久背の若子が欲しと言ふ（欲云）我れあふさわに我れを欲しと言ふ山背の久世（開木代来背）（一一巻二三六二）
ただし、前の例は、倒置に解する説が有り、また後の例は呼び掛けに解する説もある。
（B）この、そのなど指示詞を含むもの　一九例
ここに分類されるものは、骨子たる体言に「この〜、その〜」の指示詞が付属しているものである。
（B1）このころ　一六例
・〜ももしきの大宮人の玉桙の道にも出でず恋ふるこの頃（恋比日）（六巻九四八）

・国栖らが春菜摘むらむ司馬の野のしばしば君を思ふこのころ（思比日）（一〇巻一九一九）

（B2）その他の指示詞を含むもの　三例

・たまきはる宇智の大野に馬並めて朝踏ますらむその草深野（其草深野）（一巻四）

・鶉鳴く古しと人は思へれど花橘のにほふこの宿（許乃屋度）（一七巻三九二〇）

・立ちて居て待てど待ちかね出でて来し君にここに逢ひかざしつる（於是相挿頭都流）萩（波疑）（一九巻四二五三）

最後の例は「ここに」の例であるがここに含めた。

（C）地名などを含むもの　一七例

ここには地名と、固有名詞とはいえないが作者にとって自明である土地を指す言葉を含めた。

（C1）固有名詞としての地名　九例

・浜清み浦うるはしみ神代より千舟の泊つる大和太の浜（大和太乃浜）（六巻一〇六七）

・清き瀬に千鳥妻呼び山の際に霞立つらむ神なびの里（甘南備乃里）（七巻一一二五）

（C2）作者の中では自明で固有名詞に匹敵する場所を示す言葉　八例

・〜天地と長く久しく万代に変はらずあらむ幸しの宮（行幸之宮）（三巻三一五）

・山高く川の瀬清し百代まで神しみゆかむ大宮所（大宮所）（六巻一〇五二）

（D）普通名詞　一二三例

ここにあげるものは、一首の解釈としては作者の眼前の具体的個物を指示しているかもしれないが、骨子たる体言自体には実体を指示する性質が稀薄なものである。

（D1）鳥・獣・虫・植物　八例

・志賀の浦に漁りする海人家人の待ち恋ふらむに明かし釣る魚（宇乎）（一五巻三六五三）
・霞降り遠つ淡海の吾跡川楊刈れどもまたも生ふといふ吾跡川楊（余跡川楊）（七巻一二九三）
（D2）天体・天候・波など自然現象　九例
・さを鹿の朝立つ野辺の秋萩に玉と見るまで置ける白露（白露）（八巻一五九八）
・秋風の清き夕に天の川舟漕ぎ渡る月人壮士（月人壮士）（一〇巻二〇四三）
（D3）人物を差す言葉　三例
・住吉の得名津に立ちて見わたせば武庫の泊りゆ出づる船人（出流船人）（三巻二八三）
・春の園紅にほふ桃の花下照る道に出で立つ娘子（出立媙嬬）（一九巻四一三九）
（D4）その他の普通名詞　三例
・武庫の浦を漕ぎ廻る（榜転）小舟粟島をそがひに見つつ羨しき小舟（乏小舟）（三巻三五八）
・真玉つく越智の菅原我れ刈らず人の刈らまく惜しき菅原（惜菅原）（七巻一三四一）
・初春の初子の今日の玉箒手に取るからに揺らく玉の緒（由良久多麻能乎）（二〇巻四四九三）

四　カ（モ）感動喚体句の様相

三で述べた無助詞感動喚体句と比較すべきカ（モ）感動喚体句は、万葉集に九六例ある。もちろん、体言＋カ（モ）のすべてが含まれるのではなく、
・海神ハくすしきものカ（霊寸物香）淡路島中に立て置きて白波を伊予に廻らし〜（三巻三八八）
のような「AはBか」のような名詞述語文の疑問表現や、

・春雨に萌えし柳カ（毛延之楊奈疑可）梅の花ともに後れぬ常の物カモ（常乃物能香聞）（一七巻三九〇三）

のように、「AかBか」の形になって選択疑問文となっているもの、およびこれに準じて感動喚体句の形式をとりながら、前後の文脈から疑問表現とせざるをえないものは除外した。また「べきものか」の五例、「ましものか」の一例についても述体と考えて除外した。

カ（モ）感動喚体句もまず、

・修飾成分の形式

・骨子たる体言の種類

の二点について述べる。

四・一　修飾成分の形式

各類型の用例数と用例一を挙げる。

○裸の動詞連体形　二九例

・～下つ瀬に小網さし渡す山川も依りて仕ふる（依弖奉流）神の御代カモ（神乃御代鴨）（一巻三八）

○形容詞連体形　二〇例

・うつたへに鳥は食まねど縄延へて守らまく欲しき（守巻欲寸）梅の花カモ（梅花鴨）（一〇巻一八五八）

このうち、一八例が情意評価を表す形容詞である。

○リ・タリの連体形　一七例

・沖つ波来寄る荒磯を敷栲の枕とまきて寝せる君カモ（奈世流君香聞）（二巻二二二）

○過去キの連体形シ　五例

・沼名川の底なる玉求めて得し玉カモ（得之玉可毛）拾ひて得し玉カモ（得之玉可毛）～（一三巻三二四七）
〇ツ・ヌの連体形　一例
・悔しくも満ちぬる潮カ（満奴流塩鹿）住吉の岸の浦廻ゆ行かましものを（七巻一一四四）
〇打ち消しズの連体形ヌ　一九例
・月立ちし日より招きつつうち偲ひ待てど来鳴かぬ（伎奈可奴）霍公鳥カモ（霍公鳥可母）（一九巻四一九六）
〇ムの連体形　五例
・吉隠の野木に降り覆ふ白雪のいちしろくしも恋ひむ我れカモ（将恋吾鴨）（一〇巻二三三九）

四・二　骨子たる体言の種類

三と同様に骨子体言そのものが、現場指示性を強く持っているか否かという観点から分類した。

（A）第一人称者・第二人称者。あるいは、それらの所有物　三六例
（A1）妹・君・背など　一三例
・沖つ波来寄る荒磯を敷栲の枕とまきて寝せる君カモ（奈世流君香聞）（二巻二二二）
・暇なく人の眉根をいたづらに掻かしめつつも逢はぬ妹カモ（不相妹可聞）（四巻五六二）
（A2）我・我が心　五例
・思はじと言ひてしものをはねず色のうつろひやすき我が心カモ（吾意可聞）（四巻六五七）
・思ふらむ人にあらなくにねもころに心尽して恋ふる我れカモ（恋流吾毳）（四巻六八二）
（A3）一人称者所有物　〇例
（A4）二人称者所有物　四例

・あしひきの山椿咲く八つ峰越え鹿待つ君が斎ひ妻カモ（伊波比嬬可聞）（七巻一二六二）
・妹に恋ひ寐ねぬ朝明にをし鳥のこゆかく渡る妹が使カ（妹使）（一一巻二四九一）
（A5）主君など　四例
・あしひきの山さへ光り咲く花の散りぬるごとき我が大君カモ（吾王香聞）（三巻四七七）
・橘の下照る庭に殿建てて酒みづきいます我が大君カモ（和我於保伎美可母）（一八巻四〇五九）
（B）この、そのなど指示詞を含むもの　三例
（B1）このころ　〇例
（B2）その他の指示詞を含むもの　三例
・橡の解き洗ひ衣のあやしくもことに着欲しきこの夕カモ（此暮可聞）（七巻一三一四）
・秋の野を朝行く鹿の跡もなく思ひし君に逢へる今夜カ（相有今夜香）（八巻一六一三）
・我が宿のい笹群竹吹く風の音のかそけきこの夕カモ（許能由布敝可母）（一九巻四二九一）
（C）地名などを含むもの　一例
（C1）固有名詞としての地名　一例
・我が背子を大和へ遣りて待つしだす足柄山の杉の木の間カ（安思我良夜麻乃須疑乃木能末可）（一四巻三三六三）
（C2）作者の中では自明で固有名詞に匹敵する場所を示す言葉　〇例
（D）普通名詞　三八例
（D1）鳥・獣・虫・植物　一〇例
・人ごとに折りかざしつつ遊べどもいやめづらしき梅の花カモ（烏梅能波奈加母）（五巻八二八）
・み吉野の象山の際の木末にはここだも騒く鳥の声カモ（鳥之声可聞）（六巻九二四）

（D2）天体・天候・波など自然現象　一一例

・苦しくも降り来る雨カ（零来雨可）三輪の崎狭野の渡りに家もあらなくに（三巻二六五）

・常はさね思はぬものをこの月の過ぎ隠らまく惜しき宵カモ（惜夕香裳）（七巻一〇六九）

（D3）人物を差す言葉　五例

・いとのきて薄き眉根をいたづらに掻かしめつつも逢はぬ人カモ（不相人可母）（一二巻二九〇三）

・～朝露の消なば消ぬべく恋ひしくもしるくも逢へる隠り妻カモ（隠都麻鴨）（一三巻三二六六）

（D4）その他の普通名詞　一二例

・西の市にただ独り出でて目並べず買ひてし絹の商じこりカモ（商自許里鴨）（七巻一二六四）

・かはづ鳴く六田の川の川柳のねもころ見れど飽かぬ川カモ（不飽河鴨）（九巻一七二三）

・天の川霧立ち上る織姫の雲の衣のかへる袖カモ（飄袖鴨）（一〇巻二〇六三）

（E）ころ　一二例

無助詞感動喚体句には「～このころ」の例が見られたが、カ（モ）感動喚体句には指示詞のない「ころ」が見られる。

・初花の散るべきものを人言の繁きによりてよどむころカモ（止息比者鴨）（四巻六三〇）

・世間も常にしあらねばやどにある桜の花の散れるころカモ（不所比日可聞）（八巻一四五九）

（F）もの　六例

無助詞感動喚体句には「～もの」の用例はないが、カ（モ）感動喚体句には、以下のように用例が見られる。これらの多くは反語の表現ともとれることから、感動喚体句からはずして、述体にいれる考え方もある。しかし、形式的には感動喚体句の形式であることと、かならず反語的な意味合いが添うわけでもないので、カ（モ）感動喚体句の類型としてたてた。用例は反語的なものとそうでないものを一例ずつあげた。もとより後者は少ない。

・春日山朝居る雲のおほほしく知らぬ人にも恋ふるものカモ（恋物香聞）（四巻六七七）

・阿遅可麻の潟にさく波平瀬にも紐解くものカ（比毛登久毛能可）愛しけを置きて（一四巻三五五一）

五　無助詞感動喚体句とカ（モ）感動喚体句の比較

三と**四**で見たように、無助詞感動喚体句とカ（モ）感動喚体句には様々な違いが存在するのだが、そのことには、無助詞感動喚体句の用例が混質的であるということによる面もある。たとえば連体修飾部がラムで終わるものは、文末ハモによる体言止めの例と似ている。また、**三**に挙げた「我が潜き来し（吾潜来之）沖つ白玉」（七巻一二〇三）の例は、文末ゾによるものに近い。その点に留意しつつ両者の違いを見てゆくことにする。

五・一　修飾成分の比較

	無助詞感動喚体句	カ（モ）感動喚体句
用例数	八四例	九六例
○裸の動詞	三八例	二九例
○形容詞	一〇例	二〇例
○リ・タリ	八例	一七例
○キ	九例	五例
○ツ・ヌ	〇例	一例

○打ち消し	七例	一九例
○ム・ラム・ケム	一〇例	五例
○マシジ	二例	〇例

連体修飾成分について、裸の動詞連体形が一番多いのは両者共通である。しかし、形容詞連体形については、無助詞のものでは、一〇例であるのに、対してカ（モ）は二〇例と、カ（モ）の方が多くなっている。これら形容詞のほとんどが情意評価を表す形容詞であるが、これらにさらに、

・夜ぐたちに寝覚めて居れば川瀬尋め心もしのに鳴く千鳥カモ（鳴知等理賀毛）（一九巻四一四六）

の「心もしのに」のように情意評価の語が連用修飾の形で連体修飾部に含まれる用例数を加えて比較すると、カ（モ）感動喚体句は二九例、無助詞のものは九例となり、カ（モ）の方が三倍近くある。

近藤（一九九七b）で指摘したように、中古のカナによる感動喚体句には情意評価の語が必ず含まれる。上代のカ（モ）の感動喚体句にもその傾向がうかがえるということは、カという助詞を含む感動喚体句の特徴と考えられる。筆者は助詞カによる感動喚体句は、「話者の内面に生じた情意や評価の対象を模索し、その対象を捕捉した」ことを表現するものだと考えており、カ（モ）の感動喚体句に情意評価の語が多いことはその反映であると見たい。

助動詞については、まず打ち消しズの連体形によるものがカ（モ）感動喚体句に多いことに気付く。このタイプの用例はカ（モ）の場合には、

・暇なく人の眉根をいたづらに掻かしめつつも逢はぬ妹カモ（不相妹可聞）（四巻五六二）

・月立ちし日より招きつつうち偲ひ待てど来鳴かぬ霍公鳥カモ（霍公鳥可母）（一九巻四一九六）

のように、「（私に）逢おうとしない妹」「来て鳴かない霍公鳥」という目の前には存在しないものを語るものが多

い。

　無助詞感動喚体句にも打ち消し助動詞が連体修飾するものが七例あるが、それらは、すべて、

・天の川瀬を早みかもぬばたまの夜は更けにつつ逢はぬ（不合）彦星（一〇巻二〇七六）

・神のごと聞こゆる瀧の白波の面知る君が見えぬ（不所見）このころ（一二巻三〇一五）

のようなものであって、骨子たる体言そのものの非存在を語るものではない。[3]

　感動喚体句は本来的には、「美しき花かも」のように眼前に遭遇した事態について語るものが典型であるとすれば、「偲ひ待てど来鳴かぬ霍公鳥カモ」のような用例は、非存在を対象とすることで、特殊なケースといえる。このような特殊なケースがカ（モ）感動喚体句に存在することは、注目すべきである。

　無助詞感動喚体句に特徴的なものとしては、まず、ラム・ケムが連体修飾している例があげられる。ラムによるものはカ（モ）感動喚体句には存在しない。先にも述べたようにあるいは倒置とすべきかもしれないが、ム・ラム・ケムが連体修飾していると見るなら、これらは、

・葦辺には鶴がね鳴きて港風寒く吹くらむ津乎の崎ハモ（津乎能埼羽毛）（三巻三五二）

のようなハモの例に準じて考えるべきであろう。

　ケムの例もカ（モ）には存在しない。こちらについては、前出の（七巻一一六六）と、

・静まりし浦波さわく我が背子がい立たせりけむ（射立為兼）厳橿が本（一巻九）[4]

は、後に述べるように骨子たる体言が固有地名であるという無助詞感動喚体句全体に通ずる特徴がある。また、

・大夫の靫取り負ひて出でて行けば別れを惜しみ嘆きけむ（奈気伎家牟）妻（二〇巻四三三二）

は、前の長歌に付属した反歌にあたるものであり、長歌に述べられた東国から防人に立つ男と妻の別れを踏まえたために「ケム」が用いられているという特殊な環境にあるものである。

無助詞感動喚体句のみに存在するものとしては、マシジキの例が三・一に示した「百代にも変るましじき（不可易）大宮所」（六巻一〇五五）の用例と、

・～天の下知らしめさむと百代にも変るましじき（不可易）大宮所（六巻一〇五三）

の二例がある。これについては、万葉にマシジの連体形の用例が少なく、なんともいえないが、続日本書紀宣命の「不改常典」（アラタムマシジキツネノノリ）（第三詔）「不改自常典」（アラタムマシジキツネノノリ）（第一四詔）の何らかの影響であるとも考えられる[5]。

連体修飾部の違いを見てきたが、無助詞感動喚体句が混質的であることや、和歌それぞれの特殊事情を除けば、見るべきことは、カ（モ）に情意評価を示す形容詞の例が多いことと、打ち消しズの連体形によって、骨子たる体言の示すものが眼前には存在しないことを示す例があることである。

五・二　骨子たる体言の比較

	無助詞感動喚体句	カ（モ）感動喚体句
●第一人称者など	二五例	三六例
○妹君背など	一七例	二三例
○我・我が心	一例	五例
○一人称者所有物	四例	〇例
○二人称者所有物	一例	四例
○主君など	二例	四例

●指示詞を含むもの	一九例	三例
○このころ	一六例	○例
○他の指示詞を含むもの	三例	三例
●固有地名を含むもの	一七例	一例
○固有地名	九例	一例
○自明の場所の示す言葉	八例	○例
●普通名詞	二三例	三八例
○鳥獣虫植物	八例	一〇例
○天体など自然現象	九例	一一例
○人物を差す言葉	三例	五例
○その他の普通名詞	三例	一二例
●ころ	○例	一二例
●もの	○例	六例

両者とも、作者にとって大きな関心の対象である夫妻恋人主君が骨子たる体言であることが多いことは共通している。

しかし、指示詞を含む用例では大きな違いがあり、無助詞の方は一九例であるのに対して、カ（モ）の方はわずか三例である。

また、固有名詞としての地名を含む例は、無助詞では九例（ラムケムの用例も含む）であるのに対して、カ（モ）

は一例と違いが大きい。また、

・遠つ人松浦佐用姫夫恋ひに領巾振りしより負へる山の名（於返流夜麻能奈）（五巻八七一）

のような前後の和歌などから作者にとって自明であり地名とはいえないまでも地名に準じて考えられる用例を含めると、無助詞一七例、カ（モ）一例とその差はさらに広がる。

指示詞で示されているもの、および地名は、眼前の実体を直接指示するという性格が強い。従って、無助詞感動喚体句の骨子たる体言は、実体指示的なものが多いということになる。反対に「ころ、もの」のような実体指示とは言えないものが骨子体言である用例は、無助詞感動喚体句には無く、カ（モ）感動喚体句には二五例存在するのである。

もちろん、これは傾向差でしかないが、無助詞感動喚体句の骨子体言が実体指示性をもつものに傾き、カ（モ）感動喚体句の骨子体言が非実体指示的な普通名詞に偏るのである。このことは、無助詞感動喚体句の方がより実体性の明示が必要なものであることを示唆している。

六　無助詞感動喚体句とカ（モ）感動喚体句の違い

五で見たように、無助詞感動喚体句とカ（モ）感動喚体句には、いくつかの大きな違いがあった。無助詞感動喚体句の用例のうち、ハモに近い用例を除いて考えれば、それは、

（1）カ（モ）感動喚体句は情意評価の語をその内部に含むことが多い。

（2）カ（モ）感動喚体句は眼前には存在しないものを対象とすることができる。

（3）無助詞感動喚体句はカ（モ）感動喚体句に比較して、より実体性の明示を必要とする。

（1）～（3）までの違いは、結局、カ（モ）感動喚体句が助詞カと助詞モの存在によって、単なる遭遇対象の呼びかけに連続した表現から、独特の表現へ一歩踏み出していることの現れと捉えられよう。[6]

（1）に関しては**五**に述べたように、これが、カを含む感動喚体句の特徴の一つであると言える。

（2）は、カ（モ）感動喚体句が文末カ（モ）という形式において、話者の情意の対象を示す感動喚体句であることを保証されており、そのために、現前の実体ではないものへの言及もしやすかったのだと考えられる。

（3）については、逆に、無助詞感動喚体句は、そのような保証がないために、内容として実体性を明示せねば表現として成立しにくかったという事情の現れであると考えられる。

無助詞感動喚体句が遭遇した対象の名を呼ぶというような「呼び掛け」と連続しているのは、当然のことであるが、無助詞感動喚体句と比較して、カ（モ）感動喚体句の特徴も浮かび上がってくるのである。それは、カとモという助詞の個性によって支えられている表現であるという点であろう。ここまでは述べなかったが、カ（モ）の用例には、

・我が背子が白栲衣行き触ればにほひぬべくモ（応染毛）もみつ山カモ（黄変山可聞）（一〇巻二一九二）

のように文中に詠嘆のモを含むものが多数存在するが、無助詞感動喚体句にははっきり詠嘆のモがあるといえる用例はない。このことは、無助詞感動喚体句は、係助詞と無縁なところに成立するものであり、一語文的な呼び掛け表現と連続するものであり、文形式としては消極的なものであることの表れである。

これに対して、カ（モ）感動喚体句は、根底には遭遇事態の名を呼ぶという呼格の性格を持ちながらも、カやモなど係助詞に積極的に構成された文であり、単純な呼び掛けでも、述体でもない独特の文形式となっているのである。

このように係助詞に支えられていることが、

・春日山朝居る雲のおほほしく知らぬ人にも恋ふるものカモ（恋物香聞）（四巻六七七）

のような情意というよりも概念的思考というべき内容まで表現することまでも可能にしているのである。

注

（1）上代におけるサ語尾のほとんどの用例は、このような感動喚体句の句末に現れ、後代の「暑さ寒さも彼岸まで」のような述体内部の構成要素となる例は皆無である。

（2）ただし、長歌の内部にまだ数例あるかもしれないが、長歌の内部に無助詞感動喚体句と思われるものがあったとしても、そこで確かに一文が終結しているかの判断が難しいので、長歌の内部のものはこの八四例に含まれていない。ただし、長歌の最後にあるものは、例に含めてある。

（3）「彦星」の例は、「彦星が逢おうとしない」である。

（4）第一句第二句は澤瀉注釈の読みに従う。

（5）一〇五三歌は、一〇五〇長歌とともに「讃久邇新京歌二首　幷短歌」としてならべられており、その一〇五〇歌の冒頭に「現つ神（明津神）我が大君の」という句があり、これは澤瀉注釈も述べているように宣命などによく見られる表現なので、「カハルマシジキ」も宣命の「アラタムマシジキ」のような表現の影響下にあると考えるべきかもしれない。

（6）いわゆる感動喚体句的な語法の中には、一語文に連続するものと、一語文とは異質なものの二系統があることについては、近藤（一九九八b）に述べた。

参考文献

山田孝雄『日本文法論』・『日本文法学概論』・『奈良朝文法史』／川端善明「喚体と述体―係助詞と助動詞とその層」／尾上圭介「感嘆文と希求・命令文―喚体・述体概念の有効性―」／野村剛史「カによる係り結び試論」・「上代語のノとガについて（上下）」／近藤要司「係助詞の複合について（一）―『万葉集』のカとカモの比較―」・「『源氏物語』の助詞カナ

について」（一九九七b）・「古代語における感動喚体句的表現の諸相について」（一九九八b）・「係助詞の複合について（三）――『万葉集』のハモについて――」

（二）『万葉集』のハモについて

一　はじめに

本稿は、万葉集など上代の資料に見られる複合係助詞ハモについて、論じたものである。

上代の多くの係助詞は、文中用法と文末用法の両方を持つが、助詞ハに関しては文末用法がない。ところが、助詞モと複合してハモという形式になると、

・葦辺には鶴がね鳴きて港風寒く吹くらむ津乎の崎ハモ（津乎能埼羽毛）（三巻三五二）

のように文末用法を持つようになるのである。なぜこのような表現が可能になるのかについて考えてみたい。

一・一　文末ハモの特徴

従来文末ハモの特徴として指摘されてきたことは三点ある。

(1)ハヤ、ハヨとの共通性

ハモは、助詞ハが他の助詞と複合することによって文末に立つことになるという共通性から「あずまはや」のハヤ、あるいはハヨというような複合助詞と一類にくくられて論じられてきた。しかしながら、ハモはハヤ・ハヨとは大きく異なった点を持っている。このことについては、二で論じることにする。

(2)連体修飾部の特徴

文末ハモは、上接する体言が連体修飾部をもつことが多い。これについては、従来からラムおよびキの連体形シで終わることが多いという指摘があった。この問題を含め、文末および文中ハモがどのような形で用いられたか、その全体像を**三**で概観することにする。

(3)「遥かなものへの哀惜」

澤瀉久孝氏は『万葉集注釈』の二巻一七一番歌の訓釈において文末ハモの特徴として「『かも』に比して余情がこもり、「相流君可聞」が君を眼前にしての詠嘆であるに対し、「安倍の市道に相之児等羽裳」(三・二八四)、「我を待たすらむ知々波々良波母」(五・八九〇)、「今咲けるらむ乎美奈弊之波母」(二〇・四三一六)など「はも」は眼前になきものを偲ぶ場合が多い」とされている。

この「眼前にない」ということは、単に離れているものへの想いということではない。川端(一九六三a)において「遠く離れているものへの、或いは別れざるを得ないものへの、或いは再び見ることのできぬものへの愛惜を表現しうる」としているように、かつては身近にあったものが遠くに離れて今は眼前にない、その喪失感を含んでいるのである。

以下本稿では文末ハモのこの表現性を「遥かなものへの哀惜」と呼ぶことにする。このような文末ハモの表現上の特徴は、ハとモが複合するということとどのような関係をもつのか、このことについては**四**で論ずることにする。また、澤瀉氏も「かも」と比較してハモの性質を述べているが、カモによる感動喚体句とこの文末ハモはどのような点が異なっているのかについては**五**で論じたい。

本稿作製にあたっては、吉村誠氏作成の万葉集の電子化テキストを利用させていただいた。なお用例の後の括弧内には万葉集の巻数と旧国歌大観番号を示してある。

二　ハを前項とする複合係助詞

上代における、ハを前項とする複合係助詞を多い順に上げると、ハモ（万葉に四六例、記紀に三例）、ハシ（万葉に一六例）、ハヤ（万葉に五例、記紀に七例）、ハゾ（万葉に六例）、ハコソ（万葉に一例）、ハヨ（記紀に一例）、ハナ（万葉に「～ハナモ」の例が一例）となる。このうち、文末用法を持つものは、ハモとハヤとハヨということになる。そこでこの三者に関しては一つにくくって考えられることが多かった。

しかしながら、ハヤ・ハヨは、文末用法の場合には

・嬢子の床の辺に我が置きしつるきの太刀その太刀ハヤ（曽能多知波夜）（古事記・中）

・今ハヨ（伊苶波予）今ハヨ（伊苶波予）ああしやを今だにも吾子よ今だにも吾子よ（日本書紀巻三）

のように呼び掛け的な一語文に下接するものばかりである。

一方、文末ハモは、三で述べるように、すべてではないが、感動喚体句的な形式を取っている場合が多い。このことは、後項の助詞の性質が異なっていることによるものだと考えられる。

ハヤの後項の助詞ヤは、

・我妹子ヤ（吾妹児哉）我を忘らすな石上袖布留川の絶えむと思へや（一二巻三〇一三）

のように直接体言に下接して呼び掛け表現に用いられる。ハヨの後項の助詞ヨについても、

・隠口の泊瀬小国によばひせす我が天皇ヨ（吾天皇寸与）奥床に母は寐ねたり外床に父は寐ねたり～（一三巻三三一二）

のようにこの点では同様である。ヤやヨは上代のみならず、中古においても、このような呼び掛けの一語文に用いられ続ける。

一方、助詞モが文末に用いられる場合には、

・楽浪の国つ御神のうらさびて荒れたる都見れば悲しモ（悲毛）（一巻三三）

のように活用語の終止形に下接するのであって、名詞一語文に下接することはない。

この助詞モの性質は当然複合係助詞全体にも影響を与えている。同様に後項にモを持つカモについて見てみると、カとカモにはそれほど大きな用法上の違いは見られないのだが、文末体言に下接して、いわゆる体言止めの表現を構成する場合には、本書「第一部第一章（二）『万葉集』のカとカモの比較」に述べたように、単独カは、

・帰りける人来れりと言ひしかばほとほと死にき君カ（君香）と思ひて（一五巻三七七二）

のように単独の名詞に下接して一語文的な表現を構成する場合もあるが、カモにはそのような用例は存在しないのである。

このようなことから考えて、本稿では、ハモが典型的な感動喚体句と同じ連体修飾部をもった体言止めの文に下接し、ハヤ・ハヨが呼び掛けの一語文に下接することは、大きな違いであると考えたい。

ただし、このことをもって、文末ハモによる体言止めの表現がカモによる感動喚体句とまったく同じものであるとは考えない。詳しくは、**三**、**四**に譲るが、しかし、後項助詞が文末のモであるということの共通性はあると考えている。

三　上代のハモの全体像

三・一　文末ハモ

上代のハモの用例は、記紀歌謡に三例、万葉に四六例見られる。このうち、文末用法は三〇例、文中用法は一九例である。

文末用法は、すべて体言に下接した形式であり、そのほとんどが「美しき花かも」のような典型的な感動喚体句と同じ形式となっているが、一で述べたように体言を修飾する連体修飾部の述部の形式が偏る傾向がある。一つは、

・焼津辺に我が行きしかば駿河なる阿倍の市道に逢ひし子らハモ（相之児等羽裳）（三巻二八四）

・かくのみにありけるものを萩の花咲きてありやと問ひし君ハモ（問之君波母）（三巻四五五）

・天地とともに久しく住まはむと思ひてありし家の庭ハモ（有師家之庭羽裳）（四巻五七八）

・さねさし相模の小野に燃ゆる火の火中に立ちて問ひし君ハモ（斗比斯岐美波母）（古事記・中）

のように連体修飾部の述部がキの連体形シで構成されたもので、万葉記紀に一五例ある。

ハモの連体修飾部の述部を構成するものとして次に目だつものが、

・葦辺には鶴がね鳴きて港風寒く吹くらむ（吹良武）津乎の崎ハモ（津乎能埼羽毛）（三巻三五二）

・出でて行きし日を数へつつ今日今日と我を待たすらむ（麻多周良武）父母らハモ（知々波々良波母）（五巻八九〇）

・富人の家の子どもの着る身なみ腐し捨つらむ（久多志須都良牟）絹綿らハモ（波母）（五巻九〇〇）

・春の野に草食む駒の口やまず我を偲ふらむ（思努布良武）家の子ろハモ（伊敝乃児呂波母）（一四巻三五三二）

・高円の宮の裾廻の野づかさに今咲けるらむ（左家流良武）をみなへしハモ（乎美奈弊之波母）（二〇巻四三一六）

のように、連体修飾部の述部がラムで構成されているもので、これは万葉に五例ある。さらに、

・高照らす我が日の御子の万代に国知らさまし（所知麻之）島の宮ハモ（嶋宮波母）（二巻一七一）

・いにしへに梁打つ人のなかりせばここにもあらまし（有益）柘の枝ハモ（柘之枝羽裳）（三巻三八七）

のように連体修飾部の述部をマシが構成するものが、二例ある。

同じような感動喚体句の形式のカモの用例と比較すると、カモにはこの形式が一〇〇例ほどあるが、「動詞＋体言＋カモ」、「形容詞＋体言＋カモ」が併せて五〇例ほど、「打消ヌ＋体言＋カモ」が二〇例ほど、「〜ル（リの連体）＋体言＋カモ」が一〇例ほどである。この中で、「〜シ（キの連体）＋体言＋カモ」の用例は、

・いつしかと待つらむ妹に玉梓の言だに告げず去にし君カモ（往公鴨）（三巻四四五）

・沼名川の底なる玉求めて得し玉カモ（得之玉可毛）拾ひて得し玉カモ（得之玉可毛）あたらしき君が老ゆらく惜しも（一三巻三二四七）

のような用例が四例存在するが、カモの感動喚体句全体の中では一割以下である。また、ラム、マシが連体修飾部の述部を構成するものはカモには存在しない。

このように連体修飾部の述部の形態を見る限り、文末ハモと感動喚体句のカモにはかなりの違いがある。このことの意味は**五**で考えたい。

文末ハモのその他のもので、感動喚体句の形式を持つものが、

・秋萩の花野のすすき穂には出でず我が恋ひわたる（恋度）隠り妻ハモ（隠嬬波母）（一〇巻二二八五）

・里中に鳴くなる鶏の呼び立てていたくは泣かぬ（甚者不鳴）隠り妻ハモ（隠妻羽毛）（一一巻二八〇三）

・笹が葉のさやぐ霜夜に七重着る衣に増せる（麻世流）子ろが肌ハモ（古侶賀波太波毛）（二〇巻四四三一）

の三例ある。また、

・一嶺ろに言はるものから青嶺ろにいさよふ雲の寄そり妻ハモ（余曽里都麻波母）（一四巻三五一二）

・色に出でて恋ひば人見て知りぬべし心のうちの（情中之）隠り妻ハモ（隠妻波母）（一一巻二五六六）

・はしたての倉橋川の石の橋ハモ（石走者裳）男盛りに我が渡りてし石の橋はも（七巻一二八三）

のように厳密な感動喚体句の形式にはならないものが三例ある。しかしながら、これらのうち前二例は、たしかに形式上は倒逆した主述の形式がたもたれてはいないが、意味的には十分に二項的であり、一語文的な呼び掛けの表現とはまた異質な表現であろう。また、最後の例も、後続する部分がハモによる感動喚体句仕立てになっており、そのような文脈にあることから、特殊な例だと考えられる。このように文末ハモは、おおむね感動喚体句的な形式に用いられており、一に述べたように、一語文的な呼び掛けの表現において用いられるハヤ、ハヨとハモとは用法が異なると考えるべきであろう。ただし、

・小山田の池の堤にさす柳成りも成らずも汝と二人ハモ（奈等布多里波母）（一四巻三四九二）

の一例のみは、いかにも述体句の省略という印象を受ける。これは他の文末ハモの例とは別にすべきであろう。

三・二　文中用法のハモ

文中用法の中には、万葉に、

・やすみしし我ご大君の畏きや御陵仕ふる山科の鏡の山に夜ハモ（夜者毛）夜のことごと昼ハモ（昼者母）日のことごと哭のみを泣きつつありてやももしきの大宮人は行き別れなむ（二巻一五五）

のように「夜はも〜、昼はも〜」の対句で用いられているものが五首一〇例ある。この場合、前項ハが対比の色合いを帯びており、そこに詠嘆のモが間投助詞的に添えられているという印象を受ける。同様の例は記紀歌謡に、

・吾ハモヨ（阿波母与）女にしあれば汝を置きて夫はなし（古事記・上）

・貴人は貴人どちや親友ハモ（伊徒姑播茂）親友どちいざ闘はな我は（日本書紀巻九・神功紀）

の二例がある。前者は「汝こそは男にいませば」の「汝」と「吾」が対比され、後者は「貴人は貴人どち」と対比

されている。

文中用法でこのような対比の色合いを帯びていない用例は、

・我れハモヤ（吾者毛也）安見児得たり皆人の得かてにすとふ安見児得たり（二巻九五）

・我が名ハモ（吾名者毛）千名の五百名に立ちぬとも君が名立たば惜しみこそ泣け（四巻七三一）

・〜恨めしき妹の命の我れをバモ（阿礼乎婆母）いかにせよとかにほ鳥のふたり並び居語らひし心背きて家離りいます（五巻七九四）

・天にハモ（天尓波母）五百つ綱延ふ万代に国知らさむと五百つ綱延ふ（一九巻四二七四）

・恨めしく君ハモ（伎美波母）あるか宿の梅の散り過ぐるまで見しめずありける（二〇巻四四九六）

のようなもので万葉に九例ある。これらは題目や状況題目にハが下接したものに、さらに詠嘆のモが下接された例だととりあえずは見ることができる。ただし、これもモの詠嘆性によって、ハモ全体が詠嘆の意味を帯びていると考えることも可能であろう。

詠嘆性をここに読みとるとしても、これらの例は、文末ハモとの直接の連続性を感じさせない。しかしながら、文中用法の中にはわずかに文末ハモとの連続性を感じさせるものがある。それは、

・早川の瀬に居る鳥のよしをなみ思ひてありし我が子ハモ（吾児羽裳）あはれ（四巻七六一）

・娘子らがかざしのために風流士のかづらのためと敷きませる国のはたてに咲きにける桜の花のにほひハモ（丹穂日波母）あなに（八巻一四二九）

の二例である。特に前者七六一番歌は、末尾の「あはれ」をとれば、そのまま文末ハモの用例になるものである。[1]後者の用例も内容から眼前の桜の花を読んだものではないと考えられるので、これも文末ハモに近い「遥かなものへの哀惜」が込められていると見ることができる。

これらを見ると、文末ハモが澤瀉久孝氏が**三・一**にあげた一七一番歌の訓釈の項で「この「は」は「吾者毛也安見児得有」（二・九五）、「宇良売之久　伎美波母安流加」（二〇・四四九六）などの「は」に同じく、本来主語を示すもので、下に述後がつづくべきであるが、その述語が省略された形で、それに詠嘆の「も」がついたもので、今も「あなたといふ人はまあ」などといふ「はまあ」に同じである」と述べていることもうなずける。

四　「遥かなものへの哀惜」とハモの関係

三に述べたような文末ハモへ連続する文中用法のハモを間に置いて考えれば、右に挙げた省略説に従って文中で主語としてあったものが呼格的な用法にも広がったのだと考えることができよう。

しかしながら、この方向で考えるにしても、なぜ文末ハモの構成する文の意味が「遥かなものへの哀惜」を表すものに限られるのか、という疑問は残る。(2) そこでこの節では、「遥かなものへの哀惜」という表現上のニュアンスとハと文末モが複合することの関連について考察する。

四・一　ハヤ・ハヨとの比較

二ではハモとハヤ・ハヨとの後項の助詞の違いについて述べたが、ここでは、前項ハが持つ共通性について考える。

まずハヤ・ハヨについてであるが、用例をあげると、

・天なるや弟棚機の項がせる玉の御統御統に穴玉ハヤ（阿那陀麻波夜）み谷二渡らす阿治志貴高日子根の神そ（古事記・上）

・嬢子の床の辺に我が置きしつるきの太刀その太刀ハヤ（曽能多知波夜）（古事記・中）
・御真木入日子ハヤ（美麻紀伊理毘古波夜）御真木入日子ハヤ（美麻紀伊理毘古波夜）己が命を盗み死せむと後つ戸よい行き違ひ前つ戸よ行き違ひ窺はく知らにと御真木入日子ハヤ（美麻紀伊理毘古波夜）（古事記・中）
・今ハヨ（伊莽波予）今ハヨ（伊莽波予）ああしやを今だにも吾子よ今だにも吾子よ（日本書紀巻三）

となる。用例が少数であるため、決定的なことは言えないが、単なるヤやヨによって構成される表現と比較して、より切迫した印象を与える。もちろん、これらの文末ハが文中用法のハのように論理的な排他限定に働いているとは考えられないが、上接項目を他のものを排斥して、とりわけそれを「かけがえのないもの」として際立たせることに働いているとは考えられそうである。

尾上（一九九五）が指摘するように、現代の文中用法のハにも「飲んで騒いで丘に登ればはるか国後に白夜は明ける」の「は」のように、「は」が対比でも題目提示でもなく、そのことだけに光をあて意識にのぼらせるという意味合いで用いられることはあるのである。ハモの前項助詞ハが文中のハと出自を同じくするものであるのならば、一語文的な呼び掛け文の文末に位置する事情はそのような役割を負ってのことだとせざるをえないのである。(3)

とはいえ、文末にハが来ることにはやはりかなり特殊な条件が必要であったと考えられる。後項にヤ・ヨが下接していても、ハヤ・ハヨは、「切迫した呼び掛け」という叫びに近い表現の中でこそそれは許されるものであったのだろう。

四・二　ハモの前項助詞ハについて

ハヤ・ハヨの前項助詞ハがそのように働いていると考えられるならば、ハモのハにもそのような意味合いが考えられてよい。もちろんそこには、ハヤやハヨとは別の特殊な事情があって文末のハが存在しえるのである。その事情と「遥かなものへの哀惜」という表現上のニュアンスとは密接に関わりあっているのである。

文末ハモによって表現される「遥かなものへの哀惜」の対象は今は手に届かないものであった。

・かくのみにありけるものを萩の花咲きてありやと問ひし君ハモ（問之君波母）（三巻四五五）

という用例であれば、この「君」は、現在は作者の元から立ち去っている。したがって、この「君」は作者にとっては、追憶の中にのみしか存在しないのである。そして、その追憶されるべきイメージはさまざまにあるのではない。「君」の姿はいわば、「萩の花咲きてありや」と問う君の姿という、追憶の情景の中に密封され固定された形でのみ、作者に追憶されるのである。作者はそのような「君」の姿のみを「かけがえのない」ものとして想い描くのである。

対象と再び接触が可能であるのならば、そのイメージは刻々と変容を遂げていくが、ハモの歌の対象は、過去のものあるいは遠く離れたものとして固定されたイメージとしてのみ想い描かれるのである。そのようなかけがえのなさを前項ハに込めてあるのである。そのイメージを唯一無二のものとして想い描くという、まさに「そのことだけに光をあてる」ところにハの意味が生かされているのである。

ハヤ・ハヨは二で述べたように、一語文的な用法のみで用いられ、ハモは感動喚体句的なものの文末に用いられるという違いがあるが、このように助詞ハが「かけがえのない」ものを示すという表現性を持つことによって文末用法を許されているという点では共通なのである。

四・三　ハモの後項助詞モについて

ハヤ・ハヨと同様に、ハが「かけがえのなさ」という意味を帯びることによって文末に位置することが許されたとしても、そのような表現を安定させるためには、文末助詞として安定した助詞が後項助詞として付加される必要がある。ハモの場合には、それがモであったのである。

しかしながら、文末モによって表現が安定するためにはそれなりの条件がある。二で述べたように、「あづまハヤ」の助詞ヤとは異なり、モは呼び掛け表現には用いられない。文末モは、情意性形容詞によるものを中心とする述体句文末に位置する助詞である(4)。したがって、文末モの上接部分は一語文ではありえず、何らかの形で主述二項を含む形でなければならない。文末カモにも同じ制限が働いていることは二に述べた。そのことが、文末ハモが文末ハヤとは異なって、形式的には整わないものがありながらも、ともかく、連体修飾部と体言の統一の中に述体的な主述的な内容を持たねばならない理由であろう。モは、文末助詞としては安定しにくいハを情意の表現として安定させる機能を果たしているが、そのモが文末に位置するためには、ハモの上の体言止めは、主述的な内容を備えねばならないのである。

四・四　連体修飾部の役割

そして、その連体修飾部は、文末ハモの前項助詞ハの示す「かけがえのなさ」を保証する内容でなければならないのである。この場合の「かけがえのなさ」とは、想いの対象が作者の現在の在りようからは、時間的にあるいは空間的に遠く離れており、その時空的距離は現状においては回復しがたいこと、そして、そうであればこそ、なおさら、その想いの対象が忘れ難い唯一のイメージとして固定していることである。

かつまた、そのような内容が主述二項を具えながらも、述定判断が抑止された連体修飾の形式をとっていることも重要である。このことによって、たとえばラムやキによって判断され述定される、そのことが表現の中心ではなく、ラムやキを用いて描写されるモノの存在が表現の中心になるのである。言い替えればこのような形をとることで、「遥かな哀惜」の対象は、聞き手から時空的に離れながらも、確として存在するモノとしての資格を得るのである。

四・五　ハとモの打ち合い

このように、ハモに上接する部分が、主述的な結合をなすことによって、内容的に「かけがえのなさ」を保証して初めて、ハとモの結合した複合助詞が文末を構成することが可能になるのである。**三**で述べたように、用例としては、文中用法と文末用法の中間的なものがあるので、ハモの文末用法も文中用法から派生したものだと考えられるが、**四**で述べてきたように、主述的な結合の中で「かけがえのなさ」が語られることがあって初めてハと文末モが結合して表現が成立するのであり、その意味で文末ハモの表現は森重（一九四七）が述べているように助詞相互の係り結びによって文が成立しているのである。(5)

五　カモによる感動喚体句との比較

三で述べたように、連体修飾部について、ハモとカモの間にはかなりの違いがあった。すなわち、ハモの連体修飾部を構成する主なものは、キの連体形のシ、ラム、マシであった。カモの方は、シによるものは数例あるが、ラム・マシによるものは存在しない。(6)

もっとも、だからといってカモが眼前にないものを対象としないわけではなく、

・暇なく人の眉根をいたづらに掻かしめつつも逢はぬ妹カモ（不相妹可聞）（四巻五六二）

・春の野に霞たなびき咲く花のかくなるまでに逢はぬ君カモ（不逢君可母）（一〇巻一九〇二）

のように、「逢はぬ、見えぬ」などで眼前に存在しない人やモノを対象とした用例もあるし、「〜シ＋体言＋カモ」

の中には、

・いつしかと待つらむ妹に玉梓の言だに告げず去にし君カモ（徃公鴨）（三巻四四五）

のように死者を対象とした挽歌の例もあるのである。

筆者は、カモやカナのような助詞カを前項助詞とするものによる感動喚体句の骨子たる体言は、話者内部に醸成された情意や評価の対象として模索されたものであると考えている。(7) その連体修飾部はしたがって、「いやめづらしき梅の花カモ（烏梅能波奈加母）（五巻八二八）」のように情意評価自体を示す場合もあるし、対象のありようを説明する場合もある。その対象のありようを示す場合には右の五六二、一九〇二、四四五番歌のように対象が眼前には存在しない場合もありえるのである。しかしながら、話者の情意や評価の対象としては、やはり目前の事態を構成する事物がもっとも自然であろう。カモの感動喚体句で眼前に存在しないものを対象とするものが少ない傾向は、そのことの素直な反映だと考えられる。

文末ハモの場合は、対象が話者の眼前にないもの、イメージの中に固定されたものであることを示す必要があるから、そのような内容を述べるのに効果的なラムやシによって連体修飾の述部が構成されることは、これもその性格の素直な反映なのである。

いずれも主述が内容としてはそろっていながらも、それを非述体的な形式で表現することによって感動表現たりえている点では共通であるが、連体修飾部の果たす意味合いは異なっているのである。

六　まとめ

以上述べてきたように、複合ハモの文末用法は、作者から時空的に離れて取り戻せない対象を固定したイメージで「かけがえのないもの」として語る表現であった。ハは、その排他性が「かけがえのない」というニュアンスをだすために働き、モは情意表現として安定させるために働いている。かつ、文末モの性格から、上接部分には内容的に主述二項を含み込むことが必須であり、そのために、文末ハモの大部分の用例は感動喚体句と同様の形態を取ることになる。また、この連体修飾部の存在によって、対象のかけがえのなさが保証されているのである。

注

（1）内容としても、「大伴坂上郎女従竹田庄贈女子大嬢歌二首」とあるうちの一首であるから、今目の前にいない娘という「遥かなものへの哀惜」であるから、妥当である。

（2）『時代別国語大辞典　上代編』の「はも」の項ではこの間の事情を「ハモに上接する体言は、ハによって個性的に取り立てられ、モの結合によって喚体表現の対象とされる。そのため、特別な、極限的な状況にある対象への詠嘆になりやすく、かつそのような状況は、話し手と過去に特定の交渉があって現在は存在しないものや遠くはなれているものの表現に適しているのである」と説明している。

（3）尾上（一九九五）ではこの種のハの表現効果を「文一般に内在する根源的排他性と重なって、その事態以外のすべての事態を背景の闇に追いやり、当の一つの事態のみにくっきりとスポットライトを当てるものとなる」と説明し、「額縁的詠嘆」と名付けている。

（4）川端（一九六三b）による。

（5）森重（一九四七）、川端（一九七七）による。

（6）「ラム＋体言」の体言止めで文末助詞を伴わない用例は、
・たまきはる宇智の大野に馬並めて朝踏ますらむ（朝布麻須等六）その草深野（一巻四）
・清き瀬に千鳥妻呼び山の際に霞立つらむ（霞立良武）神なびの里（七巻一一二五）
・梓弓春山近く家居《を》れば継ぎて聞くらむ（続而聞良牟）鶯の声（一〇巻一八二九）

のように万葉に三例存在する。したがって、この形式に文末ハモが必須というわけでもない。ただハモがないものは、やはり「かけがえのなさ」というような切迫した印象がない。なお、右の三首にはすべて、体言止めと解釈する説と倒置と解釈する説があるが、近藤（一九九一）において述べたように、万葉集においては、ラムが一首一文型の終止形終止の文に用いられるのは非常に稀であること、さらに、これらが例えば「春霞たなびく今日の夕月夜清く照らむ（不穢照良武）高松の野に（高松之野尓）（一〇巻一八七四）」に見られるように、文中要素が文末に倒置されている明確な印が ないことをもって、この三例は体言止めの文であると考える。

（7）　近藤（一九九七ａ）による。

参考文献

森重敏「上代係助辞論」／川端善明「喚体と述体―係助詞と助動詞とその層」（一九六三ａ）・「助詞『も』の説―文末の構成―」（一九六三ｂ）・「詠」（一九七七）／此島正年『国語助詞の研究―助詞史の素描―』／上代語辞典編修委員会『時代別国語辞典　上代編』／森野崇「『万葉集』における助詞「は」の用法―「主題」・「とりたて」めぐって―」／近藤要司「『万葉集』の助詞カと助動詞ラムについて」（一九九一）・「係助詞の複合について（一）―『万葉集』のカとカモの比較―」（一九九七ａ）・「『源氏物語』の助詞カナについて」

第二章　中古の感動喚体句について

（一）『源氏物語』の助詞カナについて

一　はじめに

感動喚体句とは、山田孝雄博士の創見によるものであり、それは主語と述語の対立と統一によって成立する通常の文（述体句）とは異なって、中心骨子たる呼格の体言とそれに対する連体修飾語によって成立するものであった。この感動喚体句には通常文末に助詞が下接するが、この文末に下接する助詞として代表的なものが上代ではカモであり、中古以後ではカナである。

上代におけるカモの感動喚体句は『万葉集』の和歌の用例がほとんどであるが、中古のカナの感動喚体句は散文の中にも数多くの用例がある。本論は、『源氏物語』を資料として、この散文の中のカナによる感動喚体句の特徴を捉えようというものである。

助詞カナは、上代のカモに代わって平安時代以後に盛んに用いられたが、室町以後は活用語につかなくなり、もっぱら体言につくようになる。以後は連歌俳諧の切れ字として使用されるが、口頭語としては用いられなくなる。

カナはカモと交替するように登場するのであるが、その用法には大きな違いが見られる。カモが文中用法をも持つのに対して、カナは文末に位置する終助詞の用法しか持たない。また、上代のカモには、疑問の意味を持つものも見られるが、中古のカナ、すくなくとも『源氏物語』のカナには疑問用法のものは見られない。

中古においては、係助詞カも文末用法をもち、こちらも体言および連体形に接続する。しかし、上代ではカモとカには用法として近いものがあったのに対して、中古のカとカナは用法がかなり異なっている。『源氏物語』における文末用法の助詞カは、

・御弟子になりて、忌むことなど授けたまひてけり、と聞きはべるは、まことカ。（夢浮橋　五巻四一八）

のように疑問や反語の文を構成する場合がほとんどである。ただし、少数、

・かきつめて昔恋しき雪もよにあはれをそふる鴛鴦のうき寝カ（朝顔　二巻二六九）

のごとく、カナと同様に感動喚体句を構成するものもあるが、これは和歌に限られており、散文の感動喚体句についてはカナがもっぱら用いられている。

また、カについては、

・今朝より、なやましくて、え参らぬ。「風カ」とて、とかく、つくろふと物するほどになん。（椎本　四巻三五三）

・御けはひなどの、ただ、「それカ」と、おぼえ給ふに、（椎本　四巻三六三）

などのように、単独の体言に下接する用例も数多く見られるが、カナについては単独の体言一語に下接することがない。カナが体言に下接する場合、かならず連体修飾部を持って感動喚体句の典型としての形を常に保っているのである。散文では和歌とは違って文脈に応じて、文の成分の省略が行われるが、カナの感動喚体句の場合、かならず、連体修飾部＋体言＋カナという形式を守っているのである。不完備句としての感動喚体句にカナが下接するこ

とがないということは、カナによる感動喚体句の性質を知る上で重要なことであり、この点については、四のまとめで述べるように、感動喚体句を構成する他の助詞とは事情が異なっている。

以下、二では体言に下接するカナについて述べ、三で活用語に下接するカナについて述べることにする。四では、ヨやヤなど他の感動喚体句を構成する助詞との比較を行う。

用例の採集は岩波の旧古典文学大系『源氏物語一〜五』によった。用例の後のカッコ内には源氏の巻名と岩波旧大系『源氏物語』の巻数と頁数を示してある。

二　体言接続のカナ

『源氏物語』の助詞カナの用例において、体言を骨子とし連体修飾部をもつ典型的な感動喚体句の形式のものは、三〇七例存在する。この中で、以下述べるように、和歌の用例は傾向が大きくことなるので、これを除外すると用例数は二七五例となる。本稿では、もっぱら散文脈に用いられたものを考察の対象にしたが、その散文のカナの特徴を際だたせるためにも、はじめに和歌の体言カナとの違いを見ておくことにする。まず和歌の用例をあげる。

・朝ぼらけ霧り立つ空のまよひにも行き過ぎがたきいもが門カナ（若紫　一巻二一九）
・つれづれとわが泣き暮らす夏の日をかごとがましき虫の声カナ（幻　四巻二一一）
・吹きまよふ深山おろしに夢さめて涙もよほす瀧の音カナ（若紫　一巻一九六）
・うしとのみひとへに物は思ほえでひだり右にもぬるる袖カナ（須磨　二巻四一）

挙げた用例では、骨子たる体言は「いもが門、虫の声、瀧の音、袖」というような作者の周囲に具体的な形で存在し、作者の五感で捉えられる対象物である。

一方、この体言を修飾する部分は、和歌においては前二者のように情意や評価の形容詞形容動詞が連体修飾しているものはむしろ少数である。多くの用例では後二者のように動詞が連体修飾の中心になっていて、連体修飾部は情意や評価を表すのではなく名詞の示す事物の来歴や作者へ及ぼす作用などを表しているのである。

このような和歌における典型的感動喚体句の特徴は、和歌が深い内省のもとに凝縮された言語表現であることと関係していると考えられる。カナの用例にみるかぎり、和歌には、情意や評価を「あはれ、かなし」などと表現して一般化してしまうことを避けて、その分直面した事態を個別的具体的にとらえて言語化する傾向があるのである。

これに対して『源氏物語』の散文の部分に現れるカナの用例は、右に挙げた二つの点において和歌の用例とは大きく異なるのである。もちろん、散文の体言カナにも、

・見し心地する木立カナ（蓬生　二巻一五二）
・あやしう、心おくれても進み出でつる涙カナ。いかにおぼしつらん（梅枝　三巻一七九）
・いみじうも積りにける雪カナ（幻　四巻一九七）

というように中心骨子たる体言が目前の具体的な物であるものもあるが、これはごく少数で、連体修飾部が情意・評価の形容詞であるものを含めても一〇例ほどである。内省や凝縮が要請されない散文の中において、カナによる感動喚体句は、和歌の場合とはかなり異なった様相を呈するのである。以下、中心骨子たる体言の種類に注目して、散文の中の体言カナをみてゆく。

二・一　骨子となる体言の種類

『源氏物語』の散文の中では、中心骨子たる体言として一番多く用いられるのは「わざ」である。これは、五三例あって、そのほとんどのものは、

・いと、わりなきわざカナ（桐壺　一巻四二）
・あやしう、おぼつかなきわざカナ（真木柱　三巻一四五）
・こよなく、さうざうしかるべきわざカナ（宿木　五巻三四）

というように、カナの上の部分が情意や評価を表す形容詞形容動詞の連体形と「わざ」のみで単純に構成されている。中には、

・ことに、かく、さし向ひて、人のほめぬわざカナ（朝顔　二巻二五一）

のように、「わざ」を修飾する部分が情意評価形容詞形容動詞の連体形でないものや、あるいは、

・いと、いみじき花の陰に、しばしもやすらはず、たち帰り侍らむハ、あかぬわざカナ（若紫　一巻一九八）

の用例のように、述体的な名詞文の形態に変じてしまったものもあるが、これらは少数にとどまっていて、「〜わざカナ」のほとんどの用例は「情意評価の形容詞形容動詞連体形＋わざ＋カナ」という単純な構成のものである。

「わざ」に続いて用例が多いのが「こと」で三一例ある。これも「わざ」とほぼ同様なので用例のみあげておく。

・さもやありけむ。いみじかりけることカナ（帚木　一巻一〇三）
・あやしくもありけることどもカナ（朝顔　一巻二六八）
・いと、うたて。思ひぐまなき御ことカナ（若菜上　三巻二九四）

以下、「さま、（指示物が具体的でない）もの、かたち、けしき」など「わざ、こと」同様に、事態全体を示す体言が中心骨子となっているものは合計で一三六例になる。和歌以外での典型的な感動喚体句のほぼ半数が、このグループなのである。

つまり、和歌では中心骨子たる体言が話者の周囲の具体的存在物を示すものが多いのに対して、散文では中心骨子たる体言が事態や場面全体を抽象的に示すものであることが圧倒的に多いのである。

さらに残った用例の多くも、事態全体を指示するのではないが、話者の五感で直接には知覚できないものを示す名詞が骨子となったものである。

たとえば、

・遊びなども、せまほしき程カナ（帚木　一巻三九六）

・はかなくも積る年月カナ（宿木　五巻九五）

・上達部の車ども多くて、物騒がしげなるわたりカナ（葵　一巻三二六）

・心憂かりける所カナ。鬼などや住むらん。（蜻蛉　五巻二八八）

のように、体言部分が事態の生起存在する場所や時全体を指示するもので、これらは二一例あった。

あるいは、

・なずらひに思さるるだに、いと、かたき世カナ（桐壺　一巻四五）

・昔より、こころ憂かりける御ちぎりカナ（初音　二巻三八七）

などのような人間関係や宿命を示すもの（二六例）。

あるいは、「わざ」の裏にある人間の心理を表した、

・さも、かからぬ隈なき御心カナ（若紫　一巻二〇四）

・いと、怪しからざりける心カナ（宿木　五巻四四）

のようなもの（三一例）。

その他「言、心の用意、朝寝、あはひ、ふし」というようなものが二四例あった。

やや、具体的だと思えるものが、

・さも、清らにおはしける大臣カナ（宿木　五巻一〇六）

・あさましく、けだかく、げに、かかる契り、殊に物し給ひける人カナ（若菜上　三巻二八二）

のような、人を表す語を用いた用例であるが、人というものは具体的なものではあるが、同時にさまざまな事態が生起存在する場とでもいうべきものでもあるので、むしろ、「わざ、こと、さま」などと同様のものとして捉えるべきであろう。これらは二一例あった。

また、

・昔の跡も見えぬ、蓬の繁さカナ（蓬生　二巻一五四）

・水のうへ無徳なる、今日の暑かはしさカナ（常夏　三巻一一）

のような「形容詞語幹＋サ」にカナが下接したものが四例あった。ここでは例のみあげておく。

二・二　内実としての主述関係

以上見てきたように、散文脈の体言カナにおいては、中心骨子たる体言が具体的存在で話者の五感で捉えられるものを示すものではなく、事態や場面全体を抽象的に示すものであることが圧倒的に多いのである。このことはどう考えたらよいのか。

先に述べたように散文では和歌のような深い内省や言語表現の凝縮は要請されない。したがって、そこにおけるカナの感動喚体句は、内省をそれほど伴わず、むしろ、ふと口をついて出た、そのようなものとしてあると考えられる。筆者はそのような環境でこそ、カナによる感動喚体句の性質が素直に形になって現れていると考えるのである。従って、カナによる感動喚体句は、「あはれなるわざかな」のように、情意評価を表す形容詞形容動詞を連体修飾部として持ち、中心骨子たる体言は対象事態全体を示すものであるのが典型として考えられるのである。

川端（一九五八）が述べるように、情意性形容詞文における主語は、その情意が成立する契機となった対象事態であることを典型とする。また、評価性の形容詞でもその限りでは同様である。したがって、見てきたような体言カナの喚体句の在り方はきわめて自然なのである。

しかしながら、中心骨子たる体言が「わざ」など五感では捉えられない抽象的な存在を示すものであることは、これがはたして、山田博士の述べるとおりの「呼格」体言であるかどうかは首を傾けざるを得ない。すくなくとも「美しき花かも」のような用例の「花」やあるいは「ああ、桜!」「わっ、雪!」といった現代にも普通に見られる感動表現における体言の在り方とは異質であるといわねばならないだろう。

右の一語文における体言は、(尾上一九八六)が述べるように「最も典型的な遭遇の驚嘆というものは、情意内容を形容詞的に決定する以前の、あるいは余裕のない、言わば心の動きそのものであるために、その感情的経験の中核としてのものによって表現されるしかあり得ない」というところで要請されるものであって、情意や評価の質が決定されているカナの場合とは、根本的に異なっているのである。体言カナの場合には、情意や評価は決定的に定まっており、むしろ、その対象事態については描写されるべき具体性が備わっていないのである。そこでは、情意評価の中核が話者の内部に生起した情意や評価の感情のとりあえずの対象として「仮構」され、具体性を帯びないままに言語化されたのだというべきであろう(1)。そのように考えるならば、体言カナの感動喚体句は、全体が体言的にまとめられているとはいえ、その眼目は体言部分にあるのではなく、情意・評価の語にあるとすべきであろう。つまり、カナの感動喚体句の中心骨子は情意評価の連体修飾語とすべきなのである。

このことは、活用語に下接するカナでもいえることである。

三　活用語に下接するカナ

『源氏物語』で活用語に下接するカナは和歌以外で三〇五例あった。活用語にカナが下接したものは典型的な感動喚体句とは言えないのだが、全体が句的体言にまとめられており、主語述語二項の対立統一によって文が成立していない点で感動喚体句の形式として捉えることができるということは、川端（一九六三ａ）に述べられているとおりである。

しかしながら、川端氏が指摘するように活用語にカナが下接したものは、見かけ上、通常の述体と同じ主語述語を持つ可能性があり、その点で、述体に連続していくものであるという把握も可能なのである。

以下、活用語にカナが下接したものを二で見た体言下接のものと同様に感動喚体句であるという点で一つにくくる立場を出発点として、その共通点と相違点について見てゆきたい。

三・一　体言接続のカナとの共通点

図式的に捉えるならば、「あはれなるさまかな」という感動喚体句に対応して、主述を正順においたものは、「（その）さまのあはれなるかな」という形になる。しかしながら、このようなものは現実にはそれほど多くないのである。たしかに、このような用例は、

・とのの御けしきの、こまやかに、かたじけなくもおはしますカナ（胡蝶　二巻四一四）
・かく、思ひ染み給へる別の、堪へがたくもあるカナ（若菜上　三巻二三二）
・かたちの、まほならずもおはしけるカナ（乙女　二巻三一四）

のようにあるにはあるのだが、その数は、全体の一割強（三九例）で、無助詞の主語・主格のもの（一四例）と併せても二割に満たない。

活用語にカナが下接した用例の七割は、

・いで、あな、をさなや。いふかひなう、ものし給ふカナ。（若紫　一巻一八五）
・あぢきなうもあるカナ。たはぶれにても、もののはじめに、この御事よ（若紫　一巻二二一）
・……いふかひなきとぢめにて、折あしう、いぶせく、あはれにもありしカナ（柏木　四巻四〇）

のように主語が明示されない用例なのである。（残りの一割は、主語にハやモがついてより述体句としての形式を露わにしたものであるが、これについては後述する。）

二で見たように、体言接続のカナではどれも典型的な感動喚体句の形式を守っていた。これに対して、活用語に下接する例では、「主語＋ガ・ノ＋連体形＋カナ」という形式であるものは少数であるということは、不思議な気がする。もちろん、主語が明示されないという点は、通常の述体のありかたとしてはごく普通のことであり、活用語下接のカナの用例の多くは述体として捉えるべきなのだと考えるならば、何の不思議もないことではある。

しかしながら、文末に共通の助詞を持ち、二で見たように一方の用例群では、その助詞によって、感動喚体句としての完備句でなければならないというように、文の形式を強く制約されながら、他方では、そのような制限がまったく見られないというのも受け入れられない。少なくとも、体言に下接するカナの用例群と活用語に下接するカナの用例群との間に共通する傾向は存在するはずである。

二において、体言下接のカナの用例の大多数は、骨子たる体言が「わざ、こと、さま」といった場面状況全体を指示する語であり、これらは表現の中核である連体修飾語の情意・評価の語に要請されて「仮構」された主語と考えるべきだと述べた。

一方、ここで見ている活用語にカナが下接されている用例でも情意・評価の語は大半の用例に現れる。まず、述語部にこれらが用いられている、

・いと深く、恥づかしきカナ（若菜下　三巻三四〇）

・心ちの、いみじう悩ましきカナ(夕霧　四巻一)
が九例見られる。しかしながら、大半の用例では、情意評価の語は、連用修飾語の位置にあって、典型的には、
・程もなく、又、たちそひぬべきが、口惜しくも、あるべきカナ(夕顔　一巻一六三)
・いと清らに、ねびまさり給ひにけるカナ(朝顔　二巻二五一)
・いふかひなくも、思ほしくたすカナ(鈴虫　四巻八〇)
のように、情意・評価の形容詞形容動詞が連用修飾しているのである。これらは、一八一例で用例の半分以上を占める。また、典型的な連用修飾の形式ではないが、
・まだ、かやうなる事も、ならはざりつるを、心づくしなることにも、ありけるカナ(夕顔　一巻一四二)
・さやうならむ人をこそ見め。似る人なくも、おはしけるカナ(桐壺　一巻五〇)
・いと、まがまがしき筋にも、思ひ寄り給ひけるカナ。いたり深き御心ならひならむかし(藤袴　三巻一〇七)
のように内容的には、句全体に対する情意や評価を示している要素がある用例が九〇例ほどあるから、活用語にカナが下接した用例の大半にこのように情意評価の語があることになる。

かつ、これらの連用修飾を受ける連体形述語は動詞的に把握された対象事態を示している。このような共通点に着目すれば、体言カナの連体修飾語と被修飾語としての体言という内実の主述に対応して、ここでは連用修飾語と連体形動詞述語が内実の主述を構成しているといえるのである。

先に述べたように、活用語にカナがついた用例では、主語が明示されない用例が多く、体言カナの用例とはその点で大きく異なっていたわけだが、両者とも大半の用例に情意評価の語が存在し、また対象事態を示す部分も存在し、両者が内実としての主述関係を構成しているという共通点を持っているのである。このことはカナの感動喚体句にとって本質的なことであると考えられる。

三・二　体言接続のカナとの相違点

前項のように考えれば、体言カナも活用語カナも情意ないし評価を眼目にして、それを中心に構成されたものであるという共通点を持つことになる。では、その相違点は、どこにあるのか。

もちろん、活用語に下接するものは、述体に展開する第一歩を踏み出しているのだ、そこが相違点なのだと考えることもできる。しかしながら、そう考えるにせよ、結局は、活用語にカナの下接したものと述体の違いを考えねばならないし、「あはれなるわざかな」のようなものと「あはれにもあるかな」のようなものとの感動喚体句としての相違点はやはり探られねばならないだろう。

ここで考えねばならないのは、内実としての主述関係がそれぞれの形式においてどのように実現しているかということであろう。

二でのべた体言接続のカナの用例では、内実としての主述は、連体修飾語と被修飾語たる体言という形式においてそれは実現していた。これは形式として強い一体性を持っており、両者の間にたとえば係助詞間投助詞が介入することは、少なくとも中古の散文においてはありえない。

一方、ここで扱っている活用語にカナが下接した用例では、情意評価の語は連用修飾語の位置に立っていることが多い。連用修飾語と係り先の連体形述語の間には、連体修飾の場合のような強い一体性は見られない。したがって、この間に係助詞が介入することはごく普通にあることである。この場合介入する助詞は圧倒的にモである場合が多く、活用語カナのついた用例のうち、二三九例に文中モが存在するが、そのうちの多くは、

・けざやかにモ、もてなし給ふカナ（紅葉賀　一巻二七六）
・いかにせまし。戯れにくくモあるカナ（明石　二巻七八）
・あさましくモあるカナ（乙女　二巻二九一）

のように情意評価の連用修飾の語にモが下接している用例である。もちろん、

・いとよく、思しよるカナ（藤裏葉　三巻一九八）

・さまことに、いみじうねびまさり給ひにけるカナ（賢木　一巻三八五）

といった用例のように、連用修飾語にモが下接しない用例も相当数見られるし、

・怪しからぬ事をモ、まめやかにさへ、の給ふカナ（浮舟　五巻二二七）

・心をさなく、かへり見モせで、出でにけるカナ（玉鬘　二巻三四一）

・いと、かしこく、とり並べてモ咲きけるカナ（紅梅　四巻二四四）

といった用例のように、モが他の要素に下接している用例も存在する。しかしながら、活用語カナの用例では、内実としての主述関係の間に助詞が介入することを許す構造をとっており、事実、ここにモが位置する用例が多数あるということは重要な意味を持つのである。

活用語にカナが下接するということは、このように内実の主述が一体ならぬ二項に分離した形をとるということである。もちろん、この場合でも内実としての主述は連用修飾語と連体形述語という倒逆した主述関係のままであり、なにより全体が句的体言の形をとっていることから、述体的な主述二項対立を露わにしているわけではない。主述二項は対立を抑制されながらも、体言カナのごとき一体性は持たない、主述二項の分離は明確化されている、このような表現として活用語カナの用例はあるのである。

このような活用語カナの用例においても、内実としての主述が、述体的な主述二項をとらず、倒逆した関係にあることにおいて、まず、情意・評価が話者の内部に醸成され、その主語たる対象事態は、模索され仮構されるというありようは保たれている。その点では、体言カナと同様であろう。

しかし、この形式は、この項冒頭に述べたように述体と相似の形式をとっている。したがって、感動喚体句から

述体的なあり方へと連続的に変転していく。それは、カナにおいては二つの方向に現れる。一つは情意・評価の語自体が正統の述語の位置に立つ方向と、情意・評価は裏面化し、もっぱら事態を語る形式に転ずる方向の二つである。

三・三　述体への展開

カナの直上の述語の形態で一番多いのは、

・かく、程もなき、物の隔てばかりを、さはり所にて、おぼつかなく思ひつつ過ぐす心おぞさの、あまりをこがましくも有カナ（総角　四巻三八九）
・物あはれなる気色さへ、添はせ給へるハ、あいなう、心苦しうもあるカナ（賢木　一巻四〇五）
・頼もし人に思ふ人、一人、物し給はぬハ、心細くもあるカナ（手習　五巻三七八）

のような「あり」であり、これは五五例ある。さらに、

・いで、あなうたてや。ゆゆしうも侍るカナ（若紫　一巻二一六）

のような「侍り、おはす」の用例や、

・心ばせ・有様、なべてならずも有けるカナ（明石　二巻六八）

のような「あり、侍り、おはす」に助動詞が下接したものを合算すれば、一四〇例にのぼる。

これらの用例では、述語アリは述語としての形式を整えているだけであり、対象事態を具体的に示しているとは言えなくなっている。従って、形の上では分離しているとはいえ、内容的には連用修飾語とアリで一つの述語を構成しているともとれるのである。そして、それと対応するように、対象事態が主語に立つことが多くなってくるのである。特に、（賢木　一巻四〇五）や（手習　五巻三七八）の用例のように、主語部分が係助詞ハをとってはっ

きり述語部分と二項対立する用例は構成としては述体句になっている。

述体的な在り方をするもののもう一つのタイプは、

・ここにものし給ふは、誰にか。たづね聞えまほしき夢を、見給へしカナ。今日なむ、おもひあはせつる（若紫　一巻一八九）

・なべて、世にわづらはしき事さへ侍りし後、さまざまに、思ひ給へあつめしカナ。いかで、かたはしをだに（朝顔　二巻二五三）

というように、文中に情意評価の語も詠嘆のモも含まずに対象事態のみを述べたものである。（若紫　一巻一八九）の用例は、源氏が昼間かいま見た若紫の素性を尋ねる文脈にあるもので、直前の質問の意図の解説になっている。また、（朝顔　二巻二五三）の用例は、朝顔の姫君に源氏が心情を訴える文脈にあり、説得の材料を挙げるのに用いられている。これらの用例は、解説説明に用いられた「連体形終止の文」と非常に近いものになっている。(2) ただし、これらはごく少数で全体でわずか九例しかないし、そのすべてが解説説明の文脈で用いられているわけではない。しかし、このように本来感動喚体句であるはずのカナの文が一方で端的に事態のみを相手に突きつける、連体形終止法に近い用法を持つという広がりは注目すべきであろう。

このように、活用語に下接するカナは、二通りの在り方で述体に接近している。そして、おそらく、この傾向が強くなり、活用語カナ全体が喚体としてのありかたを失っていって、━に述べたように、体言カナよりも先に表現としての生命を失っていったのだと思われる。

四　まとめ

山田博士は、「連体修飾語＋呼格体言＋（助詞）」という感動喚体句を完備句の中に位置づけたが、書記言語の用例をみる限り、カモやカナには完備句しか存在しなかった。

そのような現象の根底にあるものは、川端氏が説かれるように、感動喚体句も「判断」(3)に基づくものだということであろう。感動喚体句は、遭遇した対象の名を呼ぶことによって、遭遇の体験そのことを表現する体言一語による感嘆文とは根本的に異質なのである。(4)

しかし、「判断」に基づくということと、表現上かならず、内実の主述がそろっていなくてはならないということとは別の問題である。この問題はまた、書記言語であるから整った形が要請されるのだということで解決するものではないであろう。むしろ、感動喚体句は、述語に結実すべき情意評価は確として話者の内部にあり、その述語に対応する主語を模索し仮構する、そういった話者の内部の心の動きをそのままなぞるような表現としてあったのではないかと思えるのである。(5)

カナが体言に下接する場合も活用語に下接する場合も、共通して情意・評価の語が存在し、かつそれが、修飾語として、事態を示す語より常に先行して現れるのはそのような事情であると考えられるのである。

最後に『源氏物語』でカナと同様に感動喚体句を構成する他の助詞との違いを見ておきたい。

まず、助詞ヤであるが、本書「第一部第二章（三）」に述べたように、『源氏物語』の助詞ヤは、非常に広い用法を持っている。その中で、

・あはれのことヤ―（帚木　一巻一〇〇）

・あいなのさかしらヤ（関屋　二巻一六八）

というような「形容詞形容動詞の語幹＋助詞ノ＋名詞＋ヤ」というものが、一〇〇例ある。カナと同様に体言部分は、「わざ、こと」のようなものが多いが、中には、

・けづる事をうるさがり給へど、をかしの御髪ヤ。（若紫　一巻一八五）

・をかしの御にほひヤ。（若紫　一巻二二〇）

のように具体的な事物であるものもあった。

このように「形容詞形容動詞の語幹＋助詞ノ＋名詞＋ヤ」については、カナと共通点が多いのであるが、ヤについては一方で、

・げに、あが君ヤ（夕顔　一巻一四九）

・こちヤ（明石　一巻一八五）

のように、体言一語に接続する呼び掛け表現の用例もある。呼び掛けという表現の在り方はもとより、カナには体言一語に下接する用法がないから、これは大きな違いであるといえる。感動喚体句を構成するものについては「第二部第二章（三）「をかしの御髪や」型の感動喚体句について」に詳しく述べたのでここではこれ以上は触れない。

一方、助詞ヨについては、ヤと同様に

・少納言ヨ。直衣着たりつらんは、いづら（若紫　一巻二二五）

のように体言一語に下接し、呼び掛け表現に用いられるものがある。また、

・花のかげの旅寝ヨ。いかにぞや（藤裏葉　三巻一九一）

・この藤ヨ。いかに染めけん色にか（若菜上　三巻二六二）

のように対面した人物ではなくて、事物に呼び掛けたものがあり、感動表現と近い用法といえる。このような一語

文的な在り方のものに下接する点カナと大きく異なっている。

『源氏物語』の助詞ヨには、「妙なる笛の音よ」のような、体言に情意・評価の連体修飾語がついた典型的な感動喚体句の用例は見られない。体言に下接するものは、

・さりとも、今しばしならむ。さかさまに行かぬ年月ヨ。（若菜下　三巻四一五）
・大殿などの、聞き思ひ給はむことヨ（夕霧　四巻一〇七）
・今まで経にける月日ヨ（幻　四巻二一二）

のように動詞を中核にしたものばかりで、これらは述体に転換しても、カナの用例のように、中核事態を主語、感動・詠嘆の内容が述語という文は得られない。助詞ヨに関しては、次節「（二）『源氏物語』の助詞ヨについて」で詳しく述べる。

以上のように、助詞ヤについては、感動喚体句の用法に限っては、助詞カナとの共通点が多く、助詞ヨについては、むしろ呼び掛け表現や現代語の一語文による感動文に近いものであり、カナの表現とはかなり異質なものであると考えられるのである。

注

（1）尾上（一九八六）では、「『感嘆文』を『急激な感情的経験の全体を表現する文』と規定するならば」、その典型は、本文に述べた「ああ、桜！」や「わっ、雪！」のようなものであり、山田博士の感動喚体句は、「対象との遭遇による心の変化（感動）を表現するものというより、ある内容を深い感慨をもって承認する（詠嘆）ものと言う方がふさわしい。」（五七五頁）とされて、同じく体言を中核とした表現であっても、「桜！」や「雪！」というような表現と山田博士の感動喚体句を異質な面を持つ表現だとされている。

（2）尾上（一九八二）によれば、平安時代の連体形終止の文は、和歌において感動喚体句に近い用い方をされた疑喚述

法のもの以外に、物語の会話文において相手に説明、解説する表現としても用いられた。

（3）川端（一九六三ａ）による。

（4）注（1）と同様に、尾上（一九八六）による。

（5）情意評価は川端氏が述べる通り、対象事態をその契機とする。しかし、その対象事態が情意・評価に先立って明晰な形で言語化されるとは限らない。むしろ、内部に生じた情意評価の感情に即してその中核として、模索され把握されるのが普通であろう。そのような心の動きをなぞったような表現が感動喚体句なのではないか。なお、このような表現が句的体言にまとまるということは、そのような心の動き自体を尾上（一九八六）に述べられる通り、「一枚の絵柄に閉じこめ、これを話者から離れた位置において眺めやるという仕方で描く」（五七五頁）ということによるのだと理解する。

参考文献

山田孝雄『日本文法論』／川端善明「形容詞文」（一九五八）・「喚体と述体―係助詞と助動詞とその層」（一九六三ａ）・「助詞『も』の説―文末の構成―」（一九六三ｂ）・「助詞『も』の説二―心もしのに鳴く千鳥かも―」（一九六三ｃ）・「喚体と述体の交渉―希望表現における述語の層について」／松村明編『古典語現代語助詞助動詞詳説』／鈴木一彦・林巨樹編『研究資料日本文法　7　助辞編（三）助詞・助動詞辞典』／尾上圭介「文の基本構成・史的展開」（一九八二）・「感嘆文と希求・命令文―喚体・述体概念の有効性―」（一九八六）／品田紀子「助詞『かな』『かも』の構文的研究」／近藤要司「『源氏物語』の助詞ヤについて」・「『源氏物語』の助詞ヨについて」・「係助詞の複合について（一）―『万葉集』のカとカモの比較―」

（二）『源氏物語』の助詞ヨについて

一　はじめに

平安時代には、助詞ヨは助詞ヤと並んで文末に用いられ、詠嘆の意を添えるとされている。この助詞ヨと助詞ヤは、同じ行に属し、また用法にも似通った点があることから、その共通点相違点が問題とされてきた。筆者はかつて『源氏物語』の助詞ヤについて調査し[1]、これについては、本書「第一部第二章（三）『源氏物語』の助詞ヤについて」において詳細に報告したが、この章は、『源氏物語』の助詞ヨについての調査の報告である。

本稿では、特に助詞ヨが体言に下接して文末を構成するものを調査考察の主な対象にした。ここでまず、『源氏物語』に用いられた助詞ヨの全体像を概観しつつ、ここで扱う範囲の外延を定めて置きたい。

一般に助詞ヨは、「間投的用法」として「呼び掛けの語につくもの」「主語につくもの」「修飾語につくもの」があげられ、「終止用法」として「体言につくもの」「用言の連体形につくもの」「許容（命令）・禁止の語法につくもの」「普通の終止につくもの」「その他」（「～かとよ」「～よな」の類）に分類される[2]。

この中で、「呼び掛けの語につくもの」「主語につくもの」は、体言に下接するものとして、本稿の中心的なものとして扱った。「修飾語につくもの」としては『源氏物語』では「さればヨ」の形が、三六例あったがこれで一語の感動詞相当であると考え、考察の対象からははずした。

「終止用法」とされているものの中で、「許容（命令）・禁止の語法につくもの」で、二段一段系活用の命令形に用いられたものは、動詞の活用語尾と考えて考察の対象からはずした。その他の、「あこは、我子にてあれヨ」（帚木　一巻一〇二）「にくみ給ふなヨ」（澪標　二巻一一〇）のようなもの（一九例あった）は、その派生と見てやはり考察の対象からはずした。また、「普通の終止につくもの」は『源氏物語』にはなかった。「その他」に分類すべきものとして、「みるめに飽くは、まさなき事ぞヨ」（紅葉賀　一巻二八六）「これは、いと、ゆ、しきわざぞヨ」（葵　一巻三五八）のような助詞ゾに下接したものが五例、「まことは、うつし心かとヨ」（紅葉賀　一巻二九五）「いさとヨ」（若菜下　三巻三九三）のような助詞トに下接した例が八例あるが、これも考察の対象外とした。また、「そヨ。たがならはしにかあらん」（澪標　二巻一一〇）「おびえ騒ぎて、『そヨそヨ』と、みじろきさまよふけはひども」（若菜上　三巻三〇七）のような「そよ」の例が五例ほど見られたが、これも「そよ」で一語の感動詞となっていると考えて考察外とした。

以上のように、本稿での考察対象となる助詞ヨは、**二**で扱う「体言句に下接する助詞ヨ」と**三**で扱う「活用語の連体形に下接する助詞ヨ」ということになる。後述するようにこの二つには共通点が多く、考察をこの二つに絞ることには意味があると思われる。本稿の用例は、すべて岩波の旧古典文学大系「源氏物語一～五」によるものである。また、用例の後のカッコ内の源氏の巻名の後の数字は岩波旧大系本における巻数と頁数である。

二　文末の体言に下接する助詞ヨ

比較のためにまず、文末体言に下接する助詞ヤについて簡単に述べておく。助詞ヤにも体言に接続して文末を構成する場合があるが、こちらは、

・「この頃ヤ」とおぼしやるに（澪標　二巻一〇五）

のような疑問係助詞ヤを用いた省略表現を除いては、

・げに、あが君ヤ。（宿木　五巻六一）

のような呼び掛け表現に用いられるものと、

・けづる事をうるさがり給へど、をかしの御髪ヤ。（若紫　一巻一八五）

のような「形容詞形容動詞語幹＋ノ＋名詞＋ヤ」という形式の感動喚体句を構成するものにほぼ限られる。このうち呼び掛けに用いられるものは、右にあげたもの以外でも三例しかない。これに対して、「をかしの御髪や」タイプは、『源氏物語』の中で一〇〇例用いられている。文末の体言に助詞ヤが下接するのは、このタイプつまり感動喚体句を構成するものが典型なのであり、助詞ヤが体言に下接して文末を構成する場合と言うのは、呼び掛けを除けばただ一つの形式にかぎられるのである。

一方、助詞ヨが体言に下接して文末を構成するものは七九例と助詞ヤと比較してやや少ないのだが、さまざまなタイプがあり、比較的自由に用いられていたという印象がある。以下、タイプごとに見てゆく。

二・一　眼前の物事を指向するもの

二・一・一　呼び掛け表現に用いられるもの

助詞ヨの用法として最初に思い浮かべられるのが呼び掛け表現に用いられるものだが、典型的な呼び掛け表現に用いられているものは、

・少納言ヨ。直衣着たりつらんは、いづら（若紫　一巻二二五）

・秋の夜の月げの駒ヨ我恋ふる雲井にかけれ時のまも見む（明石　二巻八二）

などで、三例とごくわずかなものに留まっている。

典型的な呼び掛け表現に用いられたものはこれらに尽きるのだが、これ以外に、
・花のかげの旅寝ヨ。いかにぞや。（藤裏葉　三巻一九一）
・この藤ヨ。いかに染めけん色にか。（若菜上　三巻二六二）
・その文ヨ。いづら（夕霧　四巻一二四）
などの四例、類似した表現として挙げられる。これらの表現では、助詞ヨの文が呼び掛けるべき相手ではなく、眼前にある疑問の対象に対して用いられている点は、典型的な呼び掛け表現とは異質なものであるが、前後する対他的意志表現(3)と密接に関わって用いられている点は、共通のものと見るべきである。

両者共通の点として、助詞ヨは眼前の物事を示す語句に下接しており、助詞ヨが下接する体言句は、これらの眼前の物事を端的に示す単純な構造となっているということがある。これは次に述べる二・一・二との共通点として確認しておく。

二・一・二　助詞ヤによる感動表現に後続して用いられるもの

これは、
・いとはかなしヤ。この人の程ヨ（乙女　二巻二七八）
・古体なる御文書なれど、いたしヤ。この御手ヨ。（行幸　三巻八六）
・あいなしヤ、我心ヨ。なにしに、ゆづり聞えけむ。（宿木　五巻四三）
のような助詞ヤによる感動表現のすぐ後に用いられるもので、全部で九例ある。

このタイプで注目すべき点は二点ある。一つは、このような助詞ヤによる感動表現の直後に体言句による文が置かれる場合には、必ず「体言句＋ヨ」という形になるということである。つまり、ここでの助詞ヨは必須に近いも

のなのである。

二つ目は、ヨがついている体言句の構造が比較的単純であることである。あとで述べるタイプでは、この部分が複雑な連体修飾部をもっているものが大半なのであるが、このタイプでは「この人の程」「この御手」「我心」などであり、例を示さなかったものも「この事のさま」「春の朧月夜」「この御事」「年へぬるしるし」など単純な構成である。かつ、これらの体言句の内容は、「この人の程」「我心」などが端的に示すように、眼前の物事を指し示す意味合いのものに限られるのである。

もちろん、助詞ヤによる感動表現に後続するものがすべてこのようなものではなく、たとえば、

・あなおそろしヤ、春宮の女御の、いとさがなくて、桐壺の更衣の、あらはに、はかなくもてなされし例も、ゆゝしう（桐壺　一巻四五）

のように、普通に文が展開される場合もある。しかしながら助詞ヤによる感動表現の直後に、単純な構造の体言句による文が置かれる場合には、その文末には助詞ヨが必須なのである。このことは、この助詞ヤによる感動表現と後続する「体言句＋ヨ」の文が密接な関係を持っていることを示している。

この密接な関係を内容面から捉えてみれば、先行する助詞ヤによる文（例えば「あいなしヤ」）が述語に相当する内容を持ち、後続する助詞ヨによる文（例えば「我心ヨ」）が主語に相当する内容を持っていることが見て取れる。このように、主語的内容と述語的内容が助詞および文形式において密接に結びついているということは、その二文が「係り結び」的とでもいえそうな緊密な関係を持っていることを示していると考えられる。

二・一・一で述べた呼び掛け表現として用いられるものは、このような形式的な制限はない。しかし、その前後に命令表現や質問表現などの対他的意志表現がなければならなかった。そして、先ほどから問題としている「助詞ヨが単純な構造の体言に下接し、かつその体言句の内容が眼前の物事を指し示すものである」場合というのは、

二・一・一とこの二・一・二に限られるのである。

このニ・一・一と二・一・二との共通点、単純な体言句に下接しているということに関連して、川端善明氏の論考(4)が注目される。川端氏は、「花よ」のような呼格表現と「美しき花かも」のような通常の感動喚体句とを区別して、「美しき花かも」形式は「連体の装定部分が、被装定の部分を事実上主語とし、自らそれに対する述語資格をもち、その倒逆的な主述の構造を一つの係助詞ないし既に一つである係助詞が統一するという形式にある」とされている。一方、「花よ」の形式は「装定する部分は必ずしも要せず、構成する係助詞は一つの語としてのヨあるいはヤである。言い替えるとこの形式には、倒逆的にせよ重複的にせよ、文としての主述構造の宿りが一義的には分析できぬということである」とされる。さらにこのような在り方をする「花よ」形式は、「この一義的に文としての主述構造がそこに分析できぬということとは、この喚体をきわめて不安定にする。それは文へ未だ到達しないものの不安定である」とされている。そして、古今集の「みな人は花の衣になりぬなり苔の衣よかはきだにせよ（古今・哀傷・八四七）を例にあげて「たとえば『苔の衣のかわくこと』という一つのことがらの構成内部に、感動の喚体『苔の衣よ』が意味的に参加すること、すなわち、喚体としての一つの文でありながら、しかもより大きい文の部分であろうとすること、それが当然、『苔の衣よ』の意味的な安定でなければならず、また、そのより大きい文が苔の衣がかわくことの実現希望、すなわちその意味本来的に一つの希望喚体でなければならぬ。『苔の衣よ』と『かはきだにせよ』とは、希望喚体という構造を枠として、述体類比的に、その限りに言える主語と述語である」とされている。

この「喚体として一つの文でありながら、しかもより大きい文の部分であろうとすること」という点は、氏が論ずるものと同じ二・一・一のタイプのみならず、この二・一・二であげたものにも相当する。先行する助詞ヤによる感動文と緊密な関係を保つことによって、「この人の程」なり「我心」なりが文として安定するのである。この前後が一体となって、助詞ヤによる「をかしの御髪や」形式相当の表現となるのである。

二・一・一と二・一・二は、このような「呼格的緊張関係」の中で表現が成立しおり、そのゆえに、複雑な連体修飾部によって「倒逆的主述関係」を持たずに表現として自立できるのであった。

二・二　眼前の物事を指向しないもの

二・二・一　二・一との比較

二・一で述べたものは、眼前の物事を単純な体言句で表し、また、そのことによって、前後の表現と緊密な関係をもつものであったが、『源氏物語』の助詞ヨはそのような「呼格的緊張関係」の中で用いられているものはむしろ少数である。まず用例をあげる。

・人のうへにても、もどかしく聞き思ひし、古人のさかしらヨ。身にかはることにこそ。（若菜下　三巻四〇八）

・大殿などの、聞き思ひ給はむ事ヨ。なべての世の誹りをば、更にもいはず、院にも、いかに聞し召し思ほされん（夕霧　四巻一〇七）

・忍び給ひけるかくろへごとをさへ、語りつたへけん、人の物言ひさがなさヨ。（帚木　一巻五五）

一見してまず気づくことは、二・一のものと比較して、助詞ヨが下接している体言句の構造がかなり複雑になっているということである。最初の例で見るならば、その体言句の内部では「古人のさかしら」が主語に相当する内容を持っており、それに対して「人のうへにてももどかしく聞き思ひし」が述語に相当する内容となっている。

このように体言句の内部に主語と述語に相当する部分が存在するような複雑な形式をとることは、二・一のものにはなかったことである。そして、それと相応じて、これらは、直接、眼前の物事を指向するのではなく、その場にない物事を持ち出すことに用いられている。これらの用例は、「呼格的緊張関係」からは離れたところにあるのである。

このように、二・一と比較すれば、二・二の用例は、形式あるいは用法ともにかなり自由なものになっている。しかしながら、この両者は、重要な共通点を残しているのである。このことを述べるために、よく似た用い方をされる助詞ゾが体言に下接して文末を構成する場合を見てみる。

二・二・二　助詞ゾとの比較

文末体言に下接する助詞ゾの用例は総数で二三七例であるが、このうち、一〇三例が、

・何ごとゾ(5)（帚木　一巻六四）

のような不定語を含むもので、説明要求疑問文を構成するものである。この点は、助詞ヨと大きく異なっている。(6)しかしながら、説明要求疑問文以外のものについて見るならば、助詞ヨと助詞ゾは確かに似た用い方をされている。事実、

・おしなべたらぬ、ひとつの御宿世ゾかし（夕顔　一巻一二六）

・おなじくは、いま、一きは。およばざりける宿世ヨと、なほおぼゆ。（若菜下　三巻三七九）

など、両者を取り替えてもよいような例も見られる。

その反面、この両者には、おおきな違いが見られるのである。文末体言に接続する助詞ゾには、

・式部卿の宮の左兵衛督は、殿のうへの御兄弟ゾかし。（藤袴　三巻一一三）

・なほ、知るべせよ。我は、すきずきしき心など、なき人ゾ。（橋姫　四巻三一三）

のように、文中に「は」で主語が題目としてはっきり明示されたものが多数存在する。

中世の抄物などでは「〜ハ〜ゾ」という形式が説明文の典型であるように、中古においても、説明文を構成することは文末ゾの代表的な働きであるからこのような傾向も当然のことといえる。

これに対して、助詞ヨが用いられた文において主語は、「は」を下接して題目となることはなく、

・かうあるまじき事に、よそに聞くあたりにだにあらず、大殿などの、聞き思ひ給はむ事ヨ。（夕霧　四巻一〇七）

の「大殿」のように「の」がついて、連体修飾部の中におさまってしまうのである。

このように、助詞ゾが述体句の述語文節を構成するのに対して、助詞ヨの上接項目は、内容的には主語述語を含みながらあくまで体言句であり、助詞ヨが用いられた文全体も一個の体言句に留まっているのである。この点は助詞ヨと助詞ゾの大きな違いである。

助詞ヨについても、後の時代には、

私コソ家主ヨト云ソ（蒙求抄　九）

趙高コソクセヤツヨ（史記抄　一一）[7]

のようなコソの結びとしてはっきりと述体句の文末を構成する助詞ヨも登場するのであるが、『源氏物語』の助詞ヨにはそのような述体の文末を構成するものは見られないのである。

二・二・三　感動表現に関連して用いられるもの

前項で述べたように、**二・二**に現れるものは、眼前の物事を直接指向しない点では**二・一**で扱ったものと大きく異なるが、一方、主語を述語とはっきり対立させた形では持たず、文全体があくまで体言句に留まるという点では、**二・一**と似通っていた。

このような**二・一**との隔たりと似かよりは、**二・二**の諸用例の中に、**二・一**と連続するような側面を持つものから、**二・一**とは大きく隔たった自立した一個の詠嘆表現になりおおせているものまでの幅広いバリエーションを生んでいる。

二・一・二は、助詞ヤによる感動表現の直後に用いられるものであったが、**二・二**には眼前のものを指向しないながらも、やはり、感動表現と密接に関わってもちいられるものがある。それは、

・「あはれなりける人かな。かかりける物を、今まで尋ねも知らで過しける事ヨ。」（宿木　五巻一一五）

のようなもので、九例ほど見られる。先行する感動表現もかならずしも助詞ヤによるものではなくなり、助詞ヨの上接項目ももはや眼前のものとは言えないのだが、**二・一・二**と同様に感動表現と密接な関係をもって用いられている。

これと同様に考えられるものに、

・「かの宮なりしは、異小将なりけり」と、思ふ折しも、いふ事ヨ。兵部卿の宮の萩の、なほ、殊に、面白くもあるかな。（東屋　五巻一八〇）

のように前後の関係が逆になっているもの（三例）、さらに、

・「あさけれど石間の水はすみはてて宿もる君やかけ離るべき　思ひかけざりしことなり。かくて、別れたてまつらんことヨ」といへば、（真木柱　三巻一三六）

のように和歌の後にあるもの（二例）が挙げられる。

二・二・四　文脈に依存して用いられるもの

さらに感動表現からもはなれてしまうが、前後の文の補足、あるいは、文の途中に挿入句的に用いられたものもある。

・女御・后も、あるやうありて物し給ふたぐひなくやは。まして、その御有様ヨ。思へば、いとたぐひなく、めでたけれど、うちうちは、心やましき事も多からむ。（若菜下　三巻二六九）

・女子を生ほし立てんことヨ、いと、難かるべきわざなりけり。（若菜下　三巻四〇二）

・北のかたは、むらさきの上の御姉ぞかし。式部卿の宮の御大君ヨ。年のほど三つ四つがこのかみは、ことなるかたはにもあらぬを～（藤袴　三巻一一二）

一つ目の例は、前文の補足に用いられており、二つ目の用例ではあたかも後続する文の主語のように用いられており、最後の例は、挿入句として用いられている。このような例は七例ほど見られた。また、和歌の用例であるが、

・うらにたくあまたにつつむ恋なればくゆるけぶりヨ行方ぞなき（須磨　二巻三三）

のように、後続する文の題目提示をするように働いているものもあった。

さらに、逆接的な関係の中で用いられるものがある。

・「かしこがり給へど、人の親ヨ」「おのづから、おれたる事こそ、出で来べかめれ」（乙女　二巻二九一）

・「大納言殿も、いかにきかせ給はん。めでたくとも、物の初めの、六位宿世ヨ」とつぶやくも、ほのきこゆ。（乙女　二巻三〇五）

のような用例で、このような例も六例ほど見られた。これらは、逆接的関係という、前後の項目が対照的に並べられる文脈に助詞ヨが置かれているわけで、これも文脈に依存する中で助詞ヨが働いているものに分類すべきであろう。

二・二・五　文脈から独立して用いられるもの

一方、前後の文からは自立して、一種の感動表現として用いられているものも見られる。

・さりとも、今しばしならむ。さかさまに行かぬ年月ヨ。老いは、えのがれぬわざなり（若菜下　三巻四一五）

・いにしへだに、知らせたてまつらずなりにし、あか月の別れヨ。いま、ならひ給はむに、心ぐるしからん（野分　三巻五一）

のようなもので**二・二**の中では用例数はもっとも多く、一七例ほどある。

これらは、もはや独立した詠嘆の表現として一種の感動喚体句となっていると考えてもよいのだが、当時、盛んに用いられた助詞カナの感動喚体句と比較すると若干の違いがあることに気づく。

二・二・六　カナとの比較

『源氏物語』には、助詞カナが体言に下接した感動喚体句が三〇〇例以上存在するが、その大半が、

・いと、いぎたなかりける夜カナ。（帚木　一巻九八）

・さても、いと美しかりつる児カナ。（若菜　一巻一八七）

のように、連体修飾部が形容詞・形容動詞によって構成されている。これに対して、助詞ヨについては連体修飾部が動詞によって構成されるものが半数を占める。両者に共通でよくみられる形、助詞がコトにつくもので比較すると、「〜ことヨ」一九例中、連体修飾部が形容詞形容動詞で構成されているものは、四例、「〜ことカナ」三三例中では三一例である。[8]

つまり、助詞カナによる感動喚体句では、連体修飾部と体言の関係が「感動の内容」と「感動の中核」という形になっており、これをそのまま述体に転換すれば、感動を説明的に叙述する文が直接的に得られる形となっている。その意味で、助詞カナによるものは、先に挙げた川端（一九七七）の述べる通りの典型的な「倒逆した主述関係」が見られるのである。

これに対して、助詞ヨによるものは、連体修飾部がむしろ動詞を主体とするものであることが多い。二・二・一であげた「人のうへにても、もどかしく聞き思ひし、古人のさかしらヨ。」を例にとるならば、連体修飾部は、「古人のさかしら」を限定することに働いているのであり、感動の内容を語るものではない。これを述体に転換したとしても、感動を直接語る文は得られないのである。その意味で、「古人のさかしら」の用例における連体修飾部と体言の関係は、感動喚体句としてのそれに届いていないと考えられる。

もちろん、感動喚体句にとって、文末助詞は必須のものではないので、助詞カナであれば感動喚体句、助詞ヨであればそうではないという機械的な分類を施すつもりはないが、ここにあげた助詞ヨの用例が、「感動の中核」を詳しく描くのにとどまり、感動の内容は文脈にゆだねる傾向にあること、つまり、助詞カナによる感動喚体句の表現とは異質であることは否定できない。

そして、この「感動の内容は文脈にゆだねる」という文脈依存性は、**二・二・三**、**二・二・四**で述べたものに連続するのである。

二・二・七　「〜さヨ」の形式

今まで挙げたものに対して、「〜さヨ」の形式のものは、さらに感動喚体句的な形式を整えている。これは、

・忍び給ひけるかくろへごとをさへ、語りつたへけん、人の物言ひさがなさヨ。（帚木　一巻五五）

・すさまじきためしに言ひ置きけむ人の、心浅さヨ」とて、御簾まきあげさせ給ふ。（朝顔　二巻二六六）

のようなタイプで一二例ほどある。

これらは、主語述語に対応するものがこの語順で現れ、倒逆した主述関係にはなっていないのだが、感動の中核と感動の内容がセットになっており、助詞カナの感動喚体句と同じ内容になっている。これらは、**二・二・三**で述べたものが文脈に依存していた感動の内容を自身の中にあらわにしたものとも言えるし、あるいは、**二・一・二**でのべた「あいなしヤ。我心ヨ」が二文の対で表現したものが一文の中で表現されたものともみることができる。いずれにせよ、このタイプは感動喚体句としての形式と内容を持っているのである。

二・三　二のまとめ

文末の体言に下接する助詞ヨについては、以上でつきる。大きく括ってみるならば、それらはすべて、述体的な

文を構成するものではなかった。文末を構成する体言であっても「あの花は桜ぞ」のような文に用いられていれば、それは立派に述体句を構成しているのだが、助詞ヨが下接する体言は、この時期にはそのような形で用いられることはなかった。この時期の助詞ヨには、助詞ゾのような述体の述語文節を構成する力はなかったのである。
そのような共通点を持ちながらも、文末体言に下接する助詞ヨは、眼前の物事を指向し、前後の文と「呼格的緊張関係」を持って用いられるものから、「～さヨ」のように、単なる体言句ではなく、感動喚体句としての性格を完備しているものまでさまざまな用法の広がりを見せているのである。

三　活用語連体形に下接する助詞ヨ

三・一　連体形接続ということ

活用語の連体形に下接する助詞ヨについて、此島正年（一九六六）では、

古くは

忘れずヨ又かはらずヨかはらやの下たく煙したむせびつつ（後拾遺・十二・七〇七）

のように終止形を受ける場合があり、古くはむしろこれであったかと思われる。

としている。終止形についていたものが単純に連体形にもつくようになったのだと考えられないこともないが、中古においては、終止形と連体形の用法の違いは比較的明確であり、第一部第二章（三）で述べたように助詞ヤが終止形終止文に下接する場合と連体形終止文に下接する場合とでは違いが明確であるので、そこから考えて中古の用言連体形に接続する助詞ヨについては古い時代の終止形接続のものとは別に、体言接続のものから派生してきたのだと考えるべきであろう(9)。

同時にまた以下に述べたように、活用語連体形に接続する助詞ヨは、二で述べた体言に接続するものと対応して捉えることができるのである。

三・二　活用語の連体形に接続する助詞ヨの類型

活用語の連体形に接続する助詞ヨの類型も、「眼前の物事を指向するもの」「感動表現に関連して用いられるもの」「文脈に依存して用いられるもの」「文脈から独立して用いられるもの」に分けることができる。

三・二・一　眼前の物事を指向するもの

これは一例あるのみである。

・後夜の御加持に、物の怪、あらはれ出きて、「かうぞあるヨ。「いと、かしこう、とり返しつ」と……」（柏木　四巻二八）

という用例で、これは、「うまくやったことだよ」という感動表現である。二・一・二と近いものだと考えられるが、こういう場合には体言的な表現が多く、ここに分類できるものは右の一例のみであった。

三・二・二　感動表現に関連して用いられるもの

これは、

・いで、あな悲し。かく、はたおぼしなりにけるにヨ（帚木　一巻六六）

・おほかたの世につけて、をしきわざなりヤ。さてもありぬべき人の、かう亡せゆくヨ。（夕霧　四巻一四四）

のようなもので一二例ほどあった。

これらは、体言に下接するものの二・二・三の「あはれなりける人かな。かかりける物を、今まで尋ねも知らで過しける事ヨ」のようなものに相当するものだと考えられる。

これとよく似たもので先行する感動表現との関係が希薄になったものとして、

・さても、なほなほしの御さまヤ。年月に添へて、いたうあなづり給ふこそ、うれたけれ。思はむ所を、むげに恥ぢ給はぬヨ（夕霧　四巻一二二）

のような用例が六例ほどみられた。

三・二・三　文脈に依存して用いられるもの

二・二・四と同様に文脈と密接に関わりつつ用いられるものである。用例としては、

・「さればよ。あらはなりつらむ」とて、「かの妻戸のあきたりけるヨ」と、いまぞ、みとがめ給ふ。（野分　三巻四七）

・む月の朔日ごろ、かむの君の御はらからの大納言、高砂うたひしヨ、藤中納言、故大殿の太郎、真木柱の一つ腹など、まゐり給へり。（竹河　四巻二五五）

のようなものである。

この一番目の用例は、「かの妻戸のあきたりけるヨ」が先行する「あらはなりつらむ」という推量の根拠になっている。また二番目のものは、直前の「かむの君の御はらからの大納言」に対する補足説明となっている。

あるいは、

・蜘蛛の振舞は、しるかりつらん物を、心うく、すかし給ひけるヨ（紅葉賀　一巻二九四）

・かかりける世を知らで、心やすくもありぬべかりし月頃を、さしも急がで、へだてしヨ（須磨　二巻一六）

のような逆接的文脈に支えられて用いられるものも見られた。

このように、根拠、補足、逆接など前後の文脈と密接に関わって用いられるものは、一二例ほど見られた。

助動詞ム、ラム、ケム、マシに助詞ヨが下接したもの（全体で二〇例ある）に関しては、文脈との関わりが複雑

になる。単に意志や推量仮想を聞き手に強調することにヨが働いていると見られるものもあるが、中には、

・まいて今は、天の下を御心にかけたまへる大臣にて、いかばかりいつかしき御中に、御かたしも、受領の妻にて、品定まりておはしまさむヨ」といへば、（玉鬘　二巻三五〇）

のように、はげしい反発の気息を添えるのに用いられているものや、

・「おなじくは、見えたてまつり給ふ、御宿世ならざりけむヨ」と、見たてまつる人々は、口惜しがる。（早蕨　五巻一三）

のように「など、などて」を補いたくなるような疑問推量の表現もある。

周知のごとくこのようなニュアンスのものは、和歌、とりわけ古今集の

・ひさかたのひかりのどけき春の日にしづ心なく花のちるらむ（古今・春下・八四）

のようなものと同様の表現であると考えられる。このような表現については、先行研究が数多くあり、また現在でも論ずべき問題が多いのだが、筆者は、このようなニュアンスを持つにいたるのはおそらくヨの働きというよりも推量系助動詞の連体形終止法の働きによるものだと考えている。この問題についてはこれ以上は立ち入らない。

三・二・四　文脈から独立して用いられるもの

これは、活用語の連体形に接続するものの中でもっとも多く全部で三一例ある。用例は、

・侍従も、いと目安き若人なりけり。「これさへ、かかるを、残りなう見るヨ」と、女君は、「いみじ」と思ふ。（浮舟　五巻二三八）

・「知らざりけるヨ」と、あはれに思す。（澪標　二巻一一一）

のようなものである。

ここで扱うものと、「二　文末の体言に下接する助詞ヨ　二・二・五　文脈から独立して用いられるもの」との

用例は、形容詞形容動詞に下接するものは非常に少ないということである。(10)
共通点として興味深い現象がある。それは、

・「今日も、御かへだになきヨ―」（夕霧　四巻一五七）

・「いぎたなくて、出で給ふべき気色もなきヨ―」（総角　四巻四一七）

の二例のみである。ほかのものは、たとえば（浮舟　五巻二三八）の例のように「これさへ、かかるを、残りなう見るヨ―」の用例のように、嘆くべき対象となる事態のみ示して、詠嘆の内容は、この例の「いみじ」のように前後の文脈の中に示されるか、はっきり示さずに文脈にゆだねてしまうという形をとる。この点は、体言に下接するものと同様に文脈依存的であるといえる。

三・二・五　主語の現れ方

しかしながら、体言の下接するものと大きく違う点がある。それは主語の現れ方である。体言に下接するものでは、主語は普通「の」で示され連体修飾部に含みこまれてしまう。このことについて全体的には活用語の連体形に下接するものでも同様なのだが、中には、

・いみじく思すめる人は―、かうは、よも、あらじヨ―（浮舟　五巻二四一）

・かんの君は―、わか君を、桜の争ひ、はかなき折にも、心、寄せ給ひし名残に、思しおとしけるヨ―（竹河　四巻二八七）

のような主語を題目の形で提示して述語とはっきり対立させるものも六例ほどあるのである。すなわち、活用語の連体形に助詞ヨが接続したものの中には、単なる句的体言であることをやめて、主語述語の対立統一を機軸とする述体句へ転化したものも見られるということなのである。

こういう形があるということは、体言に下接するものとの大きな違いであるといえる。

三・三　まとめ

以上のように、活用語の連体形に下接するものも、体言に下接するものに大体において対応する。もちろん、「呼びかけ表現に用いられるもの」は、ここで扱ったものに対応するものはない。あるとすれば、それはここで扱わなかった命令形や禁止の表現に下接するものであろう。

それ以外に体言接続のものと、ここで扱ったものとの違いをあげるなら、体言接続のものには、感動喚体句へ展開したものがあり、連体形接続のものには述体句に展開したものがあるという点であろう。

四　おわりに

以上、『源氏物語』の助詞ヨについて、特に体言に下接するものと、用言連体形に下接するものを見てきた。全体をまとめて一言でいうなら、このような助詞ヨは全体が体言相当の文に下接して用いられるのであり、述体としての名詞文の述語文節を構成することはほとんどない。そして前後の文脈にあるいは緊密にあるいはゆるやかに依存する表現を構成するのである。しかしながら、このような在り方は、単なる体言句あるいは、連体形終止文とほとんど変わらないのである。そのようにみれば、助詞ヨは、本来不安定で文脈依存性が強いそれらの表現を多少安定させるという消極的な働きしかしていないと考えられる。

しかしながら、一方で二・一・二の「あいなしヤ、我心ヨ」のように必須の成分として働くもの、連体形接続に少数見られた述体句の述語文節を構成するのに働いていたものなども見られた。後の時代の「我こそは新島守ヨ」につながる萌芽としての用法も見られるのである。

注

（1）近藤要司（一九九五）
（2）宇野義方（一九六九）の分類による。
（3）ここで言う「対他的意志表現」とは、聞き手に情報の受容のみならず、何らかの反応を期待してなされる表現という意味で用いている。
（4）川端善明（一九六五）（一九七七）。この部分の引用は川端（一九七七）によった。
（5）「いづく、なに、たれ」などのいわゆる疑問語。本稿ではこれらを「不定語」と呼ぶ。
（6）助詞ヨにも説明要求疑問文を構成するものが「さばかりの色も、思ひ分かざりけりや。いづこの野辺のほとりの花ヨ」（野分　三巻六二）の一例のみ存在する。ただし、この助詞ヨについては本文に異同がある。
（7）用例は宇野義方（一九六九）によった。
（8）この傾向は、散文に限られる。和歌では「吹きまよふ深山おろしに夢さめて涙もよほす瀧の音カナ」（若菜　一巻一九六）などのように、むしろ逆の傾向が見られる。これは韻文という制約の中で表現が圧縮されたためだと考えておきたい。
（9）したがって、上代の活用語の終止形に接続する「下つ毛野阿蘇の川原よ石踏まず空ゆと来ぬヨ汝が心告れ」（万葉・一四巻三四二五）のようなものとは分けて考えたい。
（10）これは、**二・二・七**「〜さヨ」の形式との関連でも捉えるべきかも知れない。

参考文献

宮坂和江「「よ」と「や」—源氏物語について—」／川端善明「喚体と述体の交渉—希望表現における述語の層について」（一九六五）・「誂」（一九七七）／来田隆「鎌倉時代の文末助詞ヤとヨについて」／根来司「『むよ』『らむよ』『けむよ』—平安女流文学における—」／吉川泰雄「よ—終助詞〈現代語〉」／宇野義方「よ—間接助詞〈古典語〉」／尾上圭介「文の基本構成・史的展開」／近藤要司「『源氏物語』の助詞ヤについて」

（三）「をかしの御髪や」型の感動喚体句について

一　はじめに

山田孝雄（一九〇八）における句（ほぼ通念上の「文」に相当する）には、述体句と喚体句の二大別があった。述体句は、平叙文疑問文など主語述語の対立統一をめぐる通常の文である。対する喚体句とは、感動や希求のために用いられた構文で、文全体が「体言＋助詞」という形を取るものである。この喚体句には、「老いず死なずの薬もが」のような希求を表す希望喚体句と「美しき花かも」のような感動喚体句の二種がある。

山田（一九〇八）によれば、典型的な感動喚体句は、右の「美しき花かも」のように骨子体言を修飾する連体修飾部が必須である。中古の典型的な感動喚体句には、以下のような三つの形式があった。

・いとわりなきわざかな（桐壺）
・さかさまに行かぬ年月よ（若菜下）
・をかしの御髪や（若紫）

この中で、終助詞カナによる喚体句については「第二部第二章（一）『源氏物語』の助詞カナについて」で、連体修飾部が情意や評価の形容詞で、骨子体言が右に示したような「わざ、こと、けしき、ほど」など形式名詞であるものが多いこと、また、このカナが述語用言に下接した場合も情意評価の形容詞を連用修飾部に持つ用例が多く、その点で、カナの感動喚体句に連続していることを指摘した。終助詞ヨの喚体句に関しては、「第二部第二章（二）『源氏物語』の助詞ヨについて」で、情意評価の形容詞が連体修飾している例は稀であり、カモやカナによる感動喚体句の表現とは異質であることを指摘した。

ここでは、もう一つの感動喚体句である「をかしの御髪や」のような感動喚体句（以下「「ノーヤ」型喚体句」とする）について考察する。

「ノーヤ」型喚体句は、カナ喚体句、ヨ喚体句と並んで感動喚体句の典型とされているが、上代に用例がなく、中古の用例も散文が中心で、和歌にはほとんど用いられなかった。このように、比較的新しい用法であるとともに、連体修飾部が「形容詞形容動詞語幹＋の」という特殊な形式であることなど、注目すべき語法である。

末尾のヤは、形容詞形容動詞の語幹・終止形につく終助詞ヤであり、疑問係助詞ヤとは異質である。この点でカモやカナの喚体句とは構造が異なり、ヨによる喚体句に近い。

以下、**二**で、『源氏物語』の「ノーヤ」型喚体句を観察し、**三**で形容詞形容動詞の語幹用法を概観し、**四**でカナ喚体句との異質性について考察し、**五**でこの喚体句の特殊性について考察する。

用例は、『CD-ROM　角川古典大観　源氏物語』を利用して採集し、小学館『新編日本古典文学全集　源氏物語1～6』『日本古典文学全集　源氏物語　一～六』を参照した。『源氏物語』の用例についてはカッコ内に巻名を示した。

二　『源氏物語』の「ノーヤ」型喚体句

『源氏物語』には、この「ノーヤ」型の感動喚体句は、一〇〇例見られた。ここでは、それらの概要を示す。

二・一　連体修飾部

連体修飾部は一例の例外を除くと、すべて形容詞形容動詞の語幹である。多いものをあげると以下のようである。

あやし（一〇例）

・「あやしの人の親や。まづ人の心はげまさむことを先におぼすよ。けしからず」とのたまふ。（玉鬘）

をかし（七例）

・をかしの人の御にほひや。折りつれば、とかや言ふやうに、鶯もたづね来ぬべかめり（宿木）

あはれ（五例）

・あはれのことや。この姉君や、まうとの後の親（帚木）

うたて（五例）

・いかに、うたての翁や、とむつかしくうるさき御心そふらむ（若紫）

心憂（五例）

・九月にもありけるを、心憂のわざや。いかにしつることぞ。（東屋）

めでた（四例）

・「いで、あなめでたのわが親や。かかりける種ながら、あやしき小家に生ひいでけること」とのたまふ。（常夏）

あぢきな（三例）

・「いで、あなあぢきなのものあつかひや。さればよ」と思ふ。（若菜上）

言ふかひな（三例）

・「言ふかひなのことや。あさまし」とて、またもたまへり。（帚木）

口惜し（三例）

・口惜しの花の契りや、一房折りて参れ（夕顔）

他に、「あいな、あさまし、いみじ、うしろめた、ねた、はかな、わりな、面な」が二例ずつ、「あは、ありがた、いとほし、うつくし、うとましげ、かしこ、かるがるし、ことなることな、ことわり、こよな、さうざうし、さがな、さだめな、つれな、なだらか、なほなほし、見苦し、めやす、ものぐるほし、ものはかな、もの馴れ、やすげな、よからず、わろ、をこがまし、似げな、若、若々し、心苦し、心幼、幼」が一例ずつあった。

例外は左の一例である。

・「短夜のほどや。かばかりの対面もまたはえしもやと思ふこそ〜なにとなく心のどまる世なくこそありけれ」（須磨）

これ以外は、連体修飾部分はすべて形容詞・形容動詞の語幹に助詞ノが下接したものであり、動詞が連体修飾をしている例はない。ただ、左のように、他の連体修飾が介入しているものは少数存在する。

・わりなの、人に恨みられたまふ御齢や（末摘花）

後述するようにカナ感動喚体句とは単純に比較できない点もあるのだが、「ノ—ヤ」型喚体句に対応する形式のカナ感動喚体句の連体修飾部にも、「あやし、あはれ、みぐるし、をかし」などが用いられており、連体修飾部の語彙に関しては、カナ喚体句と大差ない。

二・二　骨子体言

骨子体言についても主なものを挙げる。

わざ（一五例）

・中将は心のうちに、ねたのわざやと思ふところあれど（藤裏葉）

こと（「事」と取れるものも「言」ととれるものも含む）（九例）

・「まれまれは、あさましの御ことや。問はぬなど言ふきはは、ことにこそはべなれ。心憂くものたまひなすかな。（若紫）

世（六例）

・中将、木工など、「あはれの世や」などうち嘆きつつ、語らひて臥したるに（真木柱）

さま（六例）

・見たまへよ、懸想びたる文のさまか。さてもなほなほしの御さまや。（夕霧）

心（四例）

・あやしの心や、とわれながらおぼさる。（葵）

人（三例）

・人にも似ぬ用意など、あなめでたの人や、とのみ見えたまへるを（早蕨）

以下、二例あったものが「ありさま、ことども、口つき、身のほど、返り、契り」、一例あったものが、「いらへ、けしき、けはひ、ことわり、さかしら、さまども、とぶらひ、にほひ、ほど、まじらひ、ものあつかひ、ものおぢ、しるべ、ものの香、もの言ひ、わが親、わたり、翁、好み、思ひなり、手、消えどころ、心のほど、心ばへ、身、人ならはし、人に恨みられたまふ齢、人のにほひ、人の親、衰へ、世の中、聖心、ご達、髪、仏菩薩、亡きがよそへ、木霊の鬼、頼もし人」である。

典型から大きく外れる例としては、骨子体言がそのまま終助詞に下接せず、後半の動詞述語文の主語となっているものが一例あった。

・見苦しの君達の、世の中を心のままにおごりて、官位をばなにとも思はず過ぐしいますがらふや。（竹河）

骨子体言の多くが「わざ、こと、さま」などの形式名詞や「世、心」などの非物質的な名詞が多いことは、カナ感動喚体句と同じ傾向である。

以上のように、連体修飾する形容語の語彙や、骨子体言の種類などを見れば、カナ喚体句にも通ずる特徴を持っており、こういう観点から見れば、「ノーヤ」喚体句とカナ喚体句にそれほど大きな違いはないということになる。

二・三　終助詞ヤの他の表現との関連性

カモ・カナ・ヨは、感動喚体句とともに、述語用言に下接する終助詞としても用いられているが、ヤについても同様である。ただし、終助詞ヤはそれらよりも広範囲に用いられている。これについては、「第一部第二章（三）『源氏物語』の助詞ヤについて」に詳しく述べた。ここでは、「ノーヤ」型喚体句と比較すべき三類型のみ挙げる。

（一）形容詞、形容動詞の語幹に下接する助詞ヤ

・「あなかたはらいたや、いかが聞こえむ、とおぼしわづらふ。（若紫）

（二）形容詞、形容動詞、断定ナリの終止形に下接する助詞ヤ

・「そもまことにそのかたを取りいでむ選びに、かならず漏るまじきは、いとかたしや。（帚木）

・「鍵を置きまどはしはべりて、いと不便なるわざなりや。（夕顔）

（三）他の活用語の終止形に下接した助詞ヤ

疑問係助詞ヤの文末用法の例と、終助詞ヤの例が混在することになる。特にラ変型活用語と打ち消しズの場合には、形式からは区別しがたい。

・惟光に、「この西なる家はなに人の住むぞ、問ひ聞けたりや」とのたまへば（夕顔）

・「さしぐみに袖濡らしける山水にすめる心は騒ぎやはする　耳馴れはべりにけりや」と聞こえたまふ。（若紫）

前者「夕顔」の例は、係助詞ヤの文末用法で質問の例であるが、後者「若紫」の例は、終助詞が下接した詠嘆の例である。

（一）（二）（三）は連続的である。上代には（一）がわずかに存在したようだ。シク活用形容詞では、語幹と終止形が同形であることから、ク活用においても終止形に接続する形も許容され、それがさらに形容動詞断定ナリなどにも及んだのであろう。これが（二）の類型である。だが、動詞型活用語の終止形には疑問係助詞ヤも下接するので、ラ変を含む動詞型活用語の場合には、終助詞ヤと疑問係助詞ヤの終止用法とが混在することになる。これが（三）である。

本稿の課題である「ノーヤ」型喚体句との連続性がうかがえるのは、語幹を含む（一）である。この語幹用法は、述語に対して主語が明示されるという述体的な構成はとらない。語幹と終止形の違いが明確なク活用で見てみると、「語幹＋ヤ」は、すべて一語文的なものばかりである。

・あなかしこや。（若紫）

・いで、あなさがなや。（橋姫）(1)

「語幹＋ヤ」には、このように、主語相当の語句が無いものばかりであり、「ノーヤ」喚体句の連体修飾部と骨子体言を主語述語に転じた「この御髪、をかしや」のような形式のものは見られないのである。これは後半で扱うカナ喚体句との大きな違いの一つである。

三　形容詞・形容動詞語幹の用法について

ここで古代語の形容詞形容動詞の語幹の用法について、概観しておく。

三・一　上代の語幹用法

上代の形容詞の語幹用法については、橋本（一九五九）[2]が一四類に分類している。この中で「ノーヤ」型喚体句と関係が深いものは、語幹が感動用法に用いられた場合と助詞ノを介して連体修飾する場合である。この二つについて見てみよう。

語幹が感動表現に用いられた用例は『万葉集』に数例見られる。

・常世辺に住むべきものを剣大刀汝が心からおそや（於曽也）この君（九巻一七四一）

・あな醜《みにく》（痛醜）賢しらをすと酒飲まぬ人をよく見ば猿にかも似む（三巻三四四）

・草香江の入江にあさる葦鶴のあなたづたづし（痛多豆多頭思）友なしにして（四巻五七五）

一七四一は、この形容詞語幹に終助詞ヤが下接した例だが、万葉集ではこの一例のみである。三四四と五七五は、語幹のみの例である。このように上代においても形容詞語幹の感動用法は、ある程度用いられていたようだ。

助詞ノを介して連体修飾する場合について見てみる。先の一四類の分類の中には、「│の」「つ」等を伴って連体修飾語を構成するもの」も挙げられているのだが、用例はそれほど多くない。「大君の遠の朝廷（等保能美可度）と思へれど」（一五巻三六六八）のような、「遠の」の例が九例ある以外には「軽の」（五例）、「赤の」「安の」などがある程度である。いずれもク活用の例で、シク活用の例は上代には皆無で、中古にならないと登場しない[3]。

ただし、後代の形容動詞の語幹ともいうべき「あはれ」には、「ノーヤ」型喚体句に近い形がある。

・〜あはれの鳥と（安波礼能登里等）言はぬ時なし（一八巻四〇八九）

このように、上代では語幹単独の感動表現は、しばしば用いられた。一方、右の「あはれの」の例を別にすれば

「情意評価の形容詞の語幹＋ノ」が連体修飾した例は、皆無である。

三・二　『源氏物語』の語幹用法

中古の『源氏物語』においても、語幹のみを用いた感動用法はもちろん存在している。

・「あなかしこ」（若紫）

・「いとことわり」（藤裏葉）

・「いとうたて」（夕霧）

二で見た「語幹＋終助詞ヤ」と同様に一語文であり、主語を持つ例はない。

『源氏物語』においても「語幹＋ノ」は、連体修飾としても用いられる。ただし、目立つものは、左のような形容動詞の語幹のものである。形容動詞の語幹と名詞との境界は曖昧であり、これらは名詞として用いられている可能性もある。

・ただあからさまのほどを許しきこえたまふ。（真木柱）

・今二三年をいたづらの年に思ひなして（少女）

形容詞の語幹がこのような連体修飾に用いられるのはあまり多くない。特に**二・一**に挙げた「ノ―ヤ」型喚体句に用いられる形容詞形容動詞の語幹四八種に関しては、通常の述体内部の連体修飾に用いられるのは、「あやし」以外にはない。

・山寺には、いみじき光行ひいだしたてまつれり、と仏の御面目あり、とあやしの法師ばらまでよろこびあへり。（賢木）

・ありつる宿守の男を呼ぶ。山彦の答ふるもいと恐ろし。あやしのさまに額おしあげていで来たり。（手習）

このように、上代中古を通じて、形容詞形容動詞の語幹は感動表現には多用されていた。また、連体修飾にも用いられていたが、「ノーヤ」型喚体句の連体修飾部に用いられる語幹については「あやし」を除いては、通常の述体内部の連体修飾に用いられてはいないのである。

四　カナ喚体句との比較

二では、連体修飾部の種類や骨子体言の種類などを概観したが、そこで見るかぎり「ノーヤ」型喚体句とカナ喚体句は共通性が多いように思える。しかしながら、実は「ノーヤ」型喚体句は、カナ喚体句との相違点の方が目立つ。

四・一　述体との関連

二末に述べたことだが、「語幹＋終助詞ヤ」においては、「ノーヤ」喚体句の連体修飾部と骨子体言を主語述語として持つ形式（「その御髪（は）、をかしや」のような「骨子体言＋語幹＋終助詞ヤ」）は存在しない。

一方、カナ喚体句と対応する「連体形＋カナ」の形式においては、右のように主語を文の中に含むものが数多く存在する。

・女の、これはしもと難つくまじきはかたくもあるかな（帚木）
・さも思ふに、いとほしく悔しきことの多かるかな。（朝顔）
・御前の梢も霞隔てて見えはべるに、あはれなること多くもはべるかな（早蕨）

このことは、「ノーヤ」喚体句とカナ喚体句の連体修飾部の性質の違いを示している。

形容詞形容動詞の語幹の感動用法については、山田（一九〇八）は、「体言に変じたる語幹を以て、述語的地位にたたしむることあり。かかる時の文は皆感動をあらはすものなり。すべて感動をあらはすものに体言を以て述語的地位に立たしむることは、往々あるなり」（二四七頁）としており、この用法を体言としての用法だと理解していたことが分かる。体言として用いられるということは、主語観念と賓語概念を統一する述格として機能を失っていると見るべきであろう。事実「語幹＋終助詞ヤ」は、主語を持つことは許されていなかった。

その点から見ると、カナ喚体句の連体修飾部は、用言連体形であるから当然述格性を失ってはいない。カナ喚体句の連体修飾部と骨子体言は、「述語」と「主語」であることを失ってはいないのである。

これに対して、語幹を連体修飾にもつ「ノーヤ」喚体句は、連体修飾部は情意評価といった属性的意味を保持してはいるものの、述語性を失った形式をとっている以上、「述語」と「主語」という体制からは遠いものとなっている。

この述体への連続性をあらわにしたカナ喚体句と、その連続性を失っている「ノーヤ」喚体句の違いは、大きいと考えられる。

四・二　喚体句としての純粋さ

感動喚体句の典型は、「連体修飾部＋骨子体言＋助詞」というものであるから、用言性の語と体言と助詞の三つがあれば完成する。事実、「ノーヤ」喚体句のほとんどは、そのような単純な形式である。

・をかしきを見たまうて、「あいなのことや」と笑ひたまふものから（行幸）

・さまざまめづらしきさまに書きまぜたまへり。「かしこの御手や」と、空を仰ぎてながめたまふ。（葵）

・似げなの亡きがよそへや、とおぼす。（夕霧）

末尾の例のように骨子体言が「体言ノ・ガ体言」という形をとるものもあるが、これも典型に含めてよい。「ノーヤ」喚体句の九四例中、八四例がこのような単純なものである。他には左例のように連体修飾部に形容詞が二つ用いられた例が三例ある。

・かくかたくなしうかるがるしの世や、とものしうおぼえたまへど（夕霧）

さらに左例のように従属節が前置されるものは四例だけである。

・尼君、髪をかきなでつつ、「梳ることをうるさがりたまへど、をかしの御髪や。（若紫）

このような単純な例が九割以上を占め、主述を備えているものは、次の二例のみである。

・かばかりつたなき身のありさまを、あはれにおぼつかなくて過ぐしたまふは、心憂の仏菩薩やとつらうおぼゆるを（蓬生）

・常なき世にかくまで心おかるるもあぢきなのわざやとかつはうちながめたまふ。（朝顔）

さらに、形式が崩れていると考えられる例が二・二にあげた一例のみある。

・見苦しの君達の、〜過ぐしいますがらふや。（竹河）

このように、「ノーヤ」喚体句は典型的で単純な感動喚体句の形式を守った用例が大半を占めるのであるが、カナ喚体句では様相が異なっている。カナ喚体句の用例は、三〇〇例（和歌を除く）近くある。その中には以下のような主述が整ったものが数多く見られる。

・「〜ねびゆかむさま、ゆかしき人かな」と、目とまり給ふ。（若紫）

・ひと夜よの月影は、はしたなかりしわざかな。（竹河）

・されどかたいものかな、人の心は、と思ふにつけて（蜻蛉）

逆に典型的な喚体句形式のものは、左のような、副詞を伴う例を合わせても四割程度である。

・いと、かたはら痛きわざかな。（末摘花）

また連体修飾部が助動詞を含むことも多い。

・殿上人どもも、「こよなくさうざうしかるべきわざかな」と惜しみきこゆ。（宿木）

これらのことは、中古では、「ノーヤ」喚体句は典型的な感動喚体句の形を取るものであったのに対して、「体言＋カナ」は典型的な感動喚体句も述体的なものも含む交雑状態であったことを示している。

四・三　使用される位相

カナ喚体句は、もちろん和歌にも多用される。『源氏物語』でも、三〇例以上が和歌に用いられている。

・空蟬の羽におく露の木がくれて忍び忍びにぬるる袖かな（空蟬）

一方、『源氏物語』においては、「ノーヤ」喚体句は和歌には一例も用いられていない。『古今和歌集』にも見られない。(4) このことは、「ノーヤ」型喚体句が整った文言には用いにくい表現であり、カナ喚体句とは異なって、かなり現場依存の強い表現であったことを示している。(5)

四・四　カナ喚体句との比較のまとめ

以上、「ノーヤ」喚体句とカナ喚体句を比較してその特徴を示せば、

（1）述体と連続した面がない。

（2）典型的な感動喚体句の形式をとる。

（3）和歌などには用いられない、発話の現場に依存した表現である。

ということになる。同じ感動喚体句ではあるが、「ノーヤ」喚体句とカナ喚体句の間にはこのように大きな違いが

ある。また、冒頭に述べたように終助詞ヨも感動喚体句[6]にも用いられるが、どちらかといえば、単純な呼格として用いられることが多い。

述体と連続した面を持つカナ喚体句、一語による呼格との連続性を持つヨ喚体句、その二つとも異なる特徴を持つもの、典型的な感動喚体句の形式をもちながら、述体とは隔絶しているものが「ノーヤ」型喚体句なのである。

五　「ノーヤ」喚体句の特殊性

五・一　感動喚体句を捉える二つの立場

山田（一九〇八）は、感動喚体句の連体修飾部を完備句であるための必須の条件とする。喚体述体という文形式の二大別を重視する研究者の中でも、この連体修飾部についての立場は二つに分かれる。一つは、この規定は完備句であることについての規定であり、感動喚体句そのものの規定とは齟齬を来しているという立場である。

尾上（一九八六）は、連体修飾部についての山田の規定は「発話された現場的な状況を離れてもその文言の意味が了解されるようにという、脱状況的自立性、言語としての自足性を「感動喚体句」に求めた結果である」とした上で、「山田博士が述体と喚体を分けたことの意義は、対象描写、対象説明の文と心的経験そのことを表現する文との異質性を主張した点にある。この精神を継承するためには、山田博士の「感動喚体」が内包する二面のうち、対象描写の世界にかかわる一面を切り捨てて、喚体—心的経験そのことの表現、述体—対象事態の描写という対応関係を鮮明にすることが有効であると思われる」という立場をとり、理念としての喚体は「言葉になるのは、遭遇対象、希求対象のみで、心的経験・心的行為の面はことばにならない」ものであるという規定を下す。この立場からは、山田が不完備句とした一語文「花！」のようなもののみが喚体句の理念を満たすものであり、「美しき花かなる。

石神照雄（二〇一〇）では、感動喚体句の中心骨子は、呼格体言であるとした上で「喚体の呼格とは、指示判断を根拠とする位格関係であり、現実的には独立語という文形式として実現する。呼格は喚体に於ける構文関係の唯一絶待の位格であり、相関的な関係構成を行わない」とする。連体修飾部は骨子体言との間に、意味的には主述の関係を構成するものであるが、これを必須の成分とすることは、「用言が述語（賓述格）として担う陳述、即ち述体文であることとの根拠の判断（分析判断）を以て、連体格の用言に、感動喚体の根拠を見いだそうとするもの」であり、「山田文法は、この点では感動喚体の根拠を判断、即ち分析判断に置いていることになる」と主張する。感動喚体句は理念上呼格を「唯一絶待の位格」とせねばならないのである。

感動喚体句の理念を尾上（一九八六）、石神（二〇一〇）のように規定すれば、「美しき花かも」の類は、その理念からは排除される。しかしながら、古代語の事実としては、このような感動喚体句がある類をなして存在することは事実であるし、また一方で、連体修飾部のない「花かも」「花かな」という感動喚体句は存在しないのである。「連体修飾句＋骨子体言＋助詞」という山田式の感動喚体句は、確かに類として他の一語文的な感動表現とは一線を画して存在するのである。

尾上（一九八六）石神（二〇一〇）とは対照的に、連体修飾部こそが喚体を喚体たらしめているという立場をとる論者もある。川端（一九六三ａ）では、感動喚体句における連体修飾部、例えば「美しき」が一般の連体修飾のように、「花」＞「美しき花」というように「花」一般よりも相対的に限定された「語」を形成しているのではなく、個別具体的な事態「花美し」に対応しているとする。これは、石神照雄（二〇一〇）が指摘するように、述体との連続性の上で感動喚体句を捉えている。川端（一九六三ａ）は、主述の倒逆が、「述体の判断における二項関係の未分析、あるいはその主＝述的な実現の拒否」を意味するとしているが、まさにそのように把握すること自体、述体との連続を前提としていることになる。

二つの立場の違いは、山田の言う典型的な感動喚体句が骨子体言と連体修飾部とが「倒逆した主述関係」を持つことをどう捉えるかということである。たしかに、尾上（一九八六）のように「述体と喚体を分けたことの意義は、対象描写、対象説明の文と心的経験そのことを表現する文との異質性を主張した点にある」とすることは、山田の感動喚体句をより厳密に捉えたことになるであろう。しかしながら、山田の典型的感動喚体句に主述二項が存在することをもって理念としての感動喚体句から除外して考えるということと、日本語史上の事実として、古代語の感動喚体句が一語文とは非連続の独自の表現形式として存在したことは別の問題である。

五・二「ノーヤ」型喚体句の特殊性

山田の典型的感動喚体句が古代語において一語文とも述体句とも違った存在であったという観点からは、カモやカナの喚体句と「ノーヤ」型喚体句との異質性が際立ってくる。カモやカナの喚体句、たとえば「美しき花かも」の連体修飾部は、用言述語の連体形であり、主語述語の統一をはかるという用言本来の働き（述格性）をあらわにしている。また、「美しき花」のような「用言連体形＋名詞」というのは、通常の文表現としてありふれた形でもあるのだ。一方、「をかしの御髪や」の場合には、連体修飾部は「をかしの」という形態であり、形容詞の語幹を名詞相当として用いたものであり、用言の述格性は失われている。また、すでに述べたように、「情意や評価の形容詞形容動詞の語幹＋の」という形は、他の通常の述体句の中には現れない形なのである。

カモ・カナによる感動喚体句の形式は、「連体形＋骨子体言」という倒逆した関係によって、述体における通常の二項的な判断を拒否している。逆にいえば倒逆という位置関係によってのみ、二項的な判断を拒否していることになる。ところが、「ノーヤ」型喚体句においては、通常の主述とは倒逆した位置関係のみならず、連体修飾の形式においても用言の活用形としての連体形を用いないことによって、二項的な判断を拒否しているのである。このような「ノーヤ」喚体句の特殊性をどう捉えるべきか。このことを考察する際に参考になるのが、以下の二つの形式である。

五・二・一　引用的な「の」

一つは以下のようなものである。

・丹波道の大江の山のさな葛絶えむの心（絶牟乃心）我が思はなくに（万葉集一二巻三〇七一）

この歌の「絶えむの心」について、澤瀉注釈では、「丹波の国に行く道にある大江山の玉葛のやうに、二人の仲を絶やそうという心を私はもつてはいませんのよ」、万葉集全注では、「丹波へ行く街道の大枝（おおえ）の山の玉かずらは、そのつるがどこまでも絶えることがないように、二人の仲が絶えるだろうなどと思う心を私は持ったとは決してありません」と口語訳しているように、現代人の感覚からすると、臨時的な引用を示しているように思えるのである。

このような臨時的な引用を示すノは、中古にも盛んに用いられている。『源氏物語』では以下のような例が見られる。

「～むの心、心地、けしき」の形式（三七例）

・女腹にただ一人かしづきたまふ御むすめ、春宮よりも御けしきあるを、おぼしわづらふことありける、この君にたてまつらむの御心なりけり。（桐壺）

「～じの心」（九例）

・常陸の宮にはしばしば聞こえたまへど、なほおぼつかなうのみあれば、世づかず心やましう、負けてはやまじ

の御心さへ添ひて、命婦を責めたまふ。（末摘花）

「希求バヤの心」（一例）

・わが身つらくて、尼にもなりなばやの御心つきぬ。（柏木）

浅見（一九五九）は、これらについて、

「絶えむの心」は「絶えむ心」とは同価値ではない。中古の多くの例に支えられて、「絶えむ」は「わが心」の直接的な表現であり、作者の決意を表明するものだ、と言わなければならない。そこからまた、この際の助動詞「む」は終止形である、という結論が導かれる。

としている。

おそらくは、「ノーヤ」型喚体句の連体修飾部も浅見（一九五九）のいう「終止形」相当の位置づけが妥当なのであろう。もちろん、形容詞形容動詞の語幹は終止形ではない。「をかしの御髪や」の「をかし」は、語幹の単独用法として「切れて」いるのである。つまりは、「をかしの御髪や」は、「をかし！　この御髪や！」という感動文の二文併置に転一歩のところにある表現なのではないか。

五・二・二　「形容詞ヤ。呼格ヨ。」の形式

二つ目は、終助詞ヨによる感動文の二文併置の形式である。

・いとおよすけても恨みはべるなるなりな。いとはかなしや。この人のほどよ（少女）

・古代なる御文書きなれど、いたしや、この御手よ。（行幸）

・あいなしや、わが心よ、なにしにゆづりきこえけむ（宿木）

これらは、遭遇した事態への感動を、内面に生じた情意を表出する感動文と、遭遇事態の中核のモノへの呼格一語文という二つの形式で表現している。さきほど挙げた「をかし！　この御髪や！」に相当する形式である。

五・三　遭遇事態・中核のモノ・情意

前節に挙げた二つの形式をもとに考えれば、「ノーヤ」型喚体句表現の成立の事情は見えてくる。「いたしや、この御手よ」のような二つの形式で表現された二文併置の感動表現が、引用的な「の」によって結合されて登場した表現なのである。そこには、カナ喚体句の喚体句としての純粋性の喪失も背後の事情として浮かんでくる。**四・二**で述べたようにカナ喚体句は、むしろ述体の名詞述語文に近いものが入り交じる交雑状態になっており、より純粋に感動喚体句を表現する形式が要請されたということも考えられる。

しかしながら、そのような事情は事情として、では何故このような表現形式があえて要請されるのであろうか。

五・四　臨時的な名付け

石神（二〇一〇）は「喚体の呼格とは、指示判断を根拠とする位格関係であり、現実的には独立語という文形式として実現する」という立場を取り、山田式の感動喚体句の連体修飾部を「喚体の論理、即ち指示判断を根拠とした呼格の絶待性の論理からすれば、連体格としてあるものは、体言に内属する意味を担当するものであり、呼格の連語的体言に収斂される」とする。

この立場からは、「ノーヤ」喚体句の連体修飾部の形容詞語幹はまさに体言として「体言ノ体言」という連語的体言だと解釈することになる。観点を変えれば、「をかしの御髪や」は、遭遇事態の中核モノを臨時に「をかしの御髪」と名付け、その名を呼ぶ、一語文的な呼格表現だということになる。

しかしながら、述べてきたように、情意評価の形容詞語幹は通常の連体修飾句とはならない。連語的体言という枠には収まらないのである。情意評価の形容詞語幹は、感動表現の一語文としてしか用いられない。そして、この感動表現は、石神（二〇一〇）の立場からすれば、これもまた体言一語文の呼格に立つ用法なのであるから、極端な表現をすれば「ノーヤ」型喚体句は「呼格＋の＋呼格＋や」とでもいうべき形態なのであり、それ故、現場依存の表現としてしか用いられなかったのである。「ノーヤ」喚体句を連語的体言と見ることには無理があるのではないか。

あるいは、連語的ではありながらも、「呼格＋の＋呼格＋や」という形式を露わにしているということは、連語的な体言であることも、主述的な二項であることも、同時に拒否しているのではないか、と考えられるのである。

五・五「ノーヤ」型喚体句の積極性

事態がある情意をもって把握されることと、その事態の中核モノへ意識が集中することとは、その二つが主述の関係として把握されることにただちにつながるわけではない。情意の自覚と対象事態の中核への意識の集中とは、話者が感動を感じた事態との遭遇体験の二面を別々に捉えたものであるとすることも可能である。先ほどの「いたしや、この御手よ」などはまさにそのような表現としてある。

もちろん、この二面が理性的な判断の回路を通れば、モノとその属性を語るという形容詞文としての主述関係に整理されることになる。その整理されたものとの類比という観点から見れば、感動喚体句の連体修飾句と骨子体言は、まさしく主述二項ということになるだろう。

しかしながら、この古代語の事実としての感動喚体句は、体験の言語化を果たしながらも、主述二項に整えられないことこそが、その形式の独自性なのではないだろうか。

川端（一九六三a）は、感動喚体句に於ける主述の倒逆の意味を「述体の判断における二項関係の未分析、あるいはその主＝述的な実現の拒否」とするが、古代語の感動喚体句とは、まさにそこに存在意義のあるものなのである。カナ喚体句の「連体形＋骨子体言」という形態のみ見る限り、その二項は述体的な判断を下敷きとして、述体的な判断に届かぬもの、「二項関係の未分析」という消極的なものとしてあるように見える。しかしながら、「ノーヤ」型喚体句は、その「主＝述的な実現の拒否」を呼格的な形態を一文内で並列するという形式で積極的に示しているのである。おそらくは、感動すべき事態に遭遇した際の内面の情動の感知と遭遇事態の中核のモノへの意識集中、この両者を主体と属性という理性的な判断ではなく、感動の二面として、かつ、一つの体験として表現するところに感動喚体句の真骨頂があったのであろう。

六　まとめ

古代語には、主語述語の対立統一を巡る通常の述定文とは異質の形式が豊富である。感動喚体句もその一つである。しかしながら、感動喚体句が「連体修飾部＋骨子体言」という形式を取ることをめぐっては、それが述体句との連続性という観点で捉えられることが多い。本稿で取り上げた「ノーヤ」型喚体句は、主語述語相当の二語を文中に持ちながら、形式としては述体への連続性を積極的に拒否する特異な形式である。そしてこの形式は、事態との遭遇によって生じた感動を二面で語りながら、一つの体験として語ろうとする表現であったと考えられるのである。

注

（1）　一方「終止形＋ヤ」は、主語をもつものも多い。
・なにとなく翁びたるここちして、世間のこともおぼつかなしや（常夏）
・「高麗の乱声遅しや」などはやりかに言ふもあり。（竹河）
シク活用では語幹か終止形か区別は付かないが、ク活用と同様に考えてよかろう。

（2）上代には形容動詞という品詞そのものが未完成であるので、上代に関しては、形容詞のみを扱う。
（3）蜂矢（一九九八）による。
（4）「語幹＋終助詞ヤ」はわずかに用例が見られる。
・雲はれぬ浅間の山のあさましや人の心を見てこそ止まめ（古今・一〇五〇）
（5）新古今和歌集まで下ると数例見られるようになる。
・柴のとにゝほはん花はさもあらはあれなかめてけりなうらめしの身や」（雑歌上一四七〇）
・舟のうち浪のうへにそ老にけるあまのしわさもいとまなのよや（雑歌下一七〇四）
しかし、逆に中世の散文作品にはあまり見られなくなっている。この時代には、和歌に用いるべき雅語だと理解されていたことを示している。
（6）『源氏物語』の助詞ヨの感動喚体句については、
・「人のおもひよらぬことよ」と、憎む憎む（末摘花）
・さかさまに行かぬ年月よ。老いは、えのがれぬわざなり（若菜下）
など感動喚体句と呼ぶべき用例は存在する。しかし、情意評価の形容詞形容動詞を連体修飾部にもつ感動喚体句は、皆無である。

参考文献

浅見徹「「の」の歴史」・「絶えむの心わが思はなくに―陳述をめぐる問題」（一九五九）／石神照雄「感動喚体に於ける呼格と連体格」・「山田文法の文の論理と述体、喚体」（二〇一〇）／尾上圭介「感嘆文と希求・命令文―喚体・述体概念の有効性―」（一九八六）・「文法に見られる日本語らしさ―〈場におけることの生起〉と〈自己のゼロ化〉―」／川端善明「喚体と述体―係助詞と助動詞とその層」（一九六三a）・「喚体と述体の交渉―希望表現における述語の層について」／工藤力男「上代形容詞語幹の用法について」／近藤要司「源氏物語の助詞ヤについて」・「源氏物語の助詞ヨについて」・「『源氏物語』の助詞カナについて」／野村剛史「上代語のノとガについて（上下）」／橋本四郎「ク活用形容詞とシク活用形容詞」／蜂矢眞人「形容詞語幹の用法」／山田孝雄『日本文法論』

参考文献一覧

浅見　徹（一九五六）「「の」の歴史」『国語国文』二五巻八号
浅見　徹（一九五九）「絶えむの心わが思はなくに―陳述をめぐる問題」『万葉』三三号
浅見　徹（一九六六）「助動詞の展開―「らむ」の場合―」『岐阜大学研究報告一四』三月
安達太郎（二〇〇二）「現代日本語の感嘆文をめぐって」『広島女子大学国際文化学部紀要』第一〇号
石井文夫（一九五七）「中世の疑問助詞「や」について―文のなかにあるばあい―」『未定稿』三号一九五
石垣謙二（一九四二）「作用性用言反撥の法則」『国語と国文学』（石垣謙二『助詞の歴史的研究』岩波書店、一九八〇年所収）
石神照雄（二〇〇〇）「感動喚体に於ける呼格と連体格」『人文科学論集　文化コミュニケーション学科編』三四、信州大学
石神照雄（二〇一〇）「山田文法の文の論理と述体、喚体」斎藤倫明・大木一夫編『山田文法の現代意義』ひつじ書房
石田春昭（一九三九）「コソケレ形式の本義　上・下」『国語と国文学』第一六巻二号　二月・三号　三月
磯部佳宏（一九八八）「不定語「いかで」の構文的性格」『山口国文』第一一号
磯部佳宏（一九九〇）「中古和文の要説明疑問表現―『源氏物語』を資料として」『梅光女学院大学　日本文学研究』第二六集
磯部佳宏（一九九一）「『今昔物語集』の要説明疑問表現―「疑問詞―ニカ」を中心に―」『日本文学研究』二七号
磯部佳宏（一九九二）「『源氏物語』の要判定疑問表現「―ニヤ。」形式を中心に」『日本文学研究』二八号
磯部佳宏（一九九三）「『平家物語』の要判定疑問表現」『日本文学研究』二九号
磯部佳宏（一九九五）「『今昔物語集』の要判定疑問表現（上）―本朝世俗部の場合―」『日本文学研究』三〇号
磯部佳宏（一九九六）「『今昔物語集』の要判定疑問表現（下）―天竺・震旦・本朝仏法部の場合―」『日本文学研究』三一号
岩田美穂・衣畑智秀（二〇一一）「ヤラにおける例示用法の成立」『日本語文法』一一号
于　康（一九九九）『日本語に於ける不定語の構文的機能に関する歴史的研究―副詞的不定語を中心に―』渓水社
宇野義方（一九六九）「助詞編　第六章　二　よ―間接助詞〈古典語〉」松村明編『古典語現代語助詞助動詞詳説』（学燈社）
大鹿薫久（一九九一）「萬葉集における不定語と不定の疑問」『国語学』第一六五集　六月
大野　晋（一九九三）『係り結びの研究』岩波書店

岡崎正継（一九六八）「疑・問の表現―今昔物語のヤ・カ―」『野洲国文学』二号
小田　勝（二〇一五）『実例詳解古典文法総覧』和泉書院
尾上圭介（一九八二）「文の基本構成・史的展開」森岡健二・宮地裕・寺村秀夫・川端善明『講座　日本語学　2　文法史』明治書院
尾上圭介（一九八三）「不定語の語性と用法」渡辺実編『副用語の研究』明治書院
尾上圭介（一九八六）「感嘆文と希求・命令文―喚体・述体概念の有効性―」松村明教授記念会編『松村明教授古稀記念国語研究論集』明治書院
尾上圭介（一九九五）「特集助詞の文法　「は」の意味分化の論理―題目提示と対比」大修館『月刊言語』二四巻一一号
尾上圭介（二〇〇一）『文法と意味　Ⅰ』くろしお出版
尾上圭介（二〇〇二）「係助詞の二種」『国語と国文学』七九巻第八号　八月
尾上圭介（二〇〇四）「第一章　主語と述語をめぐる文法　三　述語論への展望」尾上圭介編『朝倉文法講座六　文法Ⅱ』朝倉書店
尾上圭介（二〇一二）「文法に見られる日本語らしさ―〈場におけることの生起〉と〈自己のゼロ化〉―」『国語と国文学』第八九巻第一二号
澤瀉久孝（一九三八）「『か』より『や』への推移（上・中・下）」『国語国文』第八巻一号・二号・五号
春日和男（一九五五）「「也」字の訓について―「ぞ」と「なり」の消長―」『国語国文』二四巻二号（『存在詞に関する研究』風間書房、所収）
川端善明（一九五八）「形容詞文」『国語国文』二七巻一二号
川端善明（一九六三ａ）「喚体と述体―係助詞と助動詞とその層」『女子大国文』一五号
川端善明（一九六三ｂ）「助詞『も』の説―文末の構成―」『万葉』四七号　四月
川端善明（一九六三ｃ）「助詞『も』の説二―心もしのに鳴く千鳥かも―」『万葉』四八号　七月
川端善明（一九六五）「喚体と述体の交渉―希望表現における述語の層について」『国語学』六三号　一二月
川端善明（一九七六）「用言」『岩波講座日本語六　文法Ⅰ』

川端善明（一九七七）「誂」『国語国文』第四十六巻五号　五月
川端善明（一九七九ａ）「第三章　第三節　独立化《ｉ》の問題　（二）係助詞ヤ・イ・シ」『活用の研究　Ⅱ』大修館書店
川端善明（一九七九ｂ）「第四章　第三節　已然形の成立」『活用の研究　Ⅱ』大修館書店
川端善明（一九七九ｃ）「第六章　ありな　第二節　助動詞のラ行要素」『活用の研究　Ⅱ』大修館書店
来田　隆（一九八四）「鎌倉時代の文末助詞ヤとヨについて」鎌倉時代語研究会編『鎌倉時代語研究』第七輯　五月
木下正俊（一九五四）「『けめかも』攷『国語国文』第二三巻三号　三月
木下正俊（一九七七）「疑問条件表現の衰退」『国語国文』第四六巻八号
木下正俊（一九七八）「「斯くや嘆かむ」という語法」五味智英・小島憲之編『万葉集研究　第七集』塙書房（『万葉集論考』臨川書店、所収）
金水敏・高山善行・衣畑智秀・岡﨑友子（二〇一一）『シリーズ日本語史3　文法史』岩波書店
釘貫　亨（一九九九）「完了辞リ、タリと断定辞ナリの成立」『万葉』一七〇号
釘貫　亨（二〇〇三）「奈良時代語におけるニアリからナリへの形態変化と意味変化」田島毓堂・丹羽一彌編『日本語論究七　語彙と文法と』和泉書院
工藤力男（一九九九）「上代形容詞語幹の用法について」『工藤力男論考選』汲古書院　一九九九年八月所収（初出『国語国文』第四二巻七号　一九七三年七月）
小池清治（一九六七）「連体形終止法の表現効果　今昔物語集・源氏物語を中心に」『言語と文芸』五四号
小路一光（一九八〇）『万葉集助動詞の研究』明治書院
小島憲之・木下正俊・佐竹昭廣（一九七一〜一九七五）『日本古典文学全集　万葉集一〜四』小学館
此島正年（一九六六）『国語助詞の研究—助詞史の素描—』桜楓社
此島正年（一九七三）『国語助動詞の研究　体系と歴史』桜楓社
近藤泰弘（一九七九）「構文上より見た係助詞「なむ」—「なむ」と「ぞ—や」との比較」『国語と国文学』第五六巻第一一号
近藤泰弘（二〇〇〇ａ）「第三部第六章五　中古語の疑問文」『日本語記述文法の理論』ひつじ書房
近藤泰弘（二〇〇〇ｂ）「第四部第七章　連体と名詞節」『日本語記述文法の理論』ひつじ書房

近藤要司（一九八九）「上代から中古にかけての疑問表現形式の変遷―『万葉集』『古今和歌集』の助詞ヤの用法について―」藤岡忠美編『古今和歌集連環』一九八九年
近藤要司（一九九〇ａ）「特集　文法研究用語入門　喚体と述体」『日本語学』九巻一〇号　一〇月
近藤要司（一九九〇ｂ）「上代における助詞カ（モ）について―文中カ（モ）の指示しているものは何か―」『四国女子大学紀要』一〇巻一号　一二月
近藤要司（一九九一）「『万葉集』の助詞カと助動詞ラムについて」『四国女子大学紀要』一一巻一号　一二月
近藤要司（一九九五）「『源氏物語』の助詞ヤについて」『宮地裕・敦子先生古稀記念論集　日本語の研究』明治書院
近藤要司（一九九六）「『源氏物語』の助詞ヨについて」『金蘭短期大学研究誌』第二七号　一二月
近藤要司（一九九七ａ）「係助詞の複合について（一）―『万葉集』のカとカモの比較―」『金蘭国文』創刊号　三月
近藤要司（一九九七ｂ）「『源氏物語』の助詞カナについて」『金蘭短期大学研究誌』第二八号　一二月
近藤要司（一九九八ａ）「係助詞の複合について（二）―ヤとヤモの比較―」『金蘭国文』第二号　三月
近藤要司（一九九八ｂ）「古代語における感動喚体句的表現の諸相について」『大阪市私立短期大学協会研究報告集』第三五集　八月
近藤要司（一九九八ｃ）「『源氏物語』の助詞カの文末用法について」『金蘭短期大学研究誌』第二九号　一二月
近藤要司（一九九九ａ）「係助詞の複合について（三）―『万葉集』のハモについて―」『金蘭国文』第三号　三月
近藤要司（一九九九ｂ）「『源氏物語』の助詞カの不定語下接用法について」『親和国文』第三四号　一二月
近藤要司（二〇〇〇）「『万葉集』の無助詞喚体句について」『親和国文』三五号　一二月
近藤要司（二〇〇一）「『源氏物語』の「〜ニヤ」について」『親和国文』三六号　一二月
近藤要司（二〇〇二）「『今昔物語集』の文末カの用法について」『親和国文』三七号　一二月
近藤要司（二〇〇三）「助詞ヤの文中用法の変遷―『源氏物語』と『今昔物語集』の比較―」『親和国文』第三八号　一二月
近藤要司（二〇〇四）「文末カモの詠嘆用法について」『親和国文』三九号　一二月
近藤要司（二〇〇八）「詠嘆のコトダロウをめぐって」神戸親和女子大学『言語文化研究』第二号　三月
近藤要司（二〇一三ａ）「『万葉集』の〜ムカについて」高山善行・青木博史・福田嘉一郎編『日本語文法史研究1』ひつじ

書房
近藤要司（二〇一三b）「「をかしの御髪や」型の感動喚体句について」『親和国文』第四七号　三月
近藤要司（二〇一六）「中古語ニヤアラムの淵源」青木博史・小柳智一・高山善行編『日本語文法史研究3』ひつじ書房
近藤要司（二〇一七）「中古における疑問係助詞ヤの脱疑問化について」神戸親和女子大学『言語文化研究』第一一号　三月
佐伯梅友（一九二八）「万葉集の助詞二種　『の』『が』及び『や』『か』について」『国語国文の研究』第二二巻　六月
佐伯梅友（一九五四）「はさみこみ」『国語国文』三巻一号　一月
酒井秀夫（一九六五）「万葉集の『か』『かも』」『金城学院大学論集』二八　九月
酒井秀夫（一九六七）「万葉集の『や』（一）―已然形につく『や』―」『金城学院大学論集』三一　三月
阪倉篤義（一九五六）「石をたれ見き」『解釈と鑑賞』一〇月号（『文章と表現』角川書店、一九七五年に再録）
阪倉篤義（一九五七）「反語について―ヤとカの違いなど」『万葉』二二号　一一月（『文章と表現』角川書店、一九七五年に再録）
阪倉篤義（一九五八）「上代の疑問表現から」『国語国文』一一月号（『文章と表現』角川書店、一九七五年に再録）
阪倉篤義（一九六〇）「文法史について―疑問表現の変遷を一例として」『国語と国文学』第三七巻一〇号（『文章と表現』角川書店、一九七五年に再録）
阪倉篤義（一九七〇）「表現の変遷　第一節　反語について　ヤとカの違いなど」『国語と国文学』一〇月号（『文章と表現』角川書店、一九七五年に再録）
阪倉篤義（一九九三）『岩波セミナーブックス　四五　日本語表現の流れ』岩波書店
桜井光昭（一九六六）『今昔物語集の語法の研究』明治書院
笹井　香（二〇〇五）「現代語の感動喚体句の構造と形式」関西学院大学『日本文芸研究』五七巻二号
笹井　香（二〇〇六）「現代語の感動文の構造「なんと」型感動文の構造をめぐって」『日本語の研究』二巻一号
佐藤宣男（一九八一）「文末用法におけるカとヤ―『宇津保物語』を中心として―」『佐藤喜代治教授退官記念　国語学論集』桜楓社
佐藤武義（一九八四）『今昔物語集の語彙と語法』明治書院

沢田美代子（一九六〇）「助詞カ・ヤの歴史的変遷」『大阪府立大学紀要　人文・社会科学』八号
重見一行（一九九四）「第二章第一節　中古助詞「や」の構文的機能」『助詞の構文機能研究』和泉書院
品田紀子（一九八四）「助詞『かな』『かも』の構文的研究」『国文目白』二三号
徐　一平（一九九四）「〜ぬか（も）」の表現について」『北京日本学研究中心学術専著（一）　日本語研究後篇　古代日本語研究第一章　第二節』中華人民共和国　人民教育出版社
上代語辞典編修委員会（一九八三）『時代別国語辞典　上代編』三省堂
新屋映子（一九八九）「文末名詞文について」『国語学』一五九号
鈴木一彦・林巨樹編（一九八五）『研究資料日本文法　7　助辞編（三）助詞・助動詞辞典』明治書院
鈴木義和（一九八三）「助動詞「む」に原因推量の用法は認められるか—上代語における考察」神戸大学文学部国語国文学会『国文論叢』一〇号
鈴木義和（一九九一）「上代における〈〜已然形＋や、〜む〉型の文について」『園田国文』第六号　一一月
高山善行（一九九〇）「連体ナリと終止ナリの差異について」『国語学』第一六三集
高山善行（二〇〇二）『日本語モダリティの史的研究』ひつじ書房
高山善行（二〇一六）「中古語における疑問文とモダリティ形式の関係」『国語と国文学』九三巻五号
滝沢貞夫（一九七一）「『か』『や』の一特殊用法について　八代集の和歌における」『馬淵和夫博士退官記念国語学論集』大修館書店
竹村明日香・金水敏（二〇一三）「中世日本語資料の疑問文—疑問詞疑問文と文末助詞の相関—」金水敏編『日本語疑問文の通時的・対照言語学的研究」報告書』（1）大学共同利用機関法人　人間文化研究機構　国立国語研究所
田中敏生（一九八五）「万葉集におけるヤ・カの上接語句について」『国文論叢第一二号』（神戸大学文学部国語国文学会）三月
鶴　久（一九六四）「已然形に承接して反語を表す『かも』」『語文研究』一八号　八月
鶴　久・森山隆（一九七二）『万葉集』桜楓社

寺村秀夫（一九七五）「連体修飾のシンタクスと意味　その一」『日本語・日本文化』四号　大阪外国語大学留学生別科　八月（『寺村秀夫論文集Ⅰ　日本語文法編』くろしお出版、一九九三年所収）
寺村秀夫（一九七七ａ）「連体修飾のシンタクスと意味　その二」『日本語・日本文化』五号　大阪外国語大学留学生別科　三月（『寺村秀夫論文集Ⅰ　日本語文法編』くろしお出版、一九九三年所収）
寺村秀夫（一九七七ｂ）「連体修飾のシンタスクと意味　その三」『日本語・日本文化』六号　大阪外国語大学留学生別科　九月（『寺村秀夫論文集Ⅰ　日本語文法編』くろしお出版、一九九三年所収）
中田祝夫・竹岡正夫（一九六〇）『あゆひ抄新注』風間書房
仁科　明（一九九八）「見えないことの顕現と承認―「らし」の叙法的性格―」『国語学』一九五
根来　司（一九六九）「『むよ』『らむよ』『けむよ』―平安女流文学における―」『藤女子大学国文学雑誌』五巻六号　七月
野村剛史（一九九三）「上代語のノとガについて（上・下）」『国語国文』第六二巻二号・三号
野村剛史（一九九五ａ）「カによる係り結び試論」『国語国文』第六四巻九号
野村剛史（一九九五ｂ）「ズ、ム、マシについて」宮地裕・敦子先生古稀記念論集刊行会編『宮地裕・敦子先生古稀記念論集　日本語の研究』明治書院
野村剛史（一九九七）「三代集のラムの構文法」川端善明・仁田義雄編『日本語文法　体系と方法』ひつじ書房
野村剛史（二〇〇一）「ヤによる係り結びの展開」『国語国文』七〇巻一号　一月
野村剛史（二〇〇二）「連体形による係り結びの展開」上田博人編『シリーズ言語科学―5　日本語学と言語教育』東京大学出版会
野村剛史（二〇〇三）「モダリティ形式の分類」『国語学』第五四巻一号
野村剛史（二〇〇五）「中古係り結びの変容」『国語と国文学』八二巻一一号
野村剛史（二〇〇六）「疑問語疑問文の展開」『国語学研究』四五集
野村剛史（二〇一二）「ノダ文の文法記述」『国語と国文学』八九巻一一号
野村剛史（二〇一四）「ム」項目執筆『日本語文法事典』大修館書店
橋本四郎（一九五九）「ク活用形容詞とシク活用形容詞」初出『女子大国文』五号　三月（『橋本四郎論文集　国語学編』角

川書店、一九八六年所収）
蜂矢眞人（一九九八）「形容詞語幹の用法」『井出至先生古稀記念論文集国語国文学藻』和泉書院
林　淳子（二〇一七）「疑問文・疑問表現研究史」東京大学大学院人文社会学系研究科国語研究室『日本語学論集』一三号
古江尚美（一九八五）「係助詞「こそ」―順接仮定条件句を受ける場合―」『古典と民俗研究ノート』一六号　一二月
堀尾香代子（二〇〇九）「古代語における疑問条件表現の変遷―ヤ・カの消長との関連から―」『解釈』五五号
正宗敦夫編（一九七四ａ）『万葉集総索引　漢字篇』復刻、平凡社
正宗敦夫編（一九七四ｂ）『万葉集総索引　単語篇』復刻、平凡社
松村　明編（一九六九）『古典語現代語助詞助動詞詳説』学燈社
宮坂和江（一九五六）「「よ」と「や」―源氏物語について―」『解釈』二巻一号
宮崎和人（二〇〇五）「Ⅱ推量の疑問化と「コト」」『ひつじ研究叢書（言語編）第三六巻　現代日本語の疑問表現―疑いと確認要求―』ひつじ書房
宮地朝子（二〇〇〇）「特集　日本語の最前線　形式名詞に関わる文法的展開―連体と連用の境界として」『国文学　解釈と教材の研究』五〇巻五号　五月
宮地　裕（一九五一）「疑問表現をめぐって」『国語国文』九月号（『新版文論』明治書院、一九七九年所収）
森重　敏（一九四七）「上代係助辞論」『国語国文』第一六巻二号
森野　崇（一九八四）「『万葉集』における助詞「は」の用法―「主題」・「とりたて」めぐって―」『国文学研究』八二　三月
森山卓郎（一九八九）「内容判断の一貫性の原則」仁田義雄・益岡隆志編『日本語のモダリティ』くろしお出版
森山卓郎・仁田義雄・工藤浩（二〇〇〇）『日本語の文法３　モダリティ』岩波書店
柳田征司（一九八五）『国語学叢書⑤　室町時代の国語』東京堂出版
山口佳也（一九七四）「万葉集の文中のヤについて」『国文学研究』五三
山口堯二（一九八六）「疑問表現の変遷」『論集日本語研究（二）』明治書院
山口堯二（一九九〇）『日本語疑問表現通史』明治書院
山口堯二（二〇〇〇）『構文史論考』和泉書院

山口堯二（二〇〇三）『助動詞史を探る』和泉書院
山田孝雄（一九〇八）『日本文法論』宝文館
山田孝雄（一九三六）『日本文法学概論』宝文館
山田孝雄（一九五四）『奈良朝文法史』宝文館
吉川泰雄（一九六九）「助詞編　第5章　終助詞　五　よ―終助詞〈現代語〉」松村明編『古典語現代語助詞助動詞詳説』学燈社
吉田茂晃（一九八九）「「けり」の時制面と主観面―万葉集を中心として―」『国語学』一五七集　六月
吉田茂晃（一九九四）「疑問文の諸類型とその実現形式―ノデスカ／マスカ型疑問文の用法をめぐって―」『島大国文』二二号
吉田茂晃（一九九六）「万葉集における助詞「も」の文中用法」『島根大学国文』第一九号　一一月

初出一覧

第一部　疑問係助詞とその表現

序章　疑問係助詞カと疑問係助詞ヤについて　新稿

第一章　係助詞カとその表現

（一）上代における助詞カ（モ）について―文中カ（モ）の指示しているものは何か―
四国女子大学『四国女子大学紀要』第一〇巻第一号　一九九〇年一二月

（二）『万葉集』のカとカモの比較（原題「係助詞の複合について（一）―『万葉集』のカとカモの比較―」）
金蘭短期大学『金蘭国文』創刊号　一九九七年三月

（三）『万葉集』の助詞カと助動詞ラムについて
四国女子大学『四国女子大学紀要』第一一巻第一号　一九九一年一二月

（四）文末カモの詠嘆用法について
神戸親和女子大学『親和国文』第三九号　二〇〇四年一二月

（五）『万葉集』の～ムカについて
高山善行・青木博史・福田嘉一郎編『日本語文法史研究1』ひつじ書房　二〇一二年

（六）『万葉集』の「～ニカアラム」について―中古語「ニヤアラム」の源流―（原題「中古語ニヤアラムの淵源」）
青木博史・小柳智一・高山善行編『日本語文法史研究3』ひつじ書房　二〇一六年

（七）『源氏物語』の助詞カの不定語下接用法について
神戸親和女子大学『親和国文』第三四号　一九九九年一二月

（八）『源氏物語』の助詞カの文末用法について
『金蘭短期大学研究誌』第二九号　一九九八年一二月

（九）『今昔物語集』の文末カの用法について　神戸親和女子大学『親和国文』第三七号　二〇〇二年一二月

第二章　係助詞ヤとその表現

（一）上代から中古にかけての疑問表現形式の変遷―『万葉集』『古今和歌集』の助詞ヤの用法について―
藤岡忠美編『古今和歌集連環』和泉書院　一九八九年

（二）『万葉集』のヤとヤモの比較（原題「係助詞の複合について（二）―『万葉集』のヤとヤモの比較―」）
金蘭短期大学『金蘭国文』第二号　一九九八年三月

（三）『源氏物語』の助詞ヤについて
宮地裕・敦子先生古稀記念論集刊行会『宮地裕・敦子先生古稀記念論集　日本語の研究』
明治書院　一九九五年

（四）『源氏物語』の「～ニヤ」について　神戸親和女子大学『親和国文』第三六号　二〇〇一年一二月

（五）中古における疑問係助詞ヤの脱疑問化について
神戸親和女子大学『言語文化研究』第一一号　二〇一七年三月

（六）助詞ヤの文中用法の変遷―『源氏物語』と『今昔物語集』の比較―
神戸親和女子大学『親和国文』第三八号　二〇〇三年一二月

補節　詠嘆のコトダロウについて（原題「詠嘆のコトダロウをめぐって」）
神戸親和女子大学『言語文化研究』第二号　二〇〇八年三月

第二部　感動喚体句の諸相

序章　古代語における感動喚体句の諸相について―関係する助詞に着目して―

（原題「古代語における感動喚体句的表現の諸相について」）
『大阪市私立短期大学協会研究報告集』第三五集　一九九八年八月

第一章　上代の感動喚体句について

（一）『万葉集』の無助詞喚体句について
神戸親和女子大学『親和国文』第三五号　二〇〇〇年一二月

（二）『万葉集』のハモについて（原題「係助詞の複合について（三）―『万葉集』のハモについて―」）
金蘭短期大学『金蘭国文』第三号　一九九九年三月

第二章　中古の感動喚体句について

（一）『源氏物語』の助詞カナについて
『金蘭短期大学研究誌』第二八号　一九九七年一二月

（二）『源氏物語』の助詞ヨについて
『金蘭短期大学研究誌』第二七号　一九九六年一二月

（三）「をかしの御髪や」型の感動喚体句について
神戸親和女子大学『親和国文』第四七号　二〇一三年三月

本書をまとめるにあたって、初出論文に適宜、加筆修正をほどこしている。

あとがき

自身の研究については、日ごろから「愚公山を移す」営みであると思っている。先行研究について理解が行き届かない点を、実際の用例を一つずつ検討をしていく中で、見えてきたものについての考察を纏め纏め、今日に至った。今の段階が果たして「岡、塚」ぐらいまでは積み上げているのか、まだまだ土くれの集積でしかないのか、とにかく本書を発刊することで世に問うこととした。

本書が刊行できたことには、第一に大学院を通して、またその後もさまざまに御指導くださった尾上圭介先生に感謝せねばならない。また、大学院後期博士課程で御指導くださった故山崎馨先生にもお礼を申し上げたい。また、尾上先生、大鹿薫久さん、野村剛史さん、金水敏さん、高山善行さん、丹羽哲也さん、吉田茂晃さんをはじめとする日本語文法の錚々たるメンバーに囲まれた「文法懇話会」での議論、また、それよりも若い世代、高山善行さん、西田隆政さん、福田嘉一郎さん、吉井健さん、青木博文さんたち「文法史研究会」でのフレッシュな議論、これらの場から、自分の論考の多くは出発している。感謝したい。

平成三十年六月二十日

近藤要司

事項索引

（索引凡例）

⑴　この索引は、本書の語句・事項で重要と思われるものを取り上げた。ただし、係助詞カ係助詞ヤ終助詞カナなど、直接本書の主題に関わるものは取らなかった。

⑵　見出しにあげた語句の全例を示しているわけではない。重要だと思われる箇所のみ取り上げた。

⑶　助詞や助動詞の名前については、片仮名表記平仮名表記は同一に扱った。

い

う

え

か

き

く

け

こ

さ

し

ふ

へ

ほ

み

む

も

や

ら

る

れ

わ

■著者紹介

近藤要司（こんどう　ようじ）
一九五四（昭和二九）年　愛知県安城市生まれ
一九八〇（昭和五五）年　京都大学文学部卒業
一九八二（昭和五七）年　神戸大学大学院文学研究科修士課程入学
一九八九（平成元）年　神戸大学大学院文化学研究科博士課程単位取得退学
修士（文学）
現在　神戸親和女子大学文学部教授

（主要論文）
「文末カモの詠嘆用法について」神戸親和女子大学国語国文学会『親和國文』三九号　二〇〇四年、
「『万葉集』の～ムカについて」高山善行・青木博史・福田嘉一郎編『日本語文法史研究　1』ひつじ書房　二〇一二年、「中古語ニヤアラムの淵源」青木博史・小柳智一・高山善行編『日本語文法史研究3』ひつじ書房　二〇一六年、「中古における疑問係助詞ヤの脱疑問化について」神戸親和女子大学総合文化学科『言語文化研究』第一一号　二〇一七年

研究叢書 510

古代語の疑問表現と感動表現の研究

二〇一九年三月一五日初版第一刷発行
（検印省略）

著者　近藤要司
発行者　廣橋研三
印刷所　亜細亜印刷
製本所　渋谷文泉閣
発行所　有限会社和泉書院

大阪市天王寺区上之宮町七－六
〒五四三－〇〇三七
電話　〇六－六七七一－一四六七
振替　〇〇九七〇－八－一五〇四三

ISBN978-4-7576-0901-3 C3381